经济法

前沿问题研究

作者简介

李曙光

　　法学博士，中国政法大学教授、博士生导师，中国政法大学研究生院院长，中国政法大学破产法与企业重组研究中心主任。参与了《企业破产法》《企业国有资产法》《证券法》《反垄断法》等法律的起草和制定工作。

经济法
前沿问题研究

李曙光

| 著 |

中国政法大学出版社

2020 · 北京

　　2017 年 5 月 3 日，习近平总书记考察中国政法大学并发表重要讲话。他指出，全面推进依法治国是一项长期而重大的历史任务，也必然是一场深刻的社会变迁和历史变迁。全面推进依法治国，法治理论是重要引领。办好法学教育，必须坚持中国特色社会主义法治道路，坚持以马克思主义法学思想和中国特色社会主义法治理论为指导。我们要坚持从我国国情出发，正确解读中国现实、回答中国问题，提炼标识学术概念，打造具有中国特色和国际视野的学术话语体系，尽快把我国法学学科体系和教材体系建立起来。加强法学学科建设，要以我为主、兼收并蓄、突出特色。要努力以中国智慧、中国实践为世界法治文明建设做出贡献。希望法学专业广大学生德法兼修、明法笃行，打牢法学知识功底，加强道德养成，培养法治精神。

习近平总书记的重要论述深刻阐释了法治人才培养的重要意义以及法学学科体系建设的突出地位和特殊使命。法治人才培养是法学教育的核心使命，法学教材体系是法学学科体系建设的重要内容。没有科学合理的法治人才培养机制，没有适合我国国情的法学教材体系，没有符合法治规律的法学教育模式，就不可能完成全面推进依法治国的历史重任。大力加强法学教材体系建设是培养高素质法治人才的基础性工作，对于加强法学学科建设，培育社会主义法治文化，坚持和发展中国特色社会主义法治理论，推进国家治理体系和治理能力现代化都具有重要意义。

为了深入贯彻习近平总书记考察中国政法大学时重要讲话精神，创新法学人才培养机制，加强法学教材体系建设、发展中国特色社会主义法治理论，充分利用中国政法大学作为国家法学教育和法治人才培养主力军的地位，发挥中国政法大学法学学科专业齐全、法学师资力量雄厚、法学理论研究创新方面的优势，我们组织专家学者编写了这套中国特色社会主义法治理论系列研究生教材，期待着为建立健全法学学科体系和教材体系贡献尽绵薄之力。

整体而言，这套教材有以下几个鲜明特色：

第一，坚持以中国特色社会主义法治理论为指导。中国特色社会主义法治理论是新时代法治建设的指导思想，也是该套教材编写的理论指导。在教材编写中，我们坚持以中国特色社会主义法治理论为指导，把立德树人、德法兼修作为法学人才培养的目标，努力探索构建立足中国、借鉴国外、挖掘历史、把握当代、关怀人类、面向未来的中国特色社会主义法学学术和话语体系。教材既立足中国，坚持从我国国情实际出发，又注意吸收世界法治文明成果，体现继承性、民族性、原创性、时代性、系统性和专业性，努力打造具有中国特色和国际视野的学术话语体系。努力为培养高素质法治人才提供基本依据，为完善中国特色社会主义法治体系、建设社会主义法治国家提供理论支撑。

第二，坚持反映我国法治实践和法学研究的最新成果。与传统的法学教材相比，这套教材作为"中国特色社会主义法治理论系列研究生教材"，其特色在于"研究生教材"的地位。不同于传统的以本科生为阅读对象、以基本概念和基础法律制度为主要内容的法学教材，这套教材意在提升法学研究生的问题意识和学术创新能力，培养法学研究生的自我学习意识和自我学习能力，反映我国法治实践和法学研究的最新研究成果。可以说，党的十八大以来在科学立法、严格执法、公正司法、全民守法等各方面的理论和实践创新都在这套教材中有所体现。

第三，坚持理论与实践相结合。习近平总书记强调"法学学科是一门实践性很强的学科，法学教育要处理好知识教学和实践教学的关系。"法治是治国理政的基本方式，法律是社会运行的基本依据，法学是社会科学的基本内容。这三个层面都决定了法学是面向社会、面向生活、面向实践的学科。长期以来，法学教育内容与法治实践需求相脱节始终是我国法学教育面临的突出问题。这套教材坚持理论与实践相结合，着力凸显法学学科的实践性，坚持法学教育内容与法治实践需求相结合，在教材中大量反映中国特色社会主义法治实践、社会实践、制度实践的内容，注重引导学生更加关注鲜活的法治实践、社会现实和制度变革。

　　由于能力有限，时间较紧，这套教材肯定还存在不少问题，期待各位专家和读者批评指正。

　　是为序。

　　　　　　　　　　　　　　　　　　　　　马怀德
　　　　　　　　　　　　　　　　　　　中国政法大学校长

序

　　万事波澜，居诸不息，转眼改革开放四十年了，能够与新中国改革开放与市场经济法治进程相伴相随，做一点推动法治的事，我无疑是幸运的。这本书几经修改，反映了多年来自己的学术思考和经验经历，也是我近年来学术研究成果的一个小小结晶。

　　本书的定位为何？这是我最初撰写本书的一个重要思考。我想将本书定位为一本解读中国特色社会主义法治理论前沿问题的经济法学研究性教材。之所以强调"中国特色社会主义法治理论前沿问题"，乃源于在中国特色社会主义新时代，以习近平总书记为核心的党中央在十八届三中全会上强调的"使市场在资源配置中起决定性作用和更好发挥政府作用"理论，以及在十八届四中全会上提到的全面依法治国基本方略，均需要以中国特色社会主义法治理论作为基础。中国四十年的改革证明了，市场经济是法治经济。在国家治理体系和治理能力现代化过程中，要保持稳定的较长期的繁荣和社会进步，还是要依靠法治来推动。全面深化改革要以法治来引领，以法律转型来推动经济和社会转型。在政府和市场两个方面同步发力，以良法善治推进我国的市场经济法治改革步伐。本书通过对经济法领域前沿性问题的研究，对经济社会的复杂现实进行深入分析并作出科学总结，提炼规律性认识，为经济法真正成为符合社会发展规律、推动经济进步的良法贡献力量，以良法实现善治，以善治推进改革。之所以强调"研究性"，是希望研习本书的研究生能够从中悟到一些思维理念与问题切入角度的方法。目前在经济法或民商法领域，给研究生阅读参考的材料较少，且多数是经济法学与民商法学"各自为政"，这些教材一般是阐述基础性制度与体系框架等，甚少涉及前沿具体问题，学科相关性也较弱。我想通过这本书为经济法学专业甚至民商法学专业的研究生打开另一扇门，开阔视野，创新思考，从一个新的体系与角度去发现问题、认知问题、分析问题、解决问题，强化法学的整体思维。

本书的内容较为繁杂，共有九个专题，具体包括经济法的转型分析、产业政策法前沿问题、价格法前沿问题、产权保护前沿问题、公司法前沿问题、破产法前沿问题、反垄断法前沿问题、金融法前沿问题、国有资产法前沿问题，这些均为经济法或民商法领域的热点前沿问题探讨。

本书在写作中强调三性：

一是学科交叉性。随着社会经济的快速发展，我们面对的社会问题呈现出复杂性、多样性、快变性与专业性的趋势。我们面对的问题往往不是纵向单一方式的，而是需要用多学科知识和视角来加以观察解决的，所以交叉学科知识的学习和多学科思维的培养变得至关重要。本书的内容涉及经济法和民商法专业的多个研究方向。虽然民商法学与经济法学在理念、品格、特性等方面存在学术分野，但是两者之间并不是互不相关的，它们共同构筑了市场经济转型的法律规则体系。教学实践中，民商法与经济法专业在具体内容方面也存在着交错重叠，比如，民商法专业的财产法、公司法与合同法课程，往往也是经济法专业研究生的基本课程。我希望借助本书，使学生在面对同一问题时，可以通过对比和融合不同法学学科的研究角度和方法，从而得到对研究对象的新认识和解决问题的新方法。

二是问题前沿性。与本科生教材的基础性与全面性相比，我认为研究生教材应该更深入更专业地探索某一领域的知识，应该突出现在的最新研究成果、研究热点、难点等前沿内容。这无疑也是对学者智识的挑战，是学术深化的痛点。本书力求通过有效发掘最新的社会热点问题、最新数据与最新的社会实践来展现理性思维与未来法律制度的改革路径。当然正是由于问题的前沿性，本书提出的部分观点和所涉理论肯定存在争议。作为一家之言，期待读者的讨论与批评。在一些专题中，也有意采用"探究性留白"，希望能够激发具备学术敏锐性的学生的好奇心与深究意识，真正参与到中国经济法的转型中来。

三是思想实践性，"理论总是灰色的，而实践之树常青"，本书内容紧紧围绕中国法治社会实践的热点、难点、焦点问题，例如金融风险与金融创新的法律分析、个人破产制度和金融机构破产制度的立法操作性问题。社会生活永远是鲜活的，本书尝试用学术化但不晦涩、浅显直白又具有理性趣味的语言来阐释实践问题。希望学生借助本书的学习，能够将理论更好地运用到实践中去。

这本研究性教材，也是一本市场经济法思想的专著，许多思考是探索性的，也是直奔问题而去的。这种专题组合方式，意在抛砖引玉。但要想引到好玉，抛的砖也应该是一块真砖。希望她成为一块引发学生兴趣的起始砖。

是为序。

李曙光

2018 年 12 月 21 日

于蓟门法大

目录
CONTENTS

经济法的转型

一、经济法概念的激浊扬清

（一）经济法的辞源

1. 经济法的域外辞源

据查证，最早使用"经济法"这一概念的是法国重农学派的尼古拉·博多（Nicolas Baudeau, 1730—1792），其于 1771 年出版的《经济哲学初步入门或文明状态分析》一书中第一次使用了"经济法规"这一概念。博多认为，"无与伦比、永恒不变、普遍存在……神圣而重要的"经济法规，属于自然法，而且制约着"经济社会"。[1] 18 世纪法国空想共产主义的著名代表之一摩莱里（Morelly）在 1755 年出版的《自然法典》一书中也使用了"经济法"这一概念。《自然法典》第四篇"合乎自然意图的法制蓝本"，被作者称为"法律草案"，共 12 个部分，117条。其中，第二部分"分配法或经济法"有 12 条，主要就作者

---

[1]　［法］阿莱克西·雅克曼、居伊·施朗斯：《经济法》，宇泉译，商务印书馆 1997 年版，第 1~2 页。

所设想的未来公有制社会的"自然产品或人工产品的分配"作出了规定。[1]在摩莱里看来，社会产品分配上的弊端是私有制产生的根源，所以，他设想通过法律从分配上确立社会经济生活的主要原则。这个原则就是"做其所能，取其目前所需"，或者是"（人）本着自己的能力、知识、需要和特长参加共同劳动，并同时按照自己的全部需要来享用共同的产品，享受共同的快乐"。19世纪30—40年代，另一位法国空想共产主义者德萨米（Dezamy），在1843年出版的《公有法典》一书中，也使用了"经济法"的概念，并且进一步发展了摩莱里的经济法思想。[2]《公有法典》全书共19章，其中第三章为"分配法和经济法"。在该章中，作者认为，由于财富的吸引，许多竞争者汇集于大城市，这些人的数目激增，以至于其中的大多数仅靠微薄的工资度日，拖着沉重的负担。这种人口拥挤的现象愈是显著，他们的财富和生活条件的不平等现象便愈突出，而且因为随着不平等现象的凸显，公众的不安和不满亦在增长。所以凡是发生这种人口拥挤现象的地方，便愈加存在纠纷和动荡的根源；也正是在这些地方需要克服更多的障碍，才能确立真正的自由。为此，作者设想了一个"自然简单"而又"经济的"体制来管理社会的分配和经济工作，以此"确立真正的秩序"。

上述所称的"经济法"，并非严格意义上的法律或法规，而是指社会运动的法则，是一种理想的社会运行和财富分配的原

〔1〕〔法〕摩莱里：《自然法典》，黄建华、姜亚洲译，商务印书馆1982年版。转引自杨紫烜主编：《经济法》，北京大学出版社、高等教育出版社1999年版，第23页。

〔2〕〔法〕泰·德萨米：《公有法典》，黄建华、姜亚洲译，商务印书馆1982年版，第30~41页。

则和方法，具有自然法的思想。这些思想曾经风靡一时，并对后来的一些社会思潮产生了极为重要的影响，甚至在一些社会主义国家的法律形成和经济发展过程中都产生了作用，因此不能低估其理论和现实意义。

到了19世纪中期，法国著名无政府主义者、经济学家和政治家蒲鲁东（P. J. Proudhon, 1809—1865）开始明确提出应当用"经济法"来解决社会矛盾。蒲鲁东在1865年的《论工人阶级的政治能力》一书中指出，法律应该通过普遍和解来解决社会生活矛盾，为此需要改组社会，由"经济法"来构建新社会组织的基础。因为公法会造成政府过多地限制经济自由，私法则无法影响经济活动的整个结构，必须将社会组织建立在"作为政治法和民法之补充和必然结果的经济法"之上。[1]经济法是"公正原则应用于政治经济学……（成为）相互关系条例"。[2]"所谓相互关系，意味着分享土地、划分财产、劳动不受约束、行业分离、职权有特别规定、按个人劳动或集体劳动确定个人负责或集体负责、将管理费用减到最低程度、消灭寄生现象和贫困现象。"[3]这是历史上最早提出的经济法理念和学说。

继蒲鲁东之后，社会经济迅速变化，各国对"经济法"一词的使用也越来越频繁。在德国，首先在由学者雷特（Ritter）撰稿，1906年创刊的《世界经济年鉴》中，使用了"经济法"

---

〔1〕 〔法〕阿莱克西·雅克曼、居伊·施朗斯：《经济法》，宇泉译，商务印书馆1997年版，第2页。

〔2〕 〔法〕阿莱克西·雅克曼、居伊·施朗斯：《经济法》，宇泉译，商务印书馆1997年版，第3页。

〔3〕 〔法〕阿莱克西·雅克曼、居伊·施朗斯：《经济法》，宇泉译，商务印书馆1997年版，第114页。

（Wirtschaftrecht）一词来说明世界经济有关各法。此后，20世纪初期，德国学者赫德曼（Hedemann）在1916年《经济学字典》中使用了"经济法"的概念。他认为经济法是经济规律在法律上的反映。他将有关保护、监督卡特尔的法律称为经济法。作为对现实经济法律制度的概括，现代意义上的经济法概念基本形成。在第一次世界大战及其恢复时期，德国政府颁布了一系列国家干预私人经济生活的法令，并引起了德国法学家们的注意，他们将这些法令统称为"经济法"，彼时有一大批以"经济法"命名的著作问世，如鲁姆夫（Rumpf）的《经济法的概念》（1922），赫德曼的《德意志经济法》（1939）和《经济法基础》，努斯鲍曼（Nussbaum）的《德国新经济法》，哥特施密特（Gold-schmidt）的《帝国经济法》等。赫德曼教授还将1917年于耶拿大学建立的"大经济法律考察研究所"改名为"经济法研究所"，经年开设经济法课程，编著经济法通讯半年刊，并撰写经济法学术著作。

继德国学者之后，欧洲其他国家和日本等国的学者也逐步接受和广泛使用"经济法"一词，并对之进行专门研究，从而推动了经济法学在20世纪初的形成及其日后的发展。日本学者孙田秀春在1924年的著作《劳动法总论》中专门有《劳动法与经济法的关系》一文，对德国经济法研究作了介绍，日本经济法理论研究从此开始。[1]

第二次世界大战后的苏联，也从德国移植了"经济法"这一概念。苏联教育部还定《经济法》（国立莫斯科大学、斯维尔德

---

〔1〕 〔日〕金泽良雄：《经济法概论》，满达人译，甘肃人民出版社1985年版，第4页。

洛夫法学院合编）为法学本科教材。在专著方面，有拉普捷夫等人主编的《经济法理论问题》和《经济法》。[1]另外，受到以狄骥为代表的社会连带主义法学和德国经济法学说的影响，曾经参加1922年《苏俄民法典》起草的著名民法学家戈伊赫巴尔格，在其所著《苏俄经济法》一书中，对该法典第1条关于私权行使不得违反社会经济目的、第4条关于民事主体的权利能力以发展苏俄生产力为目的等条款进行解释时，提出了苏维埃民法就是经济法的见解。

与以上对"经济法"一词的使用方法不同，在英美法系国家，"经济法"（Economic Law）是泛指，一般指的是一切与经济有关的法律及其规则，并没有什么特别的含义。因特网上甚至搜寻不到"Economic Law"一词，"Law and Economics"（法经济学）却很发达，但这是从制度经济学中成长起来的另一个新兴学科，与大陆法系所讲的经济法有一定差距。

2. 经济法的本土辞源

在我国，"经济法"这一概念的引进至少也有三十年的历史了。彭真同志早在1979年所作的《关于七个法律草案的说明》中已经正式使用这一概念。北京大学于1980年在国内最早开设经济法专业，中国政法大学、北京大学等院校于1980年在国内最早招收挂靠在其他专业的经济法硕士研究生，并于1983年经国家教委批准，正式设置经济法硕士点，后又于1993年经国家教委批准在国内率先设立了经济法博士点。而中国最早的经济法译著是由国立莫斯科大学、斯维尔德洛夫法学院合编，

---

〔1〕〔苏〕B. B. 拉普捷夫主编：《经济法》，中国社会科学院法学研究所、民法经济法研究室译，群众出版社1987年版。

中国人民大学苏联东欧研究所（现中国人民大学东欧中亚研究
所）翻译，中国人民大学出版社 1980 年出版的《经济法》；中
国最早的经济法著作是刘隆亨著的北京大学出版社 1981 年出版
的《经济法简论》。

在政策档上，我国的决策部门和政策制定部门往往把"有
关经济的法"统称为"经济法"，这在一些领导人讲话和政策档
中表现得很突出。早在 1979 年 6 月 26 日召开的第五届全国人民
代表大会第二次会议上，彭真同志在《关于七个法律草案的说
明》中明确指出："我们这次代表大会将要审议通过的法律和它
们的贯彻执行，迈出了加强和健全我国社会主义法治的一大步。
今后，更巨大的任务还在我们面前。随着经济建设的发展，我
们还要经过系统的调查研究，陆续制定各种经济法和其他法律，
使社会主义法制逐步完备起来。"[1]此后，有关机关的档也频频
使用"经济法""经济立法"和"经济法规"等词语。由于当
时《民法通则》等民事法律尚在襁褓之中，民事法律统统被当
时的领导人和政策档描述为经济法。例如，时任最高人民法院
院长郑天翔于 1985 年 4 月 3 日在第六届全国人民代表大会第三
次会议上所作的最高人民法院工作报告中指出："从 1979 年到
六届人大常委会第十次会议，全国人大和人大常委会共已通过
经济法二十个，把有关的重要经济关系和经济活动准则用法律
形式固定下来。但是，已经制定的经济法在某些地方、某些方
面还没有得到充分的遵守和执行，不少应当由法院审理的违犯
经济法的案件没有由人民法院审理，法制观念薄弱，藐视国法、

---

[1]　参见《人民日报》1979 年 7 月 1 日，第 1 版。

藐视法庭的行为时有发生，这不利于社会主义的四化建设。"[1]
再如，1994 年 3 月 15 日全国人民代表大会常务委员会前副委员
长田纪云在第八届全国人民代表大会第二次会议上所作的全国
人民代表大会常务委员会工作报告中指出，"今后一年的主要工
作任务"之一是"继续把经济立法放在第一位，使立法适应发
展社会主义市场经济的需要"。[2]

在学科建设上，经济法被认为是一门区别于民商法和行政
法，有着自己独有的学术范畴、研究方法和调整对象的独立学
科。北京大学、中国政法大学分别于 1980 年、1983 年率先在本
科阶段开设全国第一个经济法专业，建立经济法专业硕士点。
1993 年国家教委颁布的《普通高等学校本科专业目录》确定法
学类专业分为法学、经济法、国际法、国际经济法、劳动改造
学五个专业。教育部 1998 年颁布修订的《普通高等学校本科专
业目录》又将这五个专业合并为一个法学专业。可以说经济法
作为一个独立的本科专业在全国范围存续了十几年的时间，在
法学各专业合并为一个法学专业以前，经济法专业是法学各本
科专业中学生规模最大的专业。自从 1983 年 3 月国务院学位委
员会办公室颁布《高等学校和科研机构授予博士和硕士学位的
学科、专业目录（试行草案）》，1990 年 11 月国务院学位委员
会、国家教委联合颁布《授予博士、硕士学位和培养研究生的
学科、专业目录》起，法学便被划分为法学理论、法律思想史、
法制史、宪法学、民法学、经济法学、刑法学、诉讼法学、劳

---

〔1〕　参见《人民日报》1985 年 4 月 16 日，第 2 版。
〔2〕　参见《人民日报》1994 年 3 月 26 日，第 3 版。

动法学、国际经济法等 16 个专业。至 1997 年，国务院学位委员会颁布了新的《授予博士、硕士学位和培养研究生的学科、专业目录》，该目录将授予学位的学科划分为 12 个门类，89 个一级学科，386 个二级学科。法学一级学科又分为法学理论、法律史、宪法学与行政法学、刑法学、民商法学（含劳动法学、社会保障法学）、诉讼法学、经济法学、环境与资源保护法学、国际法学（含国际公法、国际私法、国际经济法）、军事法学 10 个二级学科，从而在专业设置上，"经济法"成为与民商法、行政法、刑法等相区别的独立学科。另外，国务院于 1981 年专门成立了"国务院经济法规研究中心"（1986 年与原国务院办公厅法制局合并为国务院法制局），专司经济法规的起草、修订和组织协调工作。1984 年"中国经济法研究会"成立，该团体的主要活动就是促进部门经济法的研究。

在立法、司法方面，我国的全国人民代表大会常务委员会将构建完善的社会主义市场经济法律体系作为其主要目标任务，为此专门在全国人大常委会法制工作委员会设置了经济法室来审核研究与市场经济相关的法律。在第九届和第十届全国人大常委会的立法规划中，都单立了"经济法"这一门类，将"经济法"理解为与宪法、民商法、行政法、社会法等相并列的法律门类，第十届全国人大常委会立法规划的 76 项立法中，属于"经济法类"的立法计有国有资产法、外汇法、反垄断法、企业所得税法、预算法（修订）等 14 件。2011 年 10 月国务院发布的《中国特色社会主义法律体系》白皮书也单独将经济法作为中国特色社会主义法律体系的部门法。在人民法院审判体制的改革方面，1979 年，全国各级人民法院开始设立经济审判庭，主要受理商品购销、农村承包经营、银行和信用社贷款等经济合同纠纷。在 2000 年最高人民法院裁撤经济审判庭之前,各级法院中都存在着独立于民事审判庭之外的经济审判庭,由经济审判庭来审判经济类案件,这意味着法院体系承认"经济法"专属案件的存在。2000 年最高人民法院进行机构改革,撤销了原来的经济审判庭,将原来由经济审判庭审理的案件改由民事审判二庭审理。最高人民法院以下的省高院、市中院和基层法院也相继效仿,取消了经济审判庭的设置,一律改经济庭为民事庭。最高人民法院进行的包括撤销经济审判庭在内的司法审判改革活动的一个重要原因是要建立"大民事"格局,其公开的理由是,建立"大民事"格局能够"使审判庭与我国现行三大法律体系相对应,机构设置更规范,布局更合理"。[1]据此来看,最高人民法院似乎认为"经济法"并不是一个独立的法律部门,只是民商法的补充,而只有民商法、刑法、行政法才构成法律体系的三大部门法支柱。虽然经济审判庭的名称已经取消,但是,金融审判庭、清算与破产审判庭等的建立都体现出法院系统对经济案件的重视和经济法的独立价值。

此外,国家司法考试大纲对"经济法"一词也有自己的使用方式。根据 2008 年《国家司法考试实施办法》的规定,国家司法考试的内容包括:理论法学、应用法学、现行法律规定、法律实务和法律职业道德。据此,并参照教育部法学专业主干课程的设置,2017 年国家司法考试的科目为:法理学、法制史、商法、经济法等 15 个科目,其中,经济法指竞争法、消费者

---

〔1〕 金朝武:《论经济审判庭的撤销与经济法的地位》,载杨紫烜主编:《经济法研究》(第 2 卷),北京大学出版社 2001 年版。

法、银行业法、财税法、劳动法、土地法、房地产法和环境保护法。考核要求是：要掌握上述法律的基本原则和各种制度的内容；把握相关法律和制度之间的联系；了解各类立法所面对的社会问题、所依据的公共政策、所确定的政府职能以及所采取的法律措施；掌握法律在各有关经济领域设定的行为规范以及相应的程序规定和法律责任，并结合实际加以理解和应用。[1]2011 年 10 月国务院发布的《中国特色社会主义法律体系》白皮书也单独把经济法作为中国特色社会主义法律体系的部门法。综上所述，作为一个长期存在的用语，"经济法"一词已经深入到社会生活的各个方面，并在相当程度上自成体系。这些对"经济法"词义的使用方式，成为笔者研究经济法学的基本语境。

（二）经济法学说各流派

由于经济法辞源的多样性，有关经济法概念的各家学说也是流派纷呈，说法各异。下面分别予以介绍。

1. 西方国家经济法学说流派[2]

（1）德国。第一次世界大战及其前后，德国的经济法学说开始形成，代表性的观点有以下几种：

第一，世界观说。该学说的代表人物为赫德曼。该学说认为，以具有现代法特征并以渗透于现代法的经济精神为基调之法为经济法。正如 18 世纪以"自然"为该时代的基调一样，在现代则以"经济性"作为时代的基调，而以经济性为特征的法

---

〔1〕 依据 2015 年 12 月 20 日由中共中央办公厅、国务院办公厅印发的《关于完善国家统一法律职业资格制度的意见》。从 2018 年开始，国家司法考试改为国家法律职业资格考试。

〔2〕 以下各派学说系综合各经济法专著与教材的引述，经整理而成。

为经济法。

第二，集成说。该学说的代表人物是努斯鲍姆。该学说认为，凡是以直接影响国民经济为目的的规范的总体就是经济法。因而，间接影响国民经济的法律，如财政法，以及只以个人生活为对象的法律，如民法，则应排除于经济法之外。

第三，组织经济说。这是哥特施密特所倡导的学说。他认为，经济法是"组织经济固有之法"，而所谓"组织经济"是以改进生产为目的而规制的交易经济和共同经济。哥特施密特把社会学方法和经济政策的观点加以结合来把握经济法，这种认识将对经济法的认识向前推进了一步，使得经济法与传统民商法区分开来。

第四，企业法说。这是卡斯克尔（Kaskel）提出的学说。该学说认为，经济法是关于经济企业者的法，但关于经济企业者的法并不全是经济法，只有规制企业管理或完成经济企业者的事业而产生的关系，才是经济法调整的对象，所以，劳动法和商法不是经济法。他的这一见解，由豪斯曼（Haussmann）做了进一步的发展。豪斯曼认为，正如商业活动领域限定传统商法的特定素材一样，今日的经济活动的重点不仅限于商业，而且也表现在生产、加工、银行和金融等各个方面，这种企业活动的法律，要求与商业活动的法律具有同等的资格。

第五，方法论说。该学说的代表人物为鲁姆夫。他将对法律领域中经济的客观实际部分所作的法学上的全面探讨理解为经济法的研究，企图从这一论点出发，来建立综合民法和商法的经济法的基础，并使这样的私人经济法与公共经济法甚至国家经济法处于既对立又在整个法学体系中统一综合的地位。另一早期学者盖勒（Geiler）也认为，经济法无非是在有关经济生活的法律领域中，适用法学研究的社会学方法而已。

第六，机能说。该学说的代表人物为柏姆（F. Bohm）。该学说是一种基于法律的机能，并以经济统制为经济法中心概念的认识。例如柏姆主张以经济统制作为经济法的中心概念，着重于国家统制经济和特定经济政策意义上的经济秩序及有关的经济制度。赫梅尔勒（Heamerle）认为国家统制经济特有的法律为经济法。经济法是国家有计划地对经济加以组织和管理之法，并认为经济活动因受国家决策方针的拘束，而逐渐失去自主性。

第二次世界大战以后至20世纪80年代，德国的经济立法在经济的宏观调控和微观规制上全面展开，这个时期的经济法学说有：

第一，冲突法说，以恩斯特·鲁道夫·胡贝尔（Ernst Rudolf Huber）为代表。该学说认为，经济法是调整经济活动主体，即企业家与劳工，在经济活动中的自由与受拘束之间的冲突的特别法。其特征为个人自由与团体或国家对其所为的拘束间的冲突。他将经济法的内容体系分为：经济私法，其内容涉及企业法及私法自治原则；经济行政法，内容涉及国家机关对私经济秩序的管理、干预和引导，以及国家自为经济活动的公营事业；经济刑法，关系到对违反经济法的刑事惩罚；经济基本体制法，关系到对经济秩序与经济体系（市场经济、管理与引导之经济、国家直接支配之经济或混合体系等）所作的基本决定。格哈德·劳申巴赫（Gerhard Rauschenbach）也认为，经济法是一种冲突法，它以国家行政措施之干预，追求公共的整体利益和社会协和为目标。他强调了经济法与民商法及劳工法的区别，但认为其与宪法及行政法有密切关系。他认为经济法的内容包括四部分：经济基本体制形态，经济法中的基本权利及国家经济活动；国家经济机关的组织，各种职业公会和私法上的经济团体；卡特尔法；经济引导与经济监督。

第二，机能说，以尼伯代（Nipperdey）为代表。该学说认为，经济法系以保障和促进经济发挥其适当机能为目的的公法和私法，其体系安排应顾及传统的法学分类。因此他将经济法的内容分为：经济基本体制法；经济私法，规定私人企业的组织形态、私人企业财产、企业与企业及其顾客之间的关系；经济行政法，规定国家监督、保护、引导、管理和影响经济的法律措施，以及国家自为经济活动的公营事业；经济刑法；经济诉讼法，规定对有关经济法上争端的诉讼问题；国际经济法。

第三，经济总体关系说，以威尔特·施密特·孙普勒（Welter Schmidt Rimpler）为代表。该学说认为，经济法的任务在于探求总体经济的运行，在怎样的范围内经由自治自决还是公权决定，才能形成正确合理的秩序，以实现法所追求的正义价值。所以，凡对经济的形成具有作用的法律规范，不论其系自治自决或公权决定的规定，皆为经济法。但这些法律规范应涉及总体经济的运行，不能仅是个人经济关系的规范，借此以同民商法相区别。

第四，经济协调法说，以威尔特·史洛普（Walter R. Schluep）为代表。该学说认为，经济法是经济协调法。它将政治所决定的经济协调模式（自由竞争、国家统筹管理的计划经济或两者的混合）予以法律规范化。经济法体系包括经济基本体制法和协调法，经济基本体制法是制定经济协调体系的法律规范的总称。宪法中规定有使一定协调模式制度化的任务，经济法则应使此任务得以具体实现。

第五，经济指导管理法说，以格尔德·林克（Gerd Rinck）为代表。该学说认为，经济法系以追求总体经济的正确性及社会的正义为目的，而对独立的营业活动加以引导、辅助或限制的法律及国家措施的体系。具体来说，经济法内容体系包括：经济基本体制法；经济指导与管理措施；各个经济行业之秩序；职业公会及经济团体；反不正当竞争法；反限制竞争法等。

第六，经济政策工具说，以恩斯特·施泰因多夫（Ernst Steindorff）为代表。该学说认为，经济法系追求正义，并为实现总体经济的公共目的而作为调整经济活动的工具的公法与私法。经济法以其作为经济政策的工具，并且是一种带有调整作用的工具为特色。经济法的内容分为：经济与宪法；国际的联系；企业；卡特尔法；不正当竞争；公营企业；社会保护与经济监督；劳工法与经济法；经济之调整；具有特定目的之调整以及能源法。维特赫尔特（Wiethoelter）也从政策的角度表述了经济法。他认为，经济法立足于解决大量没有解决的问题，而解决这些问题是共同经济本身所应承担的义务。经济法是一种缺少政治本性的政策性法律，它的存在不得不考虑社会和经济政策的措施。

第七，卡特尔法说，以雷特（G. Fritz Rittner）为代表。该学说认为，规定经济运行的法律规范，不论其系公法还是私法性质，皆同其他已存在的法域有着不可分离的关联，因此不可能给经济法下一个明确的定义。经济法概念仅可简单描述为所有使经济得以形成及对经济的运行加以规定的法律规范的关联结合。经济法不能仅具有经济政策的工具性质，还不能使经济法成为行政法的特别领域从而沦为经济行政法。经济与社会关系的形成主要依靠个人和私法自治，因此，维持和保障此种形成作用的法律规范，即卡特尔法，才是经济法的基本和主要内容，而国家以行政措施对经济所为之引导与管理，仅扮演补充角色而已。

在第二次世界大战结束后至20世纪80年代期间，德国的经济法理论已明确将经济法与民商法区分开来，看到了经济法与经济体制、政治的密切关系，认识到了经济法中政治的因素和影响，并确立了竞争法在经济法中的核心地位，由此使得经济法与传统民商法有了一个十分恰当的衔接点，而且使得经济法对经济的干预或者管理有了一个基点。

20世纪90年代以来，德国经济法理论研究已经明显不再是过去那种学说异彩纷呈的局面，代之而起的是更多研究经济法实务和经济部门法的理论，德国学者更多的是从经济宪法和经济行政法角度或者经济政策角度研究经济法问题，从此德国经济法的研究进入了一个更深的阶段。

（2）日本。日本的经济法研究深受德国影响，在日本经济和社会发展的后期，逐渐涌现了一些经济法理论研究的专家学者。代表性的学说有：

第一，集成说，代表人物有美浓部达吉等。该说认为，经济法实际上就是经济法律规范的总称，或者说，经济法就是经济法律法规汇集综合的名称。凡是具有经济内容的法律规范都是经济法，具体包括具有经济性质的宪法、民商法和行政法规范。

第二，第三法域说或社会法说，代表人物有金泽良雄、高田植一和江上勋等。该说认为经济法是适应市民社会中的社会协调的要求而产生的一系列法律，既以市民法为基础，又表现出与之不同的特点。经济法是为填补由市民法所遗留下来的法律空白状态而制定的法律。这种学说以公私法的划分为认识论基础，但与公私法的二元划分不同，该说认为在公法和私法之外存在一个独立的第三法域，这就是社会法。其中公法奉行国家本位，私法奉行个人本位，社会法奉行社会本位。第三法域或社会法实际上是公法私法化和私法公法化的产物。经济法属于第三法域，即社会法。

第三，规范市场支配法说，代表人物有丹宗昭信和正田彬等。该说着眼于反垄断和竞争关系的维持，将反垄断法置于经济法的中心地位。该说认为经济法是规制垄断资本主义阶段固有的以垄断为中心的经济从属关系法。所谓经济从属关系，是指垄断主体与非垄断主体之间具有显著的不平等关系。经济法的任务在于纠正这种不平等关系。该学说认为现代经济法的核心是垄断禁止法，是国家规制市场支配的法。因此，经济法是国家规制市场的法，是国家为了维护竞争秩序而介入市场的法。

第四，企业法说，代表人物有西原宽一等。该说主张以企业为中心来把握经济法的定义，认为经济法是关于企业的法，包括调整企业关系的全部私法和公法规范。

进入20世纪90年代以来，日本经济法理论之研究主要集中在以反垄断为核心来论证经济法的范围，如根岸哲、杉浦市郎编的《经济法》（法律文化社1996年版）、江上熏的《经济法·反垄断法概论》（税务经理协会1992年版）等著作。有的学者还从经济行政法角度对经济法重新认识，如佐藤英善的《经济行政法——经济政策形成及政府介入的方法》（成文堂1990年版）。可以说，这时日本的经济法研究同20世纪90年代以前相比已发生重大变化，特别是以金泽良雄为代表的第三法域说已逐渐失去其存在根基。

2. 苏联东欧社会主义国家的学说流派

苏联东欧社会主义国家实行的主要是计划经济体制，这些国家的学者对经济法的定义都带有其所在国的体制特色。苏联东欧学者提出的几种具有代表性的经济法学说主要有：

第一，商法说，即将经济法等同于商法，这是在前南斯拉夫占主导地位的经济法学说。前南斯拉夫在20世纪50年代初至70年代，逐步建立起社会所有和联合劳动的体制。在这样的背景下，当时的学者就把经济法等同于民商分立国家的商法，认为它是与民法、行政法平行的一个法律部门。

第二，两成分法说，以斯图契卡为代表的一些苏联法学家主张此说。该理论认为，苏维埃民法可以分成两个部分：一部分是调整国民经济中社会主义成分的组织技术性质的规范；另一部分是以个人意志自由为出发点，贯穿资产阶级原则，调整逐渐消失的私人成分的规范。这其中，后一种成分是民法的本质所在，随着它的消亡，作为社会主义经济行政规范的经济法，就将取而代之。相应地，未来的立法走向是制定经济法典，以全面调整社会主义的经济关系。

第三，社会本位民法说，代表人物是苏联民法学家戈伊赫巴尔格。受到以狄骥为代表的社会连带法学和当时问世不久的德国经济法学说的影响，该说将经济法等同于以社会为本位的民法，认为经济法实际上是传统民法经社会化改造后的民法。

第四，经济行政法说，首创者是苏联民法学家勃拉图西。该说认为，经济法无非是调整经济管理关系的行政法。它是行政法的一个分支，不构成一个新的法部门，不能将行政关系和民事关系在"经济法"的名下混为一谈。

第五，综合法律部门说，首创者是苏联学者拉伊赫尔。该说认为，经济法是民法、行政法、刑法、诉讼法等多种法律部门的经济性规范的集合或综合。

第六，纵横统一说，是由苏联著名经济法学家拉普捷夫创立的一种在苏联东欧乃至我国影响最大的经济法学说。该学说认为，社会经济关系包括纵向经济关系和横向经济关系。前者是国家在组织管理经济中与公有制单位产生的经济管理关系；后者是公有制单位之间在进行经济活动中产生的经济协作关系。经济法的调整对象是社会主义组织在领导经济活动和进行经济活动中所发生的一切关系，经济法既应当调整横向经济关系，又应当调整纵向经济关系。调整这些关系的法律规范，已经超出了传统民法和行政法的范畴，应称之为"经济法"。因此，经济法既调整纵向经济关系，又调整横向经济关系，它是一个独立的法律部门。

3. 我国学者对经济法的界说

在我国，经过三十余年的探索，学术界提出了众多经济法概念，经济法的研究在许多基本理论问题上取得了一些成就，部门经济法的研究也取得了长足的进步。但是，我们在认识到经济法研究取得成就的同时，也要看到其中的争议、尴尬、缺陷和不足。当下，关于经济法的学说很多，具有代表性的观点有：

第一，以杨紫烜教授和徐杰教授等为代表的"国家协调和调整关系说"。

杨紫烜教授认为，经济法是调整在国家协调本国经济运行过程中发生的经济关系的法律规范的总称。经济法特定的调整对象既不是一切经济关系，更不是社会关系中的非经济关系，如人身关系、财产关系等，而是特定的经济关系，即在国家协调本国经济运行过程中所发生的经济关系。国家经济协调关系的形成是因为经济运行需要国家协调，而国家协调经济运行既是为了促进经济的健康、稳定的发展，也是国家经济管理职能、国家对经济活动的干预和"国家之手"在经济运行中作用的体现。国家经济协调的主体是国家，客体是经济运行，目的是使经济运行符合客观规律的要求。[1]

徐杰教授认为，经济法是调整经济管理和经济协作过程中产生的经济关系的法律规范的总称。经济法的调整对象包括以下四个方面的社会关系：国民经济管理关系、经济协作关系、市场经济主体在内部经济管理中产生的经济关系和涉外经济关系。

第二，以李昌麒教授为代表的"需要国家干预说"。该说认为经济法是国家为了克服市场调节的盲目性和局限性而制定的，调整需要由国家干预的、具有全局性和社会公共性的经济关系的法律规范的总称。经济法的调整对象正是需要由国家干预的、具有全局性和社会公共性的经济关系，即国家需要干预的经济关系，主要指市场主体调控关系、市场秩序调控关系、宏观经济调控和可持续发展保障关系与社会分配关系。经济法是介于公法和私法之间的独立的法律部门。[2]

第三，以史际春教授为代表的"纵横统一说"。该说是在对苏联的"纵横统一说"进行继承和借鉴的基础上发展起来的。该说认为，经济法是调整经济管理关系、维护公平竞争关系、

---

〔1〕 杨紫烜主编：《经济法》，北京大学出版社、高等教育出版社1999年版，第27～35页。

〔2〕 李昌麒：《经济法——国家干预经济的基本法律形式》，四川人民出版社1995年版。

组织管理性的流转和协作关系的法；经济法的调整对象是社会生产和再生产过程中，以各种组织为基本参加者所参与的经济管理关系和一定范围内的经营协调关系（即经济联合关系、经济协作关系和经济竞争关系）。"纵"不包括非经济的管理关系、国家意志不直接参与或应由当事人自治的企业内部管理关系；"横"不包括公有制组织自由的流转和协作关系，以及其实体权利不受国家直接干预的任何经济关系；"统一"是指经济法调整的对象是经济和国家意志的统一。[1]

第四，以张守文教授为代表的"国家调制论说"。该说认为，经济法的特质体现为经济法的现代性。作为现代法，经济法在精神追求、背景依赖、制度建构等方面与传统法存在着重大区别。市场经济的发展要求法律予以保障，但单靠传统民商法，无力解决市场经济中存在的交易成本过高、市场失效和外部不经济等问题，必须由反映现代市场经济要求的经济法来弥补民商法调整之不足。当市场调节发生故障难以自行解决，或者为了解决效率与公平、个体的营利性与群体（社会）公益性的矛盾，现代经济就需要政府调制。政府调制通过对市场经济的宏观调控和市场规制实现，二者的性质、目的和方向是同一和相辅相成的。因此，经济法的调整对象，是国家在对经济运行进行宏观调控和市场规制的过程中所发生的经济关系，包括宏观调控关系和市场规制关系。[2]根据上述对经济法调整对象的认识和提炼概念应遵循的一般原则，可以认为，经济法是调整在现代国家进行宏观调控和市场规制的过程中发生的社会关

---

〔1〕　史际春、邓峰:《经济法总论》，法律出版社1998年版，第29页。

〔2〕　张守文:《经济法理论的重构》，人民出版社2004年版。

系的法律规范的总称。简单地说，经济法就是调整调制关系的法律规范的总称。[1]

以上学说对经济法的研究和发展有着十分积极的意义。然而，就经济法的整体研究状况来看，当前我国的经济法理论往往表现为总论与分论的研究脱节。总论中得出的结论不能解释分论中的法律现象，分论中缺乏相关规定时也无从适用总论中的结论。并且几乎出现"一个学者，一种学说"的局面，对使用中的一些概念没有进行准确界定和区分，对引入的法学之外的其他学科中的术语的理解往往与这些术语在其固有学科中的真正含义有很大出入，如经济法学说中高频使用的"市场失灵""政府失灵""国家干预""外部性""公共产品""实质正义""社会正义"等经济学和政治哲学术语。另外，几乎所有与经济活动有关的法律都能塞进经济法这个"大篮子"，所以经济法许多领域的研究与其他学科的研究多有重叠，于是引发了一些不必要的争论。例如对公司法、企业法、消费者权益保护法、产品质量法等的研究，与民商法学者的研究相重叠，当民商法学者主张这些内容属于民商法研究领域时，经济法学者为了维护自己的研究领域，维护经济法作为法律部门的独立地位，便会花费大量的精力、用大量的篇幅来论述这些内容与政府介入经济活动有关，属于经济法的调整对象，因此是经济法的研究内容。实际上，如果只是为了争论某一问题应该属于哪个领域，那么这样的争论没有任何意义。

在相当程度上，目前进行的经济法研究没有较紧密地与中

[1]《经济法学》编写组编、张守文主编：《经济法学》，高等教育出版社2016年版，第16页。

国经济现实、经济改革和立法司法实践相联系，而是热衷于构建抽象的理论框架，弄成了纸面上的学问，将经济法理论变成了高深莫测的玄学，其研究结果不能为现实问题的解决提供指导和参考，偏离了法学研究的初衷和实质。事实上，已经有经济法学者发出了这样的疑问："美国没有'经济法'这个概念，也没有如中国经济法学那样的形式化的经济法理论，美国采用成文法形式的政府干预制度的绩效却普遍较高。这是否能说明中国目前经济法理论较低度的价值？"[1]

（三）经济法的再定位

对"经济法"词义不同角度的解读是影响经济法基础理论发展的重要因素。正是因为存在着对"经济法"词义的不同解读，才激发了经济法基础理论的诸多争议和研究热点，这些争议和研究热点是基于对经济法词义的误读而产生的。下面，我们将对经济法的词义作进一步的解析。

1. "经济法"是有关"经济"的法吗？

在现实生活中，谈到"经济法"，人们普遍会认为"经济法"就是关于"经济"的法，一切与经济活动、经济问题、经济现象有关的法都属于经济法。高校法学院经济法专业毕业生就业率较高，就反映了人们对"经济法"的这种理解。这一方面反映出当前经济发展迅速，与经济有关的法律人才需求量大的状况；另一方面也反映出人们普遍存在"经济法"就是"与经济有关的法律"的认识。这样的认识不仅存在于普通民众的观念中，也存在于国家领导者的观念中，国家领导人的讲话和

---

〔1〕 应飞虎：《问题及其主义——经济法学研究非传统性之探析》，载《法律科学》2007 年第 2 期。

相关的政策档中用"经济法""经济法规"来概括"与经济有
关的法律"的情形，俯拾皆是。

从语义学的角度来说，这样的认识是可以理解的。任何概
念和术语往往容易被作望文生义的理解，从字面上来看，"经济
法"当然是指与经济有关的法律。

考察经济与经济学一词的原意，"经济"这个词来源于希腊
语，其意为"管理一个家庭的人"，延伸意为"社会如何管理自
己的稀缺资源"。[1]在英文中，"Economics"含义如下：Econom-
ics is the study of how societies use scarce resources to produce valua-
ble commodities and distribute them among different people. Behind
this definition are two key ideas in economics：that goods are scarce
and that society must use resources efficiently. 在中文中，"经济"
一词有下面五种含义：①经济学上是指社会物质生产和再生产
活动；②对国民经济有利或者有害的；③个人生活用度；④用
较少的人力、物力、时间获得较大的成果；⑤治理国家。[2]

显然，"经济"一词的涵盖面是非常宽泛的，它包含国家经
济活动、社会经济活动甚至个人的经济行为等。作者认为，如
果不受某些国家法律文化框架中对"经济法"的理解的束缚以
及当今中国受到学科划分影响而形成的"经济法"概念的束缚，
从语义学的角度，从经济活动、经济行为的规则的角度，将
"经济法"解读为"与经济有关的法律"是可以成立的，也可
以说"经济法"最基本的含义就是与经济相关的法。现实中，

---

〔1〕［美］曼昆：《经济学原理》（上册），梁小民译，生活·读书·新知三联
书店、北京大学出版社1999年版，第4页。

〔2〕《现代汉语词典》（修订本），商务印书馆1996年版，第664页。

也确实有很多研究者是从"经济法就是关于经济的法"这个角度来研究经济法的。

相应地，从经济法的作用领域、调整对象、调整目的、调整手段等诸多方面来看，经济法最突出的特征之一即在于"经济性"。所谓经济性，即经济法的调整具有节约或降低社会成本、增进总体收益，从而使主体行为及其结果更为"经济"的特征。经济法的经济性至少体现在以下三个方面：首先，经济法的价值目标在于节约交易成本，提高市场效率。经济法作用于市场经济，着眼于经济秩序、竞争自由、经济公平及效益等，这些均与经济相关。其次，经济法反映经济规律，包括价值规律、竞争规律、投入产出规律等。也正因此，经济法和经济学在研究的行为上存在很多重叠，经济法对垄断、价格、欺诈消费者和税收的规制，往往需要借鉴经济学的分析工具和方法。最后，经济法是经济政策的法律化，运用的是法律化的经济手段。经济政策与经济法之间具备内在的密切联系，经济法的制定、实施和目标深受政府政策的影响。而经济学理论直接指导经济政策制定，同时也对经济法的产生和发展有着重大影响。并且，与传统的民事、刑事或行政手段不同，经济法的调整手段包括法律化的宏观调控手段和市场规制手段。[1]党的十九大报告中提出了一系列经济政策，这些政策内容将会渗透到经济法的完善和发展中，进而影响经济法律法规的制定和修改。特别是报告第五部分以"贯彻新发展理念，建设现代化经济体系"为主题，强调"我国经济已由高速增长阶段转向高质量发展阶

---

〔1〕 参见《经济法学》编写组编、张守文主编：《经济法学》，高等教育出版社2016年版，第17~18页。

段，正处在转变发展方式、优化经济结构、转换增长动力的攻关期，建设现代化经济体系是跨越关口的迫切要求和我国发展的战略目标。必须坚持质量第一、效益优先，以供给侧结构性改革为主线，推动经济发展质量变革、效率变革、动力变革，提高全要素生产率，着力加快建设实体经济、科技创新、现代金融、人力资源协同发展的产业体系，着力构建市场机制有效、微观主体有活力、宏观调控有度的经济体制，不断增强我国经济创新力和竞争力。"上文内容所体现的精神将融入经济法之中，政策会在一定程度上以法律的形式呈现。

2. 不同法域的"经济法"含义一致吗？

上文中已经举出了不同法域对"经济法"这一概念的解读，我们可以发现不同法域中"经济法"的含义并不一致，而这种不一致性在很大程度上是由各自不同的社会背景和文化传统决定的。

德国法学承自罗马法，向来主张市民社会与政治国家二分，主张公法和私法二分，在平等主体之间发生的经济关系中，推崇经济自由、意思自治，排斥国家干预。然而，当社会发展到垄断资本主义阶段之后，一些经济部门往往被一两个垄断组织控制。为了消除垄断对经济的不良影响，国家不得不介入经济生活。随着国家对经济生活的日益介入，形成了与平等主体之间的经济关系不同的另一种经济关系，产生了与调整平等主体之间经济关系的市民法不同的另一类经济性法律。可以认为，德国对"经济法"进行的解读都是在此前提下展开的。日本的情况与之类似。

在第二次世界大战后的苏联，实行的是高度的计划经济模式，当时计划统治一切，甚至没有"商品经济"这个概念。无论是纵向经济关系，还是横向经济关系，都是产品的生产和流通方面的有计划的直接关系。正是在此基础上，苏联的主流学派才认为，经济法就是要将它们看成统一的整体并以此作为经济法的调整对象。很显然，对"经济法"如此解读的基础是苏联统一的社会主义所有制、统一的计划经济模式以及处于社会主义市场经济范畴的经济核算制。

而在英美法系国家，向来没有区分公法和私法的传统，也没有计划经济的背景，而且，英美法系的判例法传统与大陆法系的范畴体系研究传统有很大差别。"经济法"（Economic Law）并不是一个独立的法律部门，只是借用其字面含义来指称所有与经济有关的法律。特别是在美国，由于经济的高度发达，对于法律与经济关系的研究也可以说是最为发达的，"Economic Law"往往意味着法学和经济学的跨学科的研究，法学和经济学的互动更进一步催生了"法律经济学"这个新生研究领域。由于美国有联邦法和州法的差别，在经济法律规则上也分为联邦的立法与州的立法。反垄断法是美国联邦经济立法的主要研究对象之一，另外，像商法、合同法和公司法等也都属于"Economic Law"，由于近年来英美法系的强势地位以及在市场经济法律方面大陆法系朝向英美法系的融合，似乎"经济法就是与经济相关的法"这种解读更为合理和符合逻辑。

上述论证表明，社会背景和历史文化传统各异导致了各法域对"经济法"的解读并不相同，实际上，不能强求也不应强求不同的法域对"经济法"有完全相同的理解。"经济法"一词本身有多种解读，从不同法域"经济法"词义的发展趋势来看，"经济法"最基本的含义就是与经济相关的法。因此，我国一些经济法学者在一个既定的"经济法"框架和视野下，致力于构建所谓的经济法学科体系，探求与民商法、行政法不同的所谓经济法特有的范畴、方法和原则，以图证明经济法的独立性，实际上是一种学术偏颇。

3. 经济法学科是一门学科吗？

依照国务院学位委员会 1997 年颁布的《授予博士、硕士学位和培养研究生的学科、专业目录》（以下简称《学科、专业目录》）的规定，法学这个一级学科下面有 10 个二级学科，经济法学当然就是与刑法学、民商法学、军事法学等相并列的二级学科。按照《学科、专业目录》的逻辑，似乎只有那些有自己独特的调整范围和范畴体系的学科才构成一个法学二级学科。在这种思路下，出现了民法学者、行政法学者和经济法学者的激辩，一些学者对经济法学作为一个独立的二级学科的存在提出了质疑，而一些经济法学者就将很多精力放在研究经济法的调整对象和调整范围上。实际上，作者认为，这是部分学者对《学科、专业目录》的误读。《学科、专业目录》对法学这个一级学科所进行的二级学科的划分，本身并没有一定之规。

（1）《学科、专业目录》在对法学进行学科划分时，并没有设定统一的评估标准，也没有内在的逻辑性和科学性。为什么宪法学与行政法学是一个学科而不是分开的两个学科呢？民法学和商法学为什么要统为一体？为什么环境与资源保护法学是一个单独的二级学科，而金融法学、信息法学、知识产权法学不能成为一个单独的二级学科呢？为什么军事法学也成为一门独立的学科，而教育法学和科技法学则不是？这 10 个二级学科是基于生源的报考量，还是基于人才市场的需求量，或是基于某种统一的学术标准而成立的？

（2）《学科、专业目录》对法学学科的划分方法受到了大陆法系传统甚至是民国时期"六法全书"的影响。民国时期，承继德、日等国家大陆法系传统，将其制定的法律分为宪法、刑法、民法、行政法、刑事诉讼法及民事诉讼法六大门类，并将其视为一个完善法统的法律体系。由此，以这六大门类为基础的宪法与部门法的划分就在中国法学界传承下来。直到今天，中国的许多法学院仍然有这种传承下来的由几大部门法构成法律体系支撑的学科观，非这几大部门法则视为边缘类法学。

现在看来，《学科、专业目录》对法学学科的划分方法到了该重新审视或者是该放弃的时候了。在作者看来，可以说经济法是一门独立的学科，也可以说经济法不是一门独立的学科，是否是一门独立的学科这个问题本身意义并不大。按照现有的学科定义，学科有以下两重含义：①按学问的性质而划分的知识体系或门类；②学校教学的科目。[1]如果从前一种意义上来理解"学科"的话，法学可以成为独立的学科。法学是一门独特的解决社会问题、定纷止争的科学，它有着与其他学科不同的思维方式、推理逻辑、语言符号和知识体系，法学作为一门整体的学科不能分割。而对法学二级学科的划分，无论是民商法学、经济法学，还是环境与资源保护法学，其所运用的语言符号、范畴方法、逻辑体系都应该是一致的，是有共同的术语和学术规范的。法学的研究方法、研究范式也应该覆盖各个二级学科，二级学科不应有自己独立的研究范畴和工具体系，这也正是目前各国的法学学位制度只授予法学一级学科学位而不授予二级学科学位的原因。从这个角度而言，经济法学

---

[1] 《现代汉语词典》（修订本），商务印书馆1996年版，第1429页。

不是独立的学科，民商法学、刑法学、行政法学也都不是。如果从后一种意义上来理解"学科"的话，只要是学校基于现实的需要或者培养人才的需要，就可以设立一个学科。在此意义上，依目前方法将法学内部划分为 10 个二级学科是可以的，不仅如此，如果有招生与教学的需要，还可以将法学内部划分出更多的学科。就此角度而言，经济法学等二级学科又可以算是独立的学科。

因此，从学科意义上解读经济法没有多大意义，经济法词义解读的重点应该放在每一部具体与经济有关的法律法规上，应该放在每一个与经济有关的法律案例上。

4. 我国立法、司法实践部门应该有什么样的法学观？

我国立法、司法实践部门对经济法有不同的解读，这种解读也是在一定的法学观念指导下产生的。而这些法学观今天看来也应受到现实的挑战。完善的、一成不变的、尽善尽美的市场经济法律体系是不会存在的，社会生活日新月异，市场经济千变万化，数字网络时代社会经济发展更是一日千里。应该说，有关人们与市场的游戏总在重复、变化和创新之中，因此，法律作为规则也永远在重复、变化和创新之中，法律不会一成不变。当因社会生活的变化和经济形势的变动而导致现有的法律存在漏洞或者缺陷，需要新的法律规范进行调整时，就应当对现有的立法及时进行废除、修改或者另立新的法律。

另外，从目前我国法院中法庭的设置和法官的分类来解读经济法词义也存在问题。法院取消经济审判庭的做法不仅受到了以"三大部门法"为法律体系基本支撑的观念的影响，也受到了法官资源短缺和法官专业化思想的影响。在法官资源短缺的情况下，法院未治"法官短缺"之本，而是对法官进行专业划分，将法官分为民事法官、刑事法官和行政法官，以此来提高审判效率，这在事实上是做不到的，也损害了法官作为一个法律人所应有的法学专业素质要求。作为一名法官，其法律理念、思维、法律知识结构与逻辑推理能力应该与法学作为一门整体科学的内在要求是一致的，法官应该就是"法"官，而不应该是民法法官、刑法法官或行政法法官。最高人民法院的法官轮换制度——譬如行政审判庭的法官去知识产权庭担任法官——就是对这个结论作出的最好注解。因此，如果我们认识到现有法院中法庭的设置和法官的分类本身就是在司法机关现时的法学观指导下进行的，那么可以说，在法院中取消经济审判庭这种举措并不具备特别的意义，并不意味着司法部门对经济法词义的解读是权威或无懈可击的。

国家司法考试大纲对经济法的解读基于其设定了法律人进入法律职业的门槛而影响甚巨，但其法学观来源于《学科、专业目录》又不同于《学科、专业目录》，如"劳动法"在《学科、专业目录》就属于民商法学，但在国家司法考试大纲中却属于经济法学，其中并没有特别严格的学科划分依据，因此，也不足以为据。[1]

（四）我国经济法理论研究重心的面向

当前经济法理论的研究重点应当与中国社会正面对的"转型期"特征相联系，应跳出原有的研究路径，着眼于活生生的经济活动和经济行为的现实，在政府、市场和规则之中寻求研

---

[1] 依据 2015 年 12 月 20 日由中共中央办公厅、国务院办公厅国务院办公厅印发的《关于完善国家统一法律职业资格制度的意见》。从 2018 年开始，国家司法考试改为国家法律职业资格考试。

究定位。现实社会生活中，政府对经济和市场的干预是通过一定形式的法律规则来实现的，这可以称为"管制"（regulation）。[1] 政府对经济活动的管制的程度往往会使法律规则呈现出不同的特征。在不同的社会历史阶段，政府对经济的管制程度是不同的，由此决定的经济法的特征也不相同。以政府对经济活动管制的程度为衡量标准，可以把经济法分为"低管制度的经济法、中管制度的经济法、高管制度的经济法"三个层次：

第一，"低管制度的经济法"。它是指在理想的自由市场经济模式下所存在的经济法，在假定的一个充分完善的自由市场经济模式下，政府是最弱意义上的政府，是一种仅限于防止暴力、偷窃、欺骗和强制履行契约等功能较为有限的政府，是亚当·斯密所说的仅仅充当"守夜人"的政府。在这种理想的自由经济模式下，政府对经济活动完全放任自由，一切问题都由市场来解决。然而，这并不意味着在这种经济模式下不存在政府管制，因为，即便在政府是最弱意义上的政府的前提下，政府也需要用法律来保护人们的交易自由和交易安全，因此，也

---

　　〔1〕　管制是一个颇有争议的概念。美国管制经济学家维斯卡西（W. Kip Viscusi）等学者认为，管制是政府以制裁手段对个人或组织的自由决策的一种强制性限制。政府的主要资源是强制力，政府管制就是以限制经济主体的决策为目的而运用这种强制力（参见王俊豪：《政府管制经济学导论——基本理论及其在政府管制实践中的应用》，商务印书馆 2001 年版，第 1～2 页）。另一位美国管制经济学家丹尼尔·F. 史普博（Daniel F. Spulber）则将管制定义为"行政机构为直接或通过改变消费者和厂商供求决策而间接干预市场分配机制所颁布的法规或采取的特定行动"（参见[美] 丹尼尔·F. 史普博：《管制与市场》，余晖等译，上海三联书店、上海人民出版社 1999 年版，第 45 页）。经济法的制定和实施过程中尤其要注意处理好政府和市场之间的关系。本书中提到的"政府管制"其"政府"含义更广，泛指权力机构。后文中提到的"管制度"指的是"管制的程度"。而衡量"管制度"则可以法律与政策强制效力的强弱等为标准。

会存在财产法和契约法等对人们进行交易的基础即产权进行保护以及对于交易过程中的契约进行保护。极少数情况下，有可能需要政府对某类经济活动和行为进行最少的干预。可以说，这一类有关市场经济产权、契约和特殊干预的法律规则构成了低管制度的经济法。也可以说，低管制度的经济法是政府管制最弱的经济法。

第二，"中管制度的经济法"。它是指在成熟或相对成熟的市场经济模式下，政府对经济活动进行理性干预或有限干预所产生的经济法。"中管制度的经济法"由下面四类法律构成：第一类是有关市场产权的法律。从法律角度讲，合法权利的初始界定对市场交易是至关重要的。正如科斯认为的那样：合法权利的初始界定会对经济制度的运行效率产生影响，一种权利的调整会比其他安排产生更多的产值，但除非这是法律制度确认的权利调整，否则通过转移和合并权利达到同样后果的市场费用如此之高，以至于最佳的权利配置以及由此带来的更高的产值也许永远也不会实现。[1]对产权的界定与再界定以及不断确认，是推动市场经济发展的最重要的制度保障，政府理性干预的界限就是为了界定和明晰产权，其中产权又包括公产权和私产权，因此这一类法律主要包括宪法体系中有关公私财产权的保护问题、国有财产法和财产法（物权法）、土地法等。第二类是有关市场经济运行的法律。这类法律又可以细分为有关市场进入的法律、有关市场交易的法律和有关市场退出的法律

---

[1] ［美］R. H. 科斯：《社会成本问题》，胡庄君译，载［美］R. 科斯等：《财产权利与制度变迁——产权学派与新制度学派译文集》，刘守英等译，上海三联书店、上海人民出版社 1994 年版，第 20 页。

等。有关市场进入的法律就是规范市场主体进入市场门槛的法律，包括个人独资企业法、合伙企业法、公司法和商业银行法等；有关市场交易的法律就是规范市场主体在进入市场后如何行为的法律，票据法、合同法、担保法和证券交易法等都属于此类；有关市场退出的法律就是解决市场主体在进入市场后如何退出问题的法律，破产法等属于此类。第三类是有关市场经济管制的法律。这类法律主要是体现国家维护市场经济秩序和社会秩序等公共利益，作为"经济警察"和"守夜人"发挥作用的一面。这类法律主要包括税法、反垄断法、反不正当竞争法、价格法、反欺诈交易法等。第四类是社会保障法，也就是体现政府作为"慈善家"职能的法律。这类法律为包括市场主体在内的公民个人提供公共福利、社会救济以及最低生活保障等，对于保障市场的良好运行起着至关重要的作用。这类法律主要包括社会救济法、社会保险法等。《中华人民共和国国民经济和社会发展第十三个五年规划纲要》（以下简称"十三五"规划）中提出"五大发展理念"，即在"十三五"时期必须牢固树立并切实贯彻"创新、协调、绿色、开放、共享"的发展理念。其中"共享"理念即强调建立更加公平、更可持续的社会保障制度，实施全民参保计划，实现职工基础养老金全国统筹，划转部分国有资本充实社保基金，全面实施城乡居民大病保险制度。推进健康中国建设，深化医药卫生体制改革，理顺药品价格，实行医疗、医保、医药联动，建立覆盖城乡的基本医疗卫生制度和现代医院管理制度，实施食品安全战略，而社会保障法突出体现了经济法对于"共享"发展理念的践行。

　　值得注意的是，在市场经济较为成熟的国家，政府使用经济法的手段也相对成熟和适度，但对于市场经济体制刚刚建立的国家或有待成熟的国家，政府管制经济度较高，对于经济法手段运用也较多，特别是转型国家，"中管制度的经济法"中政府管制的范围有扩大趋势，如拉美国家。

第三，"高管制度的经济法"。它是指在一种非市场经济条件下以及计划经济或管制经济为主的治理模式下形成的经济法。在这种模式下，政府对一切经济活动都进行干预，所形成的法律规则都可以被称为"高管制度的经济法"。在市场条件下不会形成的政府对经济活动的管制和干预经济法在这种模式下都形成了。例如在我国早期计划经济和商品经济相结合的时代所制定的《全民所有制工业企业法》《企业破产法（试行）》，甚至1993年的《公司法》等。举例来说，1988年制定的《全民所有制工业企业法》和1992年《全民所有制工业企业转换经营机制条例》反映了在计划经济和商品经济结合时代政府对经济活动的全面干预，政府控制了国有企业从登记注册成立到人事、经营和利税等方面的权力。在中国已经初步建立市场经济体制和许多国有企业完成公司制改造的情况下，国务院国有资产管理委员会管理的国有大型企业中的相当一部分还是按照这部《全民所有制工业企业法》来注册登记的。另外，1986年通过的《企业破产法（试行）》，实际上也是一部政府管制的破产法。例如企业债务人的破产必须由政府审批才能申请；进入破产程序后，又要以政府官员为主的人员组成清算组进行清算。这样的破产法不能为所有的市场主体提供公平且有效率的退出管道。1993年通过的《公司法》也是一部以政府管制和国有企业为本位的立法：该《公司法》中所规定的资本制度、所确定的资本制度三原则，实际上是比任何国家的公司法都严格的制度，这反映了中国市场经济初期政府过度管制的特征。此外，该《公司法》也存在着许多对国有企业的特别规定。这些规定背后隐藏着对非国有企业的歧视，已经不适应市场经济发展到今天不同所有制企业公平竞争的需要。

在"低管制度经济法"的定位下，有关政府管制的经济法规制最少，"中管制度经济法"较"低管制度经济法"有关政府管制的经济法规制要多，而"高管制度经济法"有关政府管制的经济法规制最多。在这三种不同管制度层面的经济法中，政府管制度也依次由弱增强，本书对三种不同管制度层面的经济法的浅显划分，只不过是笔者对经济法理论研究思路的定位，并不表明笔者试图去创建一个新的经济法学科体系。

当前中国社会正处于经济转型期，经济法理论研究的重点应该放在中国经济转型期所出现的经济法重点、难点和焦点问题上。按照上述经济法三种不同管制度层面的划分，中国经济法基础理论的研究方向应该是一个从"高管制度经济法"到"中管制度经济法"，最后到"低管制度经济法"的过程。从世界范围来看，经济法的发达是基于政府对于经济活动领域管制度的增强而发生的。而中国经济法的兴旺恰恰是一个反向的运动，即政府对于经济领域管制度的放松，政府对于经济干预的减弱而催生了中国经济法的大发展，同时也给中国经济法提出了许多现实中亟待解决的问题。显然，当今中国经济法的研究重点应该放在"中管制度经济法"的研究上来，特别是由"高管制度经济法"向"中管制度经济法"过渡后期所产生的问题。比如，在"中管制度经济法"中，各个具体法律中的政府管制的适度问题，政府管制的权力边界问题，某一部具体经济法规则的立法取向与可操作性问题，由"高管制度经济法"向"中管制度经济法"过渡后期有关经济的立法、执法和司法的成本问题，中国社会转型期各利益主体与政府和市场的博弈问题，经济法如何平衡参与博弈的市场主体的利益问题等。十八届三中全会《中共中央关于全面深化改革若干重大问题的决定》中强调，"经济体制改革是全面深化改革的重点，核心问题是处理好政府和市场的关系，使市场在资源配置中起决定性作用和更好发挥政府作用。市场决定资源配置是市场经济的一般规律，健全社会主义市场经济体制必须遵循这条规律，着力解决市场体系不完善、政府干预过多和监管不到位问题。"党的十九大报告指出，要着力构建市场机制有效、微观主体有活力、宏观调控有度的经济体制，加快完善社会主义市场经济体制。经济体制改革必须以完善产权制度和要素市场化配置为重点，实现产权有效激励、要素自由流动、价格反应灵活、竞争公平有序、企业优胜劣汰。党的十九届三中全会指出，要坚决破除制约使市场在资源配置中起决定性作用、更好发挥政府作用的体制机制弊端，围绕推动高质量发展，建设现代化经济体系。上述内容为政府在过渡时期该如何把握管制程度指明了方向，而平衡好政府和市场的关系是实现政府适度管制的关键。上述内容正是描述在过渡时期政府管制的程度应如何来把握，只有平衡好政府和市场的关系，才能实现政府的适度管制。

笔者更希望经济法学者把理论研究的重心放在有关经济的具体法律规则和法律问题上，而不要先给自己找到学科定位，甚至为此贡献全部的学术生命。总之，经济法学者不能脱离我国转型期的改革实践，不能脱离我国经济生活中正在发生的活

生生的现实，应该直面我国经济改革的难点和焦点问题，站在
学科的最前沿，为我国的改革实践和经济发展提供经济法理论
的支撑。

二、转型经济与转型法律

美国著名的投资银行高盛公司在题为"关于中国与世界的
五大神话"系列研究报告的第一篇中就做了总结："'中国故
事'真正伟大之处在于总体的经济转型。"[1]总的来讲，正在
向现代市场经济过渡即进行经济转型是目前中国所处的经济改
革阶段。十八届三中全会强调，使市场在资源配置中发挥决定
性作用，进一步明确了中国经济转型的市场化方向。此外，
"十三五"规划提出的五大发展理念——创新、协调、绿色、
生态、共享，构成了党的十八大、党的十九大甚至将来的党的
二十大核心经济发展理念，对未来的经济发展影响重大。党的
十九大报告指出，我国经济已由高速增长阶段转向高质量发展
阶段，正处在转变发展方式、优化经济结构、转换增长动力的
攻关期，建设现代化经济体系是跨越关口的迫切要求和我国发
展的战略目标。"转向高质量发展"可以理解为我国经济已经
从主要依靠消耗资源实现的粗放型高速增长，转变为主要依靠
技术创新实现的集约型增长，这是我国经济发展在新时代的鲜
明特征。研究转型经济、转型法律，对执政党的会议应有所关
注，因为它们对一国经济与法律转型，有直接的、持续的
影响。

---

[1]　谢宝康、单羽青：《高盛破解中国神话》，载《中国经济时报》2002 年 8
月 22 日。

目前，中国正处于经济发展与经济增长的特殊阶段。这一时期被习近平总书记称之为"三期叠加"，[1]也有论述称之为"新常态"。在经济新常态的背景下，中国的经济增长已行至换挡期。从1978年改革开放至今的四十多年间，中国经济高速增长。前三十年，经济增速为两位数，最高可达百分之二十多。不过，近年经济增速下调较快，基本处于7%及以下，2017年为7%，但也有经济学家如李稻葵，预估从2018年开始经济增速将重回7%。从两位数下降而来的经济增速，下跌幅度之大显而易见。对经济的下调可以从以下多方面来解读。首先，中国从贫穷落后、受"文革"创伤的国家发展成为当今世界第二大经济体，实属不易，每一个百分点的增长都十分艰难。其次，从世界经济的角度观之，经济增速的下调是当今世界经济的基本走向，并非仅发生于中国。2008年世界经济危机，对各国经济，尤其是发达国家的经济造成了重创。许多原来经济发展较好的国家，经济增速也开始下降。最后，从整个人类历史发展的角度来看，人类发展已经到了新的节点，这个节点是未来的人类发展模式，其路径正在经历巨大的变化。例如互联网技术的出现，改变了我们每一个人的生活，第二次世界大战以后形成的后工业文明也正在迈向新的、暂且未名的文明——技术文明，互联网文明抑或是网络文明，人类正在经历巨大的革新。在这样的时空背景下，全球的经济增长都在面临下调，传统的制造业、服务业都遇此困境，出现大量的倒闭企业。具体到中

---

〔1〕 即增长速度换挡期、结构调整阵痛期和前期刺激政策消化期，载《站在复兴大业更高起点——十八大以来习近平同志关于经济工作的重要论述》，2014年2月22日。

国的经济发展，实际上也处于这一大背景之下。但是，共性之余，中国经济又极具个性。正如后面所谈及的卓越的科学家们，在研究中国时都认为中国是一个谜，中国走的路不同于他国。实际上，中国也正处于巨大的调整阶段。在这样的时期，中国在拥有高度发达的部分地区外，也存有贫穷落后的地区，发展与贫困并存，但是大量存在的是中间状态。所以，中国经过多年的高速增长之后，到了发展阶段的瓶颈，以汽车驾驶中的换挡来比喻，可以形象地称之为换挡期。换挡期间，中国经济不可能如同前三十年那样，实现两位数的经济增长。

现今阶段的转型是指落后的农业文明和低端的加工业的转型，出现大量低端的加工业，在经济转型过程中是非常突出的现象，转型社会中有大量的人口在从事这样的产业。要推动并实现转型，就需要有政策以及相应的政策消化期。所谓的政策消化期，是社会对政府针对我国经济实况颁布的新政策的接受期。并且，对于这些政策，社会有时难以接受，故政策也须不断矫正。例如，从宏观角度而言，原来中国的经济发展依靠"三驾马车"——政府的投资、出口、消费，而目前这种模式问题迭出，因此我国政府针对当前状况颁布了一系列的政策。十八大以来，习近平总书记对中国的经济形势做出了"三期叠加"的重要论断，而且这一阶段并非短期即可跨越。

（一）中国经济面临的挑战

1. 经济结构跨越升级的挑战

2015年底，中央经济工作会议提出要推动供给侧结构性改革，推行"三去一降一补"举措。"三去"是指去产能、去杠杆、去库存，主要针对僵尸企业；"一降一补"指"降成本""补短板"，同样也针对僵尸企业，"一降一补"挑战巨大。实际上，早在多年前僵尸企业的概念就已被提出，[1]在中国处理僵尸企业的呼声也一直不断；同样产能过剩的概念也被提出了长达二十年，伴随着经济改革的全过程，基本上每隔几年，国务院便会发文处理产能过剩。然而实际上，中国治理僵尸企业、处理产能过剩的进程才刚开始。

僵尸企业"僵而不死"、占用资源，没有让市场起到淘汰过剩产能的相应作用，反而对于社会资源产生逆淘汰效应，导致产能升级无法进行。分所有制来看，国有和集体企业中僵尸企业的比例最高，民营和港澳台及外商企业中僵尸企业的比例相近，且低于国有和集体企业中僵尸企业的比例；分行业来看，钢铁行业和房地产行业的僵尸企业比例稳居前列。在经济发展的高速增长期和目前增长的相对停滞期，出现如此多的僵尸企业，虽是市场经济的规律，属于正常现象，但它对于整个经济体，对于正在迈向市场经济的中国而言，是非常大的威胁。

中央于2015年提出的供给侧结构性改革，是中国下一改革阶段的核心政策。供给侧结构性改革用"供给侧"替代传统的"三驾马车"，以解决因旧有改革措施不足而导致的市场供给侧的问题，包括资本、土地、劳动力等方面的问题。供给侧的改革是中国改革的深层次问题。经济转型期间，中国会遭遇传统农业结构向现代工业结构转型的问题、旧经济增长模式向新经济增长模式转变的问题，其中结构性问题更为严重与突出。原来的九大行业——钢铁、煤炭、水泥、玻璃、电解铝、船舶、光伏、石化、风电，都存在严重的产能过剩问题，这是国企在

---

〔1〕 僵尸企业（Zombie Company）这个词最早追溯到爱德华·凯恩（Edward J. Kane），他当时解析了日本20世纪80年代的经济危机和20世纪90年代的金融危机。

中国的经济总量中占比过大所致。可见，调整产业结构，推行供给侧结构性改革，解决僵尸企业和产能过剩的问题与国企改革紧密相连。

2. 农业农村问题的挑战

中国经济结构变革的另外一方面体现在农业农村与城镇化上。学者在讨论中国经济时默认以城市为对象，但有关农村、农业、农民的"三农问题"才是中国经济中体量最大、最难解决的部分，始终影响着中国经济的深层次改革。自1978年实施改革开放以来，"三农问题"始终是历届中央领导人关注的重点，因此有关三农改革的举措均以"中央一号文件"的形式发布。中国社会的城乡二元结构决定了"三农问题"在中国经济转型中的核心地位。

关于"三农问题"，我国不同时期各有其政策面向与关注重点。自邓小平同志起，中央领导人便开始讨论如何解决"三农问题"。当时主管经济的中央领导陈云认为，无粮不稳，粮食问题是"三农问题"的首要。后来美国经济学家、国家粮食研究所所长布朗出具一份报告，称中国无法自主实现粮食供给，解决粮食问题需要向世界进口。这份报告引发了世界的震惊，不过实践证明这一结论属危言耸听。目前，中国不缺粮食而是缺人，生育政策虽然已从计划转向鼓励，但人们的生育意愿仍然较低，并且中国的人口增速也早被印度超越。受布朗报告的影响，直至温家宝总理的任届，中央政府始终坚守18亿亩耕地的底线。许多经济学家反对布朗的报告，认为粮食供给不存在问题，因为世界范围内的粮食跨境交易非常自由，加之还有转基因技术。本届政府主要致力于解决城镇化问题，城乡二元结构表现于多方面——户口、医疗、教育、社保等。经济学家认为，中国改革开放四十多年取得的最重大的成就之一在于，有大量农民以体制内外的方式转为城市户口进入城市。《2018 年国民经济和社会发展统计公报》显示，2018 年年末全国常住人口城镇化率为 59.58%，户籍人口城镇化率为 43.37%。过去 13 亿中国人里 8 亿是农民，5 亿是城市人；现在恰恰相反，8 亿是城市人，5 亿是农民，而且 5 亿农民主要是留守儿童与老弱病残。所以李克强总理就任后便建立卫星城，推进城镇化。不过，也有部分经济学家认为，中国不适合建设大量的小型卫星城，而应建设能接纳 1 亿人口的特大城市。比如经济学家王建主张建造多个可以容纳 500 万到 1 亿人口的特大城市。

目前，中国正处于城镇化的进程之中，其中有几个问题值得讨论。

第一，如何推动农村土地制度改革。土地制度的改革一直是中国经济改革的难点所在。土地制度包括集体土地所有制和国有土地所有制。在城镇化过程中，因以城市为中心的改革导向，大量的集体土地被转为建设用地。建设用地又多被用来招商引资，建设开发区，开发房地产。在此过程中，社会危机和群体性事件迭出。土地制度改革的难题在于三权分置，即所有权、承包权、经营权从一体变为分置。习近平总书记在安徽省凤阳县小岗村主持召开农村改革座谈会并发表重要讲话：要顺应农民保留土地承包权、流转土地经营权的意愿，把农民土地经营权分为承包权与经营权，实现承包权和经营权分置并行，这是农村改革又一次重大制度创新。

在集体土地上创设经营权，实行三权分置是一次重大创新，但这一制度创新在实践中却推行困难。这是因为，法律虽然能顺应改革需求，创新制度，将土地权利划分为多种，但是，在流转过程中，在抵押、出售环节，权利的行使超出权利范围的矛盾不可避免。无论是中央领导人的顶层设计，还是法学家、经济学家的学术研究，都在反复地探求化解这一矛盾的途径。比如，若允许土地经营权能够抵押，则当债权人因抵押权的实现而取得土地经营权时，这一权利对债权人而言价值几何。这些问题正是土地经营权在实践中推行的阻碍之处。所有权对于债权人的价值在于可以流通，土地经营权若要吸引债权人，对债权人有价值，也必须具备流转价值。同一土地上流转自由与受限的权利的并存才是土地经营权流转、三权分置创新的困境之处。土地承包权和经营权的分置，目的在于流通，在于可以投资企业，设立抵押，若权利不具有流转价值，投资者将无意参与土地流转，制度将被束之高阁，无从实施。

世界上很多国家实行土地私有制，但于中国而言，社会主义土地公有制是不可动摇的基本制度。中国在公有制的前提下，细分以土地为基础的特殊物权，实行多种权利分置。分离权利的市场价值分量是权利细分成败的关键所在。无论是中央还是经济学家、法学家，都一直致力于实现土地制度改革的突破，但历经十年仍未实现，三权分置也难称为突破。如何实现土地制度改革的突破，既是法学问题，也是转型经济与转型法律的研究范畴。概言之，土地三权分置在一定程度上突破了旧时土地制度改革的瓶颈，但使其受到市场欢迎的具体进路仍需探讨。

第二，中国经济的刘易斯拐点和中等收入陷阱。美国经济学家刘易斯提出，在农业文明向工业文明过渡时，在工业化进程中，所有的快速增长都源于廉价劳动力的不断输送。但是，当整个工业化过程到了一定节点时，即农村劳动力几近流失殆尽时，经济增长就会出现拐点，称为刘易斯拐点。[1]在某种程度上，刘易斯拐点也是经济学家与李克强总理所讲的"人口红利"。工业化过程需要大量劳动力，企业又倾向雇佣价格低廉的劳动力，而价格低廉的劳动力几乎都来源于农村。刘易斯认为任何经济体包括发展中国家都会经历这一阶段，这是经济发展的不变规律。不论是高城镇化率，还是农村的虚空，均可看出中国经济目前已经行至刘易斯拐点。刘易斯拐点是劳动力人口过剩导致的必然结果，现在刘易斯拐点的出现，意味着城乡一体化这一拐点即将到来，城乡一体化是指城市和农村劳动力的工资相同。目前存在两种劳动力价格，城市居民的工资与农民工人的工资，且前者高于后者，不过二者的差距正在逐渐缩减。刘易斯拐点出现后，中国不再有人口红利，且中国经济需要进行转型升级，腾笼换鸟。而就整个世界经济而言，其也在进行机构的转移。世界经济也遵循替代法则，美国的投资从最早的亚洲四小龙，转移到中国大陆，从中国大陆的沿海推向中部，又推至西部，待西部无法推进后，又开始转移到越南、缅甸等拥有廉价劳动力的国家。世界经济的发展、转型，都会经历刘易斯拐点，刘易斯拐点是十分重要的经济学理论，对中国的经济转型影响重大。

"中等收入陷阱"是世界银行于《东亚经济发展报告（2006）》中提出的概念，现被中央领导频繁使用，是中国经济发展中的重要理论。世界银行研究了众多东亚国家，范围及于日本、韩国等亚洲东边的大小国家。一些东亚国家过去因为劳动力过

---

[1] See *Economic Development with Unlimited Supplies of Labour*, Manchester, 1954, p. 5.

剩,经济增长迅速,但现在这些国家的劳动力红利已经消失。劳动力红利丧失、生态环境恶化、贫富差距增大,是这一时期最主要的三个特征。中国快速地进入了中等收入国家,[1]不可避免地会陷入中等收入陷阱,出现长期的经济停滞。中国若能够跨过中等收入陷阱,就能进入正常的发达国家行列。根据世界银行《东亚经济发展报告(2006)》研究可知,一国要迈过中等收入陷阱,需要耗费多年,其中日本12年,韩国8年,但大多数国家都没能成功迈过,比如墨西哥、菲律宾。社会动荡、经济停滞、腐败严重、权钱交易、生态恶化等社会问题在这些国家盛行。据世界银行的研究报告,墨西哥、南非、菲律宾以及东亚的一些小国如东帝汶等都已进入中等收入陷阱。世界银行2006年报告还显示,从20世纪80年代至今,这些国家始终处于中等收入水平,更甚的是,人均GDP不但没有增加反而有所下降。李克强指出,"十三五"期间是中国经济跨越中等收入陷阱的重要阶段。经济结构转型升级是突破中等收入陷阱的关键所在。

二元结构以及土地制度改革是中国经济转型中的第二个难题与挑战。它展现了中国在经济转型过程中面临的深层问题,包括中等收入陷阱、制度性、结构性的问题,但以上论及的困境实则难以轻易解决。

(二)转型期的中国经济法治

1. 市场经济的法律解释

(1)经济增长的理论解释。历史上各个领域的研究者,包

---

〔1〕 2016年,我国全国居民人均可支配收入为23 821元,城镇居民人均可支配收入为33 616元,农村居民人均可支配收入为12 363元。数据来源:《中国统计年鉴2017》。

括科技、历史、政治与经济领域，都曾尝试过解读推动经济增长的背后力量，形成了以下几种代表性理论与观点。

第一，英国科学家李约瑟的"李约瑟难题"。着迷于中国文化的李约瑟撰写了一部著作，名叫《中国之科学与文明》[1]，他在书中指出，古代中国经济发达，位于世界前列，但到近代后经济突然停滞不前主要是因为中国科技落后。有关中国科技在近代发展备受阻碍，迅速被工业革命国家赶超的原因，李约瑟从多方面进行了解答：一是中国的农耕文化吸引了大量劳动力，无人研究科技；二是儒家文化研究八股文，人们的自由思想与想象力受到限制；三是集权、重农轻商、封建习俗的传统束缚。比如在三寸金莲习俗下，女性不能自由行走，中国一半的劳动力因此受影响，这导致男性只能从事农耕，无暇研究科技。

第二，英国历史学家汤因比（Arnold Toynbee）的"挑战回应论"。汤因比被称为 20 世纪最伟大的历史学家，他创作了一部多达 12 册的《历史研究》。[2]在书中，汤因比认为历史研究应该以文明而非国家为研究对象，文明比国家更为宏伟，是国家间的联系纽带。汤因比对世界上二十六种文明进行研究后发现，所有的文明都会历经四个阶段——起源、成长、衰落和解体，这是文明的发展规律。他认为所有文明在起源、成长、衰落过程中都会遇到各种各样的挑战，若不能成功应战便会消失，因

---

〔1〕［英］李约瑟：《中国之科学与文明》（第 1 册），陈立夫主译，黄文山译，中华文化复兴与运动推行委员会、《中国之科学与文明》编译委员会编译，（台湾）商务印书馆 1971 年版。

〔2〕［英］阿诺德·汤因比：《历史研究》（修订插图本），刘北成、郭小凌译，上海人民出版社 2000 年版。

此他认为促进整个人类社会发展的背后力量是文明。

第三，美国政治学家亨廷顿（S. P. Huntington）的"新权威主义"。亨廷顿的著作《变动社会的政治秩序》[1]于 20 世纪 80 年代问世，广泛影响了中国当时的知识精英与上层人士。亨廷顿在书中提出，所有经济发展的前提都是政治，没有政治发展就没有经济发展，而政治发展最重要的因素是政治势力。亨廷顿认为宁要有秩序的不自由，也不要有自由的无秩序，强调了政治秩序在政治发展中的重要性，且政治发展决定经济发展，他由此提出"新权威主义"，即国家的经济发展是由专制但开明的领导人借助开放型经济改革措施以推动。新加坡是受其影响的典型国家。

第四，英国经济学家亚当·斯密（Adam Smith）的"市场调节论"。亚当·斯密曾任英国格拉斯哥大学的名义校长，号称近代经济学之父。他有两本著作，其中最为著名的是《国民财富的性质和原因的研究》[2]，简称《国富论》。在这本书中，他提出了一个被世界上几乎所有的经济学家和政府领导引用的经济学概念——"看不见的手"。亚当·斯密认为，看似混乱的市场背后隐藏着一只会调节价格、配置资源的手，他将这只手称为看不见的手，与政府看见的手相对。亚当·斯密的另一本书《道德情操论》[3]奠定了《国富论》利润分析的基础。这本书提到人自私而贪婪，但自私贪婪会促使个人理性处理事务，在保

〔1〕 ［美］塞缪尔·P. 亨廷顿：《变动社会的政治秩序》，张岱云等译，上海译文出版社 1989 年版。

〔2〕 ［英］亚当·斯密：《国民财富的性质和原因的研究》（上卷、下卷），郭大力、王亚南译，商务印书馆 2009 年版。

〔3〕 ［英］亚当·斯密：《道德情操论》，何丽君编译，北京出版社 2008 年版。

障自身安全的同时获取更多利益，同时使得产品的价格下降，消费者由此受益。人们的逐利动机、有限理性和自私贪婪，催生了市场的自动调节与自由竞争。亚当·斯密在其著作中不仅谈及市场这只看不见的手，还对资本性质、国民财富分配原则、政府赤字和国际贸易关系进行了全面的分析。我国十八届三中全会《中共中央关于全面深化改革若干重大问题的决定》也充分吸收了亚当·斯密理论的精髓，其中市场在资源配置中起决定作用的论述也可称为"市场决定论"。

第五，美国经济学家熊彼特（J. A. Schumpeter）在其著作《经济发展理论》[1]一书中，也对人类经济发展的力量进行了别具一格的解读。他指出创新造就了所有的人类进步，创新就是创造性的破坏，如果没有创造性破坏就不会有创新。创新来源于模仿，因此这往往会打破垄断。日本整个经济的发展理念都是从熊彼特的创新理论发展而来。

（2）新制度经济学的解释。关于经济增长原因的观点论断琳琅满目、异彩纷呈，但其中制度经济学的解释最为重要。在制度经济学领域有两位人物值得特别关注：一位是科斯（R. H. Coase），另一位是诺斯（Douglass C. North）。

科斯在其著作《企业的性质》[2]中提出交易费用概念，质疑传统的看不见的手的价格理论。科斯用交易费用来解读企业，认为企业由一系列的合约组成，企业的存在及市场主体采用这一组织形式的原因在于交易费用。后人通过分析总结将科斯的

---

〔1〕［美］约瑟夫·熊彼特：《经济发展理论》，何畏等译，商务印书馆1990年版。

〔2〕R. H. Coase, "The Nature of the Firm: Origin", 4 *J. L. Econ. & Org.* 3, 18 (1988).

理论提炼为科斯定理。"科斯定理一"的具体内容是，当交易费用为零时，不论初始产权如何安排与界定，都不会影响资源配置效率。"科斯定理二"通常被称为科斯定理的反定理，其基本含义是，在交易费用大于零时，不同的权利界定，会影响资源的配置效率。换言之，交易有成本，在不同的产权制度下，交易成本可能不同，从而资源配置的效率也不同。因此，优化资源配置需要对产权进行最优界定。笔者认为还有"科斯定理三"，即优良的制度有利于降低交易费用，并非所有有关产权界定的法律都是良法，法律制度有良法与恶法之分，只有良法才能够极大地降低交易费用。

诺斯在其《经济史中的结构与变迁》[1]和《制度、制度变迁与经济绩效》[2]中提出，制度是经济发展的决定源泉。诺斯在理论上完善了对制度的解读，认为制度包含正式制度、非正式制度以及制度的实施，并不仅仅限于法律。正式制度之外，还有很多非正式制度，包括习俗、潜规则、习惯等。正式制度、非正式制度和制度的实施共同构成了完整的制度概念。中国的误区在于仅将法律视为制度，忽视非正式制度及制度的实施的制度价值。以科斯、诺斯、威廉姆森（Williamson）为代表的芝加哥学派经济学家们组成了制度经济学派。如今制度经济学的影响波及全球，延伸至各个领域，被大量适用于反垄断法、合同法、侵权法以及刑法领域。比如美国第七巡回法庭大法官波

---

〔1〕［美］道格拉斯·C. 诺思：《经济史中的结构与变迁》，陈郁、罗华平等译，上海三联书店 1991 年版。

〔2〕［美］道格拉斯·C. 诺思：《制度、制度变迁与经济绩效》，杭行译，格致出版社、上海三联书店、上海人民出版社 2008 年版。

斯纳（Richard A. Posner）的著作《法律的经济分析》[1]就采用了大量的制度经济学理论。

在交易成本的整合下，交易成本理论、产权理论、契约理论甚至法律经济学理论等都可以被称为新制度经济学，但具有相同渊源的这些学说，在分析角度和问题的解释上却各有千秋，各有侧重，以下对这些新制度经济学的重要理论进行介绍。

第一，交易成本理论。交易成本理论起源于20世纪30年代科斯的《企业的性质》，[2] 1991年科斯因此获得诺贝尔经济学奖。科斯在获奖演讲时指出，这篇论文最重要的东西，是将交易成本明确地引入经济分析。[3]但是，长期以来，此文及其思想在学术界的遭遇却是引而不用，即经济学界没有真正认识到交易成本范畴对经济分析的用处。从20世纪70年代开始，交易成本的分析范畴才被经济学界重新发现，异军突起，成为现代经济学中发展最为活跃的一支，其最著名的代表人物除了科斯以外，还有威廉姆森等。交易成本理论的目的在于探求企业与市场之间的关系、企业产生和变化的根本原因、企业和市场作为一种管理机制的局限性和互补性等被新古典经济学忽视的重大命题。交易成本经济学的核心是论证交易成本是组织结构和组织行为产生、变化的决定性因素。交易成本理论的基本论点主要有：一是认为市场和企业可以相互替代而不是不同的交易机制，因而企业可以取

---

〔1〕〔美〕理查德·A. 波斯纳：《法律的经济分析》（上、下），蒋兆康译，中国大百科全书出版社1997年版。

〔2〕R. H. Coase, "The Nature of the Firm: Origin", 4 *J. L. Econ. & Org.* 3, 18 (1988).

〔3〕〔美〕罗纳德·哈里·科斯：《论生产的制度结构》，盛洪、陈郁泽校，上海三联书店1993年版。

代市场实现交易；二是认为企业取代市场实现交易有可能减少交易的成本，因为在市场交易中存在着发现价格的成本，而企业恰恰能够在一定程度上避免这种发现价格的成本；三是认为市场交易成本的存在决定了企业的存在，没有交易成本，企业也没有必要存在；四是企业在"内化"市场交易的同时产生了额外的管理费用，当管理费用的增加与市场交易费用节省的数量相当时，企业的边界趋于平衡，即企业的边界是在边际上市场交易成本与企业的行政管理成本相等这一点上；五是认为交易成本的存在及企业节省交易成本的努力是企业结构演变的唯一动力。[1]

　　第二，产权理论。科斯1937年的《企业的性质》[2]开启了产权经济学的研究之门，加上1960年科斯发表的《社会成本问题》[3]，其形成了科斯产权理论的核心——科斯定理。科斯定理最早由芝加哥大学的斯蒂格勒（Stigler）在其经典之作《价格理论》（1966）[4]中首先使用，后来逐渐为经济学界所认可。关于科斯定理的表述，至少有三种具有代表性[5]。第一种表述是从科斯1959年关于联邦通讯委员会的论文中推出的，认为"产权的界定是市场交易必不可少的前提"。第二种表述可以从科斯于1960年关于社会成本的论述中推导出来，亦称不变性定理，

　　〔1〕 单伟健：《交易费用经济学的理论、应用及偏颇》，载汤敏、茅于轼主编：《现代经济学前沿专题》（第1集），商务印书馆1989年版，第61~62页。

　　〔2〕 R. H. Coase, "The Nature of the Firm: Origin", 4 *J. L. Econ. & Org.* 3, 18 (1988).

　　〔3〕 ［英］R. H. 科斯：《社会成本问题》，载《法律与经济学杂志》1960年第3卷。

　　〔4〕 ［英］乔治·斯蒂格勒：《价格理论》，施仁译，北京经济学院出版社1990年版。

　　〔5〕 张五常：《论新制度经济学》，载氏著：《经济解释——张五常经济论文选》，商务印书馆2000年版，第441~444页。

是最为流行的表述方式。科斯认为"如果产权被清楚界定，而且所有的交易成本为零，那么，不管谁拥有产权，资源的运用都将相同"。张五常教授认为在这里"产权界定清楚"与"交易成本为零"是等价的。第三种表述认为，如果产权被清晰地界定而且交易成本为零，就会满足帕累托条件（经济效率最优）。但正如张五常教授随后指出的那样，科斯对经济学的贡献不在于提出了某个定理，而是引入了一种新的思路，一种新视角，一个新的分析框架，由此我们可以从不同的角度观察经济现象。科斯之后，经济学界乃至其他学科的学者，在科斯开辟的产权研究领域，补充、发展了新的产权经济学思想（同样，与交易成本理论的发展一样具有滞后性），甚至包括否定科斯定理的学者也通过批判科斯定理，发展了产权经济学理论。产权经济学理论在企业产权、公共财产、外部性、交易费用、委托代理、产权与分配、产权与国家、产权结构等领域取得了迅速进展，其中，企业产权理论发展最为突出。[1]

第三，契约理论。对此国内学者又译为合同理论，张五常教授则使用合约理论这一译法。钱颖一教授认为，科斯开创的理论主要沿着两个分支发展，一是交易成本理论，二是代理理论。二者尽管侧重点不同，但都强调企业的契约性，所以企业理论又称为"企业的契约理论"。[2]可以说新制度经济学所讲的契约理论，主要是从这个意义上来说的。人们的经济活动，从根本上说，都是借助合同进行协调和激励的。通过合同，交易各方

---

〔1〕 刘伟：《经济改革与发展的产权制度解释》，首都经济贸易大学出版社2000年版，第135页。

〔2〕 钱颖一：《序三》，载费方域：《企业的产权分析》，上海三联书店、上海人民出版社1998年版。

做出在不同条件下做什么和不做什么的承诺，对未来的行为进行约束，使双方有一个各自"合理"的预期。通过合同，交易各方在互利的前提下以较低的交易成本实现各自的目标。"合同和合同订立过程是当代新制度经济学的一个研究核心。"[1]在近二十多年发展起来的合同交易理论中，合同有完全和不完全之分，尤其是格劳斯曼 – 哈特 – 穆尔不完全合同理论（Grossman – Hart – Moor Theory），被认为是交易成本理论的一个重大突破。完全合同建立的假设条件类似于完全竞争：缔约各方都是理性人；信息是完全的；交易成本为零；私人利益等于社会利益，即不存在外部性；每个缔约人面对大量的买者或卖者。完全合同是一种理想的合同。完全合同的签订表明不可能在有人不受损的情况下，通过修正合同或不全部履行合同而使其中的一方受益，可称为"帕累托合同"。但是，在实际的交易中，订立和执行的合同却往往都是不完全的。完全合同的众多假设条件在经济交易中很难实现。"合同不完全的原因，在于世界和未来事件的复杂性和不确定性以及交易人的有限理性和机会主义行为的矛盾。"[2]因此，合同总是有遗漏和缺口的，总是有模棱两可和歧义之处，再协商和修正不可避免。可以说，在现代市场经济中，完全合同是不存在的，而合同总是不完全的。

第四，法律经济学。法律作为制度最重要的组成部分，自然是新制度经济学的重要研究对象，法律经济学也就由此而生。其代表人物有科斯、波斯纳等人。在四十多年前，法律的经济

---

〔1〕 ［德］埃瑞克·G. 菲吕博顿、鲁道夫·瑞切特编：《新制度经济学》，孙经纬译，上海财经大学出版社1998年版，第16页。

〔2〕 费方域：《企业的产权分析》，上海三联书店、上海人民出版社1998年版，第82页。

学分析是反托拉斯法经济学分析的同义词，而如今法律经济学——已将经济学理论（主要是微观经济学）和经验主义方法（主要是实证经济学）全面用于法律制度的分析，包括侵权法、契约法、赔偿法和财产法等普通法领域；惩罚的理论和实践；民事、刑事和行政程序；立法和管制的理论和实践；法律的实施和司法管理；以及宪法、民法、海事法、家庭法和法理学。[1]波斯纳的法律经济学分析从新古典经济学的最基本假定，即从理性人和最大化假定出发分析法律现象，他将法律过程看成经济过程，比如将立法过程看作交易过程。波斯纳利用供给与需求、成本与收益等分析工具来分析法律制度，将帕累托效率原理引入法律原理，认为法律裁定应该使收益方在补偿损失之后仍有剩余利益。波斯纳认为，普通法的逻辑实际上就是经济学的逻辑，如"在侵权案件中，侵权问题可以重新概括为发现事故前的隐含合同——只要交易成本不是过高，以致无法形成双方都会同意的隐含合同——而转换成合同案件；而合同案件也可以转换为侵权案件，只要问一下事后来看什么样的（如果有的话）救济会使合同承诺所期望的最大化。罪犯决定是否进行某一犯罪，在原则上与检察官决定是否起诉没有区别。辩诉交易是一个合同；犯罪实际上是无法赔偿的被告进行的侵权，因为如果所有的罪犯都可以支付他们罪行的全部社会成本，威慑反社会行为的任务就可以留给侵权法完成"。[2]

上述新制度经济学的理论对解释市场经济中的法律具有重

---

〔1〕 ［美］理查德·A. 波斯纳：《法律的经济分析》（上），蒋兆康译，中国大百科全书出版社1997年版，第25页。

〔2〕 ［美］波斯纳：《法理学问题》，苏力译，中国政法大学出版社1994年版，第454页。

要的启示：

第一，法律是一种规则，是一种稳定可靠的预期，它用来降低市场经济中发生的交易费用，以达到效益和效率最大化。虽然，一种规则、一种稳定可靠的预期若要得以实现，必须支付交易费用，法律制定本身是有交易成本的。但是，人们为制定法律而支付的交易费用要远远低于没有法律而在市场交易中产生的交易费用。这就是法律产生的原因。人们宁愿支付一定的交易费用，以形成大家共同遵循的规则和稳定可靠的预期，达到资源最佳配置状态，从而节约因市场的无序和不确定性可能带来的巨额交易费用。如果不存在交易费用或交易费用为零，不管法律对权利的配置如何，市场主体的谈判都会达到资源最佳利用状态，法律的存在就没有必要。在以尊重市场主体利益为前提而成长起来的市场经济中，市场主体之间必然会产生利益的摩擦与冲突，并形成一定的市场交易费用。在新制度经济学的意义上，交易费用的存在必然会导致法律制度的产生，法律制度的运作又有利于降低交易费用。确定的交易规则可以节约交易费用，人们运用法律制度进行选择和改革的动因也是节约交易费用，节约交易费用是包括法律制度在内的一切制度的经济动因。[1]交易费用的多寡直接影响到市场主体所追求的经济效益，从而制约着社会的资源配置过程。正因为如此，才产生了权利安排的内在要求。一种交易费用较低的权利安排，通常构成了市场主体追求效益最大化的有力杠杆。

从另外一个角度来讲，在市场中从事交易的主体都是追求自身利益最大化的经济人。经济人对交易规则的确定性需求表

---

〔1〕 唐寿宁：《个人选择与投资秩序》，中国社会科学出版社 1999 年版，第 30 页。

明法律存在的必要性。经济学家布坎南（James M. Buchanan）认为，可以把经济定义为一个结构、一组约束规则，在这些规则内人们寻求他们各自确定的目的。在一定的意义上，经济既没有目的、功能，也没有意图，而是被一定结构、规则和制度约束着的人们在一个类似于游戏的、互动的链条中进行的选择。个人以自己的特殊利益选定的规则，只是对他当前的特殊情形有利，当他目前的利益情形改变后，已经选定的制度规则便可能是对他不利的。尽管经济人在每一次交易面临约束其经济行为的规则时，都希望选择对自己有利的规则，但是从长远看，经济人自然要选择一个对他来说波动不大的制度规则。[1]市场经济的运行不允许经济主体在每一次交易时选择不同的制度规则，因为尽管这样的选择对其个人是有利的，但却不利于整个市场经济的正常运行，也违背了制度规则存在的初衷。因此，制度规则是一种公共用品。对制度规则的选择来说，一次性博弈与重复博弈应该是没有什么区别的。对不同的交易者适用不同的规则，不仅会导致规则的模糊不清，也会导致规则约束的淡化，最终造成经济的无序。而这里所指的"制度"，主要指的是法律。

第二，从法律的角度来说，合法权利的初始界定对市场交易是至关重要的。为了进行市场交易，有必要发现希望进行交易者，有必要告诉人们交易的愿望和方式，以及通过讨价还价的谈判缔结契约，督促契约条款的严格履行等，这些工作的成本常常是很高的，而任何一定比率的成本都足以使许多在无须

〔1〕〔美〕詹姆斯·M. 布坎南：《自由、市场和国家：20 世纪 80 年代的政治经济学》，吴良健等译，北京经济学院出版社 1988 年版。

成本的定价制度中可以进行的交易化为泡影。无论是传统政治经济学还是现代学者，都承认法律上对财产权的界定对经济的意义。不过，传统政治经济学是将产权界定作为一个默认的前提，而科斯则将其明确提了出来。因此，市场活动不仅要有主体独立的意志参与，而且财产权等权利必须受到法律保障，才能正常运行。权利本身就是市场经济中不可或缺的"生产要素"，它在一定程度上决定着市场主体的交易行为。而市场经济的运行又推动了法律权利的重新配置，推动着制度创新的进程。所以，有关财产权确认和保护的法律，是实现经济交易的基本保证和前提。

进一步说，对财产权的界定与再界定以及不断确认，或者说对各种经济权利的界定与再界定以及不断确认，是推动市场经济发展的最重要的制度保障。在现代市场经济以前是传统市场经济，[1]传统市场经济的一个主要特点是国家和政府对私有产权的控制没有受到制度的约束。现代市场经济条件下产生的财产法主要有三个目标：一是界定有限的资源，保护私有产权；二是调整利用有限资源过程中人们之间的竞争关系；三是约束国家和政府对私有产权的控制。财产法的执行有助于实现产权交易的效率。

因此，市场经济活动的进行首先需要具备两个法律条件：一是财产权的界定，二是调整权利安排的规则。正如科斯认为的那样，"合法权利的初始界定会对经济制度的运行效率产生影响。一种权利的调整会比其他安排产生更多的产值，但除非这是法律制度确认的权利的调整，否则通过转移和合并权利达到

---

〔1〕 钱颖一：《市场与法治》，载《经济社会体制比较》2000 年第 3 期。

同样后果的市场费用如此之高，以致最佳的权利配置和由此带来的更高的产值也许永远也不会实现。"[1]

第三，市场经济中存在着大量各种各样的合约，这种合约的最大特点是它的不完全性，因为从合约形成的报价、接受、对价和合意四个步骤中，存在着市场的不确定性和交易人的有限理性。要签订一项尽善尽美的合同几乎是不可能的，即便可以达成这样一种"完全"合同，在经济上也是得不偿失的——产生的交易费用高得无法支付，以致失去交易或者签订合同的意义，即交易费用大于合同带来的收益。在传统市场经济中，由于市场规模狭小，市场交易方式简单，尽管合同也带有不完全性的特点，但合同的执行往往可以在较小的交易成本下靠声望、社会关系来完成。在现代市场经济中，交易范围扩大，交易对象泛化以及交易方式复杂化，市场主体之间发生的合约，不仅在数量上有了成千上万倍的增长，而且更为重要的是几乎每一个合约的内容都越来越繁杂、冗长和多变。因此，为了节约签订这些复杂合同所带来的巨额交易费用，单个市场主体之间的协调显然已无法满足现代市场经济发展的需要，于是合同法就产生了。合同法的最大意义在于它可以为交易双方或多方提供交易规范和标准格式，分配市场风险，规定风险承担，使得各交易主体有章可循、有法可依，从而节省在合同的签订、履行和实施过程中由讨价还价、决策、延期、违约或者信息不对称、机会主义等所带来的大量交易成本。

---

[1] [美] R. H. 科斯：《社会成本问题》，胡庄君译，载［美］ R. 科斯等：《财产权利与制度变迁——产权学派与新制度学派译文集》，胡庄君等译，上海三联书店 1991 年版，第 20 页。

当然，合同法本身并不能解决所有问题，即便有合同法，在缔约过程中也存在对价不均、合意不实的风险以及承诺交易过程中的公平标准的模糊化等风险。因为合同法不能穷尽合约缔结到执行过程中的所有问题。一个身强体壮的人和一个残疾人缔结的一个竞技合约，虽然形式上是完全公平的，但是它却隐含着实质上的机会不公平。因此，合同的不完全性也会导致合同法的不完全性。如何解决合同法的不完全性？显然不能简单依靠合同法本身来解决，在司法实践中，法官对每一个具体合同纠纷的裁定是对这种合同法不完全性的一种弥补。法官在司法判例中应当遵循效率和公平原则，综合考虑合同的成本和收益，按照自己对完全合同的理解，做出让不完全合同法趋于完全合同法的裁定，这就是普通法系司法审判体制的优势。

2. 中国经济法治的转向

经济转型是指由计划经济向市场经济转型。当今世界上其他进行这种经济转型的国家较多，主要是前社会主义国家，比如俄罗斯、东欧各国、越南等，各个国家的经济转型都要经历较长的时期。各国转型的具体目标和路径不尽相同，所遇到的经济问题有共同性，也有特殊性，因此引起了国际学术界的关注，经济转型理论也由此产生。学术界对此使用的术语不完全相同，如过渡时期经济、转轨经济、转型经济，但其研究的对象和内容并无多大差别。

（1）从政策之治到法治之治。自1978年至今，中国经济改革已经走过了四十多年的路途。毫无疑问，中国经济改革取得了巨大的成功，并获得国际赞誉。为什么中国的经济改革能够获得巨大成功？按照一些经济学家的解释，中国的经济增长是政府主导型的经济增长，政府主导型的改革促进了经济增长。包括张五常在内的一些经济学家认为，中国经济高速增长是因为县域竞争、地方竞争。但从法学角度来看，中国四十多年经济改革成功的主要动因是制度。

有的思想家早就注意到了制度和经济增长的内在关联。马克斯·韦伯在《新教伦理与资本主义精神》[1]中阐述了"理性的法律制度"是资本主义萌芽的前提的观点。诺斯认为，世界各国之所以分为富国和穷国，主要取决于各国制度的质量。富国形成低成本制度。科斯认为保护产权、确保合同得以履行是经济发展、经济增长的前提。哈耶克（Hayek）认为"自发秩序"使得经济发展更加迅速，"自发秩序"指的是普通法的支持和私人商业的自由。LLSV［拉波塔（La Porta）、洛配兹·西拉内斯（Lopez de Silanes）、安德烈·施莱弗（Andrei Shleifer）和罗伯特·维什尼（Robert Vishny）］根据法律与金融关系的研究得出，英美法系国家的经济比大陆法系国家发展更快，其原因是前者能够提供更好的法律保护。学术界和理论界已较好地解释了经济发展的原因，经济增长背后的真正力量实际上是法律。中国改革的实践证明，中国经济改革的成功主要取决于制度的松绑和市场力量的释放。制度松绑会遏制恶法，释放社会公民的自由度和创业空间，同时遵循自由竞争、价高者得和优胜劣汰的市场法则。但是，仅仅依靠自然法则并不足够，还需要理性的法律制度的支撑。十八届四中全会特别提到，良法是善治之前提。

---

〔1〕［德］马克斯·韦伯：《新教伦理与资本主义精神》，阎克文译，上海人民出版社 2010 年版。

中国的四十年改革一方面松绑旧制度，另一方面用新制度不断地推进市场交易，界定确认产权，保护合约履行。中国的国家治理改革可以分为四个阶段。

第一阶段，1978年到1993年，全面依靠政策治理国家的治理阶段，可以称其为政策治理阶段。在当时就有人治与法治的大讨论，制定一些以刑法为主的法律，这是理念的批判与解放的阶段。彼时主要依靠党中央及国务院的文件，来推动包括经济改革，包括国企改革中的经营承包、股份制改革、兼并破产以及有关城乡二元结构的部分改革。

第二阶段，1993年到2004年，初步确立市场经济制度阶段。1993年以后中国确立了社会主义市场经济制度，建立了初步的市场法制，如企业法、公司法、证券法等，不过政策仍然是推进经济改革的主要依据。准确来讲，1992年邓小平南行之后中国便开始提倡市场经济，市场经济是法治经济，法治的作用也得以凸显。在1993年到2004年的十年间，法治更多的是具有观念的重要性，关于法治的作用发挥、必要性认识，还在酝酿奠基阶段。

第三阶段，2004年到2014年，政策和法治得到并举，开始共同参与国家治理。2004年《宪法》修改，不仅在经济制度上确立同等保护私有财产权和公有财产权，还纳入了国家尊重和保障人权的条款。这一时期的突出成就在于市场经济的法治建设进程得以加快，如2005年按市场经济的理念修改了《公司法》《证券法》，2006年我国通过了第一部市场经济的《企业破产法》，2007年颁布了《物权法》《反垄断法》《劳动合同法》，2008年制定了《企业国有资产法》。但是，法律的制定和修改只是法治建设的环节之一，法律的有效实施才是焕发法律生命力、维护法律权威的关键。

第四阶段，2014 年至今，全面推进依法治国的改革阶段。在国家治理体系和治理能力的现代化过程中，2014 年的十八届四中全会《中共中央关于全面推进依法治国若干重大问题的决定》是一个全新的起点。中国经济要保持长期的稳定的繁荣，中国社会要取得长久的显著的进步，必须要依靠法治的力量来推动。如果说前四十多年的改革靠的是制度松绑和法律规则来推进的话，那么现在步入了一个全面依法治国的新时代，就需要用理性的法治来推进改革、推进社会文明进步。因此，从现在开始，要开启一个全面法治的阶段，让法治成为党和国家生活的重要部分，成为经济发展和增长的主要动力，成为社会文明进步的有力保障。同时也要让法治思想渗透人心，成为党和国家领导人、政府官员和每个公民的基本理念和思维方式。

（2）市场经济与法治的互动关系。市场经济从本质上来说是自由经济，具有以下三个特征：

第一，市场经济内在地具有效率的特点，要求资源配置的最优化，即追求帕累托最优。所谓帕累托最优指的是资源配置达到了这样一种状态，无论做任何改变都不可能使一部分人受益而没有其他人受损，也就是说，当经济运行达到了高效率时，一部分人改善处境必须以另一些人处境恶化为代价。实践中，帕累托最优和完全竞争一样都只是一种假设，一种理想状态，市场经济的效率特点在于它会不断地优化资源配置，使资源配置无限地趋向帕累托最优。所以，市场内在地要求所有的资源配置关系不断地追求效率，从而使资源由无效流向有效，由低效流向高效。

第二，市场经济具有不确定性和不可预测性。这种不确定性表现为，对当前的经济行为和事件起决定性作用的某些因素是未知的或不可知或不完全可知的，所以人们的理性是不完全的，人们所掌握的信息也是不完全的。比如汽车制造商制定来年的汽车生产计划，它必须考虑汽车产品的未来价格、道路增长的情况、家庭消费的构成以及出口市场和出口政策等，这些因素都是未知的或难以预知的。

第三，市场经济是"价高者得""价低者售"的经济，价格作为竞争的一种标准，是市场经济所固有的。美国加州大学经济学教授阿尔钦认为，重要的不在于价格是如何被决定的，而在于价格作为个人争夺经济资源的标准发挥了什么作用。[1]实际上，市场经济是由无数交易关系、交易过程和交易结果所构成的，市场的交易过程和结果实际上也是竞争的过程和结果，市场总在寻求交易成本趋零或最小化的方式，同时也在追求质高价廉的交易结果，这其中价格是纽带。

法治是一套刚性的规则，它带有强制性、权威性和稳定性，为市场经济运行提供必须遵守的规范。可以说，它产生于市场经济，来源于市场经济。市场经济追求效率、不可预测以及竞争的特征，都使得其对带有强制性、权威性、稳定性高的规则有一种内在的要求。

建立在民主基础上的近现代意义上的法治，无论是作为一种启蒙理论，还是一种社会实践，都有其特定的含义。古希腊思想家亚里士多德在回答"由最好的一人或由最好的法律统治，哪一方面较为有利"这个问题时，就曾明确提出"法治应当优

---

〔1〕　张五常：《经济解释——张五常经济论文选》，商务印书馆 2001 年版，第417 页。

于一人之治"。[1]他对法治的注解是:"法治应包含两重意义:已制定的法律应获得普遍的服从;而人们所遵从的法律本身应该是成文和良好的。"英国法学家戴雪认为,法治有三项标准,即法律具有至尊性,反对专制与特权,否定政府广泛的自由裁量权;法律面前人人平等,首相同邮差一样要严格遵守法律;不是宪法赋予个人权利与自由,而是个人权利产生宪法。

在现代西方法治国家,法治作为一种社会实践,体现为一些基本的原则和制度。"法治"指的就是法律的统治(Rule of Law),它区别于"法制"(Rule by Law)。法治通常包括三项基本原则:①法律至上原则。实行法治,必然要求一个国家以宪法为核心的法律拥有至高无上的权威,不允许任何个人凌驾于其上。②人权与自由原则。包含三层意思:其一,法非君出,而是法自民出,法治本身是民主之治;其二,法律面前人人平等,人人在法律面前均有平等的身份和机会;其三,法治的基本目的之一是,充分保障每个人的权利与基本自由的实现。③权力分立制衡原则。绝对的权力导致绝对的腐败,"要防止滥用权力,就必须以权力约束权力"(孟德斯鸠)。因此,法治的原则是使各种权力归位:立法机构依照法律程序立法;行政机构要限制自由裁量权,依法行政;司法机构独立地行使司法权力。除上述三项基本原则之外,法治还有一些具体的指标:以普遍有效的法律作为社会控制主要的甚至是唯一的方式,国家权力和政府必须置于法律的严格规束之下,具有独立的法院及其他司法制度的综合系统,发达的开业律师界,中立的法学家和法

---

[1] [古希腊]亚里士多德:《政治学》,吴寿彭译,商务印书馆1965年版,第167页。

律学者团体，各种法律制定、修改和废止的方式，以及普通人难以懂得或了解的复杂和技术性的法律知识体系。

法治对市场经济的作用主要体现在三方面：

第一，法治要保证资源优化配置过程中的公平和正义的问题。市场经济一味地追求效率可能会导致公平的减损，法治要确保在资源分配过程中，公平前提下的资源配置的最优化，并提供单一效率追求过程中对公平减损的救济措施。法治对公平维护的重复博弈，最终又促进效益和效率的最大化。

第二，由于市场经济存在不确定性，因此市场经济存在着风险，法律的本质是为人们提供一系列稳定的信息，使人们容易预测其行为的结果，对其行为的成本和收益做合理的预期，将风险和不确定性减少到最低限度，而达到资源的最佳配置。

第三，法律的经济意义在于节省交易的成本，这种成本可以归纳为寻找成本和信息成本、谈判成本和决策成本、履行成本和实施成本。具体来说，法律的意义在于给定一套交易规则、规范和标准术语，从而减少达成法律规范和规则条款所需的成本。另外，法律的责任制度使当事人预先知道自己的行为后果，从而可以防止违法以及由此所造成的各种成本，如缩短诉讼时间、减少举证责任等。

法治是现代市场经济的基础。在一些所谓的"市场经济国家"特别是第三世界的"市场经济国家"，之所以没有出现真正市场经济所能带来的经济增长和经济繁荣，原因就在于缺少相应的法治基础。秘鲁经济学家赫南多·迪索托（Hernando De Soto）认为，市场经济之所以在西方成功而在其他地方失败，是因为非西方国家还没有建立一个无形的法律网络——这个网络机制可以把财产从国家的资本变成活的、流动的财富，西方标准化的法律能够使人们以分期付款的方式购房置产，以便使人们有资金进行新的投资；允许一个公司的资产分割成很多部分，可以公开上市进行股票交易，并使财产评估成为可能。这一切都是在人们遵循当地约定俗成的法律规范的前提下进行的。这种由现代法律保障的无形的资产管理结构，在西方早已成为人们生活的一部分，大家习以为常，因此发展出成熟的市场经济。[1]

自由经济的成败，实际上和财产及产权的法律有着密切的关系。这个关系主要是一个法律纽带，同时也要把它变成社会不可分割的组成部分。这个过程比其他的事情更具有政治意义。许多发展中国家都会经历这么一个过程，即从非正式的、不受法律约束的财产所有权，转变成正式的、统一的、合法的财产体系。

"市场经济"并不是新东西，它早就存在于计划经济之前，市场经济可以分为传统市场经济和现代市场经济。传统市场经济的特点除小规模经营外，主要有两个特点：一是合同执行靠声望和关系而非第三者；二是国家和政府对企业产权的控制没有受到制度的约束。归根结底是政治和经济没有界线。现代市场经济与传统的市场经济的区别在于，前者的基本规则就是基于法治的规则。"现代市场经济作为一种有效运作的体制的条件是法治，而法治则是通过其两个经济作用来为市场经济提供制度保障的。法治的第一个作用是约束政府，约束的是政府对经济活动的任意干预。法治的第二个作用是约束经济人行为，其中包括产权界定和保护、合同和法律的执行、公平裁判、维护

---

〔1〕　〔秘鲁〕赫尔南多·德·索托：《资本的秘密》，王晓冬译，江苏人民出版社 2001 年版。

市场竞争。这通常需要靠政府在不直接干预的情况下以经济交易中第三方角色来操作，起到其支持和增进市场的作用，如没有法治的这两个经济作用作为制度保障，产权从根本上说是不安全的，企业不可能真正独立自主，市场不可能形成竞争环境并高效率运作，经济的发展也不会是可持续的。"[1]

（3）树立法治的核心地位。法治要求树立法律的最高权威，任何组织或个人的权威都要服从于法律的权威。无论是国家制度的建立完善还是国家制度的充分执行，都是法治化的题中之意。党的十八大报告提出，"法治是治国理政的基本方式"，这意味着社会主义现代化建设不能再以过去的思维，而应当以法治思维和法治方式深化改革、推动发展、化解矛盾、维护稳定，做到科学立法、严格执法、公正司法、全民守法，树立转型时期法治在国家治理中的核心地位。这要求我们处理好政府、社会稳定、保护人权与法治之间的关系。

第一，政府与法治的关系。政府作为国家行政机关，肩负着公共服务、社会管理的众多职能，对国家、社会具有莫大的影响。建设法治政府是建设法治国家的重要环节和艰巨任务。建设法治政府，首先，要转变政府职能，打造服务型政府，进一步简政放权，降低政府对社会和市场的管制。其次，要推进政府机构的改革步伐，健全政府内部的决策、执行与监督权力制约机制，约束行政权力的过度扩张。最后，完善行政责任追究制度，使政府及其工作人员切实为自己的行政行为负责，从

---

〔1〕 钱颖一：《市场与法治》，载《经济社会体制比较》2000 年第 3 期；《现代市场经济体制的法治基础》，"中国经济改革回顾与展望——吴敬琏教授从事经济研究 50 周年研讨会"论文，2000 年 2 月 26 日。

而做到依法行政，构建责任政府，为全面建设法治政府打好基础。特别要处理好行政决策与立法之间的关系。我国各级政府的存在行政决策失误的情况，有的地方政府存在用行政决策改变立法规定的情况。这要求我国将行政决策纳入立法的框架，在法律中规定决策的方式、程序、信息公开、公众参与、专业咨询、监督评价机制以及决策失误的法律后果等，不允许行政决策违背法律规定，更不允许行政决策随意改变已有的法律规定，对于违反法律的行政决策行为，一律追究相应的法律责任。

第二，社会稳定与法治的关系。当今社会存在"群体性事件"以及社会不和谐现象，影响了社会稳定。而造成这些"不稳定"现象的深层次原因是公权力的滥用或不合理行使，人民群众的合理诉求得不到有效回应，或者政府对于人民诉求的处理方式不甚合理，从而激化了社会矛盾。这就要求我国的"维稳"工作应当对公权力加以规范，建立严格的权力约束与责任追究机制，用法治的力量疏通社会各方面的利益实现管道，消除公权力的不当行使现象，从而真正维护社会稳定。

第三，保护人权与法治的关系。保护人权是现代法治的基本价值。建设法治国家自然应当保护公民的生命、财产、自由等基本权利。废除劳教制度可以说是我国人权保护的一大进步，同时，我国也应注意进一步修改完善教育法、劳动保护法、社会保障法等与人权息息相关的法律制度，保障人民享有平等的受教育权、劳动保障权、社会救助权等基本权利，并能够让人民在保证生存的条件下实现各方面的发展。另外，近年暴力恐怖犯罪多发，我国也加大了反暴恐力度，这是值得肯定的，在打击暴恐犯罪的同时，还应注意保护人民的人身、财产权利，不能以打击暴恐为名而限制公民的人身自由或侵犯公民的隐私权利、财产权利。

3. 现代市场经济的法治改革

（1）以法治弥补政府失灵。十八届三中全会指出，经济体制改革是全面深化改革的重点，核心问题是处理好政府和市场的关系，使市场在资源配置中起决定性作用和更好发挥政府作用。十八届四中全会提出，建设"职能科学、权责法定、执法严明、公开公正、廉洁高效、守法诚信"的法治政府，对法治政府建设做出了新要求。这意味着我们要更好地解决市场失灵以及政府失灵的问题。在中国当前的经济发展阶段，政府扮演着重要角色。比如，国防、公路等公共物品的提供，环境污染等外部性的存在，内幕消息等信息不对称的存在，使得市场配置资源的方式都需要政府出面进行调控。然而，政府行为也存在着短视、随意、缺乏约束的现象和诱发官员贪腐等问题，使政府无法"更好地"弥补市场配置的不足。因此，当下面临的改革重点与难点，是在四中全会的基础上进一步深化，利用精细化、集约化的法治来约束政府行为，以良法善治解决政府失灵的弊端。具体来说，应当建立起"三个清单"制度，使政府更好地发挥其服务与监督职责。

第一，限制政府的过度权力，建立政府的"权力清单"。我国过去长期实行计划经济体制，政府之手把控着整个国家的社会生活和经济生活，政府不仅有规则制定权、行政执法权，还有经营权。这不仅使得权力寻租和腐败有了滋生的土壤，而且产生了较明显的城乡二元结构和贫富差距，以及房价高涨的"土地财政"局面。因而，政府应当有"权力清单"，由法律对政府的职权范围进行明确，约束政府的权力行使，做到"法无授权不可为"，使其由计划经济条件下的全能型政府转变为与市场经济相适应的服务型政府、有限型政府。首先，政府不能自己做规则的制定者，规则的制定必须有法律的依据，并通过公开公正民主的程序进行，让人民有参与、否定和监督的权力。其次，政府的不合理权力应当去除，其不能加入市场竞争甚至垄断市场交易，也不能再依靠经营城市土地的权力来增加自身财富，扭曲市场结构。最后，政府权力的内容和限度都必须有法律的依据，且必须进行公示，接受社会的公开监督；权力清单的变更也必须经过法律规定的程序，而不能自我授权。超出宪法和法律许可范围之外的或违反法律程序的权力都应属无效。

第二，杜绝政府的不当限制，建立市场的"负面清单"。市场经济是自由交易、公平竞争的经济，自由开放是其本质特征。在市场经济条件下，政府的主要职权是提供公平的市场竞争环境，维持有效的市场竞争秩序，而不能对市场施加不当限制。首先，政府应当制定负面清单，明确企业不能从事的经营活动范围，凡是负面清单之外的，法律没有限制或禁止的，各级政府及其部门不得进行限制和禁止，"法无禁止皆可为"。其次，应当削减政府的不当许可和审批。目前有些不合理、低效率、存在寻租空间的行政许可和行政审批，妨碍了市场自由。最后，要逐步取消对资源价格、金融价格以及其他要素价格的过度管制，保障公平合理的价格机制有效运作，实现其调节供需和配置资源的作用。

第三，明确政府的职责范围，建立政府的"责任清单"。政府的职责主要应有两个方面：一是提供公共服务产品。政府应当通过财政税收安排，提供医疗、教育、社会保障，维护国土安全和境内安全。二是维护市场秩序。通过界定和保护产权，强制合约的履行，打击市场中的违法犯罪，维护良好的市场秩序，保障公平的竞争环境。我国的公共服务体系还不够完善，便民高效的医疗资源匮乏，公平灵活的多渠道教育体系缺失，全方位覆盖的社会保障还有些薄弱。同时，在市场中假冒伪劣产品时有出现，食品药品安全问题困扰已久，欺诈失信行为较为普遍。这些都需要政府持续发挥作用。加强市场监管、维护市场秩序是政府应尽之责，应当由法律予以明确，做到"法定责任必须为"，凡是在法律规定范围内的职责都必须充分履行，否则应当承担不利后果。同时，更需要专门、有效的监督问责机制，对政府不履行职责或履行不充分的行为进行严格的责任追究。"权力清单""责任清单"和"负面清单"，是对市场主体权利的维护，也是对政府权力的规范和制约，厘清了政府和市场的界限，应当成为政府法治化的实现路径。与此同时，克服政府失灵更需要独立的、不受地方政府约束的司法权的介入，允许人民对政府的不法行为进行起诉。如果没有公平公正的司法审判权存在，所谓的权力清单、责任清单便没有真正的约束力，无法起到弥补政府失灵的作用。

（2）以法治推进市场经济改革。如何解决好全面深化改革和法治这两者之间的关系，十八届四中全会公报与习近平总书记在全面深化改革领导小组第六次会议上专门讲到这一关系，包含有三个概念：一是如何实现立法和改革决策相衔接；二是保证重大改革于法有据；三是实现立法主动适应改革和经济社会发展需要，即用法治推动改革和经济社会发展。

全面深化改革要以法治引领，以法律转型来推动经济和社会转型。十八届四中全会强调法律是治国之重器，良法是善治之前提。之前我们强调我国初步建立了具有中国特色的社会主义法律体系，而十八届四中全会不仅要求完善社会主义市场经济法律制度，还提出要建设形成完备的中国特色社会主义法治体系。虽然表面上"法治体系"与原来的"法律体系"只有一字之差，但是实质上相差甚远。"法治体系"应囊括完备的立法、严格的执法、公正的司法和全民守法四个层面。下一步的立法改革压力会比较大，我国目前虽然初步形成了中国特色社会主义市场经济法律体系，但是原来的法律，笔者称之为一级法，或者说是理念性的法律，其法律条文多是理念原则与方向引导，条文过于原则化，线条过于粗犷。在向现代化市场经济过渡的转型期，中国下一步的核心立法工作是细化二级法、三级法，制定更加细致、科学、具有可操作性的立法，使立法更能与十八届三中全会提出的六十项改革任务、三百多项细目改革，以及我们普通人的社会经济生活相联通。这就对立法提出了很高的要求，我们要切实提高立法的质量，科学立法、民主立法，让法治在未来的深化改革当中，发挥更大的作用。这也要求立法部门在立法的方式和程序上做出一些新的变化和回应，使立法与改革相协调、统一。目前在全面深化改革决策与实施过程当中，已经有一些改革试点，试点地区、城市、领域、项目都在陆续展开。

如何做到改革于法有据，这个过程当中，要特别注意处理好法治与深化改革之间的关系。一方面改革要寻求突破，要摆脱旧制度的一些束缚；另一方面改革又需要法律依据的支撑与保障。协调处理好二者的关系并不容易，需要立法机构加强法律的立、改、废、释工作：法律空白的领域要加强立法，加快填补；现有的法律不适应改革的，要加快修改；对阻碍改革、阻碍市场经济的恶法要尽快废除；对现有法律当中不清楚、模糊的条文，要出台司法解释，加强法律解释的工作，释法工作应符合十八届四中全会的法治精神和原则。因此，下一步要用法治来推进改革，用法治思维、法治方式、法律程序、法治理念来推进改革。以良法促善治，以善治推改革，这是完善市场经济体系的根本途径。

具体来说，接下来的市场经济改革应当着力推动以下几点：

第一，推动财税制度改革，回归财税法治。目前财税法律体系是我国立法中的短板，绝大多数税种都由政府发布的"条例""暂行条例"予以规定，如增值税、消费税的暂行条例，仅有个人所得税、企业所得税等税种由全国人大通过的法律规定，这本质上并不符合税收法定原则的要求。财税法律规范体系建设要回归到由人大立法来主导。当然，财税法治不是简单地将现行条例变成位阶更高的法律，而是在修订过程中，尊重社会意愿，尊重人民财产权，税负的设定、修改与征管都按照法律程序，经过人民的同意。此外，预算管理改革也应稳步推进，由各级人大代表人民对政府的财政收支进行有效的监督，从而对各级政府的行为形成有效的约束。

第二，放松市场主体限制，实现市场权利平等。主体平等是实现市场自由的必要条件，也是市场经济的根本要求。然而，国企与民企在政策倾向、资源配套方面存在差距。如何使国企和民企真正享有平等地位、开展公平竞争，是目前我国的一大挑战。这就要求尽可能降低、取消不合理的行业准入门槛，同等对待所有的国有企业、民营企业和外资企业。十八届四中全会提出，健全以公平为核心原则的产权保护制度，加强对各种所有制经济组织和自然人财产权的保护，加强对国有、集体资产所有权、经营权和各类企业法人财产权的保护。这是向市场主体平等迈出的重要一步，应尽快从法律层次为中小企业的发展提供便利条件，实现真正的"权利公平、机会公平、规则公平"。

第三，完善市场秩序监管，改善市场竞争生态。有效的监管是降低市场交易成本、保护市场交易环境的必要条件。十八届四中全会要求，依法加强和改善宏观调控、市场监管，反对垄断，促进合理竞争，维护公平竞争的市场秩序。应当严格按照《反不正当竞争法》《反垄断法》《消费者权益保护法》的规定实施一般性市场监管，为市场主体清除障碍和壁垒，为正当竞争构建有序的环境，为广大人民群众提供全面的权益保障。此外，应改革金融市场监管，尊重市场选择，推进发行注册制，扩大证券范围，鼓励金融创新，让资本发挥经济发展的"血液"作用。

第四，遵循市场经济规律，改进市场退出机制。该破产或者重整的企业，应当依照法律规定进行操作，阻断政府由于税收或者其他利益关联而进行的介入；建立商业银行破产和存款保险制度，规定存款保险机构的早期介入权，推广"生前遗嘱"制度，使商业银行能够自担市场风险；对由于市场经济周期原因而陷入困境的中小企业，应当设置快速、简便的重整机制。实践中，《企业破产法》等相关法律的实施并不理想，背后的原因在于地方政府为了经济指标、政绩提升和社会稳定，干涉企业运行，不愿意将陷入困境的企业置于法治的轨道上求解。地方政府习惯于沿袭传统惯性，由相关政府部门一肩扛起困境企业的种种问题，以图维稳。这些问题本质上都反映了政府与市场的边界仍然不够清晰。另外，司法是正义的最后一道屏障，要建立相对独立的司法保障体制，公平地处置市场与政府之间的关系，建立与行政区划适当分离的司法管辖制度，设立专门的破产法院审理破产案件。

第五，立法引领国资国企改革，打破国企垄断。现阶段，国有企业在产权关系、资本运作以及职工关系上都存在着问题，但更为突出的是国企垄断问题，这一问题已经成为市场经济改革的"拦路虎"。垄断国企大致上可以分为四类，第一类是自然资源垄断型的国企，如中石油、中石化、中海油；第二类是行业垄断型，如中国电信、中国电力，这类企业主要是利用了行业政策的优势从而控制整个行业；第三类是涉及国家政治、军事、安全的垄断企业，包括中国航天、中国航空；第四类是专营专卖，包括铁路总公司、邮政总公司和烟草总公司。对这些垄断国企的改革，应该在法治框架下分类分批进行，实施不一样的策略措施：对第一类企业，应该大力推进混合所有制进程，大力引入民间资本；对第二类企业，应当消除民营企业的过高门槛，调整市场结构，引入竞争机制；对第三类企业，要通过降低成本实现盈利；对第四类企业，则应该坚定不移地加强市场化改革方向。应细化国资国企改革的顶层设计，明确国资委定位，理顺国资管理体制。同时，大力发展混合所有制，放开出资比例限制、注册资本限制以及主导者限制，让混合所有制企业成为重要的市场主体，从而有力地化解国企垄断。应当注意，上述改革措施都要在法治框架下进行，修改国有资产法，发挥立法的引领和推动作用，做到重大改革于法有据。

十八届四中全会提出了"法律是治国之重器，良法是善治之前提"，为中国开启了实现全面法治的进程。良法善治是法治的本质，通过制定捍卫人们权利和自由、制裁犯罪维护正义、符合社会发展规律、推进经济进步的良法，并将其付诸充分的实施，从而公正、有效地实现治国理政的根本职能。以良法实现善治，以善治推进改革，是我国未来的必然方向。伴随着法治建设一步一个脚印地向前迈进，我国的市场经济之路也必将越走越宽广。

（3）以司法改革保障良法之治。现代化国家无一不是法治国家，法治化程度体现了国家治理现代化的程度。是否尊重人权、是否依法办事、能否公正司法都是一国国家治理能力的重要体现，公正高效权威的司法体制是实现法治的最重要保障，也是国家治理现代化的关键内容。司法体制的改革应当包括以下几点：

第一，司法管辖体制改革。在地域管辖方面，应当根据《中共中央关于全面深化改革若干重大问题的决定》"探索建立与行政区划适当分离的司法管辖制度"的要求，尽快划分新的司法管辖地图，对现有的各级法院管辖范围作相应的调整，建立起跨不同区县的基层法院，并在此基础上建立起跨地级市的中级法院以及跨省级区域的巡回法院（高级法院），并将工作人员、案件材料进行转移与调整。

对于专门法院，《中共中央关于全面深化改革若干重大问题的决定》提出"探索建立知识产权法院"，这是知识产权专业审判工作的客观要求，有利于突破普通法院在专业审判工作中的不足与瓶颈。目前北上广三地的知识产权法院已运行四年，知识产权法院模式也在探索之中。建议在现在已经建立的知识产权初审法院之外，同时设立更高一级的知识产权上诉法院，由最高人民法院对各级知识产权法院的审判工作进行监督，加快探索专业法院的步伐。

第二，主审法官负责制与法官职业化改革。推行主审法官、合议庭办案责任制，让审理者裁判，由裁判者负责，这是审判权独立公正行使的应有之义。例如，以深圳福田法院为代表的审判长负责制改革是在现有体制框架下的有益尝试，在一定程度上确实能够减少院长、庭长对案件审判的审批或干预，但是这样的审判长负责制使审判长作为审判团队的负责人要对本团队其他法官主审的案件签字负责，无形之中增加了审判长的审批权，却依然没有解决审理与判决分离的问题，同时，由审判长作为本团队审判工作的"领导"，本团队其他法官的独立、平等审批权也会受到制约，这不利于法官的独立审判、独立负责。

要走主审法官负责制的道路，就要为这条道路打好基础。应当改革法官选任制度特别是法院院长选任制度，严格规定选任条件与程序，杜绝"法官不懂法""法院院长不懂法"的奇怪现象，保证法官的精英化与专业化。将专业法官与普通公务员相区别，破除法院内部的行政化序列，代之以法官的专业职级序列。推进法院人员分类管理，在法官与助理人员、行政人员之间建立相对独立的招录、任用、晋升体系，为法官配备足够的辅助人员，让法官专心审判工作，提高审判效率，去除法官的行政化工作负担。另外，由专业职级最高、资历最老的法官担任院长，组成法官委员会对法院重大事务进行决策、管理。

第三，省级统管与职业保障改革。《中共中央关于全面深化改革若干重大问题的决定》提出要实行省级以下法院人财物统一管理，这是探索法院独立行使审判权的努力，是未来探索全国统筹管理的过渡阶段。但是强调省级统管只是管理主体的变化，要保障审判权的独立行使，还应细化省级统管的制度，注重法院与法官的保障机制的建立。

这首先要明确省级统管的主体为省级法院，由省级法院内部的专门管理机构负责省内法院的人员编制与预算保障工作；

其次，省内各级法院将人员规模、案件数量、所需经费上报至省级法院，由省级法院汇总预算后提交省级人大表决；法官任免亦由省级法院的法官委员会提名，提交省级人大表决；再次，提高中央预算和省级预算对司法体系的财政支出比例，使司法系统有充足的经费保障；复次，在提高司法系统财政支出的基础上，提高法官的薪酬待遇，建立起优厚的薪酬保障；最后，延长现行的法官任职期限，规定法官一经任命即长期任职，非因法定事由、经法定程序，不得被随意追究责任。通过法官薪酬保障与任职保障，使法官的工作更加体面，提高法官职业尊荣感，吸引优秀人才投身法官行业，推动法官队伍的职业化、精英化。

国家治理法治化并非一朝一夕之功，而需一点一滴之努力，须仔细探讨、深入发掘、全面规划、勇敢实践、广泛参与，虽长路漫漫、任重道远，然号角一经吹响，便不可原地不动，更不可后退倒行，当以上下求索之精神、百折不回之决心、大胆细致之努力，齐心推进全面改革大业，共同实现民族复兴梦想。

产业政策法前沿问题研究

中国需要产业政策吗?[1]

如今,世界处于百年未有之大变局,机遇与挑战并存。2017年12月,习近平总书记在中央经济工作会议上发表重要讲话,强调推动高质量发展是当前和今后一个时期确定发展思路、制定经济政策、实施宏观调控的根本要求,必须加快形成推动高质量发展的指标体系、政策体系、标准体系、统计体系、绩效体系、政绩考核。我国经济已由高速增长阶段转向高质量发展阶段,为形成高质量的政策体系、实现经济高质量发展,是否需要产业政策成为当前中国面临的一个重要问题。

2018年11月,习近平总书记在民营企业座谈会上的讲话中强调,要推进产业政策由差异化、选择性向普惠化、功能性转变,清理违反公平、开放、透明市场规则的政策文件,推进反垄断、反不正当竞争执法。党的十八届三中全会提出"使市场

---

〔1〕 根据北京大学国家发展研究院2016年11月9日"产业政策思辨会"视频整理而成。

在资源配置中起决定性作用和更好发挥政府作用"，这一理论突破为新时期调整完善产业政策提供了基本遵循。要把握好不断变化的总供求关系，通过市场机制探索未来产业发展方向。

自 1995 年起，作为国内经济学界两位翘楚的林毅夫和张维迎便已就中国经济发展走向及政府和市场的关系等问题展开了多次"隔空对话"，并不断丰富自己的学术主张。时至 2016 年 11 月 9 日，一场在二者间紧紧围绕中国是否应该施行产业政策的经济学讨论又一次在万众期待中于北京大学朗润园万众楼中展开。两年多过去了，这场讨论在中国经济学界仍令人津津乐道，而由此产生的有关中国经济发展未来应走向何方的问题也依然值得我们每一个人思考。

产业政策是指中央政府或地方政府为促进某种产业在该国或该地区的发展而有意识地采取的政策措施。这些政策措施覆盖范围非常广，关税保护、贸易保护政策、税收优惠、政府补贴（如土地补贴、信贷补贴等）还有工业园加工出口区以及对科研、研发的补助等均应包含在此。当然，产业政策还包括一些特殊措施，如一些国家为了发展某种产业而赋予该产业一定的垄断权力或采取特许制度设置一定的准入资格，以限制竞争的手段来换取较高额的利润；或是政府对新兴产业给予一定的采购承诺，只要新产品研发出来，政府便给予采购，以使企业可以尽可能地规模化生产、降低生产成本，提高企业竞争力；又或是时下各国政府纷纷采取"绿色发展""节能减排"等强制性规定，如美国对 2025 年石油中低碳有机石油的比重加以规定，以激励新能源产业的发展。尽管各国政府在制定经济政策时往往不会将上述形式全部囊括在内，但只要有其中一项是针对特定产业的政策，便属于产业政策。

根据剑桥大学张夏准教授的研究，纵观世界经济发展史，无论是 16、17 世纪英国经济的高速发展，19 世纪中叶美国、德国、法国对英国经济地位的追赶，还是第二次世界大战后日本经济突飞猛进的增长，都找不出一个成功国家经济体未使用产业政策以支持新产业发展的特例。另外，第二次世界大战之后，世界上有 13 个经济体取得了每年 7% 或以上的经济增长并持续 25 年或更长时间的成就。根据迈克尔·斯宾塞（Michael Spence）和罗伯特·索洛（Robert Solow）对这 13 个经济体增长规律的总结，可以发现他们有五个共同的特征：开放经济、宏观经济稳定、高储蓄率高投资率、有效的市场、积极有为的政府。同时，索洛又发现在这 13 个经济体中均存在政府通过产业政策支持新兴产业发展的现象。而 2011 年经济学家马祖卡托（Mazzucato）又在其著作《企业家型政府》（*The Entrepreneurial State*）[1]中通过数据论证了美国在国际上领先的企业或者企业早期的研发基本都是由政府支持的。由于政府资源是有限的，因此政府支持研发的资金去向在一定程度上决定了未来产业的发展方向。在马祖卡托看来，这些发达国家之所以能够继续领先，就是因为政府影响了产业发展的方向。因此与其说美国是"有限政府"，倒不如说美国实质上是"企业家政府"。根据 OECD 的资料，美国 2013 年在新技术、新产品的研发投入中企业投入占 60%，政府投入占 40%，且企业投入主要集中于开发新产品、新技术方面，但其必须依据的基础科研则由于投入高、周期长、风险大等原因对企业家缺少吸引力，而主要由政府投入。正如马祖卡托在其著作中所揭示的一样，当政府用以提供支持的资源是有限的，

---

〔1〕　Mariana Mazzucato, *The Entrepreneurial State*, London Anthem Press, 2011.

而产业发展所需的基础科研目标是无穷多时，通过资源配置以期对产业和经济发展做出最大贡献本身就会影响未来产业发展的方向。在林毅夫看来，这样的资源配置当然属于产业政策。

值得注意的是，20世纪八九十年代的许多经济学家纷纷反对产业政策，主要的理由是第二次世界大战后，许多发展中国家也使用了产业政策，但最终经济发展的绩效却很不理想；即使是日本等较为成功的国家，也存在许多失败的产业政策。但林毅夫认为，至今为止还不存在哪一个发展中国家（石油生产国除外）可以不使用产业政策来追赶发达国家的，也不存在哪一个发达国家不使用产业政策可以继续保持经济领先地位的。因此，对中国来说，无论我们是处于追赶发达国家阶段，还是保持领先地位阶段，都不能因为大部分产业政策失败而干脆抛弃所有产业政策，否则无异于将婴儿和洗澡水一起倒掉。

但是上述结论并不能很好地解释我们为什么需要产业政策，因此应当结合新结构经济学的理论背景继续论证设置产业政策的必要性。在研究经济增长问题的时候存在一个基本的经济假设，那便是经济增长势必伴随着结构变迁。当现有产业技术不断创新，不断出现附加值高的企业时，劳动生产力水平也随之提高，最终为经济发展提供了物质基础。当然，在这一过程中，既需要电力、道路等"硬设施"的不断完善，还需要产权保护、法律制度等"软设施"的具体保障，最终才能达到降低交易费用的目的，也正是这样的结构变迁最终决定了一个国家的经济发展。

不同发展程度的国家的产业结构实际上是由其要素禀赋结构决定的。低收入国家收入水平低，产业基本上集中于传统农业或一些资源型产业，而高收入国家的产业势必都是资本非常密集的产业。由于一个国家在某一时点上资本、劳动、自然资源总量和相对丰富程度是给定的，其对应的相对价格便是该资源上的最低要素生产成本，如果这一成本足够低、具备比较优势，则只需在竞争的市场中管理经营好，便不需要国家保护补贴。也就是说，当一个国家产业与其自身要素禀赋比较优势相符合，这样的产业结构便是最佳的产业结构，国家也就最具有竞争力。正如上文所提到的，所谓经济发展便是不断提高劳动生产力水平，改变产业结构，最终提高收入水平的过程。由于产业结构本身是内生于要素禀赋结构的，所以最终便回到如何改变要素禀赋结构的问题上。新结构经济学对此的答案是要遵循每一个时点的要素禀赋结构所决定的比较优势来选择产业中的技术。理由是这样做将得到最低的要素生产成本，如果政府此时可以完善相配套的软硬基础设施，该产业的交易费用也将会最低，总成本最低自然就会产生最大的竞争力，创造最多的剩余，家庭、企业不仅可以借此积累到最多的剩余，也会更有动力去积累。最终的结果便是资本禀赋提高的速度最高，产业结构可以不断地从资本相对短缺的产业向资本相对丰富的产业转型。在按照由要素禀赋决定的比较优势发展经济过程中，发展中国家往往具备后发优势，即往往是在世界技术和产业前沿的内部进行技术创新和产业升级，对发展中国家来说较新的技术往往已经是世界上较为成熟的技术和产业，因此风险和成本便会大大降低。这也是为什么发展中国家如果利用好后发优势，便可以维持相当长一段时间的高速经济增长的原因。

当然，按照要素禀赋所决定的比较优势来发展经济存在一个前提，那就是需要一个有效竞争的市场。这是因为只有这样，每个时点上面的要素的相对价格才可以反映这个时点上经济体里面要素的相对稀缺性，进而企业家才能在追求自己利润和发展的过程中自发选择比较优势，否则企业家只会盲目追求市场机会。所以说，新结构经济学并不否认市场的重要性，主张市场理论的经济学家所强调的保护产权、给企业家自由、维持宏观稳定等条件在新结构经济学中也同样重要。但是，由于经济发展是一个结构不断变化的过程，所以只强调市场建设的政策建议是不充分的。理由是技术创新、产业升级势必会有第一个"吃螃蟹"的企业家，为保护该企业家的应得利润，更好地激励创新，发达国家为企业家提供了专利保护。但发展中国家由于存在后发优势，其发展的新产业、采用的新技术可能在发达国家已经是很成熟的产业或技术，因此无法再给予专利保护，竞争便应运而生，导致第一个创新技术、升级产业的企业家反而无法得到充足激励的矛盾局面，这种情况下，政府需要制定一定的产业政策给予企业家一个合适的激励补偿。另外，第一个"吃螃蟹"的企业家能否成功，除了取决于企业家精神和才能之外，还取决于该国相应的软硬基础设施是否完善，但企业家对此通常是无能为力的，所以还需要政府因势利导，解决这些软硬基础设施的协调和供给问题。所以，林毅夫认为，一方面要有有效的市场，另一方面还要有有为的政府，这就是按照比较优势发展的两个最基本的前提。

国家按照比较优势发展同斯宾塞和索洛提出的成功经济体的五个特征具有内在的逻辑自洽性。正如上文所述，按照比较优势发展的两个基本前提：一个是有效的市场，另一个便是有为的政府，这也恰恰是五个特征中的第四点和第五点。继续分析的话，按照比较优势发展的显然是开放经济，符合第一个特征；同时，按照比较优势发展会为产业带来持续的竞争力，当然宏观比较稳定，符合第二个特征；最后，按照比较优势发展会为家庭和企业带来最大的剩余和最高的积极性去积累，储蓄率和投资率自然也会很高，符合第三个特征。既然按照比较优势发展可以完成技术创新、产业升级，最终实现可持续的高速增长，那么政府只需要对不同产业发展给予支持即可，为什么还需要产业政策？原因是不同产业需要协调的软硬基础设施是不同的，而政府可提供的资源和实际执行能力却是有限的，即使是美国政府，如马祖卡托书中数据所描述的那样，也无法对所有可能的基础科研都予以支持，因此是存在选择的。而有选择地、战略性地使用资源，就是产业政策，所以正是产业政策可以使有限的政府资源和执行能力发挥最大效用。

但值得反思的是，为什么大部分产业政策最终都以失败告终呢？解决好这个问题势必可以在未来增加中国产业政策的成功概率。第二次世界大战以后大多数产业政策之所以失败，主要有以下几种原因：①发展中国家过于急于求成，想要在物质基础尚不充足的基础上就发展同发达国家一样先进的产业；②社会主义计划经济的失败；③发达国家产业所支持的基础科研由于技术特点，95%以上无法取得任何成果而注定失败；④发达国家经常为了就业、社会稳定等因素去支持一些已经失去比较优势而本应退出的产业，例如美国和欧洲的农业政策，甚至欧盟每天要给一头奶牛补贴两欧元，如果失去该补贴，则该产业实际上是没有竞争力的。

那么什么才是合适的产业政策呢？中国又该采取怎样的产业政策呢？

首先，合适的产业政策应该具有潜在比较优势。潜在比较优势指的是该产业从生产要素成本上来看已经在世界上具有竞争力，符合要素禀赋结构决定的比较优势，但由于软硬基础设施不完善，交易成本较高等原因，反而最终表现为缺乏竞争力。但只要政府采取一定的产业政策来帮助企业解决上述问题，并给予一定的激励补偿，这些具有潜在比较优势的产业便会转化成具有竞争优势的产业，这样的政策便是合适的产业政策。反观中国本身，产业可以分成五大类：第一类是与国际前沿产业还有一定差距，仍处于追赶阶段的产业；第二类是有些产业（如家电产业）的产品、技术已在世界处于领先地位，我们要做的是继续让它保持领先；第三类是过去具有比较优势，但现在已经失去该优势的产业，如劳动密集型加工业，该类产业现在存在较严重的僵尸企业与产能过剩问题，产能过剩导致企业生产的产品无人问津，库存积压，这些企业生产越多，亏损越大，我们应该让它转型；第四类是同发达国家相比，该产业的人均物质资本不足，而人力资本、企业家才能等方面同发达国家差距不大，主要是短周期、人力资本投资为主的产业，我们是有机会跟发达国家直接竞争的；第五类则是国防安全产业，由于其研发周期很长，资本投入巨大，各国可能都缺少比较优势，只能由政府来保护。

其次，对发展中国家来说，合适的产业政策还应当选准瞄准的对象。关于正在追赶优势产业的产业政策的研究表明，成功国家基本有一个特性，那就是所追赶的目标对象均是人均收入水平是自己两倍左右，但最多不超过三倍的国家。之所以选择这样标准的国家，是因为这些国家经济发展迅速，但同发展中国家相比要素禀赋差距又并非巨大，因此比较优势的差距就有机会弥补，如果产业政策得以顺利实施，随着快速的资本积累，再加上比较优势是处在一种动态的状态之中，目标国家的成熟产业便很容易可以成为发展中国家的潜在优势产业。

对于发展中国家如何制定正确的产业政策这一问题,可适用增长甄别理论解决。对发展中国家来说,第一步,应找到那些收入水平是自己一倍到三倍、发展迅速、要素结构禀赋差距不大的国家的成熟产业,选择这样的目标既可以如前文所述避免产业政策急于求成、过度赶超,又可以避免企业寻租,即在没有比较优势的产业中向政府寻求过度保护以赚取利润;第二步,政府应该观察国内是否已经有企业进入特定产业,如果已经有企业进入,则要素生产成本应比发达国家低,因此或者是技术水准不够高,或者是软硬基础设施不完善,使得产业不具有比较优势,对前者可采取引进国外相应技术的产业政策,对后者则可设立工业园、培训学校等产业政策;第三步,如果该产业是新兴企业,则发展中国家可以招商引资引进国外企业,其人力资本也就自然而然地进入国内;第四步,由于每个国家或多或少都有一些特殊的资源,由该资源生产的产品在市场上有一定的需求,但目标国家却没有该资源,故政府应帮助国内发现该潜在比较优势产业的企业做大做强,例如 1980 年代印度企业发现了信息服务业的潜力,初始阶段依靠卫星通信成本非常高,后来政府帮助其改善为光纤传送,成本大幅降低,现在印度的信息产业已经发展成了领先产业;第五步,发展中国家普遍软硬基础设施不足,人力资本不足,因此政府可以设立工业园、经济特区等,降低交易费用,鼓励产业集群的形成;第六步,政府在产业政策中必须给予第一个"吃螃蟹"的企业家以一定的激励措施,尽管无法采取专利保护手段,但可以采取税收优惠、外汇优惠、补贴等形式给予一次性的小额激励。

具体至不同类型产业,对于已经取得领先地位的产业,我们有必要采取同发达国家相同的措施,即对这些产业的自主研究和开发基础科研给予一定的支持，开发完成后可由企业申请专利；对于失去比较优势的产业，对其中一部分企业要转移至"微笑曲线"的两端（获利空间大），政府可以帮助宣传品牌、经营品牌、管理渠道等，而对于另一部分失去比较优势的加工业来说，则应将其转移至生产成本较低的海外并对工人提供培训，便于产业转型；对于比较优势相差不大的产业，我们可以利用庞大的国内市场和配套齐全的硬件，由政府提供孵化基地、帮助寻找风险基金、提供知识产权保护等；至于最后一类国防安全产业，只能由政府提供补贴，如财政直接拨款、直接补贴、政府采购等方式，当然在这过程中政府对企业的监管是必不可少的。

一言以蔽之，按照新结构经济学的方法分析产业政策时，最后的本质仍然是由企业因势利导做出选择，政府并不能代替企业做决定，相反，政府仅仅起到帮助企业完善软硬基础设施、解决协调问题的作用。一个最典型的例子便是吉林省通过产业政策的调整，进而转变产业结构实现经济转型：运用新结构主义经济学理论分析东北地区尤其是吉林省的经济情况可以发现，吉林省取代了辽宁省的经济地位，成为引领东北地区经济发展的领头羊，在东北地区振兴改革中扮演着积极角色。有关吉林省经济复兴的研究报告——《吉林省经济结构转型升级研究报告（征求意见稿）》（以下简称"吉林报告"）指出，吉林省的成功之处在于产业问题的有效解决。东北各省尤其是吉林省，欲在这一轮经济发展中崛起，关键在于发展轻化工业。"吉林报告"比较了吉林省、浙江省、江苏省，以及全国的经济因素，指出结合浙江省、江苏省待转移的产业和自身的经济基础，吉林省能够发展轻工业。所以，产业政策并不完全是政府指导，而仅仅是因势利导，通过政策集中资源发展具有比较优势的产业，进而创造更多可支配、可使用的资源，最终实现国家宏观经济的共同发展。

如果说林毅夫是产业政策积极的拥护者，并想要通过新结构经济学将产业政策推广开来的话，那么张维迎则从始至终都对产业政策持一种怀疑、反对甚至是批评的态度。

在张维迎看来，产业政策是指政府出于经济发展或其他目的，对私人产品生产领域进行的选择性干预和歧视性对待，并指出产业政策的关键词在于"私人产品"和"选择性干预"。因此，政府在公共产品上的投资、普遍性的政策均不属于产业政策，例如国家统一征收的公司所得税，地区政策尽管常常伴随着产业政策而出现，但根据此定义也不属于产业政策。另外，专利保护属于知识产权问题，被划在了产业政策之外。可见，张维迎对产业政策的定义是窄于林毅夫对产业政策的理解的，换句话讲，张维迎认为不是所有政府政策都可以被认定为产业政策，尽管该政策可能会指向一定产业。

若从本质上看待张维迎和林毅夫关于产业政策的分歧，其实是两种不同的市场理论的分歧。林毅夫采取的是新古典经济学范式，而张维迎则是"米塞斯 – 哈耶克范式"的信奉者。新古典经济学有一个非常经典的假设——"市场失灵"，即当出现垄断、外部性、公共物品和不完全信息等情形时，单纯通过市场不能实现资源的最优配置，可以说林毅夫的理论都是建立在市场失灵这一假设上的，他将新古典经济学范式视作一个有用的工具，用以判断政府是否过于偏离比较优势产业。但张维迎却认为，新古典经济学中假设的市场失灵，实际上是市场理论的失灵而非市场本身失灵。根据米塞斯 – 哈耶克的市场理论范式，市场是人类自愿合作的制度，是一个认知工具，市场竞争是人们发现和创造新的交易机会、新的合作机会的过程；市场最重要的特征是变化而不是均衡。因此，新古典经济学中很多对市场的假设实际上是与市场竞争不相容的，例如，新古典经济学中认为最好的市场是完全竞争市场，但实际上只要存在创新，就不可能存在完全竞争市场，甚至会出现"垄断"；新古典经济学认为信息不对称会导致市场失灵，但米塞斯－哈耶克范式却认为市场的优越性恰恰来自不完全信息，正是由于分工和专业化带来的信息不对称，我们才需要市场。同时，与新古典经济学不同，米塞斯－哈耶克范式十分注重企业家的地位。"价高者得"是市场经济的基本规律，因此仅有技术最好的产品才能获得最高的价格，而由于企业家的基本功能是发现和创造交易机会，所以企业家才是市场的主角；正是通过企业家发现不均衡而进行套利，市场才趋向均衡；正是通过企业家的创新，市场才不断创造出新的产品、技术，并由此推动消费结构和产业结构的不断升级。所以归根结底，张维迎和林毅夫有关产业政策的分歧，其实是新古典经济学范式和米塞斯－哈耶克范式的区别。

产业政策的反对者认为，产业政策理论似乎将政府官员认定为无所不知、毫不利己专门利人的人，但却并没有解释为什么政府官员比企业家更有能力判断未来、做出好的决策，这是产业政策理论首先不能解释的地方。其次，许多有关各国产业政策的研究都表明，产业政策的作用被过高估计，至少其作用的方式被错误估计（见表1）。其中最典型的例子便是日本，日本早期的产业政策之所以没有产生灾难性的后果，很大程度上是因为一批杰出的企业家有效地抵制了政府干预，比如汽车业。而到了1980年代之后，日本无论是第五代计算机的研发还是所谓的模拟技术推进，均可以说是失败的产业政策。

表 1　各国产业政策研究

文　章	研究对象	基本结论
Krueger & Tuncer（1982）	土耳其	对 1960 年代土耳其产业保护政策进行研究，发现没有被关税保护的企业和行业生产率增长反而更快
Baldwin（1992）	巴西	对运输机的补贴出口产生了社会福利的净损失
Edwards & Jomo（1993）	马来西亚	马来西亚的重工业化产业政策并没有使其形成国际竞争力
Beason & Weinstein（1996）	日本	日本的产业政策没有促进目标产业的发展，相反，那些扶植力度较弱的产业反而发展较快
Porter，竹内弘高，榊原磨理子	日本	日本最成功的 20 个产业，基本没有产业政策，即使有，作用也微乎其微；相反，最失败的 7 个产业，都受产业政策的严重影响
Lee（1996）	韩国	产业政策并没有对目标产业的资本积累和生产率的增进产生显著作用
Pack（2000）	日本、韩国	产业政策不太可能是使日本和韩国高速增长的原因
Harrison & Rodriguez-Clare（2009）	跨国数据	并没有找到保护性产业政策为国家带来收益的证据
Bloniger（2015）	跨国数据	产业政策对于下游企业损害巨大。钢铁业的产业政策强度每上升 1 个百分点，下游制造业企业的出口竞争力下降 1.2%
周亚虹等（2015）	中国新能源产业	政府的扶持政策不利于企业增加研发投入，后果是同质化产能过剩

纵观中国经济持续存在的结构失调、产能过剩等问题，产业政策在本质上无非是穿着马甲的计划经济，而其失败的原因也几乎和计划经济失败的原因完全相同：一是人类认知能力的限制，二是激励机制的扭曲。

首先，支持产业政策的人有一个基本的假设：由于技术进步和新产业是可以预见的，所以是可以计划的。但该假设却被历史证明并不成立，原因是创新过程总是充满了不确定性，毫无规律可循，人们只能在不断修正错误中朝着某一可能带来创新的方向前行。正如三十年前人们无法预见到今天的主导产业是互联网、新能源、生物制药等，今天我们同样无法预测三十年后什么产业会占主导地位。因此哈耶克才主张创新要依靠具有不同知识和不同见解的"众人的独立努力"，而不是将自己锁定在预定的路径上。然而，产业政策作为一种集中化决策，由政府将社会资源集中投入到选定的特定目标产业上，成功的可能性很小，而一旦失败则代价巨大，同豪赌没有任何区别。最简单的数学计算可以解释这一点：如果每个人有90%的可能性犯错，10个人分别决策，则同时犯错的概率为34.9%，那么至少有一人成功的概率便是65.1%，此时便会产生新产品；相反，如果集中做一个决策，则只有10%的成功概率。产业政策的拥趸认为，不能因为许多产业政策失败，就否定政府制定正确产业政策的可能而放弃产业政策，关键是制定什么样的产业政策；但这种观点同20世纪80年代捍卫计划经济的逻辑完全相同，产业政策自身的弊端已经证明了不会有"正确的产业政策"。

其次，产业政策失败的另一个重要原因是激励机制的扭曲。政府通过对不同产业、企业在市场准入、税收和补贴、融资和信贷、土地优惠、进出口许可等方面的区别对待，在企业家和政府官员中创造了寻租机会，扭曲了整个激励机制，最终导致得到政策扶植的企业家不是真正具有创新精神的企业家，而是套利者和寻租者，在产业政策中投入的大量资金无法产出真正的创新产品。当然，理论上，如果公众可以得知政府官员所有行为的信息，当然可以设计一种没有寻租空间的激励机制。但这在现实中是不可能发生的，我们只能通过程序性监督和控制来对政府权限加以约束，因此现代法治社会才存在"有限政府"的概念。

为产业政策辩护的人还主张产业政策可以解决外部性和协调失灵的问题，但这在本质上也并不是产业政策的正当理由。外部性理论认为由于技术存在外部性，如果没有政府的资助，企业家便没有积极性从事创新。但在真实的市场中，企业家有关创新的决策并非完全基于边际收益和边际成本的比较，而更多来自于对市场前景、竞争压力、垄断利润的考虑。过去两百年的经验表明，没有政府资助，工业革命仍然带来了颠覆性的发明创造，信息革命时代依然有众多具有社会外部性的软件问世。认为政府应该通过补贴来激励企业家创新的观点完全低估了企业家的冒险精神，第一个吃螃蟹的人是因为想品尝美味佳肴的冒险冲动，而不是因为会得到政府的补贴，依靠政府补贴才愿意去创新的人，仅仅算得上是滥竽充数的寻租者。另一种观点认为，如果没有政府协调，市场会出现协调失灵，因此需要产业政策。但根据米塞斯－哈耶克的市场理论，市场出现不均衡就意味存在着套利机会，那么企业家就会有套利的积极性，最后一定可以使市场趋于均衡。计划经济时代，政府替代市场充当协调者，但事实证明效果并不理想，而产业政策无非是这一过程的再现，越是协调失灵的市场（往往是因为体制和政策的抑制），越是需要企业家自身去协调经济活动。

　　既然产业政策在本质上必然失败，那么对于产业政策应遵循比较优势这一主张，显然既不符合逻辑，也不符合事实。比较优势理论起源于英国重商主义时代，李嘉图发现不受政府管制的自由贸易将使得各自的优势得到发挥，给交易双方带来好处，因此自由贸易应运而生。但当把比较优势理论运用在产业政策上时，似乎默认了这样一个前提，即比较优势是国家、政府的事情。但实际上，市场竞争意味着分工和专门化以使收益最大化，所以每一个市场交易者本就应该遵守比较优势原则，除非是计划经济国家，否则贸易本就是个人之间和企业之间的贸易，无须政府的产业政策，更遑论产业政策要依据比较优势了。同时，在资本和人才具有流动性的全球化背景下，目前各国的进出口结构显示绝大多数具有比较优势的产业与要素禀赋并无关系，比较优势更多的是由企业家创造，呈现出动态的特点。一个典型的例子便是美国的汽车产业。1920 年以前，德国和法国是世界汽车市场的领头羊，但 1933 年全球汽车产量的73％来自美国，美国之所以可以超越德国和法国，很大程度上归功于亨利·福特（Henry Ford）发明的自动化生产流水线，而非因为美国的要素禀赋。林毅夫曾经认为韩国发展汽车违反了比较优势理论，因为韩国当时的要素禀赋结构并不适合发展汽车业，但韩国目前已经是世界第四大汽车出口国，汽车出口占到总出口收入的 8％，显然单纯依靠比较优势理论的产业政策并不能很好地解释这种情况。无数的事实证明：凡是政府能看得清楚的，自由市场上的企业家早已看清；凡是自由市场上企业家看不清楚的，政府更不可能看清。

　　最后，对于林毅夫提出的"增长甄别法"，张维迎也提出了怀疑。其一，增长甄别法中最重要的一步便是选取人均 GDP 比自身高一倍左右、要素禀赋相似的国家作为目标国家，但根据世界银行的数据显示，假如分别为 1980 年、1990 年、2000 年、2010 年的中国制定产业政策，那么符合这些标准的国家完全不值得中国效仿；其二，中国由于自己的地理特征，各地差别很大，谈论国家的比较优势似乎并不如地区比较优势有意义，而即使是地区比较优势，也要结合企业家一起谈论才符合现实；其三，增长甄别法将企业增长和产业结构变化完全看成了线性的演化，似乎所有国家发展都有相同的轨迹可以遵循，但全球化和技术进步决定了产业发展并不是线性的，在任何时点上，一个国家究竟发展什么产业，完全取决于企业家的判断。

可以说，林毅夫和张维迎这一场有关产业政策的讨论并无绝对的高下、对错之分，二者观点的分歧从表面上看，来自于对产业政策定义的不同，前者将产业政策限定于政府对软硬基础设施及基础科研的帮助，后者则更多关注政府对私人领域的干预与区别对待；而从本质上看，二者观点的差异来自于新古典经济学与米塞斯－哈耶克经济学的理论之争，前者将市场当作资源配置的工具，政府当然有理由在市场失灵时干预市场，后者则将市场当作认知工具，认为比均衡更重要的特征是变化，企业家才是主角。纵观世界经济史，这场有关"政府"和"市场"，"有形的手"和"无形的手"之间的争论早在 20 世纪 30 年代就已经展开，不同理论在不同时期占据上风，至今仍未有定论。中国自然也不例外，改革开放以来，谈论中国经济如何发展时永远都绕不开如何处理"政府"与"市场"的关系，中国共产党十八届三中全会虽然明确指出既要"使市场在资源配置中起决定性作用"，又要"更好发挥政府作用"，但也仅仅是在宏观层面上明确了二者的重要性，中国经济究竟要走向何处，似乎还有待更多的"林毅夫"和"张维迎"来发声。正如这场讨论结束后，北京大学国家发展研究院副院长黄益平所说的那样："我们并不指望一场辩论可以解决产业政策的争端"，中国过去的成就是否归功于产业政策？中国是否还需要产业政策来支持发展？未来的中国是该选择自由市场还是政府干预？关于这些问题的争论一定还会继续下去，最终结论如何也许还是要回归到那句朴素的道理上——实践是检验真理的唯一标准。

价格法前沿问题研究

一、未来价格法的整体定位[1]

《价格法》于 1998 年 5 月 1 日起施行，到 2018 年 5 月，价格法已实施二十周年。对于未来我国《价格法》的定位，笔者有以下几点判断：

第一，《价格法》在我国社会主义市场经济法律体系中是一部比较特殊的法律。因为一方面在我国目前现行的法律体系中，《价格法》不是一个独立的部门法，另一方面在全世界范围内也很难找到一部像中国这样的《价格法》。今年是改革开放四十周年，《价格法》在这期间经历了从酝酿起草到颁布实施的漫长过程，从这个角度来说，《价格法》可以视为中国社会转型和改革开放四十年的缩影和见证，其重要性不言而喻。中国整个社会转型的过程实质上是从计划到市场的转型的过程。在这一转型过程中，《价格法》起到了非常特别的作用：《价格法》不仅规

---

〔1〕 根据 2018 年 5 月李曙光教授在国家发展改革委价格司召开的《价格法》实施二十周年座谈会上的发言记录稿整理。

制了政府、企业、市场三个主体之间的关系，而且在《价格法》的制定和实施过程中，始终保持这三种关系处于动态的博弈和调整之中，这种作用是其他法律所无法实现的。所以从某种程度上来说，《价格法》是一部特别特殊的法律，是中国从计划体制迈向市场体制过程中的一个基本法。未来《价格法》仍将成为推动中国建设现代化经济体系、完善市场经济体制的一部重要的法律。这是笔者在《价格法》实施二十周年时做的一个判断。

第二，在特定的视角下，《价格法》表现出的应该是一部法律的完善性或者一个法律的应然状态。关于这一点有几个比较重要的判断：

首先，《中共中央国务院关于推进价格机制改革的若干意见》中有几个重要的判断。第一个判断：价格机制是市场机制的核心；第二个判断：市场决定价格是关键。党的十八届三中全会也指出要建立公平开放透明的市场规则，完善主要由市场决定价格的机制。这两句话非常重要，对于明确《价格法》下一步要坚持什么样的走向、发挥什么样的作用，是非常关键的。

其次，十九大报告中两处提到价格：一处是"加快完善社会主义市场经济体制"，这里提到"产权有效激励、要素自由流动、价格反应灵活、竞争公平有序、企业优胜劣汰"，这里主要是关于"价格灵活"的判断；另一处是"加快要素价格市场化改革"的判断。从这两个判断可以看到，现行的《价格法》是很具有现实意义的，但缺乏一个理想的法律状态。《价格法》下一步的发展完善是需要同十九大报告和《中共中央国务院关于推进价格机制改革的若干意见》紧密结合起来，这是一个最基本的判断。笔者认为有两个目标：一是 2017 年竞争领域的价格要基本放开，这是 2015 年党中央和国务院提出的概念。为巩固价格改革成果，推进政府定价项目清单化，各级价格主管部门在加快推进价格改革的同时，于 2015 年完成了新一轮政府定价目录的集中修订工作。2015 年 10 月，国家发展改革委公布了重新修订的《中央定价目录》，修订后的中央定价目录和地方定价目录的定价范围大幅缩减，具体定价项目分别减少 80% 和 55% 左右，中央定价种类由 13 种（类）减少为天然气、水利工程供水、电力、重要邮政业务等 7 个种（类），约减少 46%。保留的定价项目主要限定在重要公用事业、公益性服务和网络型自然垄断环节。二是要在 2020 年基本完善市场决定价格的机制。2018 年 7 月，国家发展改革委新闻发言人严鹏程表示，通过新一轮地方定价目录修订，地方政府定价项目在 2015 年缩减 55%、平均保留 45 项左右的基础上，进一步缩减到平均 32 项左右，缩减幅度达 30%，此轮地方定价目录修订主要对燃气、交通运输、教育、重要专业服务等类别的定价项目进行了缩减，放开了竞争性领域和环节的商品和服务价格。可见，我国现已实现"第一个基本"。"第二个基本"只剩下两年的时间，究竟能不能实现，还需要继续努力。

关于《价格法》的讨论应该将重点放在它在理论和实践中存在什么问题上。从目前来看，《价格法》的修改还是十分有必要的，虽然它在过去的时间里曾发挥了很大的作用，但今天看来它还是存在很多缺陷的，主要有几个方面的背景变化：

第一，二十多年前《价格法》制定时的市场体系和今天的市场体系不同，那时的资本市场、劳动力市场与土地市场还未发展健全，那时的《价格法》是针对当时的市场体系而制定的。

第二，政府如今在整个市场中的作用特别是在市场经济中的作用同二十多年前的作用大不相同。现阶段政府的宏观调控手段，政府"放管服"的改革以及对于政府要在市场中发挥正向作用的重视程度同二十多年前相比，发生了很大的变化。

第三，二十多年前的部分法律法规体系同现行法律法规体系有所差别。目前一大批的法律法规发生了重大变化，比如《民法总则》《反垄断法》《反不正当竞争法》《消费者权益保护法》，同时也包括相应的市场经济法律，和《公司法》《证券法》《合同法》《企业破产法》《票据法》《商业银行法》《银行业监督管理法》等，都发生了巨大的变化。

第四，经营者价格行为的监管形式发生了巨大变化。例如，互联网中大量双边市场纷纷出现，而这在二十多年前的市场还并未出现。

所以从目前来看，《价格法》存在很多缺陷，下一步要进行相应的改革。笔者有五个方面的建议：

第一，《价格法》要重新定位。从党的十八届三中全会开始提到、党的十九大明确提到的价格改革和《中共中央国务院关于推进价格机制改革的若干意见》中可以看出，以上几个重大的判断实际上要求对《价格法》进行重新定位。

第二，《价格法》目前尚且跟不上党政国家机构的改革。国家发展改革委和国家市场监督管理总局进行了两大分工，前者负责立法，后者负责执法，当然还有司法。立法、执法、司法在《价格法》中要进行平行定位，这是非常重要的。价格执法包括多个方面，不仅包括反垄断和反不正当竞争，还包括价格监测和服务，到底该怎样去划分监管上的一些相应的职责还有待探讨，特别是过渡期的相应的职责要重新划分。

第三，市场定价、政府指导价和政府定价的范围，包括商品范围和权限范围，要分清界限。此前《价格法》对此进行了原则性的规定，但目前情况发生了比较大的变化，特别是在政府指导价方面，竞争领域的市场定价基本放开，而目前《价格法》却并非这样规定。对此特别要考虑到过渡期，要有利于推动价格机制的形成。

对市场定价、政府指导价和政府定价这三方面做范围界定时，实际上要考虑到有六块硬骨头，在《价格法》中需要如何去界定或回应。一是农产品价格，二是能源价格，三是环境服务，四是医疗服务，五是交通运输，六是互联网市场。针对这六方面，在进行《价格法》修改时，如何既有利于市场价格机制的形成，又同时保留政府对其进行一定的干预，是比较困难的。涉及定价权问题，只要过程透明，程序公正，各方利益主体参与博弈，科学立法，这些问题便能够得到有效的解决。在这个过程中，《价格法》和价格改革是一个互动的关系。

第四，政府如何定价非常重要。市场定价是一个方向，但中国目前还保留政府指导价和政府定价。因此《价格法》重点要规制政府指导价和政府定价，否则政府自由裁量权过大，后面要完成党的十九大和《中共中央国务院关于推进价格机制改革的若干意见》的目标是比较困难的。接下来要在《价格法》中，将这些年关于政府制定价格行为的相应规则和机制写入，包括定价的范围要明确、定价的过程要透明、定价的行为要科学。特别是政府定价一定要把新的经济学分析工具，包括成本收益这样的分析方法，写入法律。否则政府的决策都属于拍脑袋决策，对市场、市场份额、供求状况、替代商品都缺乏一个科学的界定。定价行为要科学，这是笔者强调的第四个方面。

国家发展改革委 2018 年 1 月 1 号实施了新的《政府制定价格行为规则》，这个非常重要。该行为规则已经基本完善了，但还存在一定的缺陷，需要进一步进行修改，但其中有些内容可以放入《价格法》中。

第五，要特别注重两个市场，一是金融衍生品市场，二是互联网市场。金融市场价格或者说金融衍生品市场的价格，是谈论价格绕不过去的方面。互联网市场的价格目前处于非常无序的状态，关于互联网市场价格的监管，原来由国家发展改革委、反垄断局负责，目前由市场监督管理局负责。笔者此前也在考虑，双边市场的排他性、交叉网络型等特征使得双边市场的界定非常困难。这样的一些市场出现的价格问题，《价格法》如何规定或规范，是在制定《价格法》以及市场经济法律的过程中，需要重点关注的。

总之，《价格法》在前二十多年发挥了重大作用，可以说是整个改革开放的见证者，也是一个世界纪录。目前《价格法》遇到了很大的挑战，未来《价格法》一定要有操作性，一定要比现行的《价格法》更加细致化。《价格法》之所以说是一部比较好的法律，是因为它规定了重要的原则性内容，但是其中一些具体的细节规定未在其中体现出来。笔者希望新的立法能够不仅实现立法上的科学性，而且要实现在执法上的可操作性，还要有一些相应的司法诉讼，只有这样，这部法才是一部真正完备的法律。

二、市场价格行为的规范化

(一) 市场价格违法行为的含义

1. 市场价格违法行为的特点

1998 年 5 月 1 日施行的《价格法》,首次明确使用了"不正当价格行为"的概念。不过,《价格法》只是在第 14 条列举了不正当价格行为的类型与表现,并未对何谓"不正当价格行为"做出明确的概念界定。2010 年国务院颁布的《价格违法行为行政处罚规定》将《价格法》中"不正当价格行为"用语改为"价格违法行为"。

目前理论界还没有对市场价格违法行为规范的定义(本书所指市场价格违法行为包含了《价格法》的不正当价格行为)。有学者指出,市场价格违法行为是行为人为谋取非法利益或竞争的有利地位,而违反价格规律和市场交易习惯或规则,对商品或服务进行定价,从而危害他人利益或公共利益的行为。有学者认为,市场价格违法行为是指经营者违反《价格法》和《反不正当竞争法》的规定,损害其他经营者和消费者的合法权益,扰乱社会价格秩序的行为。[1]还有学者认为,对于市场价格违法行为,有广义和狭义两种理解。广义上的市场价格违法行为包括垄断、不正当竞争和市场价格违法行为,既包括存在于价格领域的各种违法行为,也包括存在于垄断和竞争领域的垄断和不正当竞争行为。而狭义上的市场价格违法行为则不包括竞争,只是指企业或经营者在经济活动中一切违背价格政策

---

[1] 参见陈运华:《不正当价格行为的法律分析》,载《当代法学》2001 年第 11 期。

的行为。[1]

本书认为市场价格违法行为应从广义和狭义两个方面来理解，其区别主要在于采取的手段与违反的法律。若市场价格违法行为采取垄断、不正当竞争手段，既违反了《价格法》，又违反了《反垄断法》或《反不正当竞争法》，那从广义及狭义的角度来理解，都属于市场价格违法行为。但若经营者实施的价格行为仅违反《反垄断法》或《反不正当竞争法》，未违反《价格法》，从狭义的角度则不属于市场价格违法行为，但从广义的角度来理解，就属于市场价格违法行为。

（1）单一性与复合性相结合。不止《价格法》规定了市场价格违法行为，其他法也规定了一定的市场价格违法行为，因而，以是否由现行的《价格法》规定为标准，则可分为《价格法》规定的市场价格违法行为与其他法规定的市场价格违法行为。

单一性市场价格违法行为体现在《价格法》明确加以规定的市场价格违法行为，而其他法则未加以明确规定的情况下。

《价格法》第14条规定了8种市场价格违法行为。经营者不得有下列不正当价格行为：相互串通，操纵市场价格，损害其他经营者或者消费者的合法权益；在依法降价处理鲜活商品、季节性商品、积压商品等商品外，为了排挤竞争对手或者独占市场，以低于成本的价格倾销，扰乱正常的生产经营秩序，损害国家利益或者其他经营者的合法权益；捏造、散布涨价信息，哄抬价格，推动商品价格过高上涨的；利用虚假的或者使人误

---

[1] 参见赵全新：《不正当价格行为及治理路径》，载《中国经贸导刊》2010年第15期。

解的价格手段，诱骗消费者或者其他经营者与其进行交易；提供相同商品或者服务，对具有同等交易条件的其他经营者实行价格歧视；采取抬高等级或者压低等级等手段收购、销售商品或者提供服务，变相提高或者压低价格；违反法律、法规的规定牟取暴利；法律、行政法规禁止的其他不正当价格行为。

复合性市场价格违法行为体现在，不仅《价格法》明确加以规定，而且其他法也明确加以规定。其他法律，如《反不正当竞争法》《反垄断法》《招标投标法》《拍卖法》等都规定了有关的市场价格违法行为。

比如，《反垄断法》第 13 条规定，禁止具有竞争关系的经营者达成固定或者变更商品价格的垄断协议。《反垄断法》所称垄断协议，是指排除、限制竞争的协议、决定或者其他协同行为。《反垄断法》第 14 条规定，禁止经营者与交易相对人达成下列垄断协议：固定向第三人转售商品的价格；限定向第三人转售商品的最低价格；国务院反垄断执法机构认定的其他垄断协议。《招标投标法》第 32 条规定，投标人不得相互串通投标报价，不得排挤其他投标人的公平竞争，损害招标人或者其他投标人的合法权益。投标人不得与招标人串通投标，损害国家利益、社会公共利益或者他人的合法权益。禁止投标人以向招标人或者评标委员会成员行贿的手段谋取中标。《招标投标法》第 33 条规定，投标人不得以低于成本的报价竞标，也不得以他人名义投标或者以其他方式弄虚作假，骗取中标。《拍卖法》第 62 条规定，拍卖人及其工作人员违反《拍卖法》第 22 条的规定，参与竞买或者委托他人代为竞头的，由工商行政管理部门对拍卖人给予警告，可以处拍卖佣金 1 倍以上 5 倍以下的罚款；情节严重的，吊销营业执照。《拍卖法》第 64 条规定，违反

《拍卖法》第30条的规定，委托人参与竞买或者委托他人代为竞买的，工商行政管理部门可以对委托人处拍卖成交价30%以下的罚款。

（2）竞争市场和垄断状态的共存。垄断市场价格违法行为为《反垄断法》《价格法》等所禁止。就我国目前立法来看，一项市场价格违法行为是否被视为价格垄断行为，主要通过《反垄断法》等来界定。以是否属于《反垄断法》所规定的价格垄断行为，可将市场价格违法行为分为价格垄断市场价格违法行为与非价格垄断市场价格违法行为，即市场体现为竞争状态和垄断状态的共存。

《反垄断法》第3条规定的垄断行为包括三个方面：经营者达成垄断协议；经营者滥用市场支配地位；具有或者可能具有排除、限制竞争效果的经营者集中。其中，涉及价格垄断市场价格违法行为的主要是前两个方面，价格垄断协议与经营者滥用市场支配地位进行市场价格违法行为。由此看出，价格垄断市场价格违法行为主要包括，价格垄断协议与经营者滥用市场支配地位进行市场价格违法行为。

价格垄断协议分为横向价格垄断协议与纵向价格垄断协议。一方面，价格卡特尔是横向限制竞争的价格垄断行为。价格卡特尔通常采取联合固定价格行为，其在制定价格时，有直接方法和间接方法。直接方法是卡特尔各方直接就价格、价格构成、价格计算方法等达成一致的意见，或者共同就他们所允许进入市场的产品数量订下额度。间接方法是进行市场划分。市场划分避免了市场竞争，因而也就避免了企业间进行价格上的竞争，所形成的产品价格就不再反映市场供求关系和竞争规律，因而等于间接地固定了价格。联合固定价格行为限制了正常的价格竞争，造成错误的资源分配，使消费者失去了选择的机会，并承担了不合理的价格，实际上是一种以隐蔽的方式掠夺消费者剩余，并导致无谓损失。另一方面，纵向价格垄断协议是纵向限制竞争的价格垄断行为，其主要类型是固定转售价格。所谓纵向限制竞争是指由两个或两个以上在同一产业中处于不同阶段而有买卖关系的企业，通过共谋而实施限制竞争的行为。固定转售价格的具体做法是：纵向的企业之间明示或默示地达成维持（或固定）转售价格的协议等。在固定转售价格的控制情况下，所有经销商出售该种产品的价格，在某个地理市场范围内都相同。

经营者滥用市场支配地位进行市场价格违法行为是危害性极强的市场价格违法行为，为《反垄断法》等所禁止。

非价格垄断市场价格违法行为是与价格垄断市场价格违法行为相对的市场价格违法行为。非价格垄断市场价格违法行为包括捏造、散布虚假价格信息，哄抬价格，价格欺诈，价格歧视等以及非拥有市场支配地位的经营者实施的低价倾销、强迫交易、变相提价或压价等市场价格违法行为，在这种状态下，市场虽存在着不正当竞争现象，但总体来说，市场未被垄断，市场依然是存在着竞争的市场。

（3）违法主体的多元性。根据具体情况的不同，市场价格违法行为的实施者是不同的。在市场经济运行中，市场价格违法行为的实施主体可能是经营者、行业协会，也可能是政府部门、法律、法规授权的具有管理公共事务职能的组织等，区分不同的市场价格违法行为的实施者有利于有的放矢地打击市场价格违法行为，保障市场经济的合法、稳健发展。

一方面，市场价格违法行为的实施主体为经营者。以《价格法》为例,《价格法》第 14 条规定了 8 项市场不正当价格行为。经营者不得有不正当价格行为,这明确说明了经营者为市场价格违法行为的实施主体。

另一方面,市场价格违法行为的实施主体为行业协会。1999 年 7 月 10 日经国务院批准,1999 年 8 月 1 日国家发展计划委员会发布,根据 2010 年 12 月 4 日《国务院关于修改〈价格违法行为行政处罚规定〉的决定》第三次修订的《价格违法行为行政处罚规定》第 5 条第 3 款规定,行业协会或者其他单位组织经营者相互串通,操纵市场价格的,对经营者依照前两款的规定处罚;对行业协会或者其他单位,可以处 50 万元以下的罚款,情节严重的,由登记管理机关依法撤销登记、吊销执照。2012 年 11 月 22 日青海省人民政府第 108 次常务会议审议通过,自 2013 年 1 月 1 日起施行的《青海省价格监督检查办法》(青海省人民政府令第 91 号)第 17 条规定,行业组织应当加强对本行业的经营者的监督,督促经营者执行价格调控措施,引导经营者公平竞争。行业组织或者其他单位不得有下列行为:制定排除或者限制价格竞争的规则、决定等;通过会议、通知等形式,组织经营者形成价格垄断协议或者价格联盟;组织本行业的经营者相互串通、操纵市场价格或者推动商品价格过快、过高上涨;借助行政性权力或者其他社会影响,迫使管理对象接受商品或者服务;其他违反价格法律、法规和规章规定的行为。2011 年 7 月 22 日经陕西省第十一届人民代表大会常务委员会第二十四次会议通过,自 2011 年 10 月 1 日起施行的《陕西省价格条例》第 17 条规定,行业组织或者其他单位应当加强自律,引导本行业的经营者公平竞争,维护市场价格秩序。行业组织或者其他单位不得有下列行为:制定排除或者限制价格竞争的规则、决定等；通过会议、通知等形式，组织经营者形成价格垄断或者价格联盟；组织本行业的经营者相互串通、操纵市场价格或者推动商品价格过快、过高上涨。《陕西省价格条例》第58条规定，行业组织违反该条例第17条第2款第3项规定，组织经营者相互串通，操纵市场价格或者推动商品价格过快、过高上涨的，可以处50万元以下罚款，情节严重的，由登记管理机关依法撤销登记。

2. 市场价格违法行为的外延

市场价格违法行为的外延体现在其表现形式，当前市场上存在很多不同形式的市场价格违法行为，可以总结为两大类：复合性市场价格违法行为和单一性市场价格违法行为。复合性市场价格违法行为主要包括反垄断法、反不正当竞争法等部门法中规定的价格违法行为，具体是指价格倾销、价格串通、价格歧视等价格违法行为；单一性市场价格违法行为主要包括价格欺诈，哄抬价格与牟取暴利，捏造、散布虚假价格信息行为，变相提价或压价行为，强迫交易行为和关于法律、行政法规禁止的其他市场价格违法行为。

3. 市场价格违法行为的构成要件

我国的市场经济改革正在不断深化探索之中。党的十八届三中全会提出了市场在资源配置中发挥"决定性的作用"，更是具有里程碑式的意义。价格作为市场调控最直观的表现，有着不可替代的重要作用，保障价格能真实地反映市场情况，对反映供求关系有着重要意义。但是我国《价格法》颁布已久，理论与实践中都出现了大量亟待研究和解决的问题，市场价格违法行为的构成要件便是其中之一。我国法律文本本身并没有对市场价格违法行为做明确的定义，仅仅在《价格法》第14条用条文罗列的方式展示了市场价格违法行为的 8 种形式。如果分别研究这 8 种市场价格违法行为的构成要件，则实际上不能得出一个可以周延的市场价格违法行为这一法学概念的构成要件。但是换一个角度，从市场价格违法行为的主要组成部分的构成要件来研究市场价格违法行为整体的构成要件，则让我们更加接近市场价格违法行为的构成要件。

市场价格违法行为与不正当竞争行为息息相关，对不正当竞争行为的构成要件的探讨本身对于市场价格违法行为有着非常重要的启发作用。市场价格违法行为广义上包括了垄断、不正当竞争和违反价格相关法律的行为，从整个经济法的角度来看，市场价格违法行为是市场经济法中竞争法的重要组成部分。参考不正当竞争行为的构成要件，我们能够大致整理出市场价格违法行为的构成要件，主要包括市场主体方面构成要件、市场行为方面构成要件、市场绩效方面构成要件三大要件。当然，这些要件本身也是需要在深入的研究中不断改进和接受检验的。

（1）市场主体。首先，市场价格违法行为的主体应当是营业性主体，即市场经营者。这里的经营者既包括法人，也包括非法人和其他组织。当前我国市场准入门槛逐渐降低，能够从事商业活动的主体越发多样化。这些经营者都有可能存在价格上的违法行为。因此，对于市场价格违法行为的主体需要扩展到一切在市场上运行的主体。其次，很多行业协会等机构组织也可能在市场价格行为中产生重大影响，如果不加以正确的规制和引导，则可能产生价格卡特尔等市场价格违法行为，而如果引导正确，充分挖掘其功能的话，则可以起到政府不能起到的作用，进行行业价格协调和监督。因此，行业协会等机构也应当成为市场价格违法行为的主体之一。行业协会等机构的法律地位较为特殊,其既不同于政府等公法人,也不同于市场经营者等私法人,而是介于二者之间的社会法人,其既可以发挥公法人调控监督的作用,也可以代表私法人维护其权利,代表私法人整体发出声音,表达行业意见。因此行业协会等组织既可以构成不正当价格违法行为的主体,也可以成为防止市场价格违法行为的重要力量。

从主观方面来看,市场价格违法行为所要求的主观心态应当是故意。换言之,需要有通过价格行为来获得不正当竞争优势的主观心理。这里对心态的判断类似于对不正当竞争行为主观心态的判断,也可以从"是否具有损害或排挤竞争对手的目的和动机""是否具有自己牟取利益的动机和目的""应否知道或是否知道会损害客户利益"以及"是否违反合同"这四个角度出发,探求主体是否有故意的心态。从反面来说,无意而导致的市场价格违法行为几乎是难以想象的,这既不符合常识,也不符合逻辑。

(2)市场行为。市场行为是一个客观的事实,是一个已经发生或即将发生的事实状态,因此市场行为方面实际上也可以被总结为客观方面。目前我国的法律对于不正当市场价格行为的规定,主要集中在《反垄断法》《反不正当竞争法》和《价格法》之中。从狭义的市场价格违法行为定义来看,市场价格违法行为则主要集中在《价格法》的规定中。《价格法》第14条集中规定了8种不正当价格行为,但是随着时间的推移,这8种市场价格违法行为中部分已经被《反垄断法》等更先进、更细致的条文所具体化。如第1项"互相串通,操纵市场价格,损害其他经营者或者消费者的合法权益",在《反垄断法》中已经在关于价格卡特尔中做了更加详尽的规定。

市场价格违法行为的市场行为方面可以概括为以获利为目的、以不合法的行为促成价格变动为手段的行为。如果进一步将狭义的市场价格违法行为与垄断行为、不正当竞争行为相区分的话，可以发现狭义的市场价格违法行为主要集中在不正当地改变价格运行规律，以获得利益，这就与直接破坏价格运行规律以获得利益的垄断行为和不正当竞争行为进行了一定程度上的区分。如构建虚假事实哄抬物价等行为，该行为即顺从价格规律，用虚假的事实扭曲供求关系，从而导致价格错误地反映了市场信息，进而获利。从这个角度来看，狭义的市场价格违法行为本质上并没有破坏价格机制本身，只是通过不合法的手段，不正当地利用了价格规律，获得了不正当的利益；而垄断行为、不正当竞争行为大多直接破坏了价格规律，价格卡特尔通常在经营者取得垄断地位后，会直接不顾市场实际情况，通过对自己最有利的方式进行定价，以扩大市场或获得高利润。

因此，从市场行为方面来看，从广义的角度来说，市场价格违法行为除了垄断行为、不正当竞争行为之外，还包括扭曲、虚构供求关系、不正当的利用价格规律从而获得利益的行为。

（3）市场价格违法行为绩效分析。市场价格违法行为的绩效指的是市场价格违法行为在市场运行后所产生的市场效果，是违法行为造成的法律意义上的危害结果，是违法行为触犯了价格法律规范所保护的客体利益，即合法的价格关系与秩序。在判断市场价格违法行为时需要考虑市场绩效，是因为市场价格违法行为并没有破坏市场价格规律本身，其破坏的仅是市场的价格关系与秩序。市场价格行为对市场规律本身的影响相比较垄断行为和不正当竞争行为要更小。因此，考虑市场价格违法行为不能简单地根据其行为本身就做出结论，还需要考察其在具体市场规律中造成的后果。如果市场违法行为造成的后果超出了市场价格规律本身可以调节的范围之外，使得价格规律被扭曲，则应该对其进行更加严格的调控，如果并没有超出市场价格规律本身可以调节的范围，则很快就会被市场价格的自我调节机制纠正过来，从而实现正常的价格波动。

　　具体而言，衡量某一市场价格行为是否属于市场价格违法行为，首先需考虑行为的社会危害性：其一，价格行为实施后果是否损害了消费者的合法利益；其二，价格行为实施后果是否损害了市场上其他经营者的合法利益；其三，价格行为实施后果是否触犯了价格法律法规所保护的价格关系与秩序；其四，价格行为实施后果是否触犯了我国的市场经济秩序。危害后果的轻重直接决定社会危害性的大小。危害后果重，社会危害性就大，就应当从重处罚。反之，危害后果轻，社会危害性就小，就应当从轻或者减轻处罚，甚至可以不予处罚。价格违法行为的社会危害性，是价格违法行为最本质、最基本的特征。某种价格行为之所以被认定为价格违法行为，就是因为它具有社会危害性。不具有社会危害性的行为，就不能认定为价格违法行为。另外，如果没有价格违法行为的行政违法性，也就无法衡量、确定价格违法行为的社会危害性。《价格法》中如果没有规定禁止经营者的不正当价格行为，包括价格垄断、价格欺诈、价格歧视等，就无从认定经营者的不正当价格行为的社会危害性。

　　（二）市场价格行为规范的障碍

　　上述特点为规制市场价格违法行为带来特殊的障碍，具体包括如下方面：

1. 单一性和复合性带来的执法难点

单一性和复合性市场价格违法行为有其不同的特点，其规制则也会相应地不同，尤其是复合性市场价格违法行为需要考虑多个角度，多种手段。出现复合性市场价格违法行为时，很明显也产生了一个摆在眼前又必须要解决的难题，即当一种市场价格违法行为既符合《反不正当竞争法》《反垄断法》等法律规定的要件，又符合《价格法》要件，工商监督检查部门与价格监督检查部门如何配合？职权冲突时如何解决？可采用一些学者的观点，不正当竞争行为主要是违反了工商管理法律法规，损害了其他经营者的合法权益并扰乱了社会经济秩序，对其不法行为的查处由各级工商行政管理部门进行，或由受损害的经营者依《反不正当竞争法》和《民事诉讼法》对其提起诉讼；而市场价格违法行为违反的主要是价格法律法规，损害了其他经营者、消费者的合法权益，破坏了正常的价格秩序，所以对其不法行为由各级价格主管部门查处，包括属于不正当竞争性质的价格行为，如为了排挤竞争对手或者独占市场，相互串通、操纵市场价格联合限制竞争，实行价格歧视等行为，均应由价格管理部门依《价格法》进行查处。

2. 竞争市场和垄断状态共存所带来的规制难题

从市场形态来看，《价格法》第14条规定的8项市场不正当价格行为都是市场价格违法行为在市场非规范性竞争中的表现，但从不同的角度来看，如从价格行政执法及其他经营者、消费者对市场价格违法行为举报的角度来看，可将市场非规范性竞争中出现的市场价格违法行为分为市场常态性市场价格违法行为与市场非常态性市场价格违法行为。市场常态性市场价格违法行为主要是价格欺诈、不明码标价等。市场非常态性市场价格违法行为则是与此相对应的其他市场价格违法行为，如低价倾销、哄抬价格、牟取暴利等市场价格违法行为。

从市场价格违法行为的实施目的来看，其目的可能是为排挤竞争、垄断市场、非法获利，尤其是牟取暴利等。一项市场价格违法行为的实施者可能只抱有一个市场价格违法行为实施目的，从而构成单一型的市场价格违法行为；一项市场价格违法行为的实施者也有可能同时抱有多个市场价格违法行为实施目的，从而构成混合型的市场价格违法行为。同时，市场价格违法行为的实施者既可能会实施一项市场价格违法行为，也可能会实施多项市场价格违法行为，更可能形成混合型的市场价格违法行为。根据这些实施目的，可将市场价格违法行为分为垄断市场型的市场价格违法行为、排挤竞争对手型的市场价格违法行为、非法获利型市场价格违法行为，等等。

从市场价格违法行为的实施后果来看，其后果可能是侵害了其他经营者权益，侵害了消费者权益，扰乱了正常生产经营秩序，侵害了社会公共利益，如规范的社会竞争秩序等。一项市场价格违法行为的实施者因其市场价格违法行为可能只造成一个市场价格违法行为实施后果，从而构成单一型的市场价格违法行为；一项市场价格违法行为的实施者也有可能因其市场价格违法行为同时造成多个市场价格违法行为后果，从而构成混合型的市场价格违法行为。同时，市场价格违法行为的实施者既可能会实施一项市场价格违法行为，也可能会实施多项市场价格违法行为，更可能造成混合型的市场价格违法行为。根据这些实施后果，可将市场价格违法行为分为侵害其他经营者权益型的市场价格违法行为、侵害消费者权益型的市场价格违法行为、扰乱正常生产经营秩序型的市场价格违法行为、侵害社会公共利益型的市场价格违法行为等。

以《价格法》第 14 条规定的第 1 项不正当价格行为为例，《价格法》第 14 条第 1 项规定，经营者不得相互串通，操纵市场价格，损害其他经营者或者消费者的合法权益。当经营者相互串通，但未达到市场价格垄断时，其市场价格违法行为的实施目的可能只是为了排挤竞争对手，还可能是既为了排挤竞争对手，也为了非法获利；从其市场价格违法行为的实施后果来看，其后果可能只是损害了其他经营者权益，还可能是既损害了其他经营者权益，也损害了消费者权益。同时，当经营者相互串通，造成市场价格垄断时，其市场价格违法行为的实施目的可能只是为了垄断市场，还可能是既为了垄断市场，也为了非法获利，特别是牟取暴利。其市场价格违法行为的实施后果是造成了侵害其他经营者权益、侵害了消费者权益、扰乱了正常生产经营秩序和侵害了社会公共利益的混合型市场价格违法行为后果。

以《价格法》第 14 条规定的第 2 项市场价格违法行为为例，《价格法》第 14 条第 2 项规定，经营者不得在依法降价处理鲜活商品、季节性商品、积压商品等商品外，为了排挤竞争对手或者独占市场，以低于成本的价格倾销，扰乱正常的生产经营秩序，损害国家利益或者其他经营者的合法权益。在低价倾销这一市场价格违法行为中，经营者可能抱有排挤竞争对手或者独占市场的目的之一，也可能同时抱有排挤竞争对手或者独占市场之市场价格违法行为目的；从该市场价格违法行为的实施后果来看，其后果可能是造成了扰乱正常生产经营秩序、损害国家利益、侵害其他经营者的合法权益之单一或混合型市场价格违法行为后果。

以《价格法》第 14 条规定的第 3 项市场价格违法行为为例,《价格法》第 14 条第 3 项规定,经营者不得捏造、散布涨价信息,哄抬价格,推动商品价格过高上涨。从该项规定来看,当经营者只是捏造、散布涨价信息,这些虚假信息并未哄抬价格,推动商品价格过高上涨时,其可能造成了扰乱正常生产经营秩序之单一的市场价格违法行为后果。而当其利用捏造、散布涨价信息之手段或其他手段,哄抬价格,致使商品价格过高上涨时,该市场价格违法行为的实施后果则不只是扰乱正常生产经营秩序,还造成了侵害消费者权益等混合型的市场价格违法行为后果。

3. 违法主体多元性带来的执法难题

市场价格违法行为的主体根据具体情况有不同的体现。在市场经济运行中,市场价格违法行为的实施主体可能是经营者,也可能是行业协会,还可能是政府部门,或是法律、法规授权的具有管理公共事务职能的组织等,多元的市场价格违法行为的实施者也带来了市场价格违法行为规范难题。经营者、行业协会、政府部门以及法律、法规授权的具有管理公共事务职能的组织等规范的角度及着重点也会有不同,需要在立法规制中进行不同的处理。以下列最为常见的市场价格违法行为的经营者主体为例进行的分析可见一斑。

在市场价格违法行为中,经营者是主要的市场价格违法行为的实施者,不过,经营者的形式不是单一的。经营者可以是个人(自然人),可以是法人,也可以是其他组织等,这些都可以统称为经营者。区分经营者的类别,有利于具有针对性地惩处市场价格违法行为的实施者,有利于建立公平和公正的法律体系。

《价格法》及我国的一些地方立法对经营者做出了相关界定。《价格法》第3条第3款规定，本法所称经营者是指从事生产、经营商品或者提供有偿服务的法人、其他组织和个人。《杭州市市场调节价监督管理若干规定》第2条规定，在本市行政区域内从事商品生产、经营或者提供有偿服务的法人、其他组织和个人应当遵守该规定。《陕西省价格条例》第63条规定，经营者，是指从事生产、经营商品或者提供有偿服务的法人、其他组织和个人。

我国《价格违法行为行政处罚规定》等对经营者加以区分，施以不同的处罚，其中第4条规定，经营者违反《价格法》第14条的规定，有下列行为之一的，责令改正，没收违法所得，并处违法所得5倍以下的罚款；没有违法所得的，处10万元以上100万元以下的罚款；情节严重的，责令停业整顿，或者由工商行政管理机关吊销营业执照：除依法降价处理鲜活商品、季节性商品、积压商品等商品外，为了排挤竞争对手或者独占市场，以低于成本的价格倾销，扰乱正常的生产经营秩序，损害国家利益或者其他经营者的合法权益的；提供相同商品或者服务，对具有同等交易条件的其他经营者实行价格歧视的。《价格违法行为行政处罚规定》第11条规定，本规定第4条、第7条至第9条规定中经营者为个人的，对其没有违法所得的价格违法行为，可以处10万元以下的罚款。本规定第5条、第6条、第10条规定中经营者为个人的，对其没有违法所得的价格违法行为，按照前款规定处罚；情节严重的，处10万元以上50万元以下的罚款。

我国一些地方立法对经营者加以区分，施以不同的处罚。如2011年2月24日安徽省第十一届人民代表大会常务委员会第二十四次会议通过，自2011年5月1日起施行的《安徽省价格条例》第11条规定，经营者不得有下列推动商品价格过快、过高上涨行为：捏造、散布涨价信息，扰乱市场价格秩序；除生产自用外，超出正常的存储数量或者存储周期，大量囤积市场供应紧张、价格发生异常波动的商品，经价格主管部门告诫仍继续囤积；利用其他手段哄抬价格，推动商品价格过快、过高上涨。该《条例》第44条规定，经营者违反本条例第11条第1项、第2项规定，有推动商品价格过快、过高上涨行为的，由县级以上人民政府价格主管部门责令改正，没收违法所得，并处违法所得5倍以下的罚款；没有违法所得的，处5万元以上50万元以下的罚款，情节较重的处50万元以上300万元以下的罚款；情节严重的，责令停业整顿，或者由工商行政管理部门吊销营业执照。该《条例》第49条第2款规定，本条例第40条第2款、第43条、第44条规定中经营者为个人的，对其没有违法所得的价格违法行为，可以处10万元以下的罚款；情节严重的，处10万元以上50万元以下的罚款。《陕西省价格条例》第12条规定，经营者不得有下列推动商品和服务价格过快、过高上涨的行为：捏造、散布涨价信息，扰乱市场价格秩序；超出正常的存储数量或者存储周期，大量囤积市场供应紧张、价格发生异常波动的商品，经价格主管部门告诫后，仍然囤积的；利用其他手段哄抬价格，推动商品和服务价格过快、过高上涨的。本条例第54条规定，经营者违反本条例第12条禁止推动商品和服务价格过快、过高上涨行为规定的，由价格主管部门责令改正，没收违法所得，并处违法所得5倍以下的罚款；没有违法所得的，处5万元以上50万元以下罚款，情节较重的处50万元以上300万元以下罚款；情节严重的，责令停业整顿，或者由工商行政管理机关吊销营业执照；该《条例》第 59 条规定，本条例第 50 条第 1 款、第 54 条、第 56 条、第 57 条规定中经营者为个人的，对其没有违法所得的价格违法行为，可以处 10 万元以下罚款；本条例第 50 条第 2 款、第 52 条、第 55 条规定中经营者为个人的，对其没有违法所得的价格违法行为，可以处 10 万元以下罚款；情节严重的，处 10 万元以上 50 万元以下罚款。

4. 实体经济和虚拟经济中的细化价格违法行为的困境

法律制定之后并非一成不变，僵化固守，法律也需变动，也需适应时代发展的需要，法律需要能够有效地解决实践中出现的问题。自 1998 年 5 月 1 日起施行的《价格法》已日渐显露出其难以迎合时代发展的需要，难以解决实践中不断展现出的新问题。从《价格法》及其配套法律法规的修改变动来看，将来的修改应注意实体经济和虚拟经济中的细化价格违法行为问题。

我国现行《价格法》第 14 条规定了 8 项不正当价格行为，即价格串通与价格垄断，低价倾销，捏造、散布虚假价格信息及哄抬价格，价格欺诈，价格歧视，变相提价或压价，牟取暴利，其他市场价格违法行为。但这些是远远不够的，应考虑将市场实践中已经出现的市场价格违法行为，且地方立法也有过立法尝试规定的市场价格违法行为列入其中，如强迫交易，以及考虑将基于体例安排、现行《价格法》没有明确规定为市场价格违法行为的，列入法律明文规定的市场价格违法行为之中，如不明码标价等。另外，强迫交易、不明码标价等市场价格违法行为无论在实体经济中，还是在虚拟经济中都有体现。

以强迫交易为例，虽然《反垄断法》第 17 条规定了禁止具有市场支配地位的经营者从事以不公平的高价销售商品或者以不公平的低价购买商品的滥用市场支配地位的行为，但实践中强迫交易价格行为并非都是滥用市场支配地位的经营者所为的行为，其并不只涉及价格垄断，也并不只适用于《反垄断法》。在实践中采用其他手段进行强迫交易行为也常存在，强迫交易也存在于除垄断之外的一般不正当价格竞争行为中。

（三）市场价格行为规范的总体思路

1. 市场价格行为规范的必要性

价格机制是市场经济的核心要素，价格问题关系着国计民生与社会稳定。我国自 1992 年提出建立社会主义市场经济体制以来，逐步形成了政府定价、政府指导价和市场调节价三种方式并存的价格体系。但在价格体系运行过程中，存在许多阻碍因素，特别是在市场调节价领域，存在着许多不正当甚至违法的市场价格行为。这些行为侵害了广大经营者和消费者的合法权益，破坏了市场竞争秩序。应当结合当今的市场化改革趋势，建立起有效的市场价格行为规范制度。

（1）理论意义。

第一，适应价格改革，完善法律规范体系。自 1998 年《价格法》实施以来，以《价格法》为主体，相关法规、规章、规范性文件为配套的价格法律法规体系逐步形成，对我国价格机制的运行及价格行为的规范起到了一定的保障和推动作用。但随着时代发展，其日益显现出规范滞后、可操作性较差以及管制过度等弊端。另外，国务院及原国家计委、国家发展改革委颁布的《价格违法行为行政处罚规定》《禁止价格欺诈行为的规定》《关于制止低价倾销行为的规定》《制止牟取暴利的暂行规定》等规定缺乏体系性，难以适应法制统一的需要，应逐步加以改变与完善。从与其他相关法律的关系来看，市场价格行为的规范与《宪法》《消费者权益保护法》《突发事件应对法》《反垄断法》《行政许可法》等法律制度息息相关。应当对市场价格法律规范体系进行重新梳理，使其既能形成顺畅有序、适应时代的内部体系，又能实现与相关法律制度间的协调统一。

第二，适应政府对经济调控，维护经济秩序稳定。2013 年 3 月 20 日，国务院总理李克强在北京主持召开的新一届国务院第一次全体会议上，就做好政府工作提出了六点要求，其中包括在谋大局当中抓重点。各部门要抓住矛盾最集中、群众最关心的事情，围绕国务院工作全局，突出重点，力争一年解决几个关键问题，积跬步至千里，让人民群众心中有希望。价格问题是社会、民生问题的集中体现，由于价格违法行为的大量存在，一些与群众生活密切相关的商品价格水平时有异常波动，影响到了人民群众的生活和经济秩序的稳定。要解决这些问题，则要立足于市场经济，充分运用法律手段，塑建合理、有序、健全的市场价格行为规范制度。

第三，适应市场经济发展规律，理顺政府市场关系。党的十八届三中全会通过的《中共中央关于全面深化改革若干重大问题的决定》提出，要处理好政府与市场的关系，使市场在资源配置中发挥决定性作用，即要厘清政府与市场的界限。这是执政党对于全面深化改革所强调的重中之重。十八届四中全会进一步提出依法治国的理念，要求科学立法、严格执法。这使得价格及《价格法》在深化市场改革中面临新的挑战。市场的本质是自由的，人们在市场中自由交易、自主决策，资源可以在自由的市场条件下自由地流动，找到其最佳的处所，达到合理配置、优化使用的目的。因此，必须积极稳妥地从广度和深度上推进市场化改革，大幅度减少政府对资源的直接配置，推动资源配置依据市场规则、市场价格、市场竞争以实现效益最大化和效率最优化。而政府的职责主要是加强和优化公共服务，保障公平竞争，进行市场监管，维护市场秩序，弥补市场失灵。

（2）实践意义。

第一，增强价格立法的统一性。哪里有商品买卖，哪里就有不正当交易行为。在价格行为方面，市场价格违法行为也正如上文分析的一样，层出不穷，类型丰富。在我国国家层面没有更新法律规范、部门规章的情形下，各省市、自治区以及一些拥有立法权的较大的市纷纷组织开展区域性的市场价格行为规范条例的制定工作。有些地方已经实施了多年，并且拥有了大量的实践执法经验。这也就造成了我国目前市场价格行为规范的一大问题（由于在此处详细说明，故没有在上文详细提及），即市场价格行为监管各地为政，特色有余，统一不足。

据本书统计，与价格管理有关的地方性法规共有 74 件，地方政府规章、地方规范性文件等更是不计其数。从数量上来说虽然是天量，但是其规范的内容和规范制定的时间却千差万别。从规范发布的时间来看，一些地区的市场价格行为规范条例已经数次修改，在本地区实行得较为成熟，例如现行的《甘肃省价格管理条例》于 1997 年 11 月 25 日实施，经过了 2002 年、2004 年、2012 年、2015 年四次修改；《江苏省价格管理监督条例》于 1994 年 9 月 29 日实施，2012 年 1 月 12 日修改发布，后于 2016 年 3 月 30 日江苏省第十二届人民代表大会常务委员会第二十二次会议通过了《江苏省价格条例》，《江苏省价格管理监督条例》同时废止；《上海市价格管理条例》于 1996 年 7 月 1 日发布，2010 年 9 月 17 日修改发布等。还有一些地区的市场价格行为规范条例在近年刚刚实施，例如《陕西省价格条例》

2011 年 10 月 1 日实施;《安徽省价格条例》2011 年 5 月 1 日实施等。另外有一些地区还尚未颁布省级地方性价格管理条例。从各类规范名称来看,一般以"价格条例""价格管理条例""价格管理监督条例"等为主。包含这类名称的条例基本上属于以《价格法》规定为参照,结合本地区价格管理现状所制定的适合本地区价格行为规范的地方性法规。在地方性法规层面,除了以上述名称命名的以外,与价格有关的还包括"价格监督检查""价格监测""制止价格欺诈和牟取暴利条例"等。此类法规主要规制的是市场价格行为的某一方面内容,可能更加具体但稍显不全面。从制定各类地方性法规的地域来看,东部沿海等经济发达地区的价格法规制定更早、修改更频繁;但是有一些地区原先制定有价格法规,但是废除之后再无新法,北京即为一例。1990 年实施、1997 年修正的《北京市价格监督检查条例》于 2001 年被北京市人大常委会废止,至今尚未制定和颁布新的价格管理条例。

在我国市场经济日趋发展深入的情形下,各地的市场价格行为表现也日趋丰富和完整,造成了一定程度的市场混乱,给各地的执法部门带来了执法难题,最终给消费者与其他市场主体带来了利益损失。因此,目前市场价格行为监管各地为政,特色有余、统一不足的现状也已经不能够满足规范与监管市场价格行为的需要。旨在全国规范如一与统一适用的国家层面的规范性文件呼之欲出。

第二,提高市场价格违法行为执法水平。

首先,变相的价格违法行为屡禁不止。当前价格主管部门提高执法能力应随着市场竞争的加剧、新的交易方式不断创新、价格竞争的形式日趋复杂而不断提高。少数经营者不再采取明目张胆的方法破坏市场价格秩序，而是利用一些价格行为正当与否的界限模糊牟取不正当利益，用钻法律空子、打擦边球的手段牟取不正当利益。如利用合理涨价与不合理涨价的界限难以区分，超成本涨幅涨价、跟风涨价、带头涨价；利用目前暴利界限尚未明确的现状，肆意疯涨，牟取暴利。少数经营者还运用隐蔽手段掩盖市场价格违法行为。如有的经营者通过行业协会、中介组织，以协议、决议、会议纪要、协调、口头约定、联盟经营等方式来串通涨价或利用互联网交换价格信息、利用研讨会等形式召集同行相互通报涨价信息，采取默认一致的方式合谋涨价；有的经营者提前高调发布涨价信息，通过媒体集中报道以试探市场反应，并诱惑竞争对手跟进涨价，进而达成价格协同行为，实行行业集体涨价；有的经营者在促销中通过先提价再打折、搞"套餐优惠"、发返销奖励等手段蒙骗消费者；有的经营者通过多头建账应付检查，收费不开票据，让消费者签订自愿消费协议等手段故意为监管工作设置障碍，增加难度。还有一些经营者利用电子交易市场、电子商务、网络交易、电话直销、电视购物、电脑商品信息条码收费、信息卡分期购买以及排放权交易市场等新的交易方式非法牟利。如一些经营者在利益的驱动下，使农产品电子交易脱离现货市场，演变成了变相期货，故意歪曲农产品供求信息，炒作涨价预期，扰乱市场秩序，导致部分农产品价格剧烈波动。市场价格违法行为的隐蔽多样，使得市场价格行为监管面临新的挑战。这要求价格主管部门打破传统监管方式方法的束缚，积极探索符合市场经济规律的新制度、新方式、新方法；要求价格主管部门提高调查取证能力和依法处理能力，善于从复杂纷乱的信息中捕捉案件线索，综合运用明察暗访、外围调查、关联对象调查等多种调查方式，积极搜集相关证据；要求价格主管部门提高沟通能力，加强与立法机构、法院等部门沟通，进一步完善相关法律法规。

其次，提高市场价格行为监管水平。市场价格行为监管工作迎来大发展、上台阶的良好机遇。近年来，党中央、国务院高度重视市场价格行为监管工作。2006 年以来，国务院三次修订了《价格违法行为行政处罚规定》，重点明确、细化对市场价格违法行为的监管规则，尤其是 2010 年第三次修订，大幅度提高了对市场价格违法行为的处罚金额，细化了市场价格违法行为认定标准。政府工作报告于 2010 年、2011 年连续两年专门部署加强价格监督检查与反垄断执法工作，要求价格主管部门强化执法，严肃查处价格欺诈、哄抬价格、串通涨价等违法行为，维护正常的市场价格秩序。2010 年，国务院常务会议专题研究加强农产品市场价格监管，要求坚决制止恶意炒作农产品价格之风。2011 年 7 月，中央机构编制委员会办公室正式批准将国家发展改革委价格监督检查司更名为价格监督检查与反垄断局并增加编制，同时为部分省级价格主管部门增加执法专项编制。地方党委政府对市场价格监管工作的重视程度也有所提高，广东、湖北等省级价格执法机构实现了升格，增加了执法编制，强化了执法装备。在党中央、国务院和地方党委政府的关心和重视下，近年来市场价格行为监管工作取得了显著成效：完善了市场价格监管法律法规；查处了家乐福、沃尔玛超市等一批大型零售企业的价格欺诈行为，促进商贸流通领域价格秩序根本好转；首次查处了制药企业控制原材料实施不公平高价的垄断行为；对中国电信和中国联通涉嫌滥用市场支配地位行为进行调查；依法查处联合利华公司散布涨价信息行为、哄抬价格行为，遏制了日化用品轮番涨价的趋势；查处了炒作哄抬绿豆、大蒜、米粉等农产品和食品价格的违法行为,遏制了农产品炒作之风;开展了中药材、食糖等价格专项整治,依法责令违法经营者出售囤积的党参和食糖,中药材和食糖价格应声而落;从快从重打击哄抬食盐价格的行为,平息了抢购食盐风波,等等。市场价格监管工作扩大了社会影响,迎来了大发展、上台阶的良好机遇。

第三,维护竞争者和消费者权益。社会各界的维权意识不断增强,则要求依法监管市场价格行为随着依法治国方略不断推进,广大群众民主法治意识不断加强,维权意识不断增强,社会各界包括媒体舆论对市场价格违法行为和价格垄断行为的关注度不断提高,迫切希望价格主管部门及时提供价格政策咨询和消费信息服务,进一步畅通价格投诉渠道,依法查处市场价格违法行为和价格垄断行为,以保护消费者合法权益和社会公众利益。价格主管部门必须要善于调动和引导社会监督力量共同规范市场价格秩序。

伴随着网络新兴媒体的出现,社会舆论的传播主体和传播方式都发生了重大变化,主流媒体之外的单位和个人对舆论的影响力也大为增强,价格行政执法被置于社会舆论的监督之下。这对价格主管部门提出了更高的执法要求,为构建市场价格行为监管的良好氛围创造了条件,有利于加大监管力度。然而,这也对价格主管部门形成了约束,要求市场价格行为监管活动必须严格依法进行,经得起法律和社会舆论的检验;要求价格主管部门提高舆论宣传能力,加强与新闻媒体的沟通与合作,正确引导社会舆论,广泛宣传价格政策,及时向社会发布价格信息,澄清不实传言,制止虚假信息传播,增强人民群众对市场稳定、物价稳定的信心。

2. 市场价格行为规范的基本原则

自我国实行中国特色社会主义市场经济以来，已经过去了十几年的时间，我们总结了市场经济发展经验，对我国市场价格行为进行了分析归纳，并抽象出以下规范市场价格行为的基本原则：

（1）遵循市场规律原则。价格机制是市场机制的核心，价格运行必须遵循市场经济规律，也就是说，要受市场规律的制约。具体而言，包括以下方面：其一，价格规律制约。价值是价格的基础，政府定价、生产经营者定价都应以价值为基础，或者以社会平均成本为基础。价格严重背离价值，必然造成价格秩序及市场秩序的混乱。其二，竞争规律制约。生产经营者都力图改善生产经营条件，提高质量，降低成本，占有更大市场，卖出好价钱。商品购买者希望以最低的价格购买到自己需要的商品。这样，卖主之间的竞争，会使供应的商品价格降低；买主之间的竞争，会使所需要的商品价格提高。这种竞争给价格行为带来的制约是无形的、自发的，也是巨大的。

（2）引导经营者自律与发挥社会监督作用相结合原则。市场经济条件下，企业是定价的主体。引导企业规范价格行为，是规范市场价格行为的一项重要内容。可以从四个方面引导企业规范价格行为：一是指导企业建立、完善价格管理制度，以引导企业价格行为科学化、制度化、规范化；二是参与组织指导行业价格协调工作，防止行业性价格垄断的出现；三是组织开展"物价计量信得过"等活动，用表彰先进、梳理典型的方法，引导企业规范价格行为；四是提供个案信息咨询、顾问、评估工作，引导企业洞察市场动态，遵守价格法规，提高经济效益。同时，通过预测经济发展速度和提供商品供求信息，发布调查研究报告，公布价格政策、生产成本和价格比较，引导经营者合理自主定价和规范价格行为。

与此同时，应当注重采用价格协会、行业协会监督，社会舆论监督等多方面的社会监督方式，形成价格行为规范的全方位、立体式结构。价格协会、行业协会应当具有在其会员进行市场价格违法行为时对其进行劝解、引导、检查、监督等各方面的能力。这样，在国家监管层面之外，行业自律加上社会监督就能够实现一定程度的有序秩序。

（3）价格行为规范法治化原则。法治化原则，指的是用法制手段规范价格行为。近年来，各级政府对价格法治建设十分重视，特别是国家一系列价格政策的颁布实施，使价格立法工作推进了一大步。当前还需要从两个方面继续努力：一方面，要勇于探索，加快立法步伐。从广义上讲，价格调控管理、价格监测协调、价格监督检查、价格机构与职责、企事业价格权利与义务，以及各类商品和服务价格的管理、市场价格秩序等直接或间接的价格行为，都应拟定相应的法规。另一方面，要敢于实践，严格执法。目前，价格立法相对滞后，存在价格执法不严的问题，这对于规范市场价格行为十分不利。为此，对价格应大力宣传，反复解释；物价管理部门要依法行政，依法管价；物价检查机关要敢于碰硬，执法必严。

法治化原则要求经营者按照国家的价格法律、法规和政策，规范自身的价格行为，维护市场价格秩序；价格主管部门要以法律为依据，对经营者的价格行为进行甄别，属于失信行为的，运用调查、提醒告诫此类的方式进行制止，只有在经营者的价格行为违反法律、法规时，才能依法予以查处。价格主管部门对市场价格行为的监管，只能在法律框架内进行，不能超出法律允许的范围，更不能以加强对市场价格行为监管为由，截留甚至回收经营者的定价权。只有把经营者依法从事价格行为和价格主管部门依法监管两个方面结合起来，才能真正实现经营者价格行为的规范化，为市场经济的持续快速发展和平稳运行创造良好的价格环境。

（4）保护竞争原则。加强对市场价格行为的监管，应以创造公平、公正、公开、有序的价格竞争环境，消除价格垄断因素，维护市场机制的正常运行，促进价格的合理形成为基本任务。在经营者的价格竞争行为没有演变成不正当的价格竞争行为时，政府不轻易介入，不对其价格竞争行为横加指责和干预。相反，应鼓励、引导竞争者正确行使价格自助权，积极参与公平竞争，在竞争中促进优胜劣汰。只有经营者的价格竞争行为演变成不正当价格竞争行为时，价格主管部门再依法对其进行干预。

竞争原则体现以促进市场竞争为基础和准确把握不正当价格行为竞合的指导思想。在修改的过程中，首先要厘清市场价格行为监管的范围和对象问题。这主要包括：哪些行业的市场价格行为不应当受到本条例的监管？哪些具体的市场价格行为与相关法律存在竞合？存在竞合的情形下应当采取什么方式解决？等等。市场价格行为的规范范围应当是在中华人民共和国境内经营的法人、其他组织和个人从事商品销售或者提供有偿服务的价格行为。这类价格行为应当是经营者在销售或者提供实行市场调节价的商品或者服务过程中产生的，与价格相关的经营活动。因此，该规范必然与《反垄断法》《反不正当竞争法》等我国现行的竞争法，与《广告法》《电力法》等相关行业法，与《消费者权益保护法》等社会保障法存在规定内容划分和相互竞合的情形。

（5）适时适度、快速反应原则。在进行市场价格行为监管的立法时，特别需要注意的是使用多学科的知识，兼顾多方位的视野。具体而言应当做到：其一，考虑到立法的社会效果和法律效果的统一。立法不仅要为执法部门提供具有操作性的法律规范，还要为市场主体提供具有指导性的行为指引。其二，考虑到立法与效果的成本与效益。立法的规定应当要有成本与效益的考量，即对于立法进行成本收益分析，也要对立法后果进行相应的经济分析。其三，从市场经济主体、行业协会、执法部门等多个角度衡量监管的范围、力度、时序等问题。

价格问题是市场经济的基本问题，也是市场经济的根本问题。因此，价格行为的调控在尊重市场经济规则的前提下，应当做到适时适度、快速反应。例如借鉴《青海省价格监督检查办法》《陕西省价格条例》《湖南省价格监督管理条例》等规定价格监管部门的市场巡查职责，即价格主管部门应当在实施价格干预措施、价格紧急措施时或者重要节假日、重大活动期间，加强市场巡查，及时查处不正当价格行为。又例如借鉴《青海省价格监督检查办法》《贵州省价格条例》等规定经营者不得滥用市场优势地位，即具有市场优势地位的经营者不得使用价格垄断手段，控制价格。

（四）市场价格行为规范的框架

1. 市场价格行为的规范主体

早在 2003 年，党的十六届三中全会便提出了市场监管的目标模式，即"完善行政执法、行业自律、舆论监督、群众参与相结合的市场监管体系"。市场价格行为的监管体系必须以此为目标模式。市场价格监管职能中必须有政府及其价格主管部门履行的部分，具体包括市场价格行为规范职能中的"定规则"、价格仲裁、价格行政执法等，市场价格信用建设职能中的明码标价、价格信用标准规范、价格信用征信管理、价格信用监控等，以及市场价格水平调控职能中的价格预警和应急、价格间接干预、价格直接干预、价格支持保护、价格行政执法、经济手段运用等。《价格法》第 5 条规定："国务院价格主管部门统一负责全国的价格工作。国务院其他有关部门在各自的职责范围内，负责有关的价格工作。县级以上地方各级人民政府价格主管部门负责本行政区域内的价格工作。县级以上地方各级人民政府其他有关部门在各自的职责范围内，负责有关的价格工作。"

市场价格监管职能中可由政府及其价格主管部门、行业、新闻媒体、群众共同履行的这一部分职能的履行和发挥基本上不涉及行政约束力或法律约束力，主要是依靠监管主体的公信力、影响力去实现。具体包括价格维权、价格规劝、价格服务、价格信用评比和公布、价格监测、信息引导、价格协调等。《价格法》第 37 条规定："消费者组织、职工价格监督组织、居民委员会、村民委员会等组织以及消费者，有权对价格行为进行社会监督。政府价格主管部门应当充分发挥群众的价格监督作用。新闻单位有权进行价格舆论监督。"

（1）世界主要国家价格行为规范主体比较。

第一，监管机构单一化趋势加强。各国均有对市场价格行为进行监管的行政机构，当前各国价格监管、竞争秩序监管和消费者保护的机构出现了合并趋势，越来越多的国家采用单一机构对市场竞争秩序进行监管。例如美国联邦贸易委员会（FTC）、法国竞争管理机构（Autorité de la concurrence）、加拿大竞争局、日本公正交易委员会、澳大利亚竞争和消费者委员会

（ACCC），等等。

为适应规范市场竞争秩序需要，法国与英国先后将其监管机构改组为单一监管机构。法国 2008 年 8 月 4 日通过的《经济现代化法》（Law on the Modernisation of the Economy，简称 LME），将现有的竞争管理委员会（Conseil de la concurrence）改组成为竞争管理机构（Autorité de la concurrence），统一行使此前由竞争管理委员会和下设于经济金融部的竞争、消费者权益保护与反欺诈调查局（Directorate-General of Competition, Consumption and the Repression of Fraud）分别行使的监管职能。英国在 2014 年 4 月，将英国竞争委员会和公平贸易局合并成为英国竞争及市场管理局（Competition and Markets Authority，简称 CMA）。

第二，建立不同监管机构间的协调机制。当一国存在多个行政机构对价格监管有管理职权时，往往会出现机构之间监管的竞合，而瑞士价格监管机构竞争委员会（以下简称"竞争委员会"）与价格监管局之间的协调可以作为一个借鉴。

瑞士竞争委员会与价格监管局一样，隶属瑞士经济、教育与科研部。其任务是依据《卡特尔法》与其他规范限制竞争行为的法律对不正当竞争协议、滥用市场控制地位的行为进行审核，对企业合营（Unternehmenszusammenschluss）进行控制。因为瑞士《价格监管法》所要规范的不正当价格行为的主体主要是《卡特尔法》意义上签订不正当竞争协议的企业以及拥有强大市场控制力的公法及私法企业。所以从监管对象来看，其价格监管局与竞争委员会之间存在管辖的竞合。

但是二者职务的侧重点并不相同。价格监管局主要关注自然形成垄断的市场，例如企业相互之间密切关联的基础设施市场（供电、供水、有线电视等）。而竞争委员会主要关注卡特尔或其他限制竞争的手段或拥有强大市场控制力的企业可能给国民经济或社会造成损害的市场。前者直接干预价格，后者只能有限地影响价格。因为如有其他排除竞争的法律规定存在，《卡特尔法》就不能生效（第 3 条第 1 款）。

在监管价格方面，《价格监管法》第 5 条第 3 款对二者的相互合作进行了规定（价格监管官参与竞争委员会的会议，并有权投建议票），并规定了重大决定相互通知或提前磋商的义务。在优先性上，如果价格监管局和竞争委员会需要对同一主体进行干预，那么原则上《卡特尔法》程序具有优先性，但允许两个部门就此进行协商。如果确定存在不正当竞争协议，[1]那么价格监管局应将卷宗移交竞争委员会。如果竞争委员会管辖的案件涉及价格行为，而在所涉领域内竞争委员会无法建立有效竞争，那么竞争委员会应反过来将卷宗移送价格监管局。

第三，重视行业组织对价格行为的规范与监督。价格监管机构在执法过程中，重视同行业协会的配合。例如在瑞士，通过价格监测发现不正当价格行为，瑞士价格监管局会就行业内价格过高的商品或服务对行业协会提出批评，并及时公布所涉产品或服务以及批评理由。行业协会在价格监管局的压力下，为了避免直接的行政干预，往往采取配合态度，委托科研机构进行调研，主动提出调整方案。

消费者协会在物价稳定、保护消费者权益方面也大有可为，例如新加坡消费者协会在物价稳定方面发挥重要作用，新加坡消费者协会对老年人消费、银行信用卡透明度、俱乐部会员制、加油站汽

---

[1] 如果一个竞争协议明显损害某一市场上围绕着特定产品或服务的竞争，又不具备经济效率方面的正当理由，那么这种限制有效竞争的协议就是不正当的。

油提价、汽车卖价、海外首饰质量、手机辐射、旅行社收费与服务等问题进行了专项调查，有效地遏制了乱涨价和降低服务质量等不良现象，也使一些合理涨价得到了更多公众的理解和支持，提高了市场公信力。在新加坡政府宣布 2003 年提高消费税后，公众担心会导致物价暴涨，消费者协会促成政府成立了取缔牟取暴利委员会，并参与监督有关商家牟取暴利行为和处理消费者的投诉，协助小贩和店主订出合理价格，帮助维持了市场秩序。

对公用事业价格的监管，除了消费者协会的应有作用外，针对自然垄断性的产业还建立了专业的消费者组织，它们独立于法定机构和各类企业，只代表消费者的利益，在保护自然垄断性产业的消费者利益方面发挥了广泛的作用。

（2）市场价格行为规范主体方面存在的问题。

第一，具有价格监管权的政府部门过多。目前对市场价格行为具有监管权的政府部门较多，国务院职能部门中，涉及经济监管的有审计、财政、税务、海关、国家发展改革（物价）、商务、工商、质监、卫生部门中的食品药品监督等；涉及市场监管的有工商、质监、国家发展改革（物价）等部门；依据法律开展反不正当竞争、反垄断工作的，主要有工商、发展改革（物价）、商务等部门；依据法律法规开展反倾销工作的，主要有商务、海关、工商、国家发展改革（物价）等部门。

第二，政府部门的监督规范职能过于分散。在目前体制和法律制度下，有多个职能部门涉及市场价格违法行为的规范监管，这就会造成职能不集中，甚至出现权力真空。比如，由于竞争激烈，经营者做出以价格误导消费者之事的现象很多，《价格法》称之为价格欺诈，《反不正当竞争法》称之为虚假价格宣传，还有的地方法规称之为价格欺骗。另外，同样是短斤缺两，工商、物价、质监等部门都可以依据相关法律进行处罚，但由于职能分散，执法依据不同，处罚力度不同，这使得被处罚者无所适从，不利于市场的监督管理。《价格法》中明确规定：经营者存在相互串通、操纵市场价格；捏造、散布涨价信息，哄抬物价；违反法律、法规牟取暴利等行为之一的，责令改正，没收违法所得，可以并处违法所得 5 倍以下罚款；情节严重的，责令停业整顿，或吊销营业执照。吊销营业执照属工商行政管理机关业务范畴，可见，对同一违规经营行为存在多部门执法的情况，往往会发生执法部门之间意见不一的情况。

第三，行业协会的规范作用不明显。国家发展改革委规定，"价格协会要积极组织社会力量参与引导和规范市场价格行为，做好有关工作"，这是发挥社会监管力量对放开价格实施有效监管的一个重大举措。价格协会作为政府价格部门与行业协会、企事业之间的桥梁和纽带，对放开价格进行协调监管具有独特的优势。一方面价格协会对价格理论、法规、政策和相关知识比行业协会熟悉，对价格形势的了解比行业协会全面深入，又背靠政府价格主管部门，有利于开展价格服务，培训企业物价人员，有利于对放开价格的监管；另一方面价格协会是一种超脱行业利益的组织，具有公正、客观参与价格监管，规范价格行为，维护价格秩序，化解价格矛盾的业务基础。

行业协会是行业企业的自我服务、自我协调、自我保护、自我监督、自我发展的行业组织，对行业内部的企业和全行业的现状、发展前景、供求关系、行业知识，以及企业对政府的要求建议，特别是行业的价格状况等了解掌握得更全面与深入，成为贯彻落实价格法规政策的重要渠道，并在"行规行约"的约束下，成为规范价格行为、维护正常价格秩序的有效力量。

价格协会与行业协会的合作协调，发挥两者在参与放开价格监管中的优势作用，是实现放开价格监管目标的可靠力量。但是部分行业协会、商会的价格自律功能不规范。一方面，行业自律价往往变成行业统一价，侵犯经营者价格自主权。另一方面，当市场出现恶性竞争时，行业自律往往无能为力，"价格战"盛行。除此之外，行业协会在我国的发展才刚起步，主要集中在经济较发达的地区。由于外部环境和自身的原因，行业协会组织还很不健全、不规范，作用也未充分发挥，离市场经济的要求差距还很大。

（3）对市场价格规范主体制度修订的任务。

第一，明确政府职责。由于价格监管不是孤立的监管，而是与市场准入、产业政策等政府职能密切相关，特别是在自然垄断行业改革中，价格监管与产权结构、准入监管等改革配套推进，因此有必要加强机构之间的协调性。价格垄断监管也需要在监管目标、监管原则、职能划分、监管合作等方面与其他反垄断执法机构加强协调。随着产业之间替代竞争的加强，相近产业之间的监管协调也越来越重要。对此，有学者建议，设立综合性经济监管机构：通讯监管委员会，负责对电信、资讯、传播等领域进行全面监管；能源监管委员会，负责对电力、水力、天然气、石油等能源领域进行统一监管；交通监管委员会，统一监管铁路、公路、水运、民航等交通领域，提高监管效率。这是一种符合产业发展趋势的监管机构设置思路，可以结合我国的大部制改革一并推进，在大部制下设置部属相对独立的监管机构。从监管的总体协调看，我国也可以设置一个"监管监管者"的机构，从总体上设计和推进政府监管改革的进程，集中审查政府监管活动，负责对所有监管机构进行协调，促使监管机构在监管的理念、方法、程序上协调一致，防止监管者被俘获，提高政府监管效率。

第二，加强行业自律。行业协会具有了解行业具体情形、贴近市场等优势。而相比于中央立法，各地方上的立法时间更晚，相对而言更贴近今天的市场发展现状，并且在一定程度上吸收了近十年来的实践经验。所以各地立法开始逐渐重视行业协会的作用，并积极鼓励行业协会在价格协调、价格自律中发挥更大的作用。目前我国正在建设服务型政府，强调简政放权，而在这一过程中，不应忽视行业协会的桥梁作用，在很多政府不适宜直接出面干涉的范围里，由行业协会来进行自律，是一种可行的方法。充分发挥行业组织的自律作用，调动行业组织的力量参与整顿和规范市场经济秩序的工作。将行业组织的自律作用，作为发动社会力量和整顿规范的工作助手，作为规范市场经济秩序、转变政府职能的重要途径。通过行业组织这一平台，将分散的经营者联系起来，形成行业自我管理、自我约束、相互监督、荣辱共存的自律监督机制。首先是要帮助经营者完善《明码标价制度》《物价员工作制度》等各项价格管理岗位制度，制定职业操守，明确社会责任并做出公开承诺，健全企业内部约束机制，使其经营行为变为自觉和习惯；其次是引导行业组织进行自我监督，支持行业组织制定价格诚信自律行规，倡导价格诚信这一行业守信经营风气的形成；再次是协助开展行业竞赛，如协助美容美发、家电维修等行业开展争创"规范服务示范企业"等活动，提高行业组织的自律管理水平；最后是结合价格管理部门组织开展的价格诚信活动，使经营者明确"争有目标，创有载体"，在市场经济的公平竞争中树立起自身的形象，赢得广大消费者的信赖，创出自己的特色品牌，提高经营效益。行业协会要按照市场经济法则，拟定各行业的具体价格行为规则，经行业协会会员大会批准后实施；并根据行业具体价格行为规则，督促企业完善内部价格自我约束机制。价格主管部门要加强对行业价格自律的指导，可以制定规范行业、商会价格自律行为的统一规则，特别是对行业自律价格、行业协调价格的外延、内涵要作出准确界定，同时加强对行业协会、商会价格自律行为的监管。可加强价格协会、商会及其他社会力量的沟通与联系，建立正常的工作联系制度，建立完善的信息互通网络。发挥价格协会在价格信用征信、评比和公布中的作用，价格主管部门可以将商品和服务明码标价活动的组织实施、"价格、计量信得过"活动等工作交由价格协会履行。可赋予价格协会价格信用征信、价格信用档案建设、价格信用服务等职能。

　　第三，加强价格舆论监督。加大舆论宣传力度，积极发挥监督作用。社会对市场放开价格的波动情况十分敏感，一旦有变化都会立即引起人们的广泛关注，价格管理部门也都会收到来自人大、政协和相关职能部门乃至普通群众的工作建议和监督意见。因此，在遇到重要商品价格和服务收费的调整变动时，应通过各种形式向社会公告政策法规和具体的管理办法，欢迎社会各界共同监督价格主管部门的工作措施和经营者的价格行为，提高大家的维权意识。凡是通过 12358 举报电话举报和投诉的问题，都是群众最关心，也是政府最关注的社会热点、难点问题。长期以来，价格部门始终把价格举报监督当成政府联系群众的桥梁和纽带，要放开价格的管理，单靠物价部门的力量毕竟有限，要走群众路线，将价格举报监督作为获取经营者违价线索的突破口。因此，要充分发挥 12358 举报电话的监督作用，切实把价格举报工作当成物价部门一个响亮的品牌来经营。舆论监督是监督的有力形式，对有效防止市场价格违法行为和价格异常波动事件的发生，具有重要作用。应该加强与新闻单位的沟通与联系，建立健全价格公共关系工作制度，促使价格宣传步入规范化、制度化、科学化轨道。目前，在运用舆论手段对市场价格进行引导、监督方面，已经创造出许多新做法，如召开新闻发布会、提醒会、告诫会、政策宣传会，采取公告、提醒、告诫、警示、倡议书、调查、曝光等，收到较好的效果，要继续完善这些新方式、新方法。应建立若干个让群众参与的价格社会监督平台，目前主要有全国统一的价格举报电话以及各地价格主管部门举办的各种网上价格监督平台。进一步完善各级价格举报中心建设，提高工作人员水平，完善工作制度，完善价格举报电话网络。

2. 市场价格行为规范的程序

（1）市场价格行为规范程序的规定。监管法律程序是防止监管俘获、提高监管效率的重要途径。监管程序的宪法原则是其最高法律渊源，如美国相应的宪法原则是"正当法律程序原则"[1]，体现在对监管机构的授权立法、监管机构自身的程序规则以及行政程序法中。[2]本节主要介绍市场价格行为监管的一般程序和公众参与程序，分析其存在的不足以及改进建议。

2013 年 3 月 6 日，国家发展和改革委员会公布了修改后的《价格行政处罚程序规定》。该《规定》分总则、管辖、简易程序、一

---

〔1〕 该原则要求，联邦和各州政府"未经正当法律程序，不得剥夺任何人的生命、自由或财产"。参见《美国宪法》第 5 条修正案、第 14 条修正案。
〔2〕 参见［美］丹尼尔·F. 史普博：《管制与市场》，余晖等译，上海三联书店、上海人民出版社 1999 年版，第 95 页。

般程序、送达与执行、附则，共6章58条。《价格行政处罚程序规定》规定了价格行为监管的一般程序，包括立案、调查与检查、审查、告知、作出处罚决定、执行、结案与备案等。该《规定》现已失效，但对价格行为监督程序的规范起到了积极作用。

除了价格监管程序之外，价格行为规范程序还应该包括公众参与程序，公众参与是现代国家公共机构决策程序的核心概念之一，监管领域的公众参与是指监管机构提供机会，让公众或其代表对监管决策提供意见或者施加影响的程序机制。[1]价格监管的公众参与程序的作用在于可以通过公众的意见表达，形成信息的充分交流与质证，可以有效防止监管部门被某一利益集团俘获；此外还能够实现充分利用不同利益方信息、经验和知识的共享，提高监管效率。实现公众参与的方式主要是听证会这一形式，这也是我国实行的主要方式。在我国，价格听证，又称政府价格决策听证，是指在制定（包括调整）实行政府指导价或政府定价的重要商品或服务价格前，由政府价格主管部门组织社会有关方面对制定价格的必要性、可行性进行论证的活动。依据《价格法》第23条，国家发展和改革委员会于2001年7月2日发布了《政府价格决策听证暂行办法》，2002年11月22日修订为《政府价格决策听证办法》，2008年修订为《政府制定价格听证办法》，该听证办法于2018年再次修订，通过该部门规章，我国建立起了价格听证制度。可见，价格听证会主要是针对政府指导价和政府定价方面而设置的。

（2）存在的问题。

第一，重处罚、轻规范。重实体、轻程序，重处罚、轻规

---

〔1〕　马英娟：《政府监管机构研究》，北京大学出版社2007年版，第187～188页。

范，是执法过程中存在的一个普遍性问题，但是随着人们法律意识的逐步提高，程序合法就成为价格执法中的一个要件。而长期以来，部分执法人员缺乏对执法程序的正确认识，只重视实体合法，忽略程序合法。甚至有些执法人员认为严格按照程序办事束缚了手脚，该严格按程序办的案件采取简易程序办案，任意变更执法程序，这弱化了价格执法的严肃性。

第二，监督机制不健全。对于现行的价格执法行为的内部监督仅限于抽象行政行为的规范性文件审核和具体行政行为的执法检查，而与执法检查相配套的执法过错责任追究，因其操作性不强而没有起到切实可行的监督作用。

第三，听证制度有待完善。《价格法》规定的政府定价的基本程序为：价格和成本调查，听取消费者、经营者和有关方面的意见，在制定关系群众切身利益的价格时应该进行听证。但是对于征求意见是否需要采纳、是否需要反馈、是否说明理由则规定得不明确；而且缺乏监管影响评估程序和权利救济程序，对于政府定价行为是否可以提起行政复议、行政诉讼，没有明确规定。[1]

（3）制度修订的任务。

第一，提高执法人员依法行政意识。执法程序是行政机关实施行政行为时应当遵循的方式、步骤、时限和顺序。它是限制随意执法的前提，是保障执法相对人权利的关键。为此，一要加强对基层价格执法人员的培训，通过培训使执法人员对价格执法程序有一个系统的理解，先形成有章可循的意识，为"想干事、干好事"的价格执法人员夯实理论基础；二要理顺现

---

〔1〕 吴东美：《政府价格监管重构研究》，中国政法大学 2009 年博士学位论文，第 124 页。

行价格执法程序的不规范设置，避免价格执法程序本身的不科学、不规范、不易操作等问题带来的滞后效应；三要不定期地邀请政府法制机构、人大、纪检等部门对价格执法程序、执法行为进行监督检查，加大外部监督的力度，使基层价格执法人员时常自警自省、自我加压、自我约束，从而规范自身执法行为。

第二，加强机构问责。可问责性是确保监管机构依法行使权力、确保监管目标实现的必要保证。目前，我国对于监管机构的责任衡量体系没有明确规定，价格监管行为的可诉性也有待明确。首先，要明确什么情况下承担什么责任，也就是设计一套衡量责任的指标体系，主要包括：监管目标是什么，衡量目标是否达到以及达到什么程度；监管权限有哪些，有没有越权；监管法律程序有哪些，是否遵循了程序；监管有没有损害他人合法利益等。其次，在《价格法》第45条中，地方各级人民政府或者各级人民政府有关部门有违反《价格法》相关规定行为的，"责令改正，并可以通报批评；对直接负责的主管人员和其他直接责任人员，依法给予行政处分"，并需要进一步明确由谁来责令改正、追究责任。

第三，完善听证会和信息服务制度。价格听证制度作为政府价格监管中非常重要的一个环节，能够确保公众享有充分的发表意见的权利，是价格民主制度的重要组成部分。首先，在价格听证制度中，听证代表的选择具有至关重要的作用，作为利益群体的代表，应该具备充分的可代表性，在听证代表的遴选中，应该坚持以公正、公开、透明的原则选择代表，同时，也可以吸收相关领域的专家、学者作为代表，共同探讨，避免价格听证制度"走过场"；其次，价格听证形式应该多样化，除了使用价格听证会这种形式之外，还可以积极探索包括问卷调查、网上投票、电话访问等多种价格听证方式，避免听证会透明度不高情况的发生；最后，应该及时公布听证结果，并接受公众的监督，广泛听取不同的意见和建议，使我国的价格监管更加法治化、公开化和透明化。

此外，市场经济依靠价格传导供求信息，但是由于信息不对称会出现市场失灵现象，为了防止价格的不合理波动，引导经营者和消费者形成理性预期，政府应当及时公开特殊商品的价格信息。从国外的实践经验看，英国公平贸易局负责就英国市场的状况，向企业或消费者发布相关信息，如提醒消费者注意某个市场的特定情形；加拿大竞争局注重与公众的交流。任何人只要愿意，都可以在竞争局网站设立的"在线咨询"中登记，通过电子邮件及时了解有关竞争案件的审理、立法动态、国内国际竞争政策的变化等内容。竞争局有重大政策的调整，会广泛地征求公众意见，始终和商业团体、消费者、律师协会、学术机构及其他社会团体密切联系，召开各种形式的研讨会，在全社会积极倡导竞争文化。因此我国价格主管部门应该负责完善价格信息服务工作，加大价格行为和自身执法行为的信息披露力度。

3. 市场价格违法行为的规范手段

（1）我国市场价格违法行为规范手段现状。随着市场经济改革的推进，我国对价格行为的规范方式从直接行政管理为主过渡到以间接的经济调控为主。除了经济手段之外主要还有法律手段，而针对不正当竞争价格行为，主要是价格执法手段。

价格执法手段是指价格管理部门依照法律法规体系，对各种违法的价格行为进行监督和制裁，以保护国家、生产者和消

费者的合法权益，维护物价的秩序。通过监督来判断企业是否
存在不正当的价格行为或违法行为。一旦发现企业存在违法行
为，行政机关就必须对其进行制裁，以纠正各种各样的价格偏
差，保证价格法律法规得到根本体现。针对市场价格违法行为
的规范手段具有稳定性和强制性，也就是说价格法律的制定需
要一定的程序化安排，当它制定出来之后就不能朝令夕改，否
则将引起更大的混乱，不利于社会经济的稳定和发展。

行政检查监督有利于使消费者和经营者知法懂法，有利于
创造公平的价格竞争环境，有利于规范和提高价格执法水平，
最终有利于维护消费者和经营者的合法权益以及国民经济的健
康发展。如果行政检查监督不严，有些行政法规就会成为一纸
空文，对价格活动主体也就失去约束力。由此可见，行政监督
在行政执法手段中是不可或缺的重要环节。

《价格法》第 34 条规定，政府价格主管部门进行价格监督
检查时，可以行使下列职权：询问当事人或者有关人员，并要
求其提供证明材料和与价格违法行为有关的其他资料；查询、
复制与价格违法行为有关的账簿、单据、凭证、文件及其他资
料，核对与价格违法行为有关的银行资料；检查与价格违法行
为有关的财物，必要时可以责令当事人暂停相关营业；在证据
可能灭失或者以后难以取得的情况下，可以依法先行登记保存，
当事人或者有关人员不得转移、隐匿或者销毁。我国《价格法》
规定，经营者如果有以下违法行为都必须受到行政处罚：不执
行政府指导价、政府定价行为；不执行法定的价格干预措施、
紧急措施的价格违法行为；经营者不正当的价格行为；经营者
违反明码标价规定的价格行为。其中行政处罚的种类主要有警
告、通报批评、没收违法所得、罚款、责令停业整顿和吊销营

业执照六种形式。

（2）其他国家对价格违法行为进行规范的主要手段。

第一，注重软性执法手段的适用。各国在市场价格行为规范方式中均注重对于软性执法措施的适用，如对经营者价格标示行为的指导，在执法过程中与存在不当行为的经营者达成和解协议等执法方式。比如加拿大竞争局主要运用劝告、保证、协商等软性执法手段对价格违法行为进行规范。

劝告是竞争局经过调查以后，认为行为人的违法行为是由于不知道法律的规定，通过一定的指导可以达到遵守法律的效果时运用的一种方法。主要有口头通知、书面通知、警告函。

有些情况下，某一违法行为后果不严重且没有必要提交法庭或竞争法庭处理时，可以责令行为人提供书面保证，纠正和克服具有潜在性反竞争后果的行为，恢复市场竞争。保证这种方法在20世纪60年代已经开始实施。对那些非故意的、行为人愿意对市场损失进行补偿的违法行为，竞争局愿意接受其保证。从实践来看，保证主要适用民事违法行为，因为民事违法行为即使由竞争法庭处理也是为了纠正而非惩罚性的对待反竞争性的行为，如果保证可以纠正或消除市场的反竞争行为，那么就没有必要送交竞争法庭审理。

与对抗性程序相比较，竞争局认为协商的优点不仅会更加节省成本和时间，也常常能使案件得到合理的解决。如2006年，加拿大主要的香烟生产商由于在其生产的香烟上使用了"light"和"Mild"等容易引人误解的字样，被加拿大竞争局下令删除。之后商家又发表了虚假的研究报告，声称那些所谓"light"和"Mild"的香烟比一般牌子的香烟健康。加拿大竞争局在实施处罚之前，双方达成协议，生产商自愿彻底改正。这种类似刑事诉讼中的辩诉交易，显然节省了成本也提高了效率。

第二，重视对经营者的教育与建议。在对市场价格行为的规范中，各国越来越重视对经营者行为的指导和教育。如澳大利亚竞争和消费者委员会针对不同行业制定了价格指导手册，以指导该行业的企业在广告过程中，特别是在对价格的描述问题上能够遵循 2010 年《竞争与消费者法》。而加拿大竞争局则确立了以"遵守法律为目标"的执法方法体系，这种一体化执法体系的目标是为了确保最大程度上的遵守竞争法，从教育入手，扩大到指导、劝告建议、通知、和解、同意令，直到起诉、罚款、监禁等的一个整体，称为"conformity continuum"执法体系。这一执法体系可分为三个层次：通过教育遵守竞争法的措施、促进遵守措施、对不遵守竞争法的应对措施。

加拿大监管机构认为教育是整个体系中的基础部分。加拿大竞争局用多种多样的方式宣传有关法律，主动与企业和消费者进行沟通，这些活动包括研究会、年报、交易表演、新闻通讯、网络、论文讨论、媒体接触、合作、报告、电影、研究、系列丛书等；加拿大竞争局还针对企业界、消费者、法律界和学术界高层次人员进行频繁的演说；举办针对企业和消费者的研讨会、现场表演、多媒体演示、定期与媒体进行接触；发行宣传有关法律的各种出版物；加拿大竞争局还经常与媒体接触与媒体合作等。加拿大竞争局希望通过这种多元化的方式普及法律知识，促进整个社会特别是经营者了解法律，提高守法意识。加拿大竞争局还需运用一系列的工具和资源给企业以指引、提供咨询意见、信息联系等，这被称之为"持续整合过程"（the conformity continuum）。由此可见，在实践中加拿大竞争局所扮演的角色不仅仅是法律的维护者，更是法律的宣传者。实践证明确实行之有效。

加拿大竞争局通过给经营者提供恰当的经营建议、通过合并交易给予预先裁决证明以及要求企业建立合作遵守计划等措施鼓励经营者自愿遵守竞争法。某些经营者为了防止自己提出的某项经营计划或从事的经营行为违反竞争法，会向加拿大竞争局咨询，竞争局的官员和律师会对此提出恰当的建议。这些建议从理论、以前的处理方法、现行的竞争法的规定和现行竞争策略等多个角度提出，但是对双方都没有法律拘束力，对加拿大竞争局而言，并不是通过建议规制经营者的行为或表明该经营行为或经营计划的合法性，它仅仅说明某一计划或行为一旦付诸实施是否会违反竞争法而受到民事或刑事起诉，对经营者而言，他可以依据自己对该建议的理解采取任何自由的行动。

（3）市场价格违法行为规范手段存在的问题。

第一，行政监督检查手段有限。在西方发达国家，虽然维护价格秩序的机构名称、建制不同，但专门维护市场价格秩序的机构都是必不可少的。规范价格行为，维护市场秩序，是建立和完善市场经济体制的客观要求。价格监督检查工作是在社会主义市场经济条件下维护市场秩序、维护经济秩序的一个不可替代的重要方面。当前，我国正处于体制转轨的过程中，完善的中国特色社会主义市场经济体制还没有完全建立起来，中国特色社会主义市场经济法制尚不健全。在这种情况下，存在较严重的破坏市场秩序的现象，如价格垄断、价格欺诈、价格歧视、低价倾销等，以及还存在行政机关和垄断部门的乱收费的情况。这些问题都需要通过价格服务去预防，通过监督检查去发现，通过行政处罚去制止，这就决定了价格监督检查工作的必要性、长期性、复杂性和艰巨性。虽然我国《价格法》规定了价格监管部门进行监督检查时有权询问有关人员，查询和复制账簿、单据等资料，检查与价格违法行为有关的财物等，但是针对实践中常常出现违法行为人转移违法物品、银行存款，从而逃避制裁的价格违法行为，政府监管部门往往在监督检查中显得力不从心。有限的执法手段，削减了监督检查的力度以及执法威慑力。我国《价格法》所规定的法律责任制度不够完善，价格监管部门的强制权力有所欠缺。《价格法》赋予政府价格主管部门的权力主要有：询问当事人或有关人员的权力；责令改正、退款的权力；责令当事人暂停相关营业。与1978年颁布实施的《价格管理条例》相比较，其减少了三种强有力的制裁举措：对直接责任人员和主管人员处以罚款；通知开户银行予以划拨罚没款；变卖商品抵缴罚没款。在查处价格违法案件时，价格监管机构缺乏像审计、税务、工商等部门拥有的冻结账户、吊销营业执照等强制性制裁手段，从而导致被查者藐视价格监管，价格监管部门对一些不当和违法的价格行为往往心有余而力不足。国家发展改革委在2008年1月15日发布的《关于对部分重要商品及服务实行临时价格干预措施的实施办法》也只是规定了提价申报制度和调价备案制度，更强有力的监督手段则是缺失的。

第二，较为忽视价格诚信制度建设。加强价格诚信建设，是价格主管部门加强价格监督管理的一项重要内容。在中国特色社会主义市场经济体制中，经营者既享有广泛的价格决策权，也要遵循公平、合法和诚实信用的行为准则。目前有一些经营者在价格活动中，搞价格欺诈、以次充好、掺杂使假，以及不履行已承诺的价格义务等。这些都是违反了诚实信用原则的行为。对经营者不遵守诚实信用原则的价格行为，价格主管部门除了对经营者给予必要的行政处罚、加以惩处外，更重要的是要引导经营者树立诚信自律意识，并在全社会营造讲诚信、守法经营的良好经营氛围。随着现代信息技术的快速发展，信息交换成本不断下降，经营者也更加注重商誉等社会形象的建立，利用价格诚信制度对经营者形成隐性约束，这不仅可以减少执法成本，而且有利于形成良好的诚信经营意识。

第三，价格自律制度需要完善。长期以来，市场价格违法行为的规范依赖于监管部门的监督检查，而忽视了行业自律的约束力量。价格协会是各有关团体、企业为了在价格问题上维护自己的合法权益而成立的自律性组织，是接受政府价格主管部门指导和协调的专业性团体。价格协会应扮演好政府助手的角色，因其同时又是企业的参谋，所以其作为沟通政府和企业的桥梁定能够发挥更大的作用。

第四，重"管理"，轻"服务"。长期以来，价格主管部门在"当裁判"方面做了很多尝试，也查处了大量放开价格的违法案件，在一定程度上规范了市场价格行为，维护了市场价格秩序，但在"服务"方面还做得不够，一贯表现为以管理代替服务，习惯于发号施令，讲原则、提要求，疏于对管理对象提供应有的服务，造成对市场调节价格监管的"越位"。如2007年影响波及全国的"兰州牛肉拉面事件"，其起因是牛肉面制作原料成本上涨，于是兰州地区牛肉面价格普遍上涨，而兰州市物价局针对这种情况采取的措施是用行政手段对放开的价格规定最高限价，规定"大碗牛肉面不得超过2.5元，小碗与大碗的差价为每碗0.2元"。此令一出立即引起轩然大波，不仅老百姓抱怨说"限价以来牛肉面里的肉少了"，对物价局的做法持批评态度，各大媒体也纷纷以《地方物价局撼动中央权威》《拉面限价事件：一次错位的监管》等题目质疑兰州市物价局的做法。

（4）对我国市场价格违法行为规范手段制度修订的任务。

第一，创新价格监督检查方式。市场价格行为监管的主要职能就是确保国家价格收费政策和价格法律法规的贯彻落实，为经济发展营造良好的价格环境，推进价格改革顺利进行，维护社会和谐稳定。价格行政主体为了履行法定的价格监管职责，必须借助多种手段，而价格监督检查正是诸多手段中的一种。如果离开了监督检查，价格监管就可能陷于被动，导致监管活动错误或违法。价格行政主体如果不通过价格监督检查对相对人是否违法的状况进行了解，或者了解得不全面、不清楚，就不可能正确做出相应的处理甚至会发生违法情形。只有经常并有效的监督检查，才能使价格主管部门及时获得各种价格信息或情报，从而进行正确的价格决策或决策调整，确定监管重点，制裁违法行为，为价格改革扫清障碍，构建统一、开放、竞争、有序的市场价格环境，促进社会和谐稳定。市场价格行为监管是一项全新的工作，现成经验不多，手段和方法不足。这就要求在推进常规的"经济手段""法律手段""行政手段"的基础上，针对形形色色的不当价格行为，深入研究，明确监管工作思路，创新、丰富监管方式和手段。要强化价格服务职能，增强服务意识，树立服务观念，建设服务型机关，坚持价格监管与引导教育相结合，检查与帮助整改相结合，把实施价格监管与价格服务有机结合起来，寓服务于监管之中，逐步建立预防、规范在前，检查、处罚在后的工作模式，建立"政府规范引导、协会协调服务、经营者诚信守法、社会共同监督"的合力机制，弥补现有监管力量的不足。一是注意运用提醒、告诫、警示等行政手段，增强经营者价格法律意识，自觉规范价格行为。二是对社会影响大而因违法性质不明、法律界限不清且难以及时定性的价格行为，要加强调查，慎重干预。三是对市场价格行为加强监督检查，依法严厉查处市场价格违法行为。四是完善举报制度。从国外反不正当价格竞争的实践来看，随着市场竞争的深入和国家立法的完善，不正当价格竞争行为会逐渐采取隐蔽、秘密的方式。反不正当价格竞争案件的来源将主要是群众的举报。因此，举报是反不正当价格竞争的有效手段。价格管理部门要建立通畅渠道，认真受理市场主体的举报、投诉，制定完善举报奖励办法，对举报有功人员予以奖励，并采取有效的保护措施。五是邀请人大代表、政协委员对重大价格问题进行检查，发挥监察、工商、技术监督、公安部门以及新闻媒体、消费者组织、居民委员会、农村价格监督网络和企业物价员的作用，共同对价格行为进行社会监督。

第二，发挥价格自律作用。应充分发挥行业协会的中介作用。在真正意义市场运作的条件下，国家将逐渐退出对微观经济运行的具体管理，而在市场经济条件下，行业协会作为自愿组成的行业民间经济团体，是连接政府与企业、企业与市场的桥梁和纽带，它可以在会员企业之间就一些重大的经济、经营问题提出建议，进行协调协商，促成一些企业达成自主约束竞争行为的共识，故其为防止市场价格违法行为的重要力量。比如，发现企业存在低价倾销或者价格卡特尔行为，行业协会可以进行劝阻，报请政府有关主管部门进行查处。行业协会应该积极配合有关部门，制定产品的经济技术标准、产品质量、性能标准规范，并组织和监督行业严格执行，配合政府有关部门和执法部门，对通过以次充好，以假充真，降低技术、质量、性能标准方式以达到降价销售目的的恶性行为进行坚决打击。

第三，设立"黑名单"制度。价格违法"黑名单"，是指各级价格主管部门在一定的法律法规框架下，通过将价格违法经营者向全社会公开曝光的方式来对市场秩序进行管制的一种手段。其在政府管制中具有特殊性，是发生在经济领域对经济主体的一种社会性管制，它有利于保障消费者及社会公众的知情权。在市场经济中，消费者与经营者之间往往存在信息不对称现象，这在一定程度上削弱了消费者的求偿能力，同时部分经营者由于缺少社会公众的监督而实施的价格违法行为、谋取违法利益，通过公布"黑名单"，可以使经营者基于自身商誉和社会形象的考虑，加大其违法成本，从而减少价格违法行为的发生。考虑到"黑名单"制度对价格违法的经营者进行公开曝光处理，其威慑力度大，影响范围广，经营者自身商誉要承受巨大的社会压力，这正是"黑名单"制度的惩罚性所在，但是如果对所有存在价格违法行为的经营者都采取"黑名单"曝光处理，则对一些违法程度较低、社会影响较小的经营者有罚责不当之嫌，而且如果过多采用此措施也会导致价格主管部门的审查工作量过大，所以建议只对部分社会危害性较大的经营者采取"黑名单"处罚。

第四，积极推进"价格服务"宣传活动。一是加强价格法规、政策宣传，教育、引导经营者科学、规范定价和消费者理性消费、依法维权。在宣传形式上力求浅显易懂、喜闻乐见，如利用印发宣传单、出动宣传车、发表电视讲话、参与综艺节目、投放公益广告、参与电视大奖赛等方式，通过电视、广播、报刊、互联网等载体，使价格法规、政策宣传家喻户晓，人人皆知，从而提高经营者科学定价的能力和自律意识、自我调节的主观能动性；培养消费者成熟、理性的消费观念和维权意识，使其不被经营者"大甩卖""大酬宾""大降价""大赠送"等五花八门的广告宣传所迷惑，对市场价格违法行为进行抵制，及时有效地保护自身权益。二是公布生产经营成本与利润，绝大多数商品服务价格放开后，对其成本的监审是规范企业价格行为、提高企业定价科学性的重要手段和措施，也是整顿市场竞争秩序、依法治价、维护生产经营企业和广大消费者利益的必要条件和依据。成本变化是价格涨落的先兆和前提，及时准确的成本监审可以及时捕捉和掌握价格涨落的信号，为企业和政府采取相应调控措施赢得时机，未雨绸缪，防患于未然。成本监审就是要帮助和引导企业剔除那些不合法、不合理的部分，使企业依据成本所制定的价格更加科学合理，更能被市场接受，更加有利于保护消费者的合法权益，同时也更加有利于企业的长远发展和占领市场的能力。各级价格部门要从促使企业正确行使定价自主权出发，加强对企业主管领导和定价业务人员的专业培训，提高对成本工作重要地位和作用的认识，增强以成本为基础合理调定价格的能力，提高企业自主定价的科学性；对重点行业和较大的商业场所，当地政府价格部门可派驻成本审核专业人员，为工商企业提供成本测算、价格咨询服务；帮助建立遵纪守法、公平竞争、价格自律的制度公约，配合物价监督检查人员和工商行政管理人员进行市场监督，接受价格投诉，处理价格纠纷；为了解决对价格欺诈、价格暴利等市场价格违法行为进行查处时需要的社会平均成本，价格主管部门的价格监测部门尽快建立有关资料库，就各行业的社会平均成本、利润率进行测算统计，作为官方权威信息，定期公布。如与"兰州牛肉拉面事件"类似的，2007 年陕西省汉中市面制品销售企业串通涨价，导致汉中市面皮价格飞涨。汉中市物价局通过适时公布面制品生产成本的方法，以权威方式将面制品不合理利润公之于世，起到了平抑物价，又不"缺位"的良好效果。

4. 法律责任制度

法律的有效实施是法律制度的核心要素，法律责任的合理设置又是法律实施的重要保障，因此法律责任在法律制度中具有重要的地位。价格法能否起到预防和阻止价格违法行为、稳定物价的作用，在很大程度上依赖于其构建的法律责任制度是否有效。

法律责任是保障法律正常运转和维持社会秩序稳定的基础，在法律实践中居于至高无上的核心地位。价格行为的法律责任，即价格法法律责任的种类，主要是指违法价格行为者实施了违反价格法明确规定的行为，所应承担不利法律后果或付出相应代价的具体方式。行为者所应承担的违法价格行为的法律责任形式主要包括民事责任和行政责任。民事责任种类多样，既有补偿性赔偿责任、惩罚性赔偿责任，又有恢复性、声誉性民事责任。行政责任既包括行政处罚性责任，又包括行政处分性责任，行政处罚的具体形式包括警告、没收违法所得、罚款、责令停业整顿、吊销营业执照五种形式。

（1）我国价格法法律责任制度的不足。我国价格法法律责任制度单独成章，责任制度的基本内容存在缺陷。完善我国价格法法律责任制度，首先从不足和缺陷谈起。

第一，法律责任制度缺乏体系性。价格法由于具有多元的政策目标，其基本价值同民法基本价值之间存有较大差异。民法从社会私人平等主体的利益保障角度出发设置其民事责任，并以个体权利为本位，强调契约自由、等价有偿，其责任内容主要以补偿实际损失为主，几乎很少存在惩罚性赔偿责任。而价格法是经济法的重要组成部分，其具有较强的公法倾向和多重的立法目标，其权利性质具有明显的社会性、公益性，价格法所调整与保障的是资源的配置，必要时通过市场调控与干预稳定市场价格总水平，保护消费者和经营者的合法权益。我国价格法民事责任制度不同于一般的民事责任制度，故应具有其特殊性，但目前的《价格法》中只有第41条规定了经营者因价格违法行为致使消费者或者其他经营者多付价款的，应当退还多付部分；造成损害的，应当依法承担赔偿责任。可见民事责任条款过于简略，并未突出其特殊性、专业性，特别是对赔偿责任应采取单倍赔偿还是多倍赔偿，或应设置几倍率的损害赔偿等问题并不明确。在实施价格法民事责任的实践中存有种种困难和障碍。而且经营者承担民事责任的具体方式并未明确，经营者承担民事责任的条件范围较狭隘，需以因价格违法行为致使消费者或者其他经营者多付价款为前提条件，如此简略的规定并不能解决价格法民事责任如何更有效实施的难题，受害者追究价格法民事责任的目标较难实现。

第二，行政责任操作性不强。我国价格法行政责任的制裁手段过于单一，主要依靠行政处罚，对违法行为者处以罚款的制裁方式使用频率最高，处罚力度也存有明显的欠缺。在行政罚款的责任制裁中，"违法所得"的计算并不明确，行政罚款以违法所得为基准，但对违法所得的理解还存在模糊之处。

第三，法律责任制度之间协调性不足。我国价格法法律责任制度的设计并未充分考虑各类价格违法行为的特点，责任制裁内容的规定与违法行为的危害程度并未建立明确的对应关系，没有兼顾到违法行为相关责任主体之间的利益平衡。当前我国价格法法律责任制度之间的协调性严重失衡，具体责任制度在适用时难免会出现重复或矛盾的地方，这并不利于实现立法目的。价格法偏重行政责任而漠视民事责任，并且对严重价格违法行为的刑事处罚责任并未进行规定。但现代价格法法律责任制度已由单纯的民事责任形式发展成为兼具民事、行政和刑事责任的综合形式。当今世界上美国、日本、欧共体等发达国家和地区的价格法法律责任就是实行民事、行政和刑事责任相结合的、比较完整的责任制度，因为综合性法律责任制度的设置能更好地监控物价水平，维护经营者和消费者的合法权益，更好地实现对各种价格违法行为进行制裁和规制。

（2）我国价格法法律责任制度修订的任务。

第一，扩充民事救济范围，建立以惩罚性赔偿为主的民事责任制度。我国《价格法》第41条所规定的民事责任内容应进一步具体明确与完善，而不适宜准用民法规范所采用的一般性民事责任规定。因为价格违法行为的归责原则、责任构成要件和责任制裁方式与民事法律责任存有明显区别，价格违法行为实质上应视为特殊侵权行为，但我国颁布实施的《侵权责任法》并未将价格行为纳入其规范内容中，也未明确其所承担的具体责任形式。从国外实践经验来看，几乎所有国家都制定了对造成损害的价格违法行为追究民事责任的法律制度。比如美国联邦贸易委员会会在法庭上要求一定的消费者赔偿。而且在一些情况下，联邦贸易委员会能够直接到法院申请禁令、民事赔偿或消费者赔偿。这种情况通常包括正在进行的消费者欺骗行为或诈骗。通过直接去法院申请禁令或赔偿，联邦贸易委员会能够在更多的消费者上当受骗之前，阻止欺骗行为的发生，对消费者的损失及时进行赔偿。而加拿大立法规定只要公正交易委员会对于相应违法行为的裁决已存在，并予以确认，价格违法行为受害者便有权在审判上主张无过失损害赔偿。因此，应当在我国《价格法》及其实施细则中进一步明确与扩充其具体责任内容，如私人实施机制、归责原则、惩罚性赔偿制度、禁令救济制度等。

第二，加强行政制裁力度，完善以行政罚款为主的行政责任制度。价格法行政责任制度内容的设计与考量应该建立在整体性、充分性的基础上，行政责任制裁内容的尺度把握应当建立在稳健基础上而不能冒进，行政责任的救济程度及其界限范围应合理公正、适度恰当，在现有价格法基础上出台价格法行政责任制度指南或实施细则，建立完善的行政责任执法程序。行政责任的具体形式、责任内容及其实施程序应进一步完善，排除价格违法行为的具体措施应强化制裁的严厉性，增强行政处罚的力度。同时还应进一步明确行政责任措施与刑罚制裁之间的区别与界限，注意民事责任与行政责任之间的协调，既要注重行政责任在整个法律责任体系中的优势地位与制裁功能，又要协调价格法各责任形式之间、责任内容之间的比例关系，平衡与优化价格法行政责任的制裁措施。

第三，实现责任制度之间的协调性。完整的价格法法律责任制度既要强化具体责任制度的自身特征与优势，又要加强责任制度的具体内容建设与内部要素重组，既要保持各责任制度之间的相互独立性和显著区分性，又要消除和避免各责任制度之间可能存在的矛盾与冲突。应确立价格法法律责任制度的利益平衡目标与有效协调理念，避免责任制度的过度或不及。应一改过去只重视价格法实体规范而轻视程序规则的局面，协调好价格违法行为法律责任的实体规范内容与程序规范内容的关系，尽力做到在静态的责任内容与动态的责任制裁之间实现有效的协调。应协调好价格法与其他法律法规之间的关系，在法律条文与司法解释上，应避免不同法律中价格行为法律责任的内容条款出现冲突、矛盾或重合的现象。

（五）市场价格行为规范的完善

立法的具体建议应当从行为、行业协会、政府职责、法律责任等多个角度展开。

1. 市场价格违法行为的认定

对市场价格违法行为的认定，一般要考虑市场行为要件与市场绩效要件，特殊情形下考虑市场结构要件。市场行为要件，即某种具体的市场价格违法行为应当具备使之区别于其他不法行为的行为特征。市场绩效要件，即界定具体市场价格违法行为应当考虑该行为所产生的市场效果，对消费者的利益、其他经营者的利益、对市场价格秩序和竞争秩序、对社会公共利益的影响。在一定情形下，要结合市场结构要件。就市场结构要件而言，则是考虑到有些价格行为只有在特殊市场结构下才会背离《价格法》的立法宗旨和价值取向，才会产生消极影响。

市场价格行为规范建议参照各国主要规范将市场价格违法行为分为四大类，分别为：价格欺诈、价格误导、价格滥用和其他市场价格违法行为。其中，价格欺诈，即利用不真实价格对消费者进行欺骗，包括虚假降价、虚假比较、虚假优惠、虚假宣传。价格误导，即利用价格中模糊不清的描述对消费者进行误导。价格滥用，即利用市场优势地位不正当抬高价格或维持价格。其他市场价格违法行为，即其他违反价格说明义务和市场竞争政策的价格行为。将国外与我国相对照，我国以往的立法惯例是将价格误导放在价格欺诈中一起进行规定；价格滥用，我国以往的立法惯例是归于价格垄断部分列明；其他违反价格说明义务和市场竞争政策的价格行为，这涉及明码标价问题，对应国外的相关规定，我国的处理方式是在《价格法》中将明码标价作为一项法律制度，其中虚假标价或欺诈标价行为我国是将其列在价格欺诈行为中，不明码标价没有单独作为一项市场价格违法行为独立出来。对比国内外市场价格违法行为的分类，我国具体的市场价格违法行为的分类及规制设计如下：

（1）关于违反明码标（实）价行为。

第一，突出违反明码标价行为的规制。

首先，违反明码标价行为，也称不明码标价行为。违反明码标价行为与价格欺诈行为在很多方面息息相关。价格欺诈的很多方面都是通过不明码标价或虚假标价的方式表现出来。但不明码标价毕竟与价格欺诈不同，二者只是存在着交叉而已。这里将不明码标价行为独立出来，是意图提高此种行为的规范意义。

其次，将违反明码标价行为置前。在市场价格违法行为（不正当价格行为）中，不明码标价行为与价格欺诈行为是最常态的市场价格违法行为（不正当价格行为）。

再次，价格法律法规要求经营者进行市场交易时必须明码标价，体现了公开、公平、公正和诚实信用的市场经济法则要求，增加商品和服务交易的透明度，便于社会监督，有利于消费者明白消费、放心购物，防止经营者相互之间利用对方价格信息的缺失进行不正当竞争。明码标价规定作为目前治理商品零售行业价格行为的一个最有效手段，价格监管过程中必须要求经营者严格按照法律、法规，对所有出售商品实行明码标价。

最后，实践中，明码标价往往被作为对价格水平调控和对市场违法价格行为进行打击的一种工具，由于其他的违法行为认定标准相对模糊，而明码标价相对具体，因此，往往使用未进行明码标价来对经营者的其他价格行为进行处罚。

第二，关于价签的监制。《价格法》第13条规定了明码标价制度："经营者销售、收购商品和提供服务，应当按照政府价格主管部门的规定明码标价，注明商品的品名、产地、规格、等级、计价单位、价格或者服务的项目、收费标准等有关情况。经营者不得在标价之外加价出售商品，不得收取任何未予标明的费用。"原国家发展计划委员会制定的《商品和服务实行明码标价的规定实施细则》（现已失效）第7条规定，标价签或价目表由县级以上物价检查机构统一监制。由于行业特点需要制作特色价签的，应经县级以上物价检查机构核准监制，任何单位或个人不得擅自印制。实际上，这种监制和明码标价的监管要求很难达到，地方物价部门也只是对一些大型超市做到了能够监制价签，对于很多宾馆或者其他的行业部门都没有进行监制监管。建议只要价签内容符合有关法规的要求，价签的形式即不应再由政府核准或提供。

第三，明码标价的义务。明码标价的义务应包括销售价格说明义务与基本价格说明义务。销售价格说明义务是指向最终消费者提供产品或服务的卖方应对销售价格进行说明的义务。如果广告中带有价格，那么本条款同样适用于广告。销售价格是指毛价，是顾客为获得产品或服务最终实际支付的价格，因此诸如运输费等其他全部价格组成部分，必须都被包括进消费价格中。基本价格说明义务是指所有产品在销售价格外还应附有基本价格（单位数量的价格）的说明。如果广告中带有价格，那么本条款同样适用于广告。基本价格是顾客为获得每单位产品最终实际支付的价格。通过这一价格，消费者可以在产品之间进行价格比较。这一价格必须在销售价格旁被直接标识出来。经营者在标价时可以与其经营的产品或服务的自身价格进行对比，也可以与其他竞争者的产品或服务价格进行对比。在与单个产品或服务的自身价格进行对比时，不应对相应交易领域进行误导，尤其是不得肆意抬价后骤降，给消费者造成廉价的假象。只要价格降低前，原始价格的存在时间过短，那么应假定存在这种误导。时间过短的标准并不是公式化的、一成不变的。这一时间段在耐用的经济产品上应比日需产品上更长，因此必须对个案进行具体分析。就日需产品而言，如果原始价格持续一个月以上，则可以不被认为是时间过短。与竞争者进行价格对比时，这一对比在内容上必须是真实的，必须明确是与哪个竞争对手进行比较，并且商品之间必须是可比的（如有品牌的商品与无名商品之间就是不可比的）。

（2）关于价格欺诈。

第一，价格欺诈的内涵、认定。

首先，价格欺诈的内涵。经营者与消费者进行交易，应当遵循公开、公平、自愿、诚实信用的原则，而价格欺诈违反了这些原则。价格欺诈是指经营者为牟取非法利益，利用虚假的或者使人误解的价格手段，故意诱骗消费者或者其他经营者与其进行交易。欺骗性价格的表现在现实生活中极为广泛，形式复杂多样。

其次，对于价格欺诈的认定。综合关于价格欺诈的相关规定，不正当价格欺诈行为应包括以下方面：①标价签、价目表等所标示的商品品名、产地、规格、等级、质地、计价单位、价格或者服务项目、收费标准等有关内容与实际不符，并以此为手段诱骗消费者或者其他经营者购买的。②对同一商品或者服务，在同一交易场所同时使用多种标价签或者价目表，以低价招揽顾客并以高价结算的。③使用欺骗性或者误导性的语言、文字、图片、计量单位等标价，诱导他人与其交易的。④标示的市场最低价、出厂价、批发价、特价、极品价等价格标示无依据或者无从比较的。⑤降价销售所标示的折扣商品或者服务，其折扣幅度与实际不符的。⑥销售处理商品时，不标示处理品、处理价格的。⑦采取价外馈赠方式销售商品和提供服务时，不如实标示馈赠物品的品名、数量，或者馈赠物为假冒伪劣商品的。⑧收购、销售商品和提供服务带有价格附加条件时，不标示或者含糊标示附加条件的。⑨虚构原价、降价原因，虚构优惠折价，谎称降价或者将要提价，诱骗他人购买的；虚构清仓、拆迁、停业、歇业、转行等事由开展促销活动。⑩收购、销售商品和提供服务前有价格承诺，不履行或者不完全履行的。⑪降低商品质量、规格，降低服务标准或者减少服务内容，未予标示仍按原价结算的；采取掺杂、掺假，以假充真，以次充好，偷工减料，短缺数量等手段，使数量或者质量与价格不符。⑫与竞争者进行价格对比中对竞争者或竞争者价格进行不真实的描述，或者用误导性的描述与生产厂家的建议价进行对比，制造假象；谎称收购、销售价格高于或者低于其他经营者的收购、销售价格，诱骗消费者或者经营者与其交易的。⑬对实行市场调节价的商品价格和服务收费，谎称为政府指导价或者政府定价。⑭在标价之外加价出售商品或者收取未标明的费用，或者巧立名目变相提高商品价格或者加收费用；将产品或服务描述为"免费的""无偿的""无费用的"或其他类似词语，但消费者除了支付回应商业活动、拥有或取得物品的必要费用之外，还要支付其他费用。⑮对实际为同一种商品或服务，以商品编码或服务名称等不同为由，在同一交易场所实行不同的价格。⑯在同一交易场所，相同交易条件下，多件商品或服务的单价高于同一种单件商品或服务的价格。⑰无服务事实收取费用。⑱预付费充值卡等物品的销售价格高于充值卡等物品本身的票面价格，或者以充值服务等为由额外收取服务费、手续费等。⑲违反规定以保证金、抵押金等形式变相收费。⑳法律、法规规定的其他价格欺诈行为。

第二，将价格欺诈行为进行细化规制的意义。将价格欺诈行为放在市场价格违法行为的首部进行细化规制具有一定的意义。在市场价格违法行为中，价格欺诈行为是最常态的市场价格违法行为。为打击与规制该市场价格违法行为，也为执法的便利，宜将其放在前面，突出显示规制该项市场价格违法行为的重要性。针对价格欺诈行为的各种表现应重新梳理，突破《禁止价格欺诈行为的规定》中关于价格欺诈行为的相关规定，力争更全面地展现出市场中出现的各种价格欺诈现象。

第三，价格欺诈的一些重要相关问题。

首先，标价不规范与价格欺诈。标价不规范与价格欺诈有时难以区别。例如，有25套商品房公开对外销售，而标示已销售实际上没销售的却有14套，这种虚构已售行为就侵犯了消费者的知情权、选择权，带有明显的欺诈性质。

其次，完善调查取证方法，顺应时代发展。由于市场价格违法行为常常存在于动态的过程之中，反映价格欺诈的证据多贯穿于经营活动的整个过程。以往在查处价格欺诈过程中，证据不足导致无法定性的问题始终存在，给有效制止价格欺诈行为带来了阻力。因此在价格执法过程中，需要特别注意静态取证和动态取证相结合，直接证据和间接证据相结合。如随着无纸化办公的推行，检查中的很多证据表现为电子数据、视听资料等。检查执法人员在提取这些数据时，要准确记载其来源出处，如对宣传网页截屏、保存，必要时需要转化为纸质图文，并经当事人签字盖章。

最后，价格欺诈的检查。价格欺诈这种违法行为发生的概率较大，采取的形式也多种多样。如果主要采取主动检查方式，则可能意味着较大的执法成本的支出。如果主要采取接受举报后被动介入的方式，一方面可能导致放纵了一部分价格欺诈的行为，另一方面由于经营者的价格欺诈行为可能损害了多个消费者的利益，但只有少数的发现且去举报，所以对于那些未发现利益受损的消费者就要完善保护手段。比如可公告经营者行为违法，建立提示消费者求偿的途径。

第四，对于价格欺诈的处罚。

首先，处罚。《禁止价格欺诈行为的规定》第 11 条规定，经营者有价格欺诈行为的，由政府价格主管部门依照《价格法》和《价格违法行为行政处罚规定》进行处罚。《价格违法行为行政处罚规定》第 7 条规定，经营者违反《价格法》第 14 条的规定，利用虚假的或者使人误解的价格手段，诱骗消费者或者其他经营者与其进行交易的，责令改正，没收违法所得，并处违法所得 5 倍以下的罚款；没有违法所得的，处 5 万元以上 50 万元以下的罚款；情节严重的，责令停业整顿，或者由工商行政管理机关吊销营业执照。

其次，对个人经营者的不同规定。《价格违法行为行政处罚规定》规定经营者为个人的，对其没有违法所得的价格违法行为，可以处 10 万元以下的罚款。该规定将经营者为个人的情形与经营者为企业等情形区分开来。

（3）关于变相提价或压价。

第一，变相提价或压价的内涵、手段与方式。

首先，变相提价或压价的内涵。变相提价或压价是指经营者采取抬高等级或者压低等级等手段收购、销售商品或者提供服务，变相提高或者压低价格。这是一种变相涨价和变相降价的价格竞争行为。此行为牟取非法利益，损害国家、其他经营者和消费者的利益。经营者对政府定价进行变相涨价或降价，就是故意不严格执行政府定价，属"本身违法行为"；经营者对其自主制定的价目表，在实际中变相提价或降价，损害了生产者（农民）的利益，也损害了消费者的利益，并且在同业中进行一种不正当竞争，这是一种不正当的价格行为。

其次，变相提价或压价的手段与方式。其一，变相涨价。经营者不改变商品牌价而用改变商品质量办法形成的商品价格的实际上涨。其主要手法有：用"新产品"的名义，重新定价，高于原价；对老产品偷工减料，降低质量；粗制滥造，价格不变；销售商品时掺杂使假，以次充好，缺斤短两，提级提价；减少服务项目，降低服务质量，而收费不变，等等。其二，变相降价。经营者不改变商品牌价而用改变商品质量办法形成的商品价格的实际降低。其主要手法有：收购农产品时压级、压秤；销售商品时实行回扣，在价外给予对方好处，等等。

第二，对变相提价或压价的处罚。《价格违法行为行政处罚规定》第 8 条规定，经营者违反《价格法》第 14 条的规定，采取抬高等级或者压低等级等手段销售、收购商品或者提供服务，变相提高或者压低价格的，责令改正，没收违法所得，并处违法所得 5 倍以下的罚款；没有违法所得的，处 2 万元以上 20 万元以下的罚款；情节严重的，责令停业整顿，或者由工商行政管理机关吊销营业执照。我国一些地方省市也对变相提价或压价的手段与方式做出了相应的认定。根据《价格违法行为行政处罚规定》第 4 条、第 7 条至第 9 条规定中经营者为个人的，对其没有违法所得的价格违法行为，可以处 10 万元以下的罚款。

（4）关于捏造、散布虚假价格信息。

第一，对捏造、散布虚假价格信息行为的认定与处罚。

首先，"捏造、散布虚假价格信息"市场价格违法行为的独立认定。应将捏造、散布虚假价格信息作为独立的市场价格违法行为加以认定。对于《价格法》上述该项规定可以从行为要件与结果要件两个角度来理解：一是实施了捏造、散布涨价信息行为，但并未引起哄抬价格、推动商品价格过高上涨之后果；二是捏造、散布涨价信息，致使价格抬高，导致商品价格过高上涨之后果。对于第二种情形可认定为是哄抬价格之市场价格违法行为，捏造、散布涨价信息之举只不过是哄抬价格的手段而已。而第一种情形，虽有捏造、散布涨价信息之举，但并未造成商品价格过高上涨之后果，不应认定为哄抬价格之市场价格违法行为，而应认定为独立的"捏造、散布虚假价格信息"之市场价格违法行为。

其次，分析捏造、散布虚假价格信息之行为，不难看出，捏造、散布虚假价格信息，虽然有时没有哄抬价格、推动商品价格过高上涨，但其亦造成了扰乱市场价格秩序之一般后果，只是该行为的后果比哄抬价格、推动商品价格过高上涨要轻，其符合构成独立的市场价格违法行为所要求的行为要件与结果要件。

再次，从市场表现来看，捏造、散布虚假价格信息作为市场价格违法行为手段时，其不光可以作为哄抬价格、推动商品价格过高上涨之手段，还可以作为价格欺诈、变相提价或压价、牟取暴利等市场价格违法行为之手段，而不应只将捏造、散布虚假价格信息与哄抬价格、推动商品价格过高上涨相关联，同时，哄抬价格、推动商品价格过高上涨，也可采用其他的手段来达到相应的目的与后果。

从次，《价格法》第 14 条列举的经营者不得有的不正当价格行为中的第 3 项行为是"捏造、散布涨价信息，哄抬价格，推动商品价格过高上涨的"，此款行为中只涉及了"虚假涨价信息"，而不能囊括其他不正当形式的虚假价格信息，如果只关注"虚假涨价信息"，而忽略各种形式的"虚假价格信息"现象，则非常不利于市场的规范发展。

又次，在网络信息时代迅速发展的今天，价格信息不容忽视。在电子商务中，如在网购中利用不正当价格竞争手段，捏造、散布虚假价格信息之行为大有所在，且无论是经营者还是消费者，还是提供网络交易平台的第三方运营商，都有可能利用虚假价格信息进行不正当价格竞争。与国外相比，网络交易等电子商务模式在我国发展更为迅速，规模可谓是日益宏大，利用各种虚假价格信息形式的不正当价格行为现象应尽早受到关注。

最后，考虑将捏造、散布虚假价格信息作为独立的市场价格违法行为加以认定，是否会与价格欺诈行为相重合之问题：虽然二者在一定程度上是重合的，但是"虚假价格信息"有其明显的"价格信息"特点，针对这类比较多的、比较新的、具有某些明显的独特的市场价格违法行为特点的市场价格违法行为现象，应独立出来进行规制。

第二，对于"捏造、散布虚假价格信息"市场价格违法行为的处罚。

《价格违法行为行政处罚规定》第6条规定："经营者违反价格法第14条的规定，有下列推动商品价格过快、过高上涨行为之一的，责令改正，没收违法所得，并处违法所得5倍以下的罚款；没有违法所得的，处5万元以上50万元以下的罚款，情节较重的处50万元以上300万元以下的罚款；情节严重的，责令停业整顿，或者由工商行政管理机关吊销营业执照：①捏造、散布涨价信息，扰乱市场价格秩序的……"从上述处罚来看，在处罚捏造、散布涨价信息行为时是以哄抬价格、推动商品价格过高上涨为前提的。笔者认为处罚中应分别加以处理，如果捏造、散布涨价信息行为时导致了哄抬价格、推动商品价格过高上涨，那么按相关规定处理，如果捏造、散布涨价信息行为没有导致哄抬价格、推动商品价格过高上涨，或捏造、散布涨价信息行为不与哄抬价格、推动商品价格过高上涨相关联，那么按独立的捏造、散布涨价信息市场价格违法行为处理，要比上述处罚要轻，还可适用警告、通报批评等声誉罚等。

（5）关于哄抬价格。

第一，哄抬价格的现行规定、方式。

首先，关于哄抬价格的现行规定。哄抬价格行为是一种故意扰乱市场秩序的行为。哄抬价格主要是用欺骗等手段来推动市场价格过高上涨。其手法有：捏造、散布涨价消息，囤积居奇等，由此引起消费者恐慌，从而引发抢购甚至挤兑抢购风潮。关于哄抬价格的现行规定，可见上述捏造、散布虚假价格信息之相关规定。即《价格法》第14条规定："经营者不得有下列不正当价格行为：……③捏造、散布涨价信息，哄抬价格，推动商品价格过高上涨的……"

其次，哄抬价格的方式。《价格违法行为行政处罚规定》对哄抬价格的方式进行了认定，《价格违法行为行政处罚规定》第6条中规定：①捏造、散布涨价信息，扰乱市场价格秩序的；②除生产自用外，超出正常的存储数量或者存储周期，大量囤积市场供应紧张、价格发生异常波动的商品，经价格主管部门告诫仍继续囤积的；③利用其他手段哄抬价格，推动商品价格过快、过高上涨的。《价格违法行为行政处罚实施办法》第2条规定："经营者违反《价格法》第14条规定哄抬价格，有下列情形之一的，政府价格主管部门依据《价格违法行为行政处罚规定》第5条的规定予以行政处罚：①捏造、散布涨价信息，大幅度提高价格的；②生产成本或进货成本没有发生明显变化，以牟取暴利为目的，大幅度提高价格的；③在一些地区或行业率先大幅度提高价格的；④囤积居奇，导致商品供不应求而出现价格大幅度上涨的。"构成哄抬价格行为的具体提价或涨价幅度，由省级价格主管部门根据当地具体情况提出，并报请省级人民政府批准确定。我国一些地方对此也进行了一定范围内的规定。

第二，对哄抬价格的处罚。

首先，处罚。《价格违法行为行政处罚规定》第6条规定："经营者违反价格法第14条的规定，有下列推动商品价格过快、过高上涨行为之一的，责令改正，没收违法所得，并处违法所得5倍以下的罚款；没有违法所得的，处5万元以上50万元以下的罚款，情节较重的处50万元以上300万元以下的罚款；情节严重的，责令停业整顿，或者由工商行政管理机关吊销营业执照：①捏造、散布涨价信息，扰乱市场价格秩序的；②除生产自用外，超出正常的存储数量或者存储周期，大量囤积市场供应紧张、价格发生异常波动的商品，经价格主管部门告诫仍继续囤积的；③利用其他手段哄抬价格，推动商品价格过快、过高上涨的。行业协会或者为商品交易提供服务的单位有前款规定的违法行为的，可以处 50 万元以下的罚款；情节严重的，由登记管理机关依法撤销登记、吊销执照。前两款规定以外的其他单位散布虚假涨价信息，扰乱市场价格秩序，依法应当由其他主管机关查处的，价格主管部门可以提出依法处罚的建议，有关主管机关应当依法处罚。"

其次，考虑个人经营者情形。《价格违法行为行政处罚规定》第 11 条第 2 款规定："本规定第 5 条、第 6 条、第 10 条规定中经营者为个人的，对其没有违法所得的价格违法行为，按照前款规定处罚；情节严重的，处 10 万元以上 50 万元以下的罚款。"我国杭州、陕西等地也对哄抬价格的经营者为个人时给予了与企业等经营者不同的处罚。

（6）关于强迫交易。

第一，强迫交易概论。

首先，强迫交易的内涵。强迫交易，也称强制交易，是指经营者用不正当手段强迫交易对方接受高价商品或者服务。强制交易可能是处于市场支配地位的经营者所为的市场价格违法行为，也可能是非处于市场支配地位的经营者所为的市场价格违法行为，如处于相对优势地位或相对强势地位，或利用对交易对方不利的地位，或借助行政性权力，或采用其他手段等所为的市场价格违法行为。

其次，现行价格法律规定对强迫交易规定的疏漏。我国现行《价格法》第 14 条规定的经营者不得有的 8 类市场价格违法行为中，没有明确列明强迫交易这项市场价格违法行为，《价格违法行为行政处罚规定》《价格违法行为行政处罚实施办法》等配套价格法规规章也没有对强迫交易这项市场价格违法行为进行单独认定与规制，目前更无专项规制强迫交易这项市场价格违法行为的规定、办法等配套的价格法规规章。不过，我国《反垄断法》对具有市场支配地位的经营者从事的强迫交易有相应的规定。《反垄断法》第 17 条规定："禁止具有市场支配地位的经营者从事下列滥用市场支配地位的行为：①以不公平的高价销售商品或者以不公平的低价购买商品……"

再次，对强迫交易规定的必要性与可行性。将"强迫交易"这项市场价格违法行为纳入市场价格违法行为类别中加以规制具有必要性。强迫交易市场价格违法行为在实践中并不罕见，时有发生，如"强制天价理发""饭店强制消费"等事例就是典型的体现。将"强迫交易"这项市场价格违法行为纳入市场价格违法行为类别中加以规制也具有可行性，可借鉴我国一些地方省市对强制交易的规定。

最后，针对网络胁迫交易的特定问题。其一，网络胁迫交易的内涵理解。此处胁迫交易是指第三方交易平台经营者进行价格比价等其他有关网络服务经营者违反平等、公平、自愿原则，胁迫进驻交易平台的经营者接受特定价格的服务的行为。按照原国家工商行政管理总局出台的《网络交易管理办法》（2014）规定，第三方交易平台是指在网络商品交易活动中为交易双方或者多方提供网页空间、虚拟经营场所、交易规则、交易撮合、信息发布等服务，供交易双方或者多方独立开展交易活动的信息网络系统；有关服务是指为网络商品交易提供第三

方交易平台、宣传推广、信用评价、支付结算、物流、快递、
网络接入、服务器托管、虚拟空间租用、网站网页设计制作等
营利性服务。按照上述定义，第三方交易平台经营者就是指在
网络商品交易活动中为交易双方或者多方提供交易服务的网络
经营者；进行价格比价等其他有关网络价格服务提供（经营）
者就是在网络商品交易活动中提供价格信息，对在交易平台上
经营的相关商品或服务的价格进行宣传、评价、比价或其他价
格行为的有关网络服务提供（经营）者。其二，网络胁迫交易
行为主体及胁迫交易对象。此处，胁迫交易行为主体及胁迫交
易对象有其自身特点，胁迫交易行为主体不是一般的商品或服
务经营者，而是第三方交易平台经营者或其他有关网络服务提
供（经营）者，胁迫交易对象也不同，突破了以往消费者（直
接交易对方）为胁迫交易对象之境况，进驻第三方交易平台的
一般经营者甚至第三方交易平台经营者自身成为胁迫交易对象。
一方面，胁迫交易可能是处于市场支配地位的第三方交易平台
经营者所为的不正当价格行为，也可能是非处于市场支配地位
的第三方交易平台经营者所为的不正当价格行为，如处于相对
优势地位或相对强势地位，或利用进驻交易平台经营者不利的
地位，利用网络优势、电子技术优势或采用其他手段等所为的
不正当价格行为；另一方面，胁迫交易可能是处于市场相对优
势地位或相对强势地位的进行价格宣传、价格比价等行为的其
他有关网络服务提供（经营）者等所为的不正当价格行为，其
针对的对象可能是提供第三方交易平台的经营者，也可能是直
接提供商品服务的经营者。其三，对网络交易服务经营者胁迫
交易不正当价格行为规定的必要性。我国现行价格法律对网络
交易服务经营者胁迫交易不正当价格行为的规定存在着疏漏。

我国现行《价格法》第 14 条规定的经营者不得有的 8 类不正当价格行为中,没有明确列明网络交易服务经营者胁迫交易这项不正当价格行为,《价格违法行为行政处罚规定》《价格违法行为行政处罚实施办法》等配套价格法规规章也没有对网络交易服务经营者胁迫交易这项不正当价格行为进行单独认定与规制,目前更无专项的规制网络交易服务经营者胁迫交易这项不正当价格行为的规定、办法等配套价格法规规章。我国《反垄断法》第 17 条也只规定了禁止具有市场支配地位的经营者从事以不公平的高价销售商品或者以不公平的低价购买商品等滥用市场支配地位的行为。鉴于网络交易的迅猛发展,第三方交易平台等交易方式对传统交易方式的极大改变,我国应及时修补上述疏漏,规制网络交易服务经营者价格行为,促使第三方交易平台等规范化运行。

第二,对强迫交易的认定。综合各方面对强迫交易的规定及强制交易市场价格违法行为在我国实践中的体现,本书认为,强迫交易的认定应包括以下方面:①凭借自身有利条件,或利用对交易对方不利的条件、环境等,威胁交易对方接受高价商品或者服务;②以指定种类、数量、范围等限定方式,强迫交易对方接受高价商品或者服务;③以搭售或者附加条件等限定方式,强迫交易对方接受高价商品或者服务;④以视同交易对方默认接受等方式,变相强迫交易对方接受高价商品或者服务;⑤借助行政性权力、其他组织或者其他社会影响,强迫交易对方接受高价商品或者服务;⑥设置最低消费金额,强迫交易对方接受高价商品或者服务;⑦欺行霸市、强买强卖,胁迫交易对方接受不合理的价格;⑧凭借职权或行业地位,以保证金、抵押金等形式,以预留、提前交付等名义价外收费,双方另有约定的除外；⑨其他强迫交易方接受高价商品或者服务的行为。构成价格垄断行为的，则依据《反垄断法》处理。

第三，强迫交易的法律责任。

《甘肃省价格管理条例》第 10 条规定："禁止下列不正当价格行为：……②进行价格垄断或者强行服务收费的"；该《条例》第 37 条第 2 款规定经营者违反本条例第 10 条第 2 项、第 3 项规定的，责令改正，没收违法所得，并处违法所得 5 倍以下的罚款；没有违法所得或者违法所得难以计算的，处 10 万元以上 100 万元以下的罚款；情节较重的，处 100 万元以上 500 万元以下的罚款；情节严重的，并可责令停业整顿，或者由工商行政管理机关吊销营业执照。该《条例》第 37 条第 4 款规定经营者违反公平、自愿原则，强迫交易对方接受高价商品或者服务的，责令改正，没收违法所得，可并处违法所得 5 倍以下的罚款；情节严重的，并可责令停止整顿，或者由工商行政管理机关吊销营业执照；此处所称高价是指经营者提供商品或者服务的价格高于同期同类商品或者服务市场平均价格的 30% 以上。市场平均价格由市州价格主管部门定期测定，并予以公布。《甘肃省价格监督检查办法》第 16 条规定，经营者违反本办法第 11 条规定的，责令改正，没收违法所得，可并处违法所得 5 倍以下罚款；情节严重的，责令停业整顿，或者由工商行政管理机关吊销营业执照。《陕西省价格条例》第 57 条规定，经营者违反本条例第 15 条禁止强迫高价交易规定的，由价格主管部门责令改正，没收违法所得，可以并处违法所得 5 倍以下罚款；情节严重的，责令停业整顿，或者由工商行政管理机关吊销营业执照。《陕西省价格条例》第 59 条第 1 款规定，本条例第 50 条第 1 款、第 54 条、第 56 条、第 57 条规定中经营者为个人的，对其没有违法所得的价格违法行为，可以处 10 万元以下罚款。《太原市价格监督检查办法》第 20 条规定，经营者违反本办法第 13 条规定的，由价格主管部门责令改正，并处 1 万元以上 3 万元以下的罚款。

（7）关于价格歧视。

第一，价格歧视的内涵、认定。

首先，价格歧视的内涵。价格歧视是指经营者提供相同商品或服务时，对具有同等交易条件的其他经营者及消费者实行不同价格，而这种差异并非由于所提供商品或服务成本的差异。可分为两种情况：第一种是经营者为挤垮竞争对手而选择特定的地区进行压价销售。目的在于对处在这个地区供货的竞争者实施排挤，也称为横向价格歧视。第二种是经营者无正当理由而对交易条件相同的若干消费者实行同级、同质商品或服务的价格区别待遇，这是价格歧视的一种典型形式，会对消费者的公平消费权利造成损害。价格歧视也称价格差别（Price‒Discrimination），是指同一种类的商品，具有同一单位平均成本的商品，在同一时期，对不同的买主，以不同的价格出售的经营者行为。

其次，价格歧视的认定。其一，按歧视的方式划分，价格歧视分为直接性价格歧视与间接性价格歧视。直接性价格歧视主要为掠夺性定价。批量作价、两段收费（如一些超市实行会员制，向会员一次性收取一笔费用，在会员购货时给予优惠）也属直接性价格歧视。掠夺性定价分为地区性掠夺性定价和产品性掠夺性定价。所谓地区性掠夺性定价是指，一个经济实力雄厚的企业在它进行销售的几个地区中选出一个特定的地区（这个地区其他竞争对手的经济实力较弱），然后在这个市场上有选择性地进行削价销售。而产品性掠夺性定价是指，一个生产多种产品的大型企业可以故意将一种产品的价格定在并不能反映各种产品的平均成本的水平上，对于仅仅生产这一种产品的独立企业来说，这种歧视性的定价就能将它排挤出市场。直接性价格歧视是在同行业卖主（竞争者）之间所进行的不正当竞争。关于这种市场价格违法行为我们将在后面的"低价倾销"部分详细分析。间接性价格歧视是指一种通过间接的提供回扣、服务或设备等方式，以达到实质性价格差别目的的价格歧视行为，与直接性价格歧视相比，它更具有隐秘性，不易证明。从美国的法律来看，间接性价格歧视有以下几种：佣金津贴，它是指企业向独立经纪人以外的人（企业）或其代理人支付的回扣、佣金或其他补偿，或任何津贴、折扣；推销津贴，是指卖主向大型零售商提供的帮助他们支付某些服务的津贴。提供服务和设施是代替为买主的相同行为支付推销津贴的一种方法。如果服务和设施"按比例和平等条件向所有的买主提供"，则不在禁止之列。其二，关于价格歧视这种价格违法行为，是需要以认定为垄断作为前提？还是一般经营者或是达到某种地位的经营者便可成为这种行为的违法主体，这是一个需要回答的问题。《反垄断法》第 17 条第 1 款第 6 项规定，禁止具有市场支配地位的经营者从事"没有正当理由，对条件相同的交易相对人在交易价格等交易条件上实行差别待遇"等的滥用市场支配地位的行为。从上述相关规定来看，具有市场支配地位的经营者易于进行价格歧视，滥用市场支配地位中的对不同向对方采取差别待遇的一种表现便是价格歧视，但不能反之直接认定进行价格歧视行为的经营者都是具有市场支配地位的经营者。除有些拥有市场支配地位的经营者具有价格歧视行为以外，实践中有许多具有"相对优势"地位或"相对强势"地位的经营者也实施了价格歧视行为，这种行为也会扰乱正常的市场竞争秩序。对于这种行为，法律也应予以处罚或干预。我国一些地方实践，如江苏、浙江等地的实践已证明，查处的价格歧视并非都属于价格滥用的价格歧视行为，实施价格歧视的经营者并非都拥有市场支配地位。

第二，对价格歧视的现行法律规定的修改与完善。

首先，修改《价格法》，禁止价格歧视的对象认定还应包括消费者。我国的《价格法》第 14 条规定，提供相同商品或者服务，对具有同等条件的其他经营者实行价格歧视应被禁止。实际上，是把生产者对经营者的价格歧视列为"不正当价格行为"而加以禁止。可见，《价格法》尚未把经营者对消费者的价格歧视列为"不正当价格行为"而加以禁止。同时，我国法律对间接性价格歧视也未加以禁止。《价格法》中价格歧视的侵害对象仅限定为"其他经营者"而不包括消费者，但在现实生活中经营者对消费者的价格歧视却屡见不鲜。正是由于价格立法的滞后，才使得某些价格现象难以界定合法与否，检查也就无从谈起。我国应修改《价格法》，把消费者作为禁止价格歧视的对象纳入其中。《价格法》第 14 条所规定的经营者不得有下列市场价格违法行为的第 5 项，应改为：提供相同商品或者服务，对具有同等交易条件的其他经营者或消费者实行价格歧视。

其次，对价格歧视进行配套立法规定。价格歧视等违法行为如果得不到有效遏制，势必影响市场经济的发育完善和公平竞争环境的形成。价格歧视的问题，现实中存在较多。从消费者方面来看，议价能力强的往往能购买到经济实惠的商品，而议价能力弱的则只能花更多的钱，买一样的或假劣商品；从零售商、供应商方面来看，同样存在价格歧视问题，由于零供双方强弱不同，在价格上碰到不正常的待遇司空见惯。零供关系中的价格歧视尤其需要引起关注，但现实情况却是经常被忽视。价格歧视严重影响市场的公平公正的价格原则，《价格法》及其他规范中，目前暂无对违反"价格歧视"的法律责任的界定，导致该规定成为海市蜃楼。目前我国《价格法》第14条只是对禁止价格歧视进行了简单的原则性条款规定，而相比价格垄断、低价倾销、牟取暴利等市场价格违法行为都有配套的专项立法规定，很明显，对价格歧视的立法是远远不够的，应尽快出台《禁止价格歧视的规定》，或出台《禁止价格歧视的暂行规定》。

第三，对价格歧视的处罚。

首先，处罚。《价格违法行为行政处罚规定》第4条规定："经营者违反《价格法》第14条的规定，有下列行为之一的，责令改正，没收违法所得，并处违法所得5倍以下的罚款；没有违法所得的，处10万元以上100万元以下的罚款；情节严重的，责令停业整顿，或者由工商行政管理机关吊销营业执照：……②提供相同商品或者服务，对具有同等交易条件的其他经营者实行价格歧视的。"

其次，对个人经营者的不同处罚。《价格违法行为行政处罚规定》第11条第1款规定，本规定第4条、第7条至第9条规定中经营者为个人的，对其没有违法所得的价格违法行为，可以处10万元以下的罚款。

（8）关于价格串通。

第一，区分认定、规制价格垄断与一般价格串通。价格垄断是指经营者通过达成垄断协议、滥用市场支配地位等手段进行的市场价格违法行为。一般价格串通则是指经营者通过达成协议、一致行动等方式或手段，进行的市场价格违法行为。一般价格串通区别于价格垄断。《价格法》第 14 条第 1 项规定了市场价格违法行为。依据《价格法》第 14 条第 1 项的规定，"相互串通，操纵市场价格，损害其他经营者或者消费者的合法权益"的，构成市场价格违法行为。实际上，从市场行为要件与市场绩效要件考虑，可分为两个方面，一方面，经营者相互串通，但未有垄断性操纵市场价格之市场绩效后果；另一方面，经营者相互串通，且有垄断性操纵市场价格之市场绩效后果。第二种情形，根据我国《反垄断法》等立法规定，很明显为价格垄断市场价格违法行为，应为《反垄断法》所规制；第一种情形，因其不符合垄断要件，只是市场上一般经营者所为的市场价格违法行为，并未有垄断性操纵市场价格之后果，非《反垄断法》所规制，而属于一般价格串通市场价格违法行为，应为《价格法》所规制。

第二，价格串通垄断的形式及处罚。《反垄断法》所禁止的价格垄断行为主要有"垄断协议""滥用市场支配地位"和"价格行政垄断"三种。价格串通主要涉及垄断协议。

垄断协议分为横向价格垄断协议与纵向价格垄断协议。横向价格垄断协议是具有竞争关系的经营者达成的垄断协议。《反垄断法》第 13 条规定："禁止具有竞争关系的经营者达成下列垄断协议：①固定或者变更商品价格；……⑥国务院反垄断执法机构认定的其他垄断协议。"纵向价格垄断协议也是价格垄断协议的一种。《反垄断法》第 14 条规定，禁止经营者与交易相对人达成下列垄断协议：固定向第三人转售商品的价格；限定向第三人转售商品的最低价格；国务院反垄断执法机构认定的其他垄断协议。

《反垄断法》第 46 条第 1 款规定："经营者违反本法规定，

达成并实施垄断协议的，由反垄断执法机构责令停止违法行为，没收违法所得，并处上一年度销售额 1% 以上 10% 以下的罚款；尚未实施所达成的垄断协议的，可以处 50 万元以下的罚款。"《反垄断法》第 46 条第 2 款规定："经营者主动向反垄断执法机构报告达成垄断协议的有关情况并提供重要证据的，反垄断执法机构可以酌情减轻或者免除对该经营者的处罚。"对于价格垄断协议的处罚可适用《反垄断法》之规定。

第三，一般价格串通处罚。针对一般价格串通，在构成要件上可对比价格垄断的构成，在处罚设置上应低于对价格垄断的处罚。《价格法》第 40 条第 1 款规定："经营者有本法第 14 条所列行为之一的，责令改正，没收违法所得，可以并处违法所得 5 倍以下的罚款；没有违法所得的，予以警告，可以并处罚款；情节严重的，责令停业整顿，或者由工商行政管理机关吊销营业执照。有关法律对本法第 14 条所列行为的处罚及处罚机关另有规定的，可以依照有关法律的规定执行。"《价格法》或相关价格法规规章应细化和完善一般价格串通的处罚规则，可规定："经营者有一般价格串通行为的，责令改正，没收违法所得，可以并处 5 万元以上违法所得 5 倍以下的罚款；如果违法所得的 5 倍不足 5 万元，应处以 5 万元罚款；没有违法所得的，予以警告，可以并处 5 万元以下罚款。"

第四，考虑行业组织的违法危害性。《价格法》第 17 条规定"行业组织应当遵守价格法律、法规"。可见，行业组织的行为受价格法律规范的约束。《反垄断法》第 46 条第 3 款规定："行业协会违反本法规定，组织本行业的经营者达成垄断协议的，反垄断执法机构可以处 50 万元以下的罚款；情节严重的，社会团体登记管理机关可以依法撤销登记。"《价格违法行为行政处罚规定》第5条第3款规定，行业协会或者其他单位组织经营者相互串通，操纵市场价格的，对经营者依照前两款的规定处罚；对行业协会或者其他单位，可以处50万元以下的罚款，情节严重的，由登记管理机关依法撤销登记、吊销执照。笔者认为，行业组织进行价格垄断行为危害性更大，上述规定中，应将情节严重情形加以完善，应规定：价格主管部门作为反垄断执法机构将有权对行业组织实施罚款，情节严重的，对行业协会或者其他单位，可以处100万元以下的罚款，并可以请求社会团体登记管理机关依法撤销其登记。

第五，考虑经营者为个人的情形。在处罚价格垄断与价格串通方面，我国的一些立法考虑到了经营者为个人的情形，这是很不错的举措。《价格违法行为行政处罚规定》第11条规定，本规定第4条、第7条至第9条规定中经营者为个人的，对其没有违法所得的价格违法行为，可以处10万元以下的罚款。本规定第5条、第6条、第10条规定中经营者为个人的，对其没有违法所得的价格违法行为，按照前款规定处罚；情节严重的，处10万元以上50万元以下的罚款。对比经营者为企业时的处罚，力度明显不一样。《价格违法行为行政处罚规定》对企业等经营者的处罚通常是处10万元以上100万元以下的罚款，情节较重的处100万元以上500万元以下的罚款。因此二者有明显的不同。

（9）关于低价倾销。

第一，低价倾销的内涵、构成要件、形式。

首先，低价倾销的内涵。倾销或低价倾销，意指掠夺性定价。《反垄断法》第17条第1款规定："禁止具有市场支配地位的经营者从事下列滥用市场支配地位的行为：……②没有正当理由，以低于成本的价格销售商品……"

其次，低价倾销的构成要件。从上述低价倾销行为的概念来看，构成低价倾销应同时具备三个要件，并且不属于法定除外情节。三个要件包括：主观上具有排挤竞争对手，或独占市场的目的；客观表现为以低于个别成本的价格倾销商品；结果是损害社会公共利益或者其他经营者的合法权益。法定除外情节主要有销售积压商品、过季或者临近换季的商品、鲜活商品和因依法清偿债务、破产、转产、歇业等原因需要以低于成本的价格销售商品等。《关于制止低价倾销行为的规定》第6条规定："本规定第2条所称依法降价处理的商品是指：①积压商品；②过季或者临近换季的商品；③临近保质期限、有效期限的商品；④临近保质期限的鲜活商品；⑤因依法清偿债务、破产、转产、歇业等原因需要以低于成本的价格销售的商品。"低价倾销的构成要件中暗含着对损害程度的要求，不能仅仅根据低于成本销售商品这一点就推定低价倾销的存在。把商家短期内低于成本销售商品的促销行为定性为低价倾销是不妥的，只有当经营者在较长时间内持续地以低于成本的价格销售商品，给与之相竞争的经营者带来实质性损害或者存在实质性损害威胁时，才能认定构成倾销。《反倾销条例》第2条规定："进口产品以倾销方式进入中华人民共和国市场，并对已经建立的国内产业造成实质损害或者产生实质损害威胁，或者对建立国内产业造成实质阻碍的，依照本条例的规定进行调查，采取反倾销措施。"可见，《反倾销条例》对损害的程度是有要求的。《反倾销条例》虽然只适用于外贸领域，但对国内贸易中的低价倾销查处工作也有一定的借鉴意义。

最后，低价倾销的形式。《关于制止低价倾销行为的规定》

第7条对低价倾销的形式进行了初步概括式的规定，低于成本的价格倾销商品的行为通常是指：①生产企业销售商品的出厂价格低于其生产成本的，或经销企业的销售价格低于其进货成本的；②采用高规格、高等级充抵低规格、低等级等手段，变相降低价格，使生产企业实际出厂价格低于其生产成本，经销企业实际销售价格低于其进货成本的；③通过采取折扣、补贴等价格优惠手段，使生产企业实际出厂价格低于其生产成本，经销企业实际销售价格低于其进货成本的；④进行非对等物资串换，使生产企业实际出厂价格低于其生产成本，经销企业实际销售价格低于其进货成本的；⑤通过以物抵债，使生产企业实际出厂价格低于其生产成本，经销企业实际销售价格低于其进货成本的；⑥采取多发货少开票或不开票方法，使生产企业实际出厂价格低于其生产成本，经销企业实际销售价格低于其进货成本的；⑦通过多给数量、批量优惠等方式，变相降低价格，使生产企业实际出厂价格低于其生产成本，经销企业实际销售价格低于其进货成本的；⑧在招标投标中，采用压低标价等方式使生产企业实际出厂价格低于其生产成本，经销企业实际销售价格低于其进货成本的；⑨采用其他方式，使生产企业实际出厂价格低于其生产成本，经销企业实际销售价格低于其进货成本的。《关于制止低价倾销行为的规定》还规定，违反《价格法》和本规定，属于跨省区的低价倾销行为，由国务院价格主管部门认定；属于省及省以下区域性的低价倾销行为，由省、自治区、直辖市人民政府价格主管部门认定。

第二，低价倾销的成本问题。查处低价倾销的关键在于测定企业的个别成本。在低价倾销的几个构成要件中，以低于个别成本的价格倾销商品，是一个核心要件。根据《关于制止低价倾销行为的规定》第 4 条的规定，个别成本有多种计算标准，生产企业一般以生产成本为准，经营性企业一般以经营成本为准。但该法第 7 条第 1 项又使用了"进货成本"的概念。这样，计算经营企业的个别成本应以"经营成本"还是以"进货成本"为准，就有了争议。这其实是对法律的理解问题，当对某一个法律条文存在两种以上的理解时，该如何处理呢？应当从保护管理相对人和提高行政决定公信力的角度出发，采用对相对人有利的解释。

第三，对低价倾销的处罚。

首先，处罚。《关于制止低价倾销行为的规定》第 18 条规定，省级以上人民政府价格主管部门依法对低价倾销行为实施行政处罚。政府价格主管部门对低价倾销行为作出行政处罚决定之前，应当告知当事人有要求举行听证的权利，当事人要求听证的，政府价格主管部门应当组织听证。听证程序依照《行政处罚法》第 42 条执行。《价格违法行为行政处罚规定》第 4 条规定："经营者违反价格法第 14 条的规定，有下列行为之一的，责令改正，没收违法所得，并处违法所得 5 倍以下的罚款；没有违法所得的，处 10 万元以上 100 万元以下的罚款；情节严重的，责令停业整顿，或者由工商行政管理机关吊销营业执照：①除依法降价处理鲜活商品、季节性商品、积压商品等商品外，为了排挤竞争对手或者独占市场，以低于成本的价格倾销，扰乱正常的生产经营秩序，损害国家利益或者其他经营者的合法权益的……"从上述相关规定来看，关于低价倾销的处罚力度不一，且赋予的行政自由裁量权极大。以低价倾销时没有违法所得的情形为例，《价格违法行为行政处罚规定》以及我国陕西、安徽等地的立法是"处 10 万元以上 100 万元以下的罚款"，从 10 万元到 100 万元，这中间的幅度是相当大的，容易给行政自由裁量权的滥用带来机会，而且这在各地的处罚也很容易造成不一的现象。

其次，区别对待个人经营者。在处罚低价倾销市场价格违法行为方面，我国的一些立法也考虑到了经营者为个人的情形，这同样是很不错的举措。《价格违法行为行政处罚规定》第 11 条第 1 款规定，经营者为个人的，对其没有违法所得的价格违法行为，可以处 10 万元以下的罚款。从这可以看出对实施低价倾销的个人经营者是与企业等组织形式的经营者不同的。

（10）关于牟取暴利。

第一，牟取暴利的内涵、认定。

首先，牟取暴利的内涵。所谓牟取暴利，是指经营者用不正当手段在短时间内牟取巨额利润的行为，即经营者违背公平、公开和诚实信用的交易原则，利用价格欺诈、价格垄断等不正当价格手段，在短期内获得不法超额利润。

其次，对于牟取暴利的所得幅度认定。《价格法》虽对牟取暴利做出了原则性的规定，但具体到牟取暴利市场价格违法行为，却很难用《价格法》来界定是否违法。《价格法》中规定价格暴利属于价格违法行为，但超过了怎样的利润才能视为暴利经营却没有清楚的界定，这需要配套的法律规定。牟取暴利行为，破坏了市场经济等价交换、正当竞争的基本原则和市场秩序，必须予以制裁。牟取暴利是一种非常复杂的行为。这种"复杂性"主要是由经营者采取的各种不正当手段所决定的。由此，我国出台了《制止牟取暴利的暂行规定》的专项规定进行有关行为规范，《价格违法行为行政处罚规定》第 12 条也作了具体规定。另外，《刑法》《反不正当竞争法》和其他法规对有关类型的牟取暴利行为也作了相应的规范。《制止牟取暴利的暂行规定》第 6 条规定，商品或者服务的市场平均价格、平均差价率、平均利润率以其社会平均成本为基础测定。商品或者服务的市场平均价格、平均差价率、平均利润率的合理幅度，按照其与国民经济和社会发展的关系或者与居民生活的密切程度，市场供求状况和不同行业、不同环节、不同商品或者服务的特点规定。《制止牟取暴利的暂行规定》第 7 条规定，商品和服务的市场平均价格、平均差价率、平均利润率及其合理幅度，由省、自治区、直辖市的人民政府价格管理部门会同有关业务主管部门，按照国务院价格主管部门的规定测定和规定，并予以公布；省、自治区、直辖市人民政府价格管理部门也可以根据需要，授权市、县人民政府价格管理部门测定和规定与居民生活有密切关系的部分商品和服务的市场平均价格、平均差价率、平均利润率及其合理幅度，并予以公布。有关业务主管部门和生产经营者应当配合价格管理部门的测定工作。

最后，对于牟取暴利的方式认定。《制止牟取暴利的暂行规定》第 8 条规定："生产经营者不得违反本规定，以下列手段非法牟利：①不按照规定明码标价或者在明码标示的价格之外索要高价；②谎称削价让利，或者以虚假的优惠价、折扣价、处理价、最低价以及其他虚假的价格信息，进行价格欺诈；③生产经营者之间或者行业组织之间相互串通，哄抬价格；④违反公平、自愿原则，强迫交易对方接受高价；⑤采取其他价格欺诈手段。"

第二，牟取暴利的法律责任。《制止牟取暴利的暂行规定》第 11 条规定："违反本规定第 5 条规定的，由价格监督检查机构责令改正；拒不改正的，予以警告、没收违法所得，可以并处违法所得 5 倍以下的罚款。"《价格违法行为行政处罚规定》第 12 条规定："经营者违反法律、法规的规定牟取暴利的，责令改正，没收违法所得，可以并处违法所得 5 倍以下的罚款；情节严重的，责令停业整顿，或者由工商行政管理机关吊销营业执照。"

（11）关于法律、行政法规禁止的其他市场价格违法行为。

我国现行《价格法》第 14 条规定的经营者不得有的 8 类不正当价格行为中所列举的第 8 项不正当价格行为就是"法律、行政法规禁止的其他不正当价格行为"，这是一个兜底性的条款，不同的立法有不同的立法宗旨与目的，兜底性的条款在实践中也有利于面对一些其他法律、行政法规所禁止的其他市场价格违法行为，初步解决当法律规定有缺漏、不足时所面临的尴尬境况，以后的《价格法》即使再修订，也宜保留此项条款规定。

2. 行业协会的价格自律

（1）行业协会监督行为。行业协会有权依法对行业内经营者的价格行为进行监督，对经营者影响市场竞争秩序的价格行为提出纠正意见和建议，督促经营者遵守价格法律法规，执行政府指导价、政府定价、价格干预措施、价格紧急措施以及其他法定价格措施。行业协会和相关组织有权对政府价格主管部门及其工作人员的价格行为进行社会监督，有权对其他价格违法行为进行社会监督。

行业组织对行业内部经营者进行价格监督是价格监督体系的重要组成部分。这种监督属于社会监督，即非国家机关进行的监督，具有民间监督的性质。行业协会对于其内部经营者可能影响市场竞争秩序的价格行为提出纠正意见和建议，依据其内部规定采取一定的惩戒措施，有利于发挥行业协会的管理功能，在政府不便于直接进行规制的范围内对行业经营者的行为进行规制，维护市场经济秩序的有序与稳定。对于法定价格干预措施，行业协会应当发挥督促行业内经营者遵守执行的作用，发挥好政府与经营者之间桥梁的作用。

除此之外，行业协会还应当对于政府执法部门的行为、社会情形进行监督。

（2）行业协会建议行为。行业协会和相关组织对于政府指导价、政府定价、价格干预措施、价格紧急措施以及其他法定价格措施有权提出调整建议。

政府的行政行为分为柔性行政行为和一般行政行为。柔性行政行为一般是指导性的、建议性的，例如行政指导行为、行政合同行为等，本身并不具有强制力。柔性行政行为对社会管控力度较低，一旦发生错误，其可能造成的损失相比于一般行政行为也要更低。但一般行政行为则不同，其带有传统行政行为的强制性，因此一旦发生错误偏差，则可能造成较大损失，甚至是不可挽回的损失。基于这一点考虑，对于一般行政行为尤其应该要提醒行业协会等组织加以关注，加强对政府一般行政行为的监督，或者说对一般行政行为的关注和监督力度应该要高于对柔性行政行为的关注和监督力度。

政府的法定价格措施大多具有行政强制性，从理论上来看，很多法定价格措施都不属于柔性行政行为。故特别单列出政府的法定价格措施，重点在于提醒行业协会等组织关注政府采取的政府指导价、政府定价、价格干预措施、价格紧急措施，以及其他法定价格措施，尤其是政府定价、价格干预措施、价格紧急措施这三种一般行政行为。

同时，在目前简政放权的政策背景下，对于政府此项权力，应当赋予行业组织、消费者、经营者等其他组织和个人提出调整建议的权利，以保护相关人的权利，防止权力被不适当地利用，避免产生负效应。此项调整建议权，可以对政府起到一定的提醒作用，同时也有利于行政相对人、相关人更好地理解政府措施的缘由，促进社会和谐。

（3）行业协会自律行为。行业协会和相关组织应当遵守价格法律法规等相关规定，接受价格主管部门的工作指导。行业协会与价格协会应就价格自律和价格协调进行合作。

行业协会是一个自律组织，但是自律组织的自律活动并不是完全自由放任，任由组织内成员为所欲为的，这样的自治自律等同于没有任何自治自律。所以行业协会的自治活动必须要依据一定的市场规律和法律法规。

在行业协会进行价格自律和价格协调中，这种自治的依据就表现在两个方面。其一，必须要依据市场经济的运行规律，根据供需关系来进行价格协调和价格自律。这是所有行为的根本准则。在我国今天的市场经济背景下，有效的调控都要符合市场规律，否则调控只会加剧经济秩序的混乱，带来更大的问题。其二，要依法接受政府相关部门的指导。这是因为，首先，行业组织的价格自律是协助政府进行价格调控的一种手段，是需要在我国宏观调控的总体政策布局下进行的，因此行业协会的价格自律需要接受政府的指导，配合政府宏观调控政策的落实；其次，我国目前的行业协会发展时间较短，发展水平有限，因此从现阶段政府的指导对于提高行业协会的运行水平和协调效率来看，是具有积极意义的。

（4）行业协会行为限制。

第一，行为限制的基本理由。行业协会和相关组织不得有以下行为：制定排除或者限制价格竞争的规则、决定等；通过会议、通知等形式，组织经营者形成价格垄断协议或者价格联盟；组织本行业的经营者相互串通、操纵市场价格或者推动商品价格过快、过高上涨；借助社会影响，迫使管理对象接受商品或者服务；其他违反价格法律、法规和规章规定的行为。

但以下情形除外：政策性行业协会的价格调整行为；出口型行业协会为了保护出口贸易利益而实施的价格行为；保险业协会、银行业协会等特殊行业协会的价格行为在经济不景气而导致商品市场价格低于生产平均成本，为适应市场环境而限制销售数量、协商确定价格的经过价格主管部门批准的行为以及其他有利于整体经济与公共利益的经过价格主管部门批准的行为；行业协会和相关组织的其他合法价格协调和价格自律行为。

对行业协会、组织应当作禁止性规定，以防止行业协会滥用权利、推动价格上涨、形成价格垄断等。行业协会实行价格垄断具有天然的优势。与一般的经营者价格合谋相比，行业协会价格垄断具有参与广泛、行为隐蔽、执行高效、结构稳定等特点，因此对市场竞争的危害也最大。从发达国家反垄断执法实践来看，行业协会无疑是价格垄断的主角，是各国反垄断执法重点关注的领域。相比发达国家，我国对行业协会限制竞争的立法相对滞后，执法经验也较为缺乏。随着我国市场经济体制的不断完善，市场对良好竞争环境的需求将更加迫切。不断丰富的反垄断需求与滞后的立法以及相对匮乏的执法实践之间的矛盾将成为今后一段时期规制行业协会价格垄断工作的主要矛盾。如何充分发挥我国行业协会价格垄断执法的后发优势，在缺乏详细立法指导和丰富经验指引的情况下更好地开展反行业协会价格垄断,应当是当前反垄断执法的重要内容。

第二,明晰行业协会的职能与作用。

首先,发挥行业协会的职能与作用。行业协会应当遵守价格法律、法规和规章,加强行业价格自律,引导本行业的经营者依法竞争,维护市场价格秩序。《价格法》第 17 条规定,行业组织应当遵守价格法律法规,加强价格自律,接受政府价格主管部门的工作指导。

其次,规范行业协会的行为。一方面,行业协会应当遵守价格法律法规,加强价格自律,并对查处价格违法行为给予配合。另一方面,应当对行业协会的不法行为加以杜绝。行业协会不得有下列行为:制定排除、限制价格竞争的规则、决定、通知等;组织经营者达成价格垄断协议,或者建立价格垄断联盟;组织经营者相互串通,操纵市场价格的其他行为等。

第三,健全行业协会参与的价格听证制度。虽然我国《价格法》规定了价格听证制度,但其规定的价格听证只是局限在某些重要的政府指导价、政府定价领域。《价格法》第 23 条规定:"制定关系群众切身利益的公用事业价格、公益性服务价格、自然垄断经营的商品价格等政府指导价、政府定价,应当建立听证会制度,由政府价格主管部门主持,征求消费者、经营者和有关方面的意见,论证其必要性、可行性。"行业协会参与价格听证是可行的,更是法律规定的需要。笔者认为,为完善价格听证制度,应充分发挥行业协会的作用。行业协会除按照要求自身参与价格听证外,还应积极推动消费者、经营者、专家、学者等多方主体参与价格听证,以健全我国的价格听证制度。

第四，完善价格争议协调处理机制。当市场价格违法行为发生时，通常不可避免地会发生争议，为解决价格争议，减轻市场价格违法行为的危害后果，也为惩治与防范市场价格违法行为，应建立价格争议协调处理机制。目前，我国《价格法》对此没有相关规定，不过我国一些地方价格立法经验值得借鉴。

虽然目前我国价格争议协调处理机制突出的是政府价格主管部门的职责与作用，但以后的机制构建中，可充分发挥行业组织的争议协调处理作用。应在以后的立法中规定，行业协会和价格协会有权依法对行业内经营者的价格行为进行引导、监督、协调，对经营者影响市场竞争秩序的价格行为提出纠正意见和建议，督促经营者遵守价格法律法规。还应在以后的立法中规定，具备条件的行业协会在其成员整体利润受到损害时，可以提起停止侵害之诉，可以代表行业经营者参与反垄断、反倾销的申诉和应诉。具备条件的行业协会可以对反垄断、反倾销执法机构进行的反垄断、反倾销调查提出意见或建议。此处所称具备条件是指，章程中有明确规定行业协会可以接受委托代表行业经营者进行相关起诉、申诉、应诉，并能代表行业内大多数经营者的意见，拥有相应的财务条件。

第五，完善社会监督机制。

首先，加强对消费者的宣传教育。加强对广大消费者进行价格法律法规宣传力度。教育消费者在消费时要提高安全消费意识，尤其有关商家在促销活动期间要提高自我保护意识，逐步培养理性消费的观念，在购物时，要了解价格信息是否真实，防范与抵制各种市场价格违法行为。

其次，完善对价格违法行为的举报制度。《价格法》第38条规定："政府价格主管部门应当建立对价格违法行为的举报制度。任何单位和个人均有权对价格违法行为进行举报。政府价格主管部门应当对举报者给予鼓励,并负责为举报者保密。"

再次,加强新闻媒体宣传作用。通过新闻媒体加大宣传和对典型案例进行曝光。将市场价格违法行为的表现公布于众,把违法者置于强大的舆论监督之下,督促市场主体自觉规范价格行为,参与市场公平、公正、公开竞争。通过加强新闻媒体的宣传作用,以推动市场主体自觉抵制市场价格违法行为。《价格违法行为举报处理规定》第 17 条规定:"对社会影响大的价格举报典型案例,价格主管部门可以向社会公布。"

复次,内部价格监督。内部价格监督也是十分重要的。《河南省价格监督检查条例》(2010 年修改)第 12 条规定:"行业主管部门、有关行政主管部门、行业协会、企事业单位应当按照下列要求做好本行业、本系统、本单位的内部价格监督工作:①组织本行业、本系统、本单位的价格自查,发现价格违法行为及时纠正;②建立健全价格台帐和定价、调价等内部的价格管理制度;③协助价格监督检查机构调查处理价格违法案件;④在管理权限范围内对价格违法的责任人员进行处理。"

又次,监督服务点与价格监督员制度。监督服务点与价格监督员制度都是我国价格实践已证明值得推广的制度。《苏州市市场价格行为监督管理办法》第 6 条规定,镇、街道价格监督服务站和村、社区价格监督服务点接受市、县级市(区)政府价格主管部门指导,开展价格政策宣传、信息沟通、市场巡查和争议调解等市场价格行为监督服务工作。

最后,塑造广泛的社会监督体系与平台。行业组织、消费者组织、职工价格监督组织、居民委员会、村民委员会等组织和个人,均有权对市场价格行为进行社会监督。《价格法》第

37 条规定，消费者组织、职工价格监督组织、居民委员会、村民委员会等组织以及消费者，有权对价格行为进行社会监督。政府价格主管部门应当充分发挥群众的价格监督作用。新闻单位有权进行价格舆论监督。自 2013 年 1 月 1 日起施行的《青海省价格监督检查办法》（青海省人民政府令第 91 号）第 32 条第 1 款规定，行业组织、消费者组织、职工价格监督组织、村（居、牧）民委员会等组织和个人，有权对价格行为进行监督。自 2009 年 10 月 1 日起施行的《甘肃省价格监督检查试行办法》（后于 2015 年进行修改，并更名为《甘肃省价格监督检查办法》）第 6 条规定，价格主管部门可以邀请人大代表、政协委员和群众团体代表参加价格监督检查活动。价格主管部门可以聘请社会有关人士担任价格执法监督员，对价格监督检查活动进行监督。第 7 条规定，消费者组织、职工价格监督组织、居民委员会、村民委员会等组织以及消费者，有权对价格行为进行社会监督。价格主管部门应当充分发挥群众的价格监督作用。自 2011 年 5 月 1 日起施行的《安徽省价格条例》第 36 条规定，县级以上人民政府应当建立、健全价格监督机制，完善以行政监督为主体，行业监督、舆论监督、消费者监督等参与的价格监督体系。上述内容皆证明了依靠全社会各方面的监督力量，形成各方面共同监督的网络平台格局的重要性。

3. 政府的监管方式

（1）完善价格行政执法方式。

第一，完善提醒告诫的方式。

首先，适用情形。一般来说，有下列情形之一的，价格主管部门应当对相关经营者、行业组织发布价格信息提示或警示，优先采取公告、会议、书面、约谈等方式，提醒告诫相关经营者、行业组织等应当履行的价格义务和可能承担的法律责任：重要商品和服务价格显著上涨或者有可能显著上涨时；市场价格总水平剧烈波动等异常状态时；价格举报问题集中或者呈上升趋势时；出现社会反映强烈的价格、收费问题时；价格、收费政策出台或者变动时；季节性、周期性价格或者收费行为发生时；节假日或者重大活动期间；价格主管部门认为有必要提醒告诫的其他情形。简言之，价格提醒告诫往往只是在重要商品和服务价格显著上涨或者有可能显著上涨等特殊情形下，价格主管部门采取约谈等方式，提醒告诫相关经营者、行业组织等应当履行的价格义务和可能承担的法律责任。其他国家在价格监督检查中也设置有类似的措施，比如在美国，主管价格监督检查的联邦委员会认为某企业有违反法规的情况发生时，应首先同该企业约谈，并签署一份协议书，以获得企业的合作，否则联邦委员会可以进行调查，并代表消费者起诉该企业，可见它被当作司法诉讼的前置程序。由于该措施极具弹性又极其温和的特色，适合行政机关在企业采取实质性的价格上涨行为之前加以防治，既能有效及时遏制价格上涨可能带来的社会动荡等不良影响，又能避免如果利用法律规制涨价行为可能会带来的对企业自由定价权的侵害等威胁市场经济的后果。在实践中提醒告诫方式得到了不错的执法效果，是一种较为有效的干预手段。

其次，完善告诫的方式经过实践，提醒告诫的效果在我国已取得了不错的效果，并被纳入立法之中，值得推广与借鉴。例如，2013 年 6 月 4 日经苏州市政府第 13 次常务会议讨论通过，自 2013 年 8 月 1 日起施行的《苏州市市场价格行为监督管理办法》第 21 条规定："有下列情形的，政府价格主管部门可以采取建议、提示、引导、劝勉、告诫、约谈、警示等方式指导经营者规范价格行为：①市场价格总水平、重要商品或者服务价格发生或者有可能发生异常波动的；②集中出现或者有可能集中出现价格问题的；③发现经营者价格行为不规范、不合理，但尚未构成价格违法行为的；④发现经营者有轻微价格违法行为，但依法可以不予行政处罚的；⑤政府价格主管部门认为有必要指导经营者规范价格行为的。"

总之，我国有必要扩展提醒告诫的方式，规定提示或警示可采取建议、提示、引导、劝勉、告诫、约谈、警示、书面通知等方式。

第二，教育与惩处相结合，尝试拓展宽恕制度。对初次违法情节轻微者采取较轻的处罚或者不处罚，以加强教育为目的；对再次违法者，要加大处理力度，保证对违法者产生足够的震慑力；对屡次处罚后再犯者和违法情节严重、手段和态度恶劣者，不能采取一般的教育惩戒性处罚，而应实施"排除法"处罚，即通过各种有效的法律和经济处罚措施，坚决将这些严重危害社会经济秩序分子，排除到市场运行之外。如建议工商部门吊销其营业执照，在新闻媒体、行业内部进行曝光等，坚决清理出市场之外，维护市场公平竞争。实践中，我国一些地方的做法就比较好。对于第一次违反明码标价规定的经营者以教育为主，不做经济处罚，再次出现犯规行为时按照《价格法》和明码标价的有关规定予以处罚，同时结合实际情况合理设定处罚界限，缩小处罚幅度，增强价格处罚的刚性，杜绝执法的随意性。《行政处罚法》第 5 条中规定了实施行政处罚，纠正违法行为，应当坚持处罚与教育相结合。处罚不是目的，而是为了教育违法者，纠正违法行为，消除违法后果。价格监督检查应走出以往那种"为罚而罚，以罚代管"的误区。市场价格违法行为执法可将反价格垄断执法中的宽恕制度拓展开来，加大其应用范围，规定参与市场价格违法行为的经营者主动向价格主管部门报告有关情况并提供重要证据的，价格主管部门可酌情减轻或免除对该经营者的处罚。宽恕制度除符合处罚与教育相结合之原则外，还有其特殊的作用。如针对由多个经营者共同实施的市场价格违法行为，如果在相关市场中没有较大的市场份额，但多个经营者联合确定市场价格，可以采取宽恕制度，从中获取证据，瓦解市场价格违法行为。

（2）政府建立价格信用档案行为。价格主管部门应当建立经营者价格信用档案，向社会公众免费提供经营者信用资料查询，引导经营者诚信自律。

第一，推进价格信用体系建设。经营者价格诚信建设是社会信用体系建设的重要组成部分，是加强市场价格监管的重要方式。应积极推进经营者价格诚信建设，努力规范市场价格秩序，促进经济社会协调健康发展。

首先，提高诚信法律意识。对市场价格违法行为的打击与防范离不开诚信法律意识的培育，可借鉴我国地方价格立法的良好经验。

其次，建立并逐步完善经营者价格诚信信息记录公布制度。应建立信息采集制度，连续、完整、准确地从正反两方面收集、整理、记录经营者的价格行为信息。着手建立经营者价格诚信档案，检查一个单位，建立一个档案，把经常出现价格违法行为或价格违法行为情节严重者列入特殊档案，重点监管。其一，建立价格诚信信息公布制度，在国家法律法规允许的范围内向社会公布经营者价格诚信信息。我国苏州地区已做出了很好的立法尝试。自 2013 年 8 月 1 日起施行的《苏州市市场价格行为

监督管理办法》第 20 条规定，政府价格主管部门应当推进价格
信用体系建设，建立健全经营者价格信用档案，依法公开经营
者价格信用信息。其二，完善违法信息公告制度。为有力地打
击市场价格违法行为，应继续坚持违法信息公告制度。

最后，进一步加大经营者价格诚信宣传力度。通过新闻媒
介、组织培训等多种途径和方式，深入持久地开展经营者价格
诚信宣传教育活动，表扬诚信单位，曝光失信单位，不断提高
经营者的诚实守信意识，努力形成价格诚信光荣、失信可耻的
共识，将价格主管部门推动的价格诚信活动逐步转变为经营者
的自觉行动。

第二，建立价格信用档案。加强价格诚信建设，是价格主
管部门加强价格监督管理的一项重要内容。在社会主义市场经
济体制中，经营者既享有广泛的价格决策权，也要遵循公平、
合法和诚实信用的行为准则。目前有一些经营者在价格活动中，
搞价格欺诈、以次充好、掺杂使假，以及不履行已承诺的价格
义务等，这些都是违反了诚实信用定价原则的行为。对经营者
不诚实信用的价格行为，价格主管部门除了对经营者给予必要
的行政处罚，加以惩处外，更重要的是，要引导经营者树立诚
信自律意识，并在全社会营造讲诚信、守法经营的良好经营氛
围。价格主管部门通过建立经营者价格诚信档案，免费向社会
公众提供资料查询，公布经营者价格诚信状况，一方面可以引
导经营者诚信自律，另一方面还可以为消费者和其他经营者在
经济活动中免受不诚信的侵害提供帮助。

（六）价格违法行为的法律责任

为了提高法律责任的实用性，即以法条规定的内容就可以
判断经营者不正当价格行为，以及政府、行业协会等主体不正

当行为的法律责任与处罚，法律责任制度应当就以下问题进行规定：其一，处罚主体与处罚权限；其二，处罚管辖权；其三，行为竞合；其四，处罚的一般规则；其五，处罚的具体情况。

1. 处罚主体与处罚权限

应当规定，除特别规定的以外，县级以上各级人民政府价格主管部门依据《价格法》、国务院相关法规的授权对市场价格违法行为进行行政处罚。

2. 处罚管辖权

市场价格违法行为的行政处罚由行为发生地的地方人民政府价格主管部门决定；国务院价格主管部门规定由其上级价格主管部门决定的，从其规定。价格违法行为有多个发生地的，由发生地的地方人民政府价格主管部门分别处理。网络商品交易领域的价格违法行为处罚，由网络交易平台提供者所在地的地方人民政府价格主管部门决定。无法识别价格违法行为发生地的，由价格违法行为实施者所在地地方人民政府价格主管部门处理。

3. 行为竞合

经营者的市场价格违法行为如果同时违反其他法律法规的禁止性规范，价格主管部门依照法律规定分别认定经营者行为的法律性质，但不得要求经营者承担"一事两罚"的行政责任。市场价格违法行为严重扰乱市场秩序，构成犯罪的，依法追究刑事责任。

4. 处罚的一般规则

对经营者的市场价格违法行为，价格主管部门应当责令经营者停止违法行为，并可以根据行为不同给予下列行政处罚：

①公告市场价格违法行为；②存在违法所得的，责令返还违法所得，不能退还或者不宜退还的予以没收，并处违法所得额 5 倍以下罚款；③违法所得额难以计算的，根据法律法规的规定处以不同标准的处罚；④情节严重的，责令停业整顿或者提请工商行政管理部门吊销营业执照。

5. 处罚的具体情况

（1）经营者的法律责任。

第一，不明码标价的法律责任。经营者违反明码标价义务，有下列行为之一的，价格主管部门应当责令其改正，并处 5000 元以下的罚款。如果有违法所得的，责令返还违法所得；没有违法所得的，对其不正当价格行为予以公告：①不标明价格的；②不按照规定的内容和方式明码标价的；③在标价之外加价出售商品或者收取未标明的费用的；④违反明码标价义务的其他行为。网络交易平台提供者应当监督该平台的销售者或者服务者遵守明码标价义务。如果平台提供者违反该监督义务，价格主管部门应当责令其加以改正，并处 5000 元以下的罚款。

第二，价格欺诈的法律责任。经营者有本条例第 X 条规定的价格欺诈行为的，价格主管部门应当责令其停止欺诈行为，返还违法所得，并处违法所得额 5 倍以下罚款；违法所得难以计算的，处 5 万元以上 50 万元以下的罚款；没有违法所得的，对其市场价格违法行为予以公告。情节严重的，责令停业整顿，或者由工商行政管理机关吊销营业执照。前款规定的经营者是自然人的，对其违法所得额难以计算的市场价格违法行为，可以处 10 万元以下的罚款。

第三，变相提价或压价的法律责任。经营者有本条例第 X 条规定的变相提高或者压低价格行为的，价格主管部门应当责令停止其行为，返还违法所得，并处违法所得额 5 倍以下罚款；违法所得额难以计算的，处 2 万元以上 20 万元以下的罚款；没有违法所得的，对其市场价格违法行为予以公告。情节严重的，责令停业整顿，或者由工商行政管理机关吊销营业执照。前款规定的经营者是自然人的，对其违法所得额难以计算的市场价格违法行为，可以处 10 万元以下的罚款。

第四，虚假信息行为的法律责任。经营者、行业协会、提供交易平台的第三方运营商有本条例第 X 条规定的虚假信息行为的，价格主管部门应当予以公告，直到经营者、行业协会、提供交易平台的第三方运营商停止其行为。经营者、行业协会以捏造、散布虚假价格信息为手段实施其他类型市场价格违法行为的，应当按照相关规定根据其所造成的后果确定法律责任。

第五，哄抬价格的法律责任。经营者有本条例第 X 条规定的哄抬价格行为的，价格主管部门应当责令停止其行为，返还违法所得，并处违法所得额 5 倍以下罚款；违法所得额难以计算的，处 5 万元以上 300 万元以下的罚款；没有违法所得的，对其市场价格违法行为予以公告。情节严重的，责令停业整顿，或者由工商行政管理机关吊销营业执照。前款规定的经营者是自然人的，对其违法所得额难以计算的市场价格违法行为，可以处 10 万元以下的罚款。行业协会有前款规定的违法行为的，可以处 50 万元以下的罚款；情节严重的，社会团体登记管理机关可以依法撤销登记。

第六，强迫交易行为的法律责任。经营者有本条例第 X 条规定的强迫交易行为的，价格主管部门应当责令停止其行为，返还违法所得，并处违法所得额 5 倍以下罚款；违法所得额难以计算的，处 10 万元以上 500 万元以下的罚款；没有违法所得的，对其市场价格违法行为予以公告。情节严重的，责令停业整顿，或者由工商行政管理机关吊销营业执照。前款规定的经营者是自然人的，对其违法所得额难以计算的市场价格违法行为，可以处 20 万元以下的罚款。行业协会有前款规定的违法行为的，可以处 100 万元以下的罚款；情节严重的，社会团体登记管理机关可以依法撤销登记。

第七，价格歧视行为的法律责任。经营者有本条例第 X 条规定的价格歧视行为的，价格主管部门应当责令停止其行为，返还违法所得，并处违法所得额 5 倍以下罚款；违法所得额难以计算的，处 10 万元以上 100 万元以下的罚款；没有违法所得的，对其市场价格违法行为予以公告。情节严重的，责令停业整顿，或者由工商行政管理机关吊销营业执照。前款规定的经营者是自然人的，对其违法所得额难以计算的市场价格违法行为，可以处 20 万元以下的罚款。

第八，价格串通行为的法律责任。经营者有本条例第 X 条规定的价格串通行为的，价格主管部门应当责令停止其行为，返还违法所得，并处违法所得额 5 倍以下罚款；违法所得额难以计算的，处 10 万元以上 100 万元以下的罚款；没有违法所得的，对其市场价格违法行为予以公告。情节严重的，责令停业整顿，或者由工商行政管理机关吊销营业执照。前款规定的经营者是自然人的，对其违法所得额难以计算的市场价格违法行为，可以处 10 万元以下的罚款。行业协会有前款规定的违法行为的，可以处 50 万元以下的罚款；情节严重的，社会团体登记管理机关可以依法撤销登记。

第九，低于成本价格倾销行为的法律责任。经营者有本条例第 X 条规定的低于成本价格倾销行为的，价格主管部门应当处低于成本价销售商品总额 5 倍以下的罚款；低于成本价销售商品总额难以计算的，处 10 万元以上 100 万元以下的罚款。

第十，牟取暴利行为的法律责任。经营者有本条例第 X 条规定的牟取暴利行为的，价格主管部门应当责令停止其行为，返还违法所得，并处违法所得额 5 倍以下罚款；违法所得额难以计算的，处 10 万元以上 100 万元以下的罚款；没有违法所得的，对其市场价格违法行为予以公告。情节严重的，责令停业整顿，或者由工商行政管理机关吊销营业执照。前款规定的经营者是自然人的，对其违法所得额难以计算的市场价格违法行为，可以处 20 万元以下的罚款。

第十一，违反配合监督检查义务的法律责任。经营者应当配合价格监管部门进行价格监督检查。经营者拒绝提供价格监督检查所需资料或者提供虚假资料的，价格监管部门给予警告，并责令其在合理期限内改正；逾期不改正的，可以处 5 万元以下的罚款，对直接负责的主管人员和其他直接责任人员给予纪律处分。经营者通过其他方式阻挠物价检查的，由公安机关依照《治安管理处罚法》的规定予以处罚，情节严重构成犯罪的，由司法机关依法追究刑事责任。

第十二，违反承担罚则义务的法律责任。经营者应当在合理期限内返还违法所得，并缴纳罚款。逾期不缴纳罚款的，每日按罚款数额的 0.2% 加处罚款；逾期不返还违法所得的，每日按违法所得数额的 0.3% 加倍返还。

（2）行业组织的法律责任。行业组织实施的上述不正当市场价格行为，对行业组织实施与经营者相同的处罚金额，情节严重的，对行业协会或者其他单位可以请求社会团体登记管理机关依法撤销其登记。

（3）政府的责任。

第一，地方各级人民政府或者各级人民政府有关部门的责任。地方各级人民政府或者各级人民政府有关部门违反规定，超越《价格法》和相关法律法规授权或者无权擅自制定、调整价格或者不执行法定的价格干预措施、紧急措施的，或者违反本条例规定的义务的，或者有下列行为之一的，由上一级人民政府或者本级人民政府责令改正，并可以通报批评；对直接负责的主管人员和其他直接责任人员，依法给予行政处分：①对价格违法行为不依法处理的；②对价格举报事项拖延、推诿或者不依法办理的；③泄露国家秘密、商业秘密和个人隐私，将依法取得的价格检查资料用于价格监督检查以外的；④在价格监督检查工作中索取、收受财物或其他不当利益的；⑤违反监督检查职责的其他行为。

第二，价格工作人员责任。价格执法人员泄露国家秘密、经营者的商业秘密或者滥用职权、玩忽职守、徇私舞弊，构成犯罪的，依法追究刑事责任；尚不构成犯罪的，依法给予处分。价格执法人员有其他侵害经营者、行业协会或者政府利益行为的，应当依法追究其法律责任。

三、政府定价行为的机制化

价格信号是市场机制最基本最敏感的表现，价格机制是最能反映市场机制作用的机制。价格的形成有多少是政府行为？有多少是按市场供求关系自动生成？这涉及市场在资源配置中发挥什么样的作用问题。

市场对商品价格形成机制的作用并非万能，我国目前正处在经济转型期，并非讨论要不要政府定价的问题，而是如何更好地规范政府定价、政府如何实现精准定价的问题。在党的十八届三中全会提出"使市场在资源配置中起决定性作用，完善主要由市场决定价格的机制"的基础上，2015 年 10 月，中共中央、国务院发布了《关于推进价格机制改革的若干意见》（中发〔2015〕28 号，以下简称《意见》）。这使得国家发展改革委 2006 年发布的《政府制定价格行为规则》已经难以适应政府深化改革的要求，修订《政府制定价格行为规则》（以下简称《规则》）刻不容缓。

国家发展改革委于 2017 年 9 月 18 日正式向公众发布新修订的《规则》，并于 2018 年 1 月 1 日起正式施行。该规则共 5 章、36 条，包括总则、制定价格的程序、公众参与和信息公开、监督机制与法律责任等内容，涉及修改 21 条，保留 7 条，新增 8 条。《规则》的修订发布是进一步推进政府依法定价的重要标志，是落实政府"放管服"要求在市场价格领域的具体体现，是国家治理遵循市场经济内在规律的深刻阐释。

政府定价作为《价格法》所规定的三种价格形成方式之一，其涉及的商品和服务关乎民众的切身利益，政府定价机制一直为各界所关注。新《规则》主要具有以下三个特点：

第一，政府定价范围明确。政府定价机制既要明确可由政府定价的商品范围，还要明确政府定价的权限范围。《意见》中提到"政府定价范围主要限定在重要公用事业、公益性服务、网络型自然垄断环节"，明晰了政府定价的范围，这一点被完整地表述在《规则》中。国家发展改革委主动进一步缩小制定价格的商品范围，是在更加充分地把握市场经济规律的基础上，认识到价格机制有其内在原理，对于应该由市场调节的、市场自身可以调节好的商品价格不再需要由政府干预定价。价格水平常常受到人口规模、经济发展状况等不同区域性因素影响，部分商品定价权限可以下放至市、县一级，但是要有严格的程序和范围的约束。此次《规则》中专门就授权市、县一级制定价格的行为规范做出规定，进一步明确政府定价的权限范围。

第二，政府定价过程透明。政府定价过程包括事前、事中和事后各个环节。政府定价的透明度主要体现在事前的充分调查，事中的公众参与和事后的社会监督。政府定价时进行充分事前调查，了解认识该商品价格的公众敏感度，对于更好地发挥价格调控职能非常必要。《规则》中还增加了有关于合法性审查、风险评估等重要内容，强化成本监审、集体审议程序和成本信息公开。这将使得定价机制更为合理，更具有可行性。定价机关在定价过程中最大限度地使社会公众参与其中十分必要。定价机关在定价时加强公众参与，一方面有助于对政府定价行为进行监督，另一方面有利于及时了解公众对价格调整的反馈情况。加强公众参与还有助于公众了解和接触定价依据，提高定价结果的公信力，使得具体的政府定价机制能够更快、更容易地为市场所接受。《规则》中明确完善制定价格建议的提出方式，扩大建议人范围；丰富听取社会意见的形式等充分体现了进一步强化公众参与决策。政府定价行为终究要接受社会监督，经得起实践检验。落实阳光定价是使定价机制更加科学、定价行为更为精准的重要保证。《规则》强调，政府制定价格应当接受社会监督，单位和个人可以对制定价格中的违法违规行为进行举报监督。《规则》为落实定价行为的社会监督制定了较好的制度框架。接下来应注重通过实践中的具体案例强化价格部门的法律责任意识。

第三，政府定价方法科学。价格水平的每一个微小变动都会对市场产生蝴蝶效应的放大作用，这便要求定价机制中的每一个参数背后都有科学的数据和理论研究做支撑，需要有丰富的市场经验和商业判断。政府定价的科学性以扎实的决策依据为前提。《规则》中特别提到，除依据社会平均成本、市场供求状况等因素制定价格外，制定价格可以参考联系紧密的替代商品或服务价格，强化对垄断行业的约束；明确规定网络型自然垄断环节价格应按照"准许成本加合理收益"的原则制定。运用成本收益分析法等经济学理论科学定价，通过丰富定价机制决策依据的具体内容，充分说明了定价行为科学化水平的不断提升。定价机关也应注意到价格制定过程中的专业性，通过政府购买第三方服务的方式提高定价行为的科学性，这在《规则》中均有所体现。价格主管部门还应当注意对定价机制形成的反馈数据的收集和分析，进而不断提高自身科学定价水平。

新《规则》为政府定价机制的完善指明了具体方向。在《规则》正式施行之后，中央和地方各级价格主管部门在形成政府定价的过程中，应当严格按照《规则》的规定，使政府定价行为符合透明化、科学化的要求，摒弃拍脑袋式的定价方式，实现政府定价行为的机制化、常态化，形成稳定的政府定价机制。定价机制的稳定性体现在定价机制中包含反馈的机制和动态调整机制。反馈机制具体是指在价格机制形成之后价格主管部门及时监测和掌握价格水平变动对市场主体的影响，分析影响结果是否符合调整预期。在此基础之上其对价格机制实现动态调整。动态调整机制要求各级价格主管部门应当在定价实践中，对于各种进行政府定价的商品或者服务逐渐确定较为科学稳定的决策依据来源，形成一套相对稳定的定价机制。

《规则》中强调制定价格的依据发生重大变化时应当适时调

整价格。然而稳定和成熟的定价机制仍需要在不断的实践中逐步调整完善,例如目前运行较为成熟的成品油定价机制,就是通过不断的动态调整实现价格机制的科学化。

此外,在形成稳定的定价机制的同时,定价机关还应当使定价行为更加精细化。新《规则》虽然增加了不少提高科学定价的决策依据类型及具体科学方法,但针对不同商品和服务在不同区域具体选取的依据种类及所占权重可能各有不同,这就需要各地定价机关在实践的过程中不断总结经验,调整定价模型,使价格形成机制中每一个环节的操作更为具体精细,更具有操作性,实现精准定价。推动价格形成机制的精细化,有赖于具体定价机关不断积累的实践经验。减少直接制定价格水平,通过制定定价机制推动价格调整的机制化,提高定价机制的严肃性、规范化,是现代政府治理水平提升的重要体现。此次《规则》的修订就是旨在着力提高价格调整机制制定的透明度和科学性、实现价格调整的机制化。《规则》中提到的各种科学方法和手段都比较符合现代政府对市场经济进行合理干预和调控的要求。各级价格主管部门应当在实际操作中不断掌握这些科学手段,更好地运用和完善科学定价方法。在充分发挥市场在资源配置中起决定性作用的基础上,更好地发挥政府的调控作用,使得政府制定的定价机制形成较为科学稳定的价格水平,基本符合政府调控商品价格的基本目标,实现精准定价。

产权保护前沿问题研究

一、产权保护的基本制度

(一) 中国产权保护的历程

1949 年《中国人民政治协商会议共同纲领》第 3 条规定了对财产权的保护:"保护国家的公共财产和合作社的财产,保护工人、农民、小资产阶级和民族资产阶级的经济利益及其私有财产"。1954 年《宪法》在明确对各类所有制的财产(即国家所有制、合作社所有制、个体劳动者所有制、资本家所有制)予以宪法保护的同时,确认了国营经济"是国民经济中的领导力量和国家实现社会主义改造的物质基础。国家保证优先发展国营经济",并宣布"中华人民共和国的公共财产神圣不可侵犯"。1954 年《宪法》还规定了行使私有财产权的限制及财产征用制度,即国家禁止任何人利用私有财产破坏公共利益;"国家为了公共利益的需要,可以依照法律规定的条件,对城乡土地和其他生产资料实行征购、征用或者收归国有"。1975 年《宪法》和 1978 年《宪法》都是在非常时期制定的。在公民私有财产权的宪法保护方面,其不仅低于公有财产的保障力度,而且彻底否定了公民对生产资料的所有权。两部宪法在第 8 条规定了"社会主义的公共财产不可侵犯"，在第 9 条规定了国家保护公民的劳动/合法收入、储蓄、房屋和各种生活资料的所有权。

1982 年，我国正处于改革开放的初期阶段，政治、经济、文化等各方面都开始了社会转型，因此，这部宪法无论是在形式上，还是在内容上，都显现出深刻的历史烙印。具体到财产权的宪法保护方面，1982 年《宪法》在规定"社会主义的公共财产神圣不可侵犯"的同时，规定"国家保护公民的合法的收入、储蓄、房屋和其他合法财产的所有权"。1993 年召开的十四届三中全会通过《中共中央关于建立社会主义市场经济体制若干问题的决定》，确定了社会主义市场经济体制的基本框架。决定提出：坚持以公有制为主体、多种经济成分共同发展的方针。1993 年《宪法修正案》确认"国家实行社会主义市场经济"。社会主义市场经济确立，为私有财产权的发展提供了制度支持。1997 年中共十五大在总结改革开放以来的历史经验的基础上，提出了社会主义初级阶段的基本纲领，其指出："非公有制经济是我国社会主义市场经济的重要组成部分。对个体、私营等非公有制经济要继续鼓励、引导"。1999 年《宪法修正案》将"中华人民共和国实行依法治国，建设社会主义法治国家"写入宪法，同时确认"在法律规定范围内的个体经济、私营经济等非公有制经济，是社会主义市场经济的重要组成部分"。

2003 年 10 月召开的党的十六届三中全会根据新世纪新阶段中国改革开放和现代化建设的要求，对促进非公有制经济发展做出了重大部署。提出要"大力发展非公有制经济"，"鼓励有条件的非公有制企业做强做大"。其指出："个体、私营等非公有制经济是促进我国社会生产力发展的重要力量。"2004 年《宪法修正案》明确提出"公民的合法的私有财产不受侵犯";2007 年 3 月 16 日,《物权法》在历经 13 年的酝酿和广泛讨论之后,最终通过。2007 年 10 月,党的十七大报告再次肯定了非公有制经济的地位。十七大报告指出:"坚持和完善公有制为主体、多种所有制经济共同发展的基本经济制度,毫不动摇地巩固和发展公有制经济,毫不动摇地鼓励、支持、引导非公有制经济发展,坚持平等保护物权,形成各种所有制经济平等竞争、相互促进新格局。"2013 年 11 月,党的十八届三中全会,进一步深化产权平等保护的思想,会议指出,公有制经济财产权不可侵犯,非公有制经济财产权同样不可侵犯;国家保护各种所有制经济产权和合法利益,坚持权利平等、机会平等、规则平等。2014 年 10 月,党的十八届四中全会进一步明确,要健全以公平为核心原则的产权保护制度,加强对各种所有制经济组织和自然人财产权的保护,加强对国有、集体资产所有权、经营权和各类企业法人财产权的保护。健全产权保护制度,将有利于形成主体平等的市场竞争秩序。

2016 年 11 月 4 日,中共中央、国务院发布的《关于完善产权保护制度依法保护产权的意见》是我国首次以中央名义出台产权保护的顶层制度设计。其指出"产权制度是社会主义市场经济的基石,保护产权是坚持社会主义基本经济制度的必然要求。有恒产者有恒心,经济主体财产权的有效保障和实现是经济社会持续健康发展的基础"。

(二)中国产权制度法律体系

以宪法为统领;公法层面限制政府权力对产权造成侵害;《行政许可法》《行政强制法》《国有土地上房屋征收与补偿条

例》；私法层面以物权法为核心，全面保护各类产权：《物权法》《企业国有资产法》《矿产资源法》《草原法》《森林法》等。

二、中国产权保护的现实问题

（一）中小企业发展的现状

2011 年上半年，工业和信息化部、国家统计局、国家发展改革委、财政部联合制定了《中小企业划型标准规定》，微型企业正式成为我国企业形态的一种。这表明相关部门正在逐渐地调整态度，认真审视中小企业尤其是小微企业在国民经济发展中的作用。据国家统计局、国家发展改革委的一些数据显示，中小企业创造的最终产品和服务的价值相当于 GDP 的 60%，缴税额为国家税收总额的 50% 左右，研发了全国 65% 的发明专利和 80% 的新产品，超过企业总户数的 99%，创造了 80% 的城镇就业岗位。由此数据我们可以得出这样的认识：其一，小微企业是市场生态体系的重要组成部分。市场经济中，庞大的国有企业获得大量的政治、行政、经济、金融资源，但绩效却值得怀疑。而以草根经济形式存在的大量小微企业才是市场体系发展和繁荣的基础。其二，小微企业是社会创新的基础。我国正在进行生产方式的转变和经济结构的调整，以建立一个富有活力和创新精神的经济体系，小微企业在其中发挥着重要作用。其三，小微企业的发展离不开资本的助力。失去发达的金融体系和金融市场、多元化的金融机构和金融工具，小微企业的发展被迫处于自我积累的缓慢发展阶段。而根据银监会[1]2018 年

---

〔1〕　银监会与保监会于 2018 年 4 月合并为中国银行保险监督管理委员会（简称为银保监会）。

2 月末发布的数据，截至 2017 年底，银行业金融机构用于小微企业贷款和涉农贷款余额均达到了 31 万亿元，占企业贷款余额的 24%。根据中金公司估计，2011 年中期，我国民间借贷余额为 3.8 万亿元，相当于银行总贷款的 7%。相较小微企业的重要作用，现阶段小微企业融资需求的缺口正在不断扩大。

1. 中小企业发展的三个阶段

中国的中小企业的发展有三个阶段。第一阶段是在改革开放初期，中小企业主要是国有企业和集体企业，也就是小型的国有企业和那些国有企业举办的大集体、小集体，后来转化为街道举办的集体企业。到了 1990 年代，中小企业进入到第二个阶段。从"双轨制"开始，早期是商品经济和计划经济相结合，1992 年邓小平视察南方谈话之后，进入了市场经济。有一段时间，我们一直将中小型企业，主要是民营经济、民营企业定位为社会主义市场经济的重要补充。第三个阶段则是近几年，特别是 2005 年以后。2005 年，国家专门出台了"旧 36 条"，即国务院《关于鼓励支持和引导个体私营等非公有制经济发展的若干意见》。其出台意味着无论是在政策层面还是实践层面，特别是在实践层面，中小企业已经成为中国国民经济的主导部分之一，这是一个非常大的变化。而中小型企业中更多的是民营企业、民营经济。

2. 中小企业发展面临的问题

关于中小企业在我国的发展，目前存在以下四大问题。

第一个问题，比重大，但是在体制外。中小企业在整个国民经济中的比重很大，从对社会经济的贡献力来看，国有企业的贡献力在一定程度上是不如中小企业、民营企业的。但是很多政府部门把中小企业、民营企业视为体制外单位，对它不重视；一些社会观念对中小企业有歧视，甚至是用轻蔑的眼光看待它，而没有看到它在中国整个社会生活当中的重要性。这是一个在观念上和实践中存在的问题，若不纠正，则无法真正推进整个社会的经济发展与和谐稳定。在市场经济中，不管是国有企业，还是民营企业、外资企业，都应一视同仁，这是市场经济中一个最基本的原则，公平、平等地对待进入市场的主体，让市场经济主体进行公平、平等的竞争。

第二个问题，责任重，但是税负高、对手强。中小企业承担着重要的就业职能以及为国家税收做贡献的职能。但是政府对于社会的经济、公共政策并没有为中小企业减负。中小企业除了承担重大责任以外，还面临着国有企业、外资企业等强劲的对手，可以说中小企业是在夹缝中求生存。但中小企业一旦发生问题，对社会的影响则是非常严重的。

一般而言，国家优惠政策主要集中于国有企业，例如前几年世界金融危机之后，我国将四万亿投资的绝大部分给予了国有企业，而中小企业不仅没有收到投资，还面临着高税负。现在国家实力增强，公民生活愈来愈富裕，国家是否能为承担沉重压力的中小企业减负呢？特别是税的负担。国家应给予中小企业更多的生存空间，部分中小企业不一定是转型升级的问题，它就是我们经济生活中一个平平常常的生存状态。例如大量的个体工商户卖报纸、做零售，这在某种程度上就是老百姓的一种生活状态。因此，政府应该提供更加宽松的政策，以确保更多的中小企业有创业、创新的动力。如果能够保障此种生存状态的生存空间，那么对于整个国家的经济就起到了传导作用。

第三个问题，中小企业的状态是有企业、无产业，或者说无产业创新。虽然中小企业数量如此之多，但实际上大量的中小企业只是处于维持生存的状态,没有形成产业链、上下游,没有形成自主的品牌,也没有自己的知识产权。这是一个非常严峻的问题!

反观西方社会的发展,现在所谓的"大型企业",几乎都是从中小企业逐步发展起来的,付出了长期的努力。例如现在已经做到全球市值第一、第二或者前几名的苹果、Facebook,它们也都是从中小企业逐渐成长起来的。再看我国中小企业现状,我们不禁提出疑问,中国有多少中小企业有自主知识产权?有多少有自主品牌?有多少能够在其品牌上持续发展?整个社会环境是否尊重一个企业的品牌?是否尊重一个企业的知识产权?是否尊重一个中小型企业、民营企业的创造力、创新力?有没有这样的市场环境?总体上是有企业没产业,甚至有产业却空心化的问题,对此我们应深深反思。

第四个问题,多跑路,抄近路。所谓"多跑路",是指效益优良的企业经营一段时间会选择跑路,效益差的企业,经营失败也跑路。中小企业不论效益好坏,经营一段时间便跑路了。中国的中小型企业的老板、企业家们的资本转移速度非常之快。做得好的企业只要营利,不是规划如何把企业做得更大,如何把企业推上创业板、中小板、主板市场,而是把大量的财富转移到海外,考虑到海外投资移民、置业。因为如果把企业做大做强,未来的风险不可预知。

金融危机后,整个浙江的中小型企业的老板纷纷外逃。其根本原因是民间金融体系的崩溃,导致了一批中小企业的资金链条断裂、信用破产,最后导致了企业的破产,但最后都不是用破产的方式解决。绝大部分的企业家纷纷外逃,极端情况下还会导致企业家自杀,即中小企业无论经营好坏,都免不了跑路的结局。

中小型企业中99%是民营企业、民营经济。这些民营经济、民营企业在整个体制中承受着很大的压力，整体生存环境较差，发展空间窄小，很多问题都被忽视。也是因为太小、太不重要、太边缘，所以没有人会关注中小企业。但一旦发生问题，则是极其严重的，例如美国2008年爆发的金融危机导火索是"次贷"，次贷——边缘性的贷款、金融传导到主流的金融，进而传导到华尔街，导致了雷曼兄弟的破产。因此我们应特别警惕，不能轻视中国的中小企业将视它为边缘，而要认识到中小企业在中国经济发展的链条、社会当中所占据的牢牢的、不可替换的重要位置。

（二）中小企业的体制性的困境

1. 政经体制的困境

中小企业、民营经济之所以会遇到这么多的问题，首先是因为政治经济结构性的环境所面临的问题，即"政经体制环境"问题，具体包括四个方面：

首先，政府的角色定位。在今天，政府的角色定位是什么？多年来，这在中国是一个非常大的问题，而且愈演愈烈。传统的政治经济学、古典的政治学一般认为，政府应该扮演三个角色。其一，政府是守夜人，其职责是保境安民，安全度越高，说明地方政府做得越好。其二，政府是经济警察，其职责是收税、征税，维护市场经济秩序，打击假冒伪劣、坑蒙拐骗。其三，政府是慈善家，提供公共产品、公共服务。政府提供越好的公共产品、公共服务，人民的认可度越高。但在特殊情况下，政府除了扮演以上三种角色外，还有干预经济的功能。例如出现金融危机、经济危机时，政府可以发挥一定积极的作用。但大多数时候应该让市场经济更多地发挥其资源配置、价高者得、公平竞争的作用，形成更好的市场经济结构和充分竞争的市场经济。

一些地方政府有强烈的投资、经营冲动，甚至希望掌控所有的市场经济和投资，这完全违背了市场经济中政府的职责和定位。政府的职责和定位应该是保护、营造、建构一个更好的市场经济环境，而不是直接"下海游泳"，直接经营企业。

其次，竞争平台和竞争对手。中国原来是一个计划经济大国，有庞大的国有资产，拥有全世界最多的国有企业，达到11万家，这是中国的一个现实。十五届四中全会对数量庞大的国有企业做了长远政策定位，即实施战略性的重组、结构性的调整，有进有退、多退少进。我们不排除在某一个时间段，在某一些产业领域，国有企业要做大做强，应该有一定的发言权并起主导作用。我们也不否认，涉及国家政治、经济、安全的领域，应保有国有企业。但是，在大多数的竞争性领域中国有企业应该退出。

《企业国有资产法》于2008年出台，但它没有得到较好的贯彻和实施，而且出现了一些地方政府招商引进央企、给予奖励和优待现象，在某种程度上使得中小企业没有良好的政策环境，无法生存，也无法和央企这样强大的"对手"进行"拳击"竞争。庞大的国有企业群的改革深化对中小企业的发展是有互动关系的，并且有非常大的影响。因此国企改革应该有更多的思路，应该更加快速。

民营企业效益良好的要给股东回报，而效益差的市场的失败者应退出市场，外资企业也是一样。在市场经济里没有谁高谁低的问题，没有国有、民营和外资之分，这是一体化的规则标准。如果民营经济、中小企业在市场中假冒伪劣、坑蒙拐骗，政府应该坚决打击、坚决取缔，这是政府的职责。然而在大的竞争环境中若有一个不太平等的庞大群体存在，这对中小企业、民营经济来说是一个比较大的压力。现在民营经济普遍遇到"三山"问题、"三门"问题以及"三荒"问题，还有"两高一低"问题。所谓"三山"是指，现在民营企业遇到的市场的"冰山"、融资的"高山"、转型的"火山"；所谓"三门"是指，民营企业表面上有很多政策支持，但却面临"玻璃门""旋转门""弹簧门"；所谓"三荒"是指，民营企业"用工荒""用地荒""用钱荒"；"两高一低"是指民营企业经营成本高、税费高、利润低。

再次，政经环境是要素市场的环境。从微观经济学的角度来看，在一个市场经济当中，主要是三大方面：一是市场经济的主体即消费者个人的选择与需求；二是企业、组织的选择和需求；三是要素市场，包括生产资料、原材料、资本市场、金融市场、劳动力市场、土地市场等。一个市场经济健康与否，关键在于要素市场。中国改革开放三十多年，其更多的精力集中于国有企业改革，将其视为整个改革的核心、中心、焦点、难点、重点问题，但是正是因为集中精力进行国有企业改革，某种程度上忽视了要素市场的改革，所以要素市场的改革进展比较缓慢。土地市场、要素市场的所谓"市场经济要素"没有很完善地建立起来。

最后，最大的问题是资金市场、资本市场、金融市场。多年来，政府对金融、资本市场管控较严，很少有民营银行，村镇银行的主要股东也都是大型的商业银行。与西方发达国家相比，与金融体系为市场经济的发展提供保障的国家相比，中国仍是任重而道远。在宏观调控、金融管控的体制下，民营企业、中小企业生存之道较窄，只能建构一个自己的民间金融市场，通过私人钱庄进行民间借贷，来维持自身发展。而民间金融利息高、秩序混乱，有很多企业已经资不抵债，债务累累。

政经文化中的商业文化环境，非正式制度现象严重。当今社会中存在两个制度：一个是正式制度，完全按照国家的法律法规运行；另一个是非正式制度，或者是"辅制度"，其本质是一些地方政府政策、政府工作习惯。但由于地方政府法治水平较低，其制定的政策可能存在抵触上位法的情况。问题在于一般民众对于法律、法规、政策的效力位阶并不清楚，两套制度并行可能会对普通民众产生错误的诱导与传感。

2011年企业家犯罪的报告分为两大部分，一是国有企业企业家犯罪，二是民营企业企业家犯罪，两者各有特点。国有企业企业家犯罪类型主要是贪腐案，利用其控制、掌控的权力、资源，以公谋私，掠夺国有资产。民营企业企业家有三个非常明显的犯罪特点，一是黑社会犯罪，有打黑、黑打的问题；二是行贿，有相当比例的民营企业家有行贿行为；三是诈骗，行贿也要有"门"，那些行贿无门的企业家则实施诈骗行为。这三种犯罪类型，比其他的犯罪类型占比高得多。民营企业家出现这些情况，就是副制度化的现象导致的。正因为过去不能对国有企业和民营企业一视同仁，所以民营企业家往往通过"寻租"的官员获取更多资源和机会。在过去的政经体制环境下，中小企业、民营经济的处境十分艰难。因此，2018年中央经济会议提出要严厉打击国家工作人员利用职务之便向民营企业索贿、受贿的犯罪，为民营经济创造良好的政治经济环境。

2. 产权保护和经营环境的困境

第一，产权界定保护的环境。在市场经济当中，按照制度经济学的理论，当交易费用为零时，产权如何界定、配置是无关紧要的。当交易费用为正，产权的界定就会决定资源配置的效力。好的制度能够大大降低交易成本、交易费用。

中国的产权界定环节，交易费用都非常高。国有资源界定不明确，大家都在抢资源。一些民营企业家辛辛苦苦赚的钱，在一些眼红的人看来，这些钱可以据为己有。

第二，知识产权保护。我国关于自主知识产权保护的法律法规较少，整个社会对于知识产权的保护力度较弱。法律本身是一个引导和激励机制，一个国家的商标法、知识产权法，以及整个法律体系，一定要注意激励什么样的取向。如果商标法、知识产权法、智慧产权法激励的是投机取巧，激励的是大家都去琢磨怎么从别人的口袋里掏钱，怎么去琢磨未来自己可能要出名，如果一个国家的法律是激励这样的行为的话，这个国家怎么可能有自己的知识产权呢？怎么可能有自主创新能力呢？怎么会激发公民去自主创新呢？答案不言而喻。每一个法官都应该懂经济和商业，无论哪一种判决，都应该是鼓励公民真正去做创新、品牌，真正对这个社会做更多的贡献，而不是去投机取巧，怎么琢磨别人口袋的钱。这是一个很简单的法律原理，什么样的判决、法律规则是交易费用最低而整个社会的经济效益最高？它的激励机制应该是正向的，而不是反向的。

第三，经营环境中的税负。中国中小企业的税负较重，而中国的税本来就比较复杂，其中一个很大的问题是中国缺乏税收基本法。因此我们首先要推行税限主义，税收法定、限定，宪法要限制税收。目前中国的现状是单项的税法较多、较乱，例如增值税、所得税等，但缺乏税收法定主义，具体有哪些税种？有什么样的税基、税率？没有人知道答案，然而这原本应该是非常清晰的。除了"税"问题，中国还设有税之外的费。例如住酒店，酒店的住宿费要收地税，地税的收入有三项费用，一是城建税，不管到哪里，都要为这个城市建设做贡献，达到3%；二是教育费，有3%，在这里税和费开始分开；三是教育附加费2%。仅是简单的住酒店，一个发票中就有三项税和费。现行的制度、规则当中，有太多的"下意识"，太多的公民不去问、不去了解，大多数人自然而然地接受，但它是不合理的，甚至不知道来源于何处。各个地方苛捐杂税太多，中小企业在这样的环境下怎么去经营？我国在税方面没有基本法，费又比税多，这就更加无法可依，而现实中都是按照行政审批来设置的。科教文卫、国防事业等都需要行政审批，但是这个"口"开得太大，有行政审批就有行政收费。很多行政部门没有提供任何的公共服务，但是它的生存理由是什么？没有；但是为什么还能生存？收费，设个关卡就收费。在这样的环境当中，民营经济的经济犯罪率便非常之高。

第四，合同履约环境差。在市场经济的经营环境中，应该保护合同履约环境。合同诈骗、不平等，有瑕疵的合同多，相应地，纠纷、案件就多。合同法是一个最基本、最主要的法律，但是目前中国信用环境不佳，这与合同的履约相关。不能保证合同履约，怎么会有良好的市场经济的经营环境？

3. 司法救济的环境

社会公正、正义的底线依靠司法实现，当整个体制性的环境都比较弱的时候，司法就成了最后的救济，成了正义最后的黄线。目前的司法实践中存在以下方面的问题：

一是"司法负能动"。司法机构应该独立，但现实中法院审理案件有时会受到地方政府的干预，过去曾出现无正当理由不受理案件、扩张管辖权的情况，这种现象可称为"司法负能动"。二是刑法的犯罪率很大。中国正处于转型期，整个经济、金融市场尚未成型，因此对于市场中很多复杂的经济行为不应急于定罪判刑，而应营造更好的司法宽松的空间。对于真正危害市场经济的行为要坚决打击，但对于大量尚不明朗的市场金融、市场经济的创新行为要慎行。三是司法的地方保护主义。在某种程度上，对外地债权人、外地投资者采取司法歧视的态度的现象在现实当中是经常存在的。

（三）中国企业家的现实困境

中国企业家的兴衰发展史是改革开放四十年跌宕起伏宏伟乐章的缩影。无论是钦点的国有企业家，还是颇具草根色彩的民营企业家，都激荡于"大国崛起"的历史洪流中，对社会转型、经济增长有着不可磨灭的功绩。

企业家是社会最宝贵的要素，没有企业家，产品会缺少创新，管理会无法维系，企业更会缺乏竞争力，传导到宏观领域，会导致一国经济活力丧失，经济腾飞放缓。另外又必须看到，企业家作用的发挥依赖于一定的政治、经济和法治等社会环境，什么样的土壤孕育出什么样的企业家。如果说政企不分、"第三只手"调控手段的缺失仅仅会削弱企业家积极性的话，那么法治环境的不健全却会催生出企业家犯罪的恶果。

纵观部分中国企业家堕落史，企业家违规主要有两种模式：一种是以褚时健、陈同海、郑俊怀为代表的国有企业家的违规经营、假公济私、管理者收购（MBO）等行为；另一种则是以牟其中、赖昌星、孙大午为代表的民营企业家的偷漏税、行受贿、非法集资等手段。但无论是哪种模式，都折射出我国法治环境的诸多缺陷：

首先是制度层面。在没有规则的灰色区域，由政府规定了该如何行事成，在有规则的地方，规则的漏洞被人利用，部分企业家的触角碰触到一些政府部门，他们热衷于与权力结盟，而不是"找市场"；而部分政府官员也任凭其"狮子大张口"，滥用稀缺的职权广泛寻租。这也是为什么在追查犯罪时屡屡能"拔出萝卜带出泥"——政府官员和企业家常常一起浮出水面的原因。

其次是实践层面。目前中国法律体系虽已逐步健全，但更艰巨的任务乃是推动法律的有效实施。现在，很多法律在制定过程中受制于部门，但在执法、监管上却责任不明。同时存在的还有政府选择性执法的问题，比如黄光裕案，相关税务官员选择性执法，将漏税罚款变成了个人兜里的"好处"。

最后则是社会文化层面。公众和公权力依然缺乏法治信念，企业家妄图恣意冲破一切规则与准绳，努力与权力捆绑，以求凌驾于法律之上，这反过来又使目睹怪状的民众更对违法毫无顾忌。

面对上述滋生企业家违法犯罪的土壤，我们该如何建立良好的法治环境以培育出富有创新能力、敢于承担社会责任、具有企业家精神的新时代企业家？有以下三个措施值得探讨：

首先，应给企业家提供一套简单明了的社会规则。政府向市场经济体制转型可能要经历三个阶段：一是依法行政阶段，与之相对应的是"人治"，某些有权力的人"说了算"；二是责任政府阶段，此时市场可能比较混乱，市场主体可与公权力部门对抗；三是法治政府阶段，这是理想的目标。目前，中国正处于第二阶段，正从权力的单一治理转到资本和权力共同治理。这时，权力与资本各有优势。若政府部门的权力远大于资本力量，资本拥有者缺乏规范的、正当的逐利出路，那么权力与资本的结合就成为必然。要阻断权力与资本的结合，就必须要推进依法行政，减少行政审批，实行核准制，并承担相应的道德风险和法律责任。同时，要创造更多的投资平台，真正保护创业者的私有财产权和契约自由。目前，监管者对如何与市场保持距离、如何与被监管者"打交道"，还没形成规矩，针对这种监管者与监管对象的交往，要先建立一道"防火墙"，然后才是规范官员的问题。

其次，为企业家提供可预期的行为指导。政府决策过程和政府信息不仅要公开透明，更应使得公众明晓违法的代价。如果在一次次踏入制度雷区后只因为官员的庇护就侥幸胜出，如果在一次次践踏规则底线时只因为笃信鸿运当头就延续奇迹，那么就会有更多的企业家前仆后继、以身试法，因为违法获得的收益远远高于成本。

再次，构建亲清型政商关系与法治化政商关系。2016年3月，习近平总书记看望出席全国政协十二届四次会议民建、工商联界委员并参加联组会时提出，"对领导干部而言，所谓'亲'，就是要坦荡真诚同民营企业接触交往，特别是在民营企业遇到困难和问题情况下更要积极作为、靠前服务，对非公有制经济人士多关注、多谈心、多引导，帮助解决实际困难，真心实意支持民营经济发展。所谓'清'，就是同民营企业家的关系要清白、纯洁，不能有贪心私心，不能以权谋私，不能搞权钱交易。对民营企业家而言，所谓'亲'，就是积极主动同各级党委和政府及部门多沟通多交流，讲真话，说实情，建诤言，满腔热情支持地方发展。所谓'清'，就是要洁身自好、走正道，做到遵纪守法办企业、光明正大搞经营。"2018 年 11 月，习近平总书记又在民营企业座谈会上强调，"各级党委和政府要把构建亲清新型政商关系的要求落到实处，把支持民营企业发展作为一项重要任务，花更多时间和精力关心民营企业发展、民营企业家成长，不能成为挂在嘴边的口号。"经济的发展离不开健康的政商关系，亲清型政商关系理念的提出对我国政商关系的优化产生了引领和促进作用。同时，法治与政商关系紧密相连，要促进新型政商关系的法治化，建立完善的政商关系法治体系，保障政商关系持续稳定发展。

最后，提供公平、公正的程序，避免选择性执法。比如在中国，企业家对登上富豪榜避之不及，一旦上了富豪榜，就会立刻成为税务、公安、检察部门的眼中钉和肉中刺，成为被重点侦查的对象。但相关部门更应该做到"一碗水端平"，在企业家违法的初期就及时监管介入，阻断违法路径，起到防微杜渐、以儆效尤的作用。这样才能更好地保护企业家，维护整个社会市场经济秩序。

（四）破解中小企业面临的困境

2017 年世界银行集团发布了《关于中小企业破产处理的报告》，世界各国逐渐意识到有效的破产制度是提升企业家精神和金融稳定的关键因素，解决中小企业破产问题对经济增长至关重要。例如，中小企业雇佣的劳动力超过了全球总劳动力的 1/3，其产生的经济价值约占全球私营部分增加值的 52%。2018 年 10 月，世界银行再次发布重磅报告《拯救企业家，拯救企业：关于对待中小企业破产的建议》，该报告包含多个国家的破产制度调研数据，强调了豁免中小企业债务以及简化中小企业重整制度的重要性。

立足中国国情，如何破解中小企业面临的困境，下一步改革的突破口在什么地方？具体有以下有三个方面的工作要做。

1. 顶层设计

对于中小企业的体制性困境，首先要从顶层设计找到出路，改造政经环境。主要涉及四个方面：其一，官正商清，治商先要治律。法治政府首先要做一个责任政府，依法行政的政府。其二，国退民进，如何让中小企业、民营经济有更好的发展环境？应当按照党的十五届四中全会的规定做战略性退出，保留极少数涉及国家政治、经济安全的国有企业。大多数的国有企业还是应该退出竞争性领域，给民营经济创造一个更好的发展环境。其三，公共预算和税制的改革。1993 年、1994 年的分税制改革，带来了 1994 年《预算法》的制订。当时主要强调两点，一是涉及中央政府、地方政府的收入来源，虽然也有其他收入来源，但主要问题是税收。分税制改革之后，强大的中央政府和弱小的地方政府的财政能力形成鲜明对比。国税、地税各占 30%，中央地方共享税占 40%，但其主要由中央享有，即中央基本上掌握所有财政收入的 70%，其中一部分通过财政转移支付到地方政府。二是在中央方面，一些大部委下属的小处长，可能控制着数额较大的资金，而地方政府的财政能力却较匮乏；同时大量的事权下放到地方，其要负责国有企业改革、下岗分流、教育、医疗、养老、新办社会事业等事务。由于事权财权的不够匹配，地方政府便采取招商引资、土地财政等行为。而这些行为存在较多弊端，甚至地方政府主动设立地方融资平台，导致地方债务高企，中国地方政府有如此高的债务，却没有破产的概念。这种情况若是发生在发达国家，地方政府是要破产的，这就是公共财产的破产。例如美国某县政府破产之后，警察局减少了，维持治安的人减少了，政府公务员减少了，提供公共产品、公共服务的人减少了，整个公共事务的投入没有了，基础服务设施也受到了很大的影响，包括地下管道，城市的供水、供电，都受到很大的影响。所以一个地方政府的破产，会影响到当地城镇居民的生存状态。因此应当监督公共财政预算收支，上缴利润的支出必须清楚，且该项支出不应该再返还。然而在预留了发展投入资金、再投入资金的前提下，很多国企上缴利润后，又会返还该项资金。这并不合理，应该更多地让国有企业支出，让利润进入民生、社会保障预算。其四，地方赤字。某种程度上，中国要有一定的地方赤字，要允许一定的地方自治权，特别是在有资源的省份。

2. 重要法律的改进

相比"旧36条"，"新36条"[1]有很多的进步，例如，将包括金融、铁路、能源、风能、电能、太阳能在内的很多领域向非公有制开放，允许民营企业和国有企业共同开发勘探；还包括一些涉及教育医疗的公用事业，民营经济也可以进入，但问题在于如何落实"新36条"。

《企业破产法》中对于小微企业的重组，要有更宽松的政策，相关规定也需要修改。实践中，重整失败的一个重要原因便是程序的烦琐，法院对中小企业破产重整程序的干预应该受到限制。目前公司破产的目标是通过重整或清算为债权人提供

---

〔1〕 国务院于2010年5月13日再次发布《关于鼓励和引导民间投资健康发展的若干意见》。由于该意见中共计有36条，为了与非公经济36条（国务院《关于鼓励支持和引导个体私营等非公有制经济发展的若干意见》）相区别，故被简称为"新36条"。

最大回报，但是在处理中小企业破产时，由于实践中大多数中小企业以非法人形式经营，救济企业家应是与债权人最大回报并重的目标。银行相关法律中的《商业银行法》《贷款通则》也要加快修改、落实。对于《刑法》，针对不符合时宜的死刑、罪名等也要进行修改。

3. 执法和司法的改革

最高人民法院发布的《关于充分发挥审判职能作用为企业家创新创业营造良好法治环境的通知》（法〔2018〕1号）指出："为企业家创新创业营造良好法治环境，对于增强企业家人身及财产财富安全感，稳定社会预期，使企业家安心经营、放心投资、专心创业，充分发挥企业家在建设现代化经济体系、促进经济持续平稳健康发展中的作用具有重大意义。"2018年11月，司法部发布的《关于充分发挥职能作用为民营企业发展营造良好法治环境的意见》中指出"要不断为民营经济营造更好发展环境，帮助民营经济解决发展中的困难，支持民营企业改革发展。认真贯彻落实习近平总书记在民营企业座谈会上的重要讲话精神，充分发挥司法行政职能作用，大力支持和促进民营企业发展壮大，是司法行政机关责无旁贷的职责使命。"民营企业已成为推动经济社会发展的重要力量，要为民营经济营造更好的发展环境，执法和司法改革至关重要。

司法机构应该有独立性，有权威，要保守，而不是有更多的能动性。司法机构不需要积极参与所有的事情，但应做到有案必受，而不是把案件推出去。对于民营经济、中小企业，不能简单地"打黑"，要更多地创造理性竞争。对于民营经济中出现的一些现象，要以柔克刚，先礼后兵，不能随意使用专政武器，这对民营经济的发展是不利的。

打破地方保护主义。国家应该有两套法院体系。一套是国家的，另一套是地方的。地方层级的法院体系，包括中院和基层法院，它们更多的是处理一般的地方民刑事案件、民商事案件、婚姻家庭案件、青少年犯罪案件、家庭遗产案件。涉及税收、土地、破产、涉外等涉及地方利益的案件，应该由国家层级的、跨地的法院受理，由上级法院受理上诉，而不应该由地方法院受理。现实中很多案例表明，法院保护地方的债务人，不保护外地的债权人、投资者，这在破产类案件中尤其突出。

建立市场经济中的信用、保护、落实机构。纵观各国，其大都有破产管理局或者类似的机构，在英国、美国叫作托管人办公室，其主要解决市场经济中董事、高管人员侵害公司利益的行为，若董事、高管人员导致公司在市场竞争中失败、破产，其是要被起诉的。美国特拉华州法院的做法值得借鉴，公司诉讼数量较多，因为该州设有破产管理局，监督破产法的实施。我国现在大量的企业破产不申请破产，而是直接注销、吊销，很多应该进入破产程序的企业没有及时进入，导致财务状况越来越恶化。整个市场经济的信用监管机构、垃圾信用、垃圾扫除机构没有建立起来。破产管理局的作用在于监督、打扫市场经济的信用垃圾，推动《企业破产法》的实施，起诉对于公司企业的失败负有责任的高管人员。

若在顶层设计，重要的立法推进、政策推进以及在执法、司法方面能提供较好的市场经济环境，提供一个良好的适合中小企业发展的体制环境，中小企业、民营经济、民营企业的发展一定会有很大改善，其一定能够成为中国经济持续繁荣的引擎、基石，也能够为我国整个社会的稳定、就业形势的改观、经济的长期健康发展做出更大的贡献。

三、产权保护的深化改革

（一）产权制度是市场经济的基础

哈丁在《公地的悲剧》[1]中设置了这样一个场景：一群牧民一同在一块公共草场放牧。一个牧民想多养一只羊增加个人收益，虽然他明知草场上羊的数量已经太多了，再增加羊的数目，将使草场的质量下降。牧民将如何取舍？如果每人都从自己私利出发，肯定会选择多养羊获取收益，因为草场退化的代价由大家负担。每一位牧民都如此思考时，"公地悲剧"就上演了——草场持续退化，直至无法养羊，最终导致所有牧民破产。发现、界定、确认、保护产权的法律，是整个市场经济的基石。如果一个国家不界定、确认、保护产权，市场经济就不会有基础。

（二）产权制度是市场效率的保障

科斯定理是指当交易成本为零时，无论产权在法律上如何安排，私人谈判都会导致资源最优配置。当交易成本很高以至于阻碍谈判时，有效的资源利用将取决于产权的安排。

规范的科斯定理认为，应构建法律以消除私人协商的障碍。

规范的霍布斯定理认为，构建法律以使私人协商失败造成的损害最小化。

私有财产和私有财产保护是生产和竞争的发动机，它能够确保市场效率提高和社会福利增长，是社会向前的动力。它能促使社会财富由无效领域流向有效领域，由低效率领域流向高效率领域，使社会资源的配置达到最优化，使财富的社会效应

---

[1] See Garrett Hardin, "The Tragedy of the Commons", *Science Journals*, 1968.

最大化。私有财产权往往比公共财产权具有更为明确的利益动机和监督成本。激励约束机制,使得私有财产权更容易实现经济目标——利益最大化所隐含的效率的提高。

(三)产权是界定政府权力与公民权利的基础

"风能进,雨能进,国王不能进。"私有财产及其保护的存在,使公民的权利具体化,使政府的权力有限化。德国哲学家康德和英国思想家哈耶克都认为:私有财产是自由的基本要素,是不可剥夺的天赋的自然权利,对私有财产权的承认是阻止或者防止国家政府强制与专断的基本条件。尊重财产权与尊重人格是一体的。政府对私有产权的保护是不讲条件的。

(四)产权的平等保护是改革深化的必然要求

党的十八届三中全会提出,公有制经济财产权不可侵犯,非公有制经济财产权同样不可侵犯;国家保护各种所有制经济产权和合法利益,坚持权利平等、机会平等、规则平等,废除对非公有制经济各种形式的不合理规定,消除各种隐性壁垒,激发非公有制经济活力和创造力。党的十八届四中全会提出,要健全以公平为核心原则的产权保护制度,加强对各种所有制经济组织和自然人财产权的保护,清理有违公平的法律法规条款。2016年3月,习近平总书记看望出席全国政协十二届四次会议民建、工商联界委员并参加联组会时又强调,"健全以公平为核心原则的产权保护制度,加强对各种所有制经济组织和自然人财产权的保护。"主体平等是实现市场自由的必要条件,也是市场经济的根本要求。当前我国国企与民企在政策倾向、资源配套方面存在差距,如何使国企和民企享有平等地位、开展公平竞争,是我国面临的一大挑战。

产权不平等保护体现在两个层面:一是公有财产和私有财

产不平等保护；二是农村产权不平等保护：小产权房问题、农村土地流转问题。

"一家国有地铁公司把地铁里的摊点位置出售给个人，出售时即已违反了当地的规划法。售出后私人投资者投了很多钱装修、招商、分包等，但后来地铁公司以出售行为违反规划法为由，要求全部收回。最后法院判决站在国有公司一边，给私人投资者补偿极少。"[1]

这个案例反映了在产权保护过程中最大的问题就是产权的平等保护。国有、集体财产优先保护，这就是有条件的保护。比如个别法院在判决的时候，如果涉及公私争议纠纷，通常倾向于将产权界定为国有；财产权案件国企败诉了，若执行过程中不执行，就觉得是在保护公有制，很少追究或很难追究；而对民营企业就是强制执行。然而，产权的平等保护是改革的方向和必然要求，是党的十八届三中全会释放出的改革强音。

四、中国营商环境的改善

（一）营商环境的重要性

李克强总理提出"营商环境就是生产力"，改善营商环境要进一步做好简政放权的"减法"，做强监管的"加法"和优化服务的"乘法"。深化"放管服"改革、优化营商环境，要坚持市场化、法治化、国际化原则。市场化是要破除不合理体制机制障碍，激发市场活力和社会创造力。法治化是要做到规则公开透明、监管公平公正、依法保护各类所有制企业合法权益。

---

〔1〕　第一财经日报专访，载 http://finance.ifeng.com/opinion/zigc/20101115/2880549.shtml，最后访问日期：2011 年 11 月 15 日。

国际化是要持续扩大开放，加强与国际通行经贸规则对接，促进提高国际竞争力。商事制度改革，降低市场门槛与企业运行成本，完善市场退出机制，支持成长型企业发展，提高市场主体活跃度。企业营商环境改革，聚焦体制机制创新，营造良好的营商环境。2017 年 7 月，习近平总书记主持召开中央财经领导小组第十六次会议时强调，要改善投资和市场环境，加快对外开放步伐，降低市场运行成本，营造稳定公平透明、可预期的营商环境。2018 年 11 月，习近平总书记在民营企业座谈会上指出，"要不断为民营经济营造更好发展环境，帮助民营经济解决发展中的困难"。营造良好的营商环境，需要创造良好的公平秩序，要深刻领会构建市场化、法治化、国际化营商环境的重要意义，把营造法治化营商环境作为推动高质量发展的重要举措。

2017 年，自贸试验区数目由 4 个迅速扩围为 11 个，与此同时，一系列外资新政相继出台，2017 年 6 月 5 日，适用于 11 个自贸试验区的负面清单发布，与上一版相比，一举取消了 10 个条目、27 项外资市场准入限制措施。仅仅 20 天后，新版《外商投资产业指导目录》出炉，在全国范围内实行准入前国民待遇加负面清单管理制度，相比上一版目录，大幅缩减了限制性措施。降低门槛，放宽准入，一系列的外资新政让中国再次成为外商投资的热土。2017 年上半年，我国新设立外商投资企业同比增长 12.3%，在实际使用外资中，高技术制造业同比增长 11.1%，尤其是计算机及办公设备制造业，航空、航天器及设备制造业的增幅更是达到了 178.9%、149.4%。

（二）中国营商环境的世界排名

世界银行于 2018 年 10 月 31 日正式发布年度旗舰报告

《2019 年营商环境报告》（以下简称《报告》）。企业营商环境指标体系是一套衡量和评估各国私营部门发展环境的指标体系。在《报告》的营商效率全球 190 个经济体的排名中，新西兰继续名列榜首，美国位列第 8 名，中国位列第 46 名，中国营商便利度较去年在全球跃升了 32 位，但这样的排位仍与中国经济大国的身份不符。

2018 年，在 10 个主要指标中，中国在"开办企业"和"获得电力"两方面改善最为显著。"开办企业"指标排名由去年的第 93 位上升至第 28 位。"获得电力"指标排名从去年的第 98 位上升至第 14 位。中国在"办理施工许可证""登记财产""保护少数投资者""纳税"和"跨境贸易"五个方面也进行了卓有成效的改革。《报告》中认定，中国政府在过去一年为中小企业改善营商环境实施的改革数量创下历史纪录。

（三）中国为改善营商环境所做的努力

《报告》将上海和北京作为评估中国营商环境的样本城市，其中，上海权重为 55%，北京为 45%。2017 年以来，上海推出一系列大力度营商环境改革专项行动，大幅度提高了市场主体的营商便利度，通过努力，上海开办企业的办事环节和耗时从《2018 年营商环境报告》中的 7 个环节 22 天，减少到了 2019 年《报告》中认定的 4 个环节 9 天。北京同样在"获得电力""开办企业"等领域的改革中取得突破性进展。其中，开办企业环节从原来的 7 个压缩为 4 个，办理时间从原来的 24 天压缩到 8 天，获得电力办理环节从原来的 6 个缩减为 3 个，平均用时由原来的 141 天大幅缩减到 34 天，小微用户获得电力接入成本由原来的 19.2 万元降为 0 元。

海南作为中国最大的改革特区，以其特有的地理环境优势、政通人和的特性，理应成为也完全可以成为中国最先的营商法律环境改革试点区。近年来，海南省在全国率先启动一系列商事制度改革探索，全面降低准入门槛，加强事中事后监管，先行先试，用政府权力的"减法"换社会活力的"加法"，从最初的先证后照到先照后证，再到目前的三证合一、一照一码，从简政放权到放管结合再到优化服务，从准入到许可再到监管，都实现了无缝衔接。商事制度改革使投资环境发生了根本改变，极大地激发了全省大众创业、万众创新的活力，市场主体井喷式增长。2016年，全省新增市场主体近11万户，新增注册资本（金）5968.8亿元，分别增长16.4%和106.2%。目前，海南商事制度改革的主要做法有：

第一，在行政审批上做"减法"，激发市场活力。为有效激发市场主体活力，海南省在全国率先撤销审批办，借鉴国际通行的做法，推行"三级注册官"制度，将过去"一审一核"模式，变为由首办"注册官"全程服务、终身负责的登记模式，体现出"注册官"的职业化、专业化水平，从根本上解决了以往层层审批带来的效率低下问题，以减少流程、缩短时间、提高效率来服务市场发展。将工商登记前置审批事项从之前的180项减少至12项，项目减少95%。较国家层面保留的73项工商登记前置审批事项减少61项，减幅84%，成为全国保留工商登记前置审批事项最少的省份。

第二，在市场监管上做"加法"，保障公平有序。一是统一市场监管网络。探索建立市场监管领域综合执法平台，依托省企业信用信息公示系统，实现市场监管数据在各部门之间的无缝衔接，进一步建立健全企业信息公示制度、信用惩戒机制，充分运用信息公示、信息共享、信息约束等手段，加大了对违法违规行为的查处、惩戒力度，切实将诚信建设纳入市场经济活动的各个环节。坚持执行异常名录公示和"黑名单"制度。截至目前，全省累计已有 91 175 户市场主体被列入经营异常名录。这些企业在政府采购、工程招投标、国有土地出让、授予荣誉称号、银行贷款等方面将受到限制和有关部门的联合惩戒。通过采取有针对性的信用约束措施，提升监管合力，加快形成企业自治、行业自律、社会监督、政府监管的多元共治格局。二是坚持"以网管网"。与平台电商建立平台规范协作机制和维权协作机制，启动"第三方网络交易平台监管系统"。网络市场主体违法违规行为由过去的"人工搜索模式"向电脑、大数据分析转变。大胆运用现代信息化、智能化手段进行反垄断、反不正当竞争。就一个监管热点，定制一套监管系统，2012 年初，针对三亚海鲜店宰客事件，原海南工商局精心编织了"科技监管的笼子"，打造了价格公示系统、电子点菜系统和银行付账系统加工商维权平台终端，三亚海鲜大排档监管系统上线，即时捕捉每一张消费者的"点菜单"。监管"三亚海鲜大排档宰客"的成功案例以及对水果、旅游商品市场的成功监管，有效地维护了市场公平竞争秩序。三是积极推行"双随机、一公开"。以"随机抽取被检查对象、随机选派检查人员"的原则开展抽查监管，加强对国家安全、民生安全、生态安全"三大领域"的内在风险防控，将特殊行业的年报、经营行为的抽查比例提升至30%，重点开展了旅游企业公示信息抽查、流通领域"成品油"质量抽检等工作。率先在琼北"海澄文一体化综合经济圈"和琼南"大三亚旅游经济圈"实现跨行政管辖区域、跨部门联合执法办案，联合惩戒。建立涉企信息归集共享目录，明确"谁产生、谁提供、谁负责"，推送主体信息要有来有往，不能"只想要、不想给"。让"一处违法,处处受限"落到实处。

第三,在便民服务上做"乘法",简化办事程序。一是全面试行"五证合一、一照一码"登记制度改革。在全面实施"三证合一、一照一码"登记制度改革的基础上,以"三证合一"工作机制及技术方案为基础,按照"五证合一、一照一码"登记制度改革的要求加以完善。按照"一窗受理、一表申报、互联互通、信息共享"的模式,由工商、质监、税务、社保、统计五个部门分别核发不同证照,改为一个窗口统一受理企业注册登记申请,由工商部门核发加载统一代码的营业执照,相关信息在全国企业信用信息公示系统公示,并归集至全国信用信息共享平台。改革后,办理环节更少、材料更加简便、办结时限更短,进一步为企业松绑、为社会减负。通过海南省电子政务信息共享交换平台及时传递、有效运用数据信息,加强部门间信息互联互通,实现企业基础信息的高效采集、有效归集和充分运用,以"数据网上行"、让"企业少跑路"。二是开通全国第一家"12345"省政府综合服务热线。按照"统一接听、按责转办、限时办结、统一督办、统一考核"的要求,整合全省政府职能部门和部分公共服务单位共 23 条热线。

公司法前沿问题研究

一、公司的性质

人类社会到目前为止最伟大的发明是什么？爱因斯坦"相对论"、牛顿定律、达尔文进化论？人类社会最伟大的组织是什么？国家、政党、公社、教堂，还是家庭？公司的出现被称作是"人类的成就"，最伟大、最精巧、最天才的设计，那么神奇，尤其是股份公司的崛起，被公认为是现代历史中最引人注目的现象之一。

公司的历史很短，历史上最早的公司是 17 世纪初建立的荷兰东印度公司，其一经发明就迅速地主宰了这个世界。在经济全球化的今天，公司的力量已渗透到人们工作和生活的方方面面，我们生活的这个世界从有形到无形的种种成就，纷纷写下公司之名。公司是一种组织、一种制度、一种文化；公司是一种生存方式，也是一种生活方式。公司的存在对市场、整个国家经济乃至政治、军事、科技，都产生了巨大的影响。

（一）公司的团队理论

1. 科斯：企业的性质[1]

科斯通过回答两个基本的问题从而为企业理论做出了历史性的贡献。这两个问题分别是：企业为什么会存在？企业的规模由什么因素决定？对这两个问题的回答——市场成本论与组织成本论——构成了《企业的性质》一文的核心内容。

科斯认为企业是一系列契约被一个契约替代的结果，节约了交易费用。两种组织生产的方法都是需要成本的。第一种方法，即契约（contract）方法，要求在订立契约时对供给者履约的细节问题作出详尽的说明。这种方法可能需要长时间的谈判或复杂的投标程序，而且当情势变迁要求对达成协议的条款进行修正时，就必须对协议进行重新谈判。第二种方法，即企业（firm）方法，需要激励、信息和通信成本（寻找价格、谈判与签约）。总之，组织经济活动的契约方法遇到了交易成本很高的问题，而通过企业组织经济活动的方法要解决的是丧失控制与代理成本问题及如何减少成本问题。

企业的显著特征就是作为价格机制的替代物。正常的经济体系自行运作，在这种体系下，所有的经济活动由价格机制协调，资源的流动方向直接取决于价格机制。科斯指出，既然社会经济活动的一切协调工作都可以由价格机制来完成，那为什么还需要企业这种组织呢？因为很显然，在企业之外，价格变动引导着资源配置，这是通过一系列市场交易来协调的；而在企业内部，市场交易被取消，企业家代替了价格机制，企业家

---

[1] R. H. Coase, "The Nature of the Firm: Origin", 4 *J. L. Econ. & Org.* 3, 18 (1988).

指导资源的流向和运用。

2. 美国经济学家阿尔奇安和德姆塞茨：团队生产理论

一种观点是，原先以劳动力而不是以资本作为投入的企业通常都是合伙（partnership）或个人独资企业（individual proprietorship），而不是公司（corporation）。

公司主要是解决出现在筹措巨额资本过程中问题的方法。一个没有钱但又指望组建一家新企业的企业家，如何才能筹措其必要的资本呢？借入全部必要资本也许不成问题。如果无风险利率是 6%，而这企业又有 50% 的破产可能性，并且没有任何财产来偿还债务，那么贷款方（如果是一般风险的话）就将收取 112% 的利息率。这么高的利息率再加上分期偿付，将使企业从一开始就要承担很高的固定成本。这将增加企业失败的危险，反过来又会增加债务的利息率。

公司这一经济活动的组织形式是从商事和法律实践中发展而来的，它被用以解决上述问题。公司存在的永久性消除了达成限制解除合伙和退伙的特殊协议的必要性。

然而，有限责任并不是一种消除企业失败风险的手段，它只是将风险从个人投资者转移到了公司自愿或非自愿的债权人身上——是他们承担了公司违约的风险。而债权人承担这种风险是必须要得到报偿的。

美国经济学家阿尔奇安和德姆塞茨（1972）等人提出，"如果以团队生产的方式能使生产力有净增长，扣除维持团队纪律的有关的考核成本后仍有净利，那么就应该依靠团队生产，而不依靠许多分离的个体产出的双边贸易"，于是企业就产生了。

阿尔奇安和德姆塞茨的团队生产理论提出，企业的实质是团队生产，生产团队之所以演变为企业，是因为团队生产带来的生产高效率产生了激励需求与产出难以计量这一对矛盾，企业的特征不是拥有优于市场的权威权力，而是企业对要素生产率和报酬的计量能力以及对内部机会主义的监督能力优于市场，能节约更多的交易成本。团队生产比个人生产更有效率。

阿尔奇安和德姆塞茨认为，买卖物品的契约和雇佣劳动的契约并无区别，企业内交易与市场交易亦无二致，雇主和雇员之间的长期合约不是企业组织的本质。阿尔奇安和德姆塞茨批评科斯未能说明企业比市场更有效率的原因，他们明确提出企业与市场的区别，不在于其组织生产的权威，而在于其对团队成员的监督结构。

他们认为：企业家更胜任组织团队生产，避开风险，把握不确定性，寻找市场机会。决策很关键。公司营运价值取决于关系（团队内部与外部）。

团队生产理论的局限性：由于企业最终的产出物是由团队成员共同努力的结果，每个人的贡献不可能精确地进行分解和观测，因此不可能按照每个人的真实贡献去支付报酬。这就导致了一个"偷懒"问题——道德风险问题。

（二）公司的特征

从世界范围来看，私营的商业公司仅仅只有几百年的历史，在这之前，世界的商业和贸易主要依靠个体企业和合伙企业来运行，而现在公司已经成为遍布全球的、占支配地位的主要商业组织形式。在世界各国，公司总数不仅超过数千万，而且其营业收入占了各种企业组织形式的总营业收入的大部分，公司已经成为大规模经济活动和筹集巨资的工具，是世界经济和商业发展得以推动的主要力量。公司之所以在世界性的商业和经济活动中占有如此重要的地位，这与公司的特性有关。公司的主要特性有以下五种：法人人格；投资人的有限责任；投资人权益的自由转让；集中管理；公司治理结构。这些特性相互联系、互相支撑、互相作用，而这些特性的形成是与 19 世纪大型企业的出现、财富的分散、财产私有制受到法律的保护以及社会环境的变化有关。下面分述公司的主要特性。

1. 有限责任——股东仅以其出资为限对公司债务承担责任

公司最大特点之一是投资人的有限责任（limited liability），即公司的股东以其在公司中的投资对公司的债务和侵权责任负责。[1]公司这种形式与其他组织形式比较起来则能在有限责任中获益。首先，有限责任容易把风险转移给更有优势的风险承担者，比如说银行；其次，公司的有限责任消除了承担巨额交易成本的可能性，比如说一个债权人要分别对在 2000 个不同地域的合伙债务人分别提起清偿债务的诉讼，就有可能发生巨额的诉讼成本；最后，股东的有限责任有时使得投资人不必支付企业外部影响的全部成本，比如说对消费者权益的损害导致的赔偿责任，合伙企业的合伙人就要承担无限责任，而有限责任公司使股东仅负有限责任。[2]与个人企业和合伙企业比较，有限责任的性质使得公司成为更加优越的投资形式。个人企业一般承担的是无限责任，而且也不具备从事大规模筹资投资和商业活动的条件；而合伙企业是指为了赢利而从事经营的两个或两个以上的共同所有人的联合。合伙人的权利义务关系一般是由具体合同来加以规定的，它的设立相应也简单得多，由于合伙人对合同义务负连带责任，因此，合伙这种形式对投资人来

---

〔1〕　朱伟一：《美国公司法判例解析》，中国法制出版社 2000 年版，第 3 页。

〔2〕　See Robert Clark, *Corporate Law*, Aspen Law and Business Press, 1986, §1.2.

讲，一般容易发生侵权责任、越权代理和合同责任的不利后果。

2. 股份可转让——以股票为代表的权利束的转让以及证券市场的发展

投资人权益的自由转让指的是公司的投资人所有权可以自由转让（free transfer），不受任何不合理的限制。一般来说，在公司这种组织形式下，投资人或股东持有公司的股票、股份，并享有相应的权利。依照英美法系的概念，普通股一般拥有下列三项权利：股东应该享有按比例（同股同酬）获得股息的权利以及在企业清算时的按比例分配权；在一票一权基础上的公司董事的选举和公司重大变更情况（如合并、破产）的投票权；股东检索和查核公司账簿、记录等公司信息的知情权。而这三项权利，除非有特别协议，股东都可以自由转让，无须公司其他股东、董事和经理的同意。公司股票的自由转让、流动性和类别股之间的互换性正是有效的证券交易市场产生的基础。投资人权益的自由转让可以提高投资人资金的流动性，从而间接地促进资本的形成。对于合伙企业来讲，则不具备投资人权益自由转让的特点。合伙人的合伙权益尽管也可以转让，但是受让人关于合伙企业经营业务的知情权是贫乏的，因为合伙权益并不体现在证券上，受让人不能很清楚地知道他所付出的能否得到回报，这使得合伙权益的转让具有非谈判性。同时，原始的个别合伙人在具体合伙企业的财产权上，也难将其权益让渡，因为不存在这些权利的交易市场。另外，合伙人的经营管理权也是不能转让的，因为要成为完全合伙人往往要现行全体合伙人的同意，外部人很难通过收购股权从而控制某个合伙企业。

3. 法人人格——公司具有区别于其股东的独立人格

公司的一个重要特征是法人人格（legal personality），即公司被当作一个独立的、拟制的具有自然人某些特征的"人"来看待，换句话说，公司是一个法律实体，并且具有生命周期和目的。[1]

首先，公司是一个独立的法律实体，公司有权利"像个人那样去做一切对经营公司业务和处理公司事务有必要的或有利益的事情"，[2]公司可以从事任何合法业务的经营。具体说来，公司的权利有以下四方面：公司的权利和责任完全独立于股东的权利和责任；公司可以起诉和被起诉；公司有权与包括其股东在内的他人签订合同；公司财产的所有权归公司。

其次，公司可以永久存在，或者说可以"无限续存"（perpetual existence），即使公司的所有者死亡或退出之后，公司仍然可以作为法人续存，其法人地位并不自动终止，公司章程也不需要更新。除非按照法律规定，公司可以被强迫解散或清算，公司个别股东并不能单方面地撤资或解散实体。公司作为大型商业活动的组织者以及其稳定性的运营价值是不可低估的。

最后，公司存在的终极目的是使其所有者的财富最大化，公司董事和经营层作出的公司决策应当使公司的股份价值最大化，公司股东对企业的剩余价值，即公司在履行所有明确的法律义务之后所剩余的价值拥有请求权。而公司董事和经营层应有积极、开放的责任去增加这种剩余价值。对于公司因这种目的特性而可能引发的侵害公司主体利益以外的行为，则有其他

---

〔1〕 参见 Robert Clark, *Corporate Law*, Aspen Law and Business Press, 1986, §1.2.3. 汉密尔顿认为："考察公司的最简单、通常也是最有用的方法，是把它看成一个独立于其所有人或者投资人的拟制的实体，或者说是一个人造的实体。这种人造的实体可以像一个'真实的'人那样，以自己的名义经营一项或多项业务。"[美] 罗伯特·W. 汉密尔顿：《公司法概要》，李存捧译，中国社会科学出版社 1999 年版，第 1 页。

〔2〕《美国标准公司法》，§3.02。

相关的法律加以调整，如劳动法可以保护雇员的利益，侵权法可以保护公司发展过程中带来的环境污染受害人的利益。与合伙企业相比，合伙企业则不具备法人人格，因为合伙企业被视为法人的程度不如公司。合伙企业更多的是合伙成员的集合，而不是法律实体。合伙企业的生命期可以由合伙协议来设定，但每个合伙人仍然有权终止或威胁企业的生命。

4. 集中管理——公司的经营管理由职业的经理人承担

公司的集中管理（central management）指的是公司管理权利的合法集中化。依英美法律，公司的管理公司业务的权力集中在董事会，或由董事会任命的高级经理层，这些人既可以是部分或全部股东，也可以是对公司没有任何所有权的人。对于股东来说（尤其在大型公司中），除法律给予投票权的少数情况外，股东对公司的经营管理几乎没有发言权，雇员也几乎没有发言权。由于公司的最终目标、经营范围、经营策略等决策权都集中在董事会或公司高级管理层手中，股东和董事的关系并不能完全描述为股东和代理人之间的关系。依照美国《标准公司法》，股东仅享有有限的投票权，即选举董事、批准公司合并、资产出售、自愿解散等不多的方面，而公司雇员原则上只有得到公司管理层的授权才有正式的职权。因此公司的权力结构（特别是大型公司）实质上是一个"等级制度"而非"民主制度"。[1] 与合伙企业相比，合伙企业的所有合伙人既是所有者又是管理者，所有合伙人既有约束合伙企业的权力，也有管理合伙企业事务的平等权利，因此合伙企业的管理结构是典型的"分散、民主制度"。

---

〔1〕 Robert Clark, *Corporate Law*, Aspen Law and Business Press, 1986, p. 24.

5. 治理结构——权力约束与制衡

公司治理（corporate governance）是对公司集中管理的补充和发展。公司治理指的是股东、董事与公司这三者之间如何平衡权力关系，其实质是通过对公司高级管理层行为的制约和规范，以达到权力制衡，推进公司的有效管理。一般而言，我们提到公司治理是公司的一个主要特性，是指在理论上，所有的公司都有公司治理的问题，在实践中，往往更多的是指上市公司或大型公司存在公司治理的问题。在这类公司中，容易形成所有权和管理权一分为二的情况。股东是公司的"主人"，股东选举公司的董事会领导公司，而董事会又授权给高级经理层负责公司的日常经营业务。在实践中，由董事和高级经理组成的管理层在事实上控制了公司。另外，由于公司集中管理的特性也使得公司内部角色专门化得到了强化，由于不同分工的原因，公司管理层成了职业经理者，他们对公司的经营管理具有娴熟的技巧和深刻的理解，往往更容易运用手中的权力去牟取私利，而罔顾股东的利益。因此对管理层权力的限制和监督一直是公司及其治理的核心问题。股东可以通过公司股东投票委托授权、账簿查阅权和派生诉讼等手段来制约管理层的越权行为。而合伙企业则不存在这么一个职业的管理层。合伙人即公司的实际经营者，除非有特别协议或有限合伙企业中的某些合伙人放弃了企业的经营管理权。

国有企业改革的目标之一就是通过大力改变国企的现有公司治理结构，构建现代的公司制度。公司治理结构如不发挥作用，企业的正常经营将会大打折扣，也不利于保护股东权利。近年来，为了解决国企的公司治理结构徒有现代之表——相当一部分国企尤其是国有独资企业与国有独资公司不能实现向现代公司转型这一国企改革中最难以解决的问题，以习近平总书记为核心的党中央出台了一系列的政策。

为更好地约束和制衡公司,习近平总书记在党的十八届三中全会上提出,要健全协调运转、有效制衡的公司法人治理结构;建立职业经理人制度,更好发挥企业家作用;推动国有企业完善现代企业制度、提高经营效率、合理承担社会责任、更好发挥作用。2015年7月17日,习近平总书记在同吉林省企业职工座谈时指出,"我们要向全社会发出明确信息:搞好经济、搞好企业、搞好国有企业,把实体经济抓上去。国有企业是国民经济发展的中坚力量,对国有企业要有制度自信。深化国有企业改革,要沿着符合国情的道路去改,要遵循市场经济规律,也要避免市场的盲目性,推动国有企业不断提高效益和效率,提高竞争力和抗风险能力"。习近平在部分省区党委主要负责同志座谈会上强调,"坚决破除体制机制障碍,形成一个同市场完全对接、充满内在活力的体制机制,是推动东北老工业基地振兴的治本之策。要坚持社会主义市场经济改革方向,积极发现和培育市场,进一步简政放权,优化营商环境,从放活市场中找办法、找台阶、找出路。东北地区国有企业比重大、基础好。要深化国有企业改革,完善企业治理模式和经营机制,真正确立企业市场主体地位,增强企业内在活力、市场竞争力、发展引领力"。国务院办公厅印发《关于进一步完善国有企业法人治理结构的指导意见》,提出要"从国有企业实际情况出发,以建立健全产权清晰、权责明确、政企分开、管理科学的现代企业制度为方向,积极适应国有企业改革的新形势新要求,坚持党的领导、加强党的建设,完善体制机制,依法规范权责,根据功能分类,把握重点,进一步健全各司其职、各负其责、协调运转、有效制衡的国有企业法人治理结构"。2019年8月,国资委第四次委务会议审议通过《关于加强中央企业外部董事履职支撑服务的工作方案》，要求完善国资监管机构与中央企业外部董事之间的联动工作机制，强化依托公司法人治理结构履行出资人职责，推动董事会规范有效运作，深化中国特色现代国有企业制度建设，为中央企业做强做优做大、建设世界一流企业夯实体制机制保证。

从党的十八届三中全会以来，我国党中央和政府从未停止过建立健全公司法人治理结构的努力，逐步以公司治理结构改革为依托，保护股东权利，推动国有企业改革，优化营商环境，为建设现代化经济体系做出了巨大贡献。

二、公司法的模式

市场经济转型国家实际上面临着三种公司法模式的选择，即家族本位的公司法模式、国家本位的公司法模式和公司本位的公司法模式。

在东亚法系以及中东和欧洲一些地区（如意大利和法国），由于民族特性，家族企业大量出现，其公司法和政策模式更多的是为了适应家族企业产生、发展及其经营的需求。在这种模式中，公司治理结构往往不是最重要的或者是混乱的，家族内部权威的个人威望和层级制度在决定和影响着家族企业的治理和成功。公司往往依靠的是家族家长权威的独断专行和对市场形势的审时度势，来治理企业和判断、决策其经营业务。因此其法律体系对于家族内部的亲缘持股、交叉持股、相互持股持宽松甚至鼓励的态度。这种模式的优势是其决策和经营效率较高，内部较团结，但其缺陷也很明显，即这种公司容易"人存政举，人亡政息"，公司的命运与公司控制权威的个人命运和进退息息相关。另外，这种模式还有另一种缺陷，家族公司往往自我交易、内幕交易过多，容易发生暗箱操作，且信息披露的约束力较弱，易发生侵害中小股东权益的现象。

在大陆法系，特别是德国和北欧国家，一个国家只有一部成文公司法，也就是说，有一个统一的公司法。这种立法模式的好处在于，公司组织形式和法人治理结构有一个单一的标准和统一的程序，便于公司的规范。同时这种模式强调公司的社会责任，政府对公司的监督较易。但是它的缺陷也是明显的，就是容易产生政府干预，把公司管得死死，形成政府本位或国家本位的模式，同时，这种模式的一个特点是公司法原则性条款过多，且更多依赖于道德因素，司法实践中有时难以适应公司诉讼和自由经济发展。

而在英美法系的美国，却是各州有各州的公司法，公司法是地方法。虽然也有全国性的《标准公司法》，但它只不过是全美律师协会起草的、各州制定自己地方公司法的一个摹本，本身不具备法律效力。这种公司法模式认为，公司是市场经济的基本单元。公司法是地方法，不是国家法，它分为法规和判例两部分，主要是界定股东、董事与公司的基本权利和责任，其核心涉及合同关系和侵权关系，以调整市场上民事主体私人之间的关系和行为。这种地方公司法的结构优点在于它完全排斥政府对公司的干预，以保护债权债务人的利益和自由市场竞争为宗旨，强调公司本位，便于法官审案时采用较有利于公司自由的公司法标准。同时，它的法人治理结构规定非常完善，对董事会、股东大会和公司管理层的权力制衡规定非常细密。在公司治理中，其更多地强调当事人之间的意思自治。这种模式的缺陷是，由于过于强调公司本位和意思自治原则，股东与公司的诉讼过多，甚至出现"滥诉"现象。

以上三种公司法模式，在今天这个相互依存度越来越高的世界中，互相影响、互相学习，并与各自国家的民族精神和文化理念结合在一起。

除公司法模式外，公司治理规范也是现代公司法非常重要的组成部分。公司治理规范并不必然地体现为法律的规定。在世界范围内，公司治理规范往往都是由国内的研究机构和协会组织推出的。美国法学研究所（American Law Institute）的《公司治理准则：分析与建议》首开这方面的先河，此后不同的准则、规范、意见也在各国相继推出。2002 年 1 月 7 日，中国证监会会同国家经济贸易委员会发布了我国的《上市公司治理准则》。然而，完善的公司治理或者有效的公司治理规范必然要求公司法作为其有力支撑。主要体现为，公司治理规范中确定的理念、原则和治理制度需要公司法的制度认可。认可是法律产生的一种形式，对公司治理规范的认可就体现为对现存公司法的改革。目前，公司治理准则中提出的许多制度在各国公司法中大都是空白的，要求公司法吸纳这些制度的呼声也很高。

在公司法改革过程中，以下几方面问题与公司治理有密切的关系：对股东权利的保护，包括经营者与股东的关系、内部控制关系、股东大会的召开规则，有利于保护小股东的累积投票制度等；对公司非理性行为的规范，如母子公司间的担保、对公司有重大影响的担保；董事的诚信义务；公司内部的监控制度等。在一国的经济转型时期，制度的创设十分重要。新制度的建立往往需要借鉴和引进国际先进制度。然而，在制度的创设过程中，对制度产生的环境和本国的现实需要的分析是必不可少的，欠缺这一步骤而引进的制度往往是没有生命力的。

三、公司法中的重要制度

(一) 公司控制权理论

1. 控制权理论

企业所有权有两项核心权能, 即剩余索取权与剩余控制权。企业剩余索取权 (residual claimancy) 是相对于合同收益权而言的, 指的是对企业收入在扣除所有固定的合同支付 (如原材料成本、固定工资、利息等) 的余额 (利润) 的要求权。企业 (剩余) 控制权 (residual rights of control) 指的是在契约中没有特别规定的活动的决策权。

按张维迎的观点, 剩余索取权与剩余控制权构成企业所有权。而企业所有权 (ownership of the firm) 与财产所有权 (ownership of the asset) 是有区分的。[1] 张维迎认为, 财产所有权与产权是等价概念, 它们指的都是对给定财产的占有权、使用权、收益权和转让权。这里, 张维迎对财产所有权也使用了 "ownership" 而不是 "property rights", 也就是说, 这个概念更多的是从大陆法系角度来思考的。但张维迎又把财产所有权与产权等同起来, 虽然这样的等同容易混淆概念, 不过从使用方便角度来讲, 也亦无不可, 况且两大法系的许多内容包括财产权的界定正日益出现融合。张维迎认为企业所有权是一种 "状态依存所有权", 即什么状态下谁拥有剩余索取权和控制权。[2] 将索取权限定为企业的剩余索取权, 将控制权限定为企业的剩余控制权。因此,

---

[1] 张维迎:《所有制、治理结构及委托—代理关系——兼评崔之元和周其仁的一些观点》, 载《经济研究》1996 年第 9 期。

[2] 张维迎:《所有制、治理结构及委托—代理关系——兼评崔之元和周其仁的一些观点》, 载《经济研究》1996 年第 9 期。

这里的"企业所有权"是一个狭义的概念，仅针对企业的经理层（企业家），也就是说之所以有企业所有权是因为企业契约的不完备性。张维迎认为企业实际上是以企业家为中心签约人的一系列合同的联结，其他要素所有人——比如资本、技术、劳动力等生产要素的所有人——在各自的合同中规定分享一个"固定"的收益，而企业家则对企业的剩余拥有"索取权"。严格来讲，企业所有权不止包括剩余索取权和剩余控制权，只是这两个权利（权力）是构成一个完整企业所有权中独有的两个"不确定"性质的权利，用张维迎的话讲，它们是"状态依存的"。

对企业所有权，美国耶鲁大学法学院教授亨利·汉斯曼的分析更细致也更准确。他认为企业的"所有人"是指享有对企业的控制权和对企业利润或剩余收益的索取权两项名义权利（formal rights）的人。这里汉斯曼强调了两项权利是"名义上的"，而"名义上的"控制并不是有效的控制。在现代公司中，名义控制权通常只涉及选举董事和诸如公司合并、解散之类的重大决策的表决权。不仅如此，由于现代公司中拥有名义控制权的股东通常人数众多而且过于分散，从而使他们很难参与之上的重大决策，公司的控制权实际上为公司的管理层掌握。所以汉斯曼认为通常所说的"所有权与控制权相分离"并不准确，因为财产所有权本身就是（名义上的）控制权，他认为正确的说法是所有权与有效的控制权相分离。[1]因此财产所有权人——股东享有的是名义控制权和名义索取权（就现代法人企业而言）；而企业所有权人——企业家或经理层则享有有效的（实际）企业控制权

---

〔1〕　〔美〕亨利·汉斯曼：《企业所有权论》，于静译，中国政法大学出版社2001年版，第13~14页。

和有效的企业剩余索取权。企业家作为企业所有权人是一个最优的所有权安排，是实现企业价值最大化的所有权安排。

企业所有权有其固有成本。大体说来，这种成本划分为三种：管理人员的监控成本、集体决策的成本和风险承担的成本。管理人员的监控成本，换句话说就是"代理人成本"，它包括对管理层监督成本和管理层机会主义成本。要对管理层进行有效监督，就必须发生以下成本：获取有关企业运营信息的成本；所有人为交换意见和作出决策而沟通信息的成本；敦促管理层执行决策的成本。另外，当所有人对管理层监督不力时，管理人员就有机会偷懒或从事利己交易，这会给所有人造成相当大的损失。这就是机会主义行为导致的成本。集体决策成本指的是因所有人在利益上存在异质性而产生的额外成本。当企业所有人利益不一致时，他们要作出决策就必须采用某种形式的集体选择机制，这往往表现在实践中的表决机制上。这种投票权选择机制也会制造成本，它可以视为企业"政治失效"的成本，通常表现为成本高或无效率的决策。风险承担成本指的是与企业经营的重大风险相关的直接反映在企业剩余收益中的成本。公司投资者和雇员都有可能因所有权配置的不同而付出或节约企业整体的风险承担成本。[1]

2. 五种控制权形态

控制权有别于所有权和经营权，具体包括以下五种形态：一是对几乎全部所有权实施的控制，即拥有公司的全部股权。二是多数所有权公司，即拥有公司控股权。三是通过法律手段实施的

---

[1] ［美］亨利·汉斯曼：《企业所有权论》，于静译，中国政法大学出版社2001年版，第48~65页。

控制。金字塔结构，即拥有 A 的多数股票，A 拥有 B 的多数股票。四是少数所有权控制（实际控制权），即吸引分散股东的投票权。五是经营者控制，即股权高度分散，单一股权不足 1%，董事会专制。在这一情况下，公司破产清算由债权人控制。

（二）激励机制

公司治理过程中具体包括以下两个方面的激励机制。

第一，提名机制。实质上是代理关系在公司治理中的体现。涉及代理关系在股东会、董事会与独董之间如何分配的问题。随之产生的是代理关系产生的高成本，包括委托人的监督成本、代理人的承诺成本、剩余成本。

第二，薪酬机制。薪酬的理论基础是代理理论。薪酬机制的目标是吸引优秀管理人才为公司工作，使管理人利益与公司利益一致，降低交易成本；导致的结果是薪酬与公司业绩成正比关系。合理的薪酬结构体现为留住高管需要的底线薪酬、为增加股东价值的激励薪酬。最优薪酬契约是董事会与高管平等谈判的结果。董事与高管受市场约束不能偏离最优薪酬。股东利用法院等机制强制高管适用最大化股东利益的薪酬结构。

（三）揭开公司面纱

揭开公司面纱（piercing the corporate veil）理论产生于 20 世纪初。众所周知，有限责任制度是公司法律制度的基石，公司的独立人格与有限责任制度形成了公司的面纱，它把公司与股东隔开，保护股东免受债权人的直接追索，从而对人类商业文明的发展、社会财富的积累起到了巨大的推进作用。然而，公司有限责任制度是一把双刃剑，它既可以充当投资者的保护伞，也能成为投机者的护身符，其负面效应已日益显现。随着股东滥用公司人格损害债权人利益的行为时有发生，公司法人人格——有限责任制度的基本原理受到严重冲击：当公司的独立人格被滥用或完全成为一种虚构时，再承认法人的独立人格有违设立公司法的原旨。在此情况下，为追求法律的公平、正义的原则，将公司的法人人格予以否认，在特定情形下让股东对公司的行为承担责任，这就是所谓的"揭开公司面纱"。虽然有限责任在吸引个人进行自有资本投资方面起着很重要的作用，但揭开公司的面纱可能会在某种情况下促进效率。[1]

揭开公司面纱理论，亦称公司法人人格否认制度，它是指当公司背后的具有实际支配权的股东滥用公司的法人人格，损害了公司债权人和社会公共利益时，法院将抛开公司的独立人格，将公司的行为视为隐瞒在公司背后的实际支配公司的股东的行为，使其承担相应的法律责任。揭开公司面纱理论旨在防止公司的独立人格和股东的有限责任遭到滥用，是一项在西方国家已经奉行了近一百年的成功经验，它对于一人公司[2]、母子公司、跨国公司的规制是有效的，对于母子公司破产问题的解决也较彻底。当然，揭开公司面纱理论是公司法人人格和有限责任制度的一种补充，不具有普遍意义。公司人格被否认是对人

---

〔1〕 ［美］理查德·A. 波斯纳：《法律的经济分析》（下），蒋兆康译，中国大百科全书出版社 1997 年版，第 14 章。

〔2〕 比如著名的 Walkovszky v. Calton 案。在该案中，被告 Calton 设立了 9 家出租车公司，每家公司拥有 2 辆出租车，但是 9 家公司拥有一个车库。原告 Walkovszky 是其中一家公司的雇员，在一次车祸中，Calton 一家公司的出租车伤害了原告，而这家公司的保险以及资产不足以补偿原告的损失。原告在法院起诉认为 Calton 有步骤地"榨取"并抽出公司盈利，是为了更进一步减少经营资产，以图逃避民事损害赔偿责任，原告要求公司的股东 Calton 以及他拥有的其他出租车公司赔偿其损失。法院的判决是原告可以向其他 8 家出租车公司索赔，但股东仍然可以躲在公司面纱之后不用赔偿。这说明法院通常不轻易揭开公司面纱。参见 Walkovszky v. Calton 案，载美国《东北各州判例汇编》（第 2 辑第 223 卷），第 6 页（纽约州，1966）。

而非对世的，是短暂的而非永久的。"这种从公司人格否认所引起的从公司人格确认向公司人格否认的复归并非是对整个公司法人制度的否定，而恰恰是对公司人格本质的严格恪守。"〔1〕它在本质上是为了捍卫公司的有限责任制度。

在现代经济中，滥用公司法人人格和有限责任制度的往往是作为控股股东的母公司，所以母子公司的出现使"揭开公司面纱理论"更具有实践意义。一般来说，母公司是指通过掌握其他公司一定数量的股权，或通过协议方式能够实际上控制其他公司经营管理决策的公司。子公司是指一定比例以上股份被另一公司持有，通过协议方式受到另一公司实际控制的公司。子公司虽然在经济上受母公司的支配和控制，但在法律上它具有独立人格，独立承担民事责任。正是基于母子公司之间这种支配和从属的地位，母公司利用子公司的独立人格逃避法律和契约义务、转嫁经营风险的现象屡见不鲜，这就有必要在特定的母子公司关系中引入公司法人人格否认制度，"揭开公司面纱"，在特定的情况下，使母公司至少对子公司的某些债务和义务负责。大多数国家公司法在判断是否应对子公司法人人格予以否认时，着重考虑以下因素：①母公司与子公司是否表现为一个整体，其他关系人能否确定他们独立的身份；②母公司与子公司的管理机构成员是否能够泾渭分明；③母公司与子公司的经营业务是否分别独立发展，通常应有足够的证据确定每项业务的明确归属；④子公司作为一个独立财务核算单位的地位必须得到维持，并拥有与其经营规模相适应的公司财产。

---

〔1〕 南振兴、郭登科：《论法人人格否认制度》，载《法学研究》1997年第2期，第86页。

破产法前沿问题研究

一、破产法的市场化

（一）破产法的市场价值

市场经济为什么需要破产法？因为破产法是与市场经济最密切相关的一部法律。众所周知，市场经济理论的奠基者是亚当·斯密，但市场经济在人类历史上很早就有了。市场经济又被称为自由市场经济或自由企业经济，是一种经济体系，在这种体系下，产品和服务的生产及销售完全由自由市场的自由价格机制所引导，而不是像计划经济一般由国家所引导。

市场经济起源于英国14世纪、15世纪的"圈地运动"，成形于18世纪英国的工业革命，其一经产生，便成为最具效率和活力的经济运行载体。现在世界上很多国家都信奉这个理论，并相应地建立了市场经济体制。

现代市场经济实际上有五大特征：第一个特征是私有产权的确立和自由企业的存在。市场经济的前提，是产权的确立和保护以及企业的自由。市场经济有三个铁律，即最基本的规律或者规则，这构成了市场经济第二、三、四个特征。第二个特征是价高者得。资源配置的有效性就在于它是市场化的，是自由价格的，是一种价高者得的经济。第三个特征指的是市场经济是一个公平竞争的经济，或者说是权利义务责任界定分明的经济，强调市场秩序与竞争环境。第四个特征是优胜劣汰，其强调市场竞争是有效竞争。市场经济这三个铁律实际上都与破产法相关，自由市场经济的假设是靠市场经济铁律实现的。第五个特征是，现代的市场经济是全球化的。随着互联网时代的到来，随着人类地球村的活跃，现在市场经济是一个传播性非常强而且互通互联非常强的经济。市场经济的五个特征构成了我们市场经济的基本理论和框架。

市场经济被全球很多国家所接受。我国从 1992 年邓小平视察南方谈话提出建立社会主义市场经济以来，一直到党的十八届三中全会强调市场在资源配置中起决定性作用，某种程度上我国也是在确立和追求市场经济体制。这套体制实际上是由市场经济理论、自由价格理论、自由企业理论以及市场的三大铁律和全球市场化这一套理论所支撑的，这是自由市场经济的基本框架。

回到中心问题，市场经济为什么需要破产法？经济学中有两个理论是比较重要的。第一个是替代法则，是指生产要素市场价格的变化，对于生产者来说，首先意味着生产成本的改变，如果某些要素的价格上升而其他要素价格不变，企业一般会用更多的其他要素来替代成本较高的要素以获取更多的利润，对于所有者来说，要素市场价格的变化则意味着收入分配的改变。因此，生产者也好，所有者也好，生产者要获得更多利润，所有者要获得更多的分配，一定要寻找比较好的替代要素。从企业角度来讲，有竞争力的企业总会替代没有竞争力的或者低竞争力的企业，这是经济学的一个重要原理。

第二个经济学理论是供给侧结构性改革中用得比较多的，即市场出清理论。市场出清是指商品价格具有充分的灵活性，能使需求和供给迅速达到均衡的市场。在出清的市场上，没有定量配给，没有资源闲置，也没有超额供给或超额需求。实际上这是指市场商品价格的灵活性，这种灵活性会使得需求与供给自动达到一种均衡。如果市场之手充分发挥作用，其会自动达到平衡，便会出现挤出效应，这个挤出是挤出市场泡沫，市场没有闲置的资源，没有信用垃圾，这种情况即为市场出清。

中国为什么有诸多骗子公司？很大的原因是我国没有有效的市场出清机制，我国市场上有很多信用垃圾没有清扫。市场出清意味着市场经济是讲效率的经济，可以实现优胜劣汰。

经济学这两个理论告诉我们，市场经济需要一个破产机制在后面，只有破产制度及机制完善，并有效实施破产法，市场替代法则的作用与功效才会发挥，市场出清的效力与结果才能达到。经济学这两个基本理论，反过来说明市场经济是需要破产法的。

破产法对中国市场经济的价值可以从以下内容来分析思考。让市场在资源配置中起决定作用的论断最早是亚当·斯密提出的。中国从1992年邓小平南方谈话提出"市场经济"的概念，到2013年党的十八届三中全会提出"市场在资源配置中起决定性作用"。本书对此的理解，这个决定性作用实际上只有一条核心内容，即应该让破产在资源配置中起决定性作用。如果没有破产机制发挥作用的话，那么所谓市场在资源配置中起作用，甚至起决定性作用是不太可能的，一般作用都难以起到。自党的十八届三中全会以来，所有的顶层设计和迈向市场经济的改革，破产制度都是一个根基。2018 年中央经济工作会议公报中，习近平总书记明确 2019 年将"稳步推进企业优胜劣汰，加快处置'僵尸企业'，制定退出实施办法"作为重点工作任务之一。2019 年 6 月 22 日，国家发展改革委、最高人民法院等 13 个部门联合印发《加快完善市场主体退出制度改革方案》，要求逐步建立起与现代化经济体系相适应，覆盖各类市场主体的便利、高效、有序的退出制度，由此构建了法治化、常态化、科学化的市场主体退出制度体系。截至 2019 年 7 月，全国设立了深圳、北京、上海 3 个破产法庭和 98 个破产审判庭，破产审判专业化与信息化有了更大进展，我国各地破产审判工作开创了新局面。如今中国"僵尸企业"处置正处于关键阶段，破产改革箭在弦上，从中央到地方都认识到改革和完善破产法的重要性。

2006 年 8 月 27 日，《企业破产法》通过当天，笔者身处全国人大常委会的表决现场，在破产法通过以后很多记者采访时，笔者曾判断，《企业破产法》的通过意味着中国从市场经济的初级阶段迈向了中级阶段，但现在看来这个判断更适合十年后的中国。破产法虽然通过了，但破产案件较少。按照诺思和科思的观点，一个制度不仅仅是纸面的文本，还应包含实施。

中国的市场经济是从商品经济与计划经济相结合的双轨经济转型而来，因此带有很多中国特色的特征。论到中国特色的特征，实际上我国的市场经济仍处于半市场化状态，很多应该由市场起作用的领域，都是政府在推动，政府之手比市场之手更加显现。

中国经济四十年的高速增长，基本是地方政府锦标赛式的竞争的结果，本质上是半市场化的一种表现。除此之外，可以看到统一中国市场非常困难，其原因在于，中国市场有很多分割的市场，不仅与外国有很多交易的贸易壁垒，省与省之间也存在贸易壁垒，同时还存在民营经济无法进入的垄断市场。中国还有大量的市场信用垃圾，即很多坑蒙拐骗的骗子公司、很多休眠公司和吊销的公司仍在市场经济中扮演角色。

目前，中国市场经济的基本表现和特征是交易纠纷处理的非法治化，实践中主要是依靠行政方式解决。因此，破产法对于中国市场经济的推动作用非常之大，这也是为什么从1980年代改革初期开始，破产法就一直是中国改革的先声，因为中国要想建立一个健康的市场经济体，破产法是其中一个非常重要的规则。这也是为什么在供给侧结构性改革中，破产法又扮演了主要的角色，供给侧改革的核心是去产能，去产能的核心是处置僵尸企业，处置僵尸企业的核心是破产。可以说，破产法是整个供给侧结构性改革的核心。

（二）破产法是市场经济的宪法

破产法的宪法性甚少为人关注，因为在法学界一般认为破产法是民商法学的边缘法，早期认为破产法是程序法，甚至只讨论原《民事诉讼法》第19章。现在法学界讨论破产法时，则将其定位成一个部门法或特别法。但是本书认为以上对破产法的理解是有问题和缺陷的。

为什么市场经济需要破产法？很重要的一点是因为破产法具有宪法性质。美国早期的建国者和立法者在制定美国宪法的时候，已经考虑到破产法的重要性。在《美国宪法》第1条第8款规定了美国国会有18项权利，18项权力中的第4项权力为，"国会有权制定合众国全国的统一的国籍条例和统一的在破产方面的法律"，即这两部法必须是要由联邦来制定：一部是美国的国籍法，另一部是破产法。这两部法律必须由联邦国会制定，而其他法律包括公司法、刑法都可以由各个州、各个邦来制定。

美国立宪者为什么要这样规定呢？研究美国的破产法史，美国破产法是从英国学习而来，但是一个国家第一次把破产法放到宪法层面，是非常值得讨论的问题。中国政法大学破产法与企业重组研究中心的陈夏红博士研究这个问题时发现，1786年美国人制定宪法的很重要的一个原因是处理破产问题，处理债务问题。再看比尔德（Charles A. Beard）的《美国宪法的经济观》（*An Economic Interpretation of the Constitution of the United States*）[1]，该书中也可窥见一二。

实际上美国人之所以要制定宪法，是因为当时的债务人普遍存在破产危机。在独立战争时，政府打仗需要财政支持，于是政府大肆征税，各州由于税负太重而导致民怨四起，爆发了以"谢司起义"为标志的债务人革命。为了应对危机，当时13个州的领导人聚集在一起，讨论如何制定美国宪法，如何制定破产法。因此，美国制定宪法主要是为了建立一个统一规则的市场，保护当时的债权人，而当时的债权人中有很多自己就是立宪者。但债务人不想偿还，因而发动起义，然而1786年"谢司起义"失败了。在镇压"谢司起义"后的一百天，美国人开始制宪，这便是早期美国宪法要写上破产法的一个重要原因。

今天看来，美国立宪者是非常有远见的，立宪者看到了破

---

〔1〕　〔美〕查尔斯·A. 比尔德：《美国宪法的经济观》，何希齐译，商务印书馆 2009 年版。

产法对于统一市场的重要性，对于跨州跨界甚至于跨国交易的重要性，将债权人利益保护作为破产法"元问题"的重要性。

其他国家的破产法也具有宪法性。《瑞士破产法》开篇即申明，该破产法是瑞士联邦议会根据《宪法》第164条予以制定的，而瑞士《宪法》第164条规定重大法律的立法权属于联邦议会。在澳大利亚，为协调各州法的矛盾，各州达成协议，有关公司破产立法事项由联邦一级负责，包括立法权和管辖权。许多国家为防止各地方政府（各州）之间的利益冲突，维护统一的贸易市场和交易秩序，以使债权人得到平等保护，一般都将破产的立法权和管辖权归于中央或联邦。英、美、德、日、法等国破产法的立法权和司法管辖权皆统一归中央或联邦。

破产法之所以具有宪法性，不仅因为它规定在美国的宪法当中，规定在一些国家的宪法当中，包括瑞士、澳大利亚等英联邦国家，都继承了这么一个传统，还因为破产法在市场经济当中具有很重要的作用，它作为市场经济的铁律发挥功效。虽然在早期美国立宪的时候，破产法还没有今天这么大的作用，但是美国立宪者在那个时候出于当时现实的政治经济利益的需要，将破产法作为必须由联邦制定的一个法律，这是有先见之明的。

今天看来，将债权人保护作为元问题，同时保护跨州跨界跨国的交易，使得破产法具有宪法性，确实是因为破产法在扮演市场经济基本铁律的角色，扮演市场出清的角色。

（三）供给侧结构性改革下破产法的完善

2015年的中央经济工作会议提出，"要依法为实施市场化破产程序创造条件，加快破产清算案件审理"，"要尽可能多兼并重组、少破产清算，做好职工安置工作。要严格控制增量，防止新的产能过剩"。中央经济工作会议第一次将供给侧结构性改革与实施市场化破产程序提到了议事日程上。

1. 破产法是市场经济法律制度的重要组成部分

市场经济运行所需要的法律由三部分构成：市场准入法、市场交易法和市场退出法。市场准入法就是对市场主体资质的规范与确认法；市场交易法是界定市场公平诚信交易的行为规则；市场退出法则是市场竞争失败者退出市场或司法救助的特别机制，主要是破产法，这三方面的法律制度构建起一个市场经济的运行体系。破产在经济上的本质是债务人对一个或多个（通常是多个）债权人不能清偿的状态（default），是正常的市场信用出现问题的状态，破产法律制度正是通过对这一问题的处理，恢复受到破坏的信用体系，维护经济的有效运行。在所有的市场制度中，破产制度是最重要的制度，也可以说破产法是市场经济的宪法和基本法。资源的市场配置、公平竞争与优胜劣汰，都以破产制度为核心。市场经济中，债务的及时清偿或债权的有效实现是商业流转和市场信用的基础，当企业资不抵债时，便已经意味着债权人的债权不会被足额清偿了，如果此时对该企业破产清算，债权人未能收回的债权尚属于法律分配给债权人承担的正常的商业风险。若不及时破产清算，让一个净资产为负数的企业继续举债，实际上就是容忍了无本经营的投机做法，其道德风险和对债权人的巨大威胁是显而易见的。

没有以破产制度为核心的市场退出机制，给市场带来的最大后果是——信用垃圾的累积，信用血管的堵塞，以致交易费用高昂，交易主体没有稳定预期以及市场的主要输血者——债权人利益得不到保障。

目前我国破产法在实施过程中并没有发挥其应有的功能。2006 年，全国人大常委会审议通过了新中国历史上第一部市场经济的《企业破产法》，这部法律自 2007 年 6 月 1 日开始实施。但在新破产法实施过程中，一个突出问题是，全国破产案件受理数量不但没有增加，反而连续下降，这种反常情况使得破产制度未能发挥其应有的社会经济调整作用。对比新旧破产法颁布前后的破产案件结案数量，新破产法颁布后全国各级法院审理的各类破产案件结案数量呈明显下滑趋势，由《企业破产法》实施前的四千余件，变为 2014 年的两千余件。但自 2014 年后，全国破产案件审结数量稳步回升。

企业退出市场的方式有行政上的注销、吊销与司法上的破产两大类。根据国家工商总局的统计数据，近几年，从市场退出的企业约有七八十万家，主要通过行政上的注销、吊销程序退出，但通过司法破产清算退出市场的企业只有两千家左右。注销、吊销成本较低，无须经过债权申报、债权人会议、破产宣告、变价和分配等烦琐程序。而作为妥善了结债权债务关系、债权人利益得以充分保障、实现市场经济信用并由法院为公信力背书的破产程序，被适用的概率极低。以 2017 年企业退出市场方式的数据统计为例，全国企业注销数量为 1 243 542 户，吊销数量为 605 635 户，而全国法院一共审结的破产案件为 6257 件。适用破产程序的企业比例是很低的。

吊销营业执照后的企业本应进行清算，并向工商行政管理部门进行注销登记后方能退出市场，但是仍然有一些企业因为种种因素而未能向工商行政管理部门申请注销登记。2016 年，吊销后又注销的企业数量为 22 790 户，仅占全部企业吊销数量的 5.5%。这也是产生"僵尸企业"现象的重要原因。

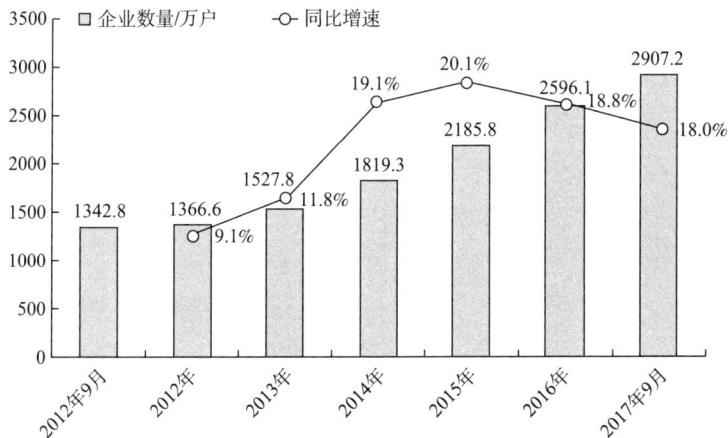

图1　全国新增企业的登记数量图

（中国政法大学破产法与企业重组研究中心搜集）

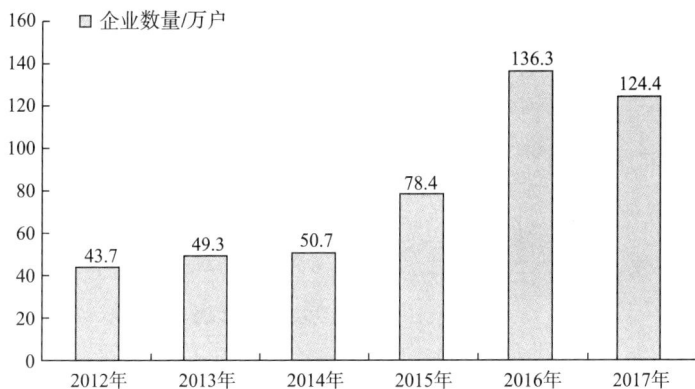

图2　全国企业的注销数量图

（中国政法大学破产法与企业重组研究中心搜集）

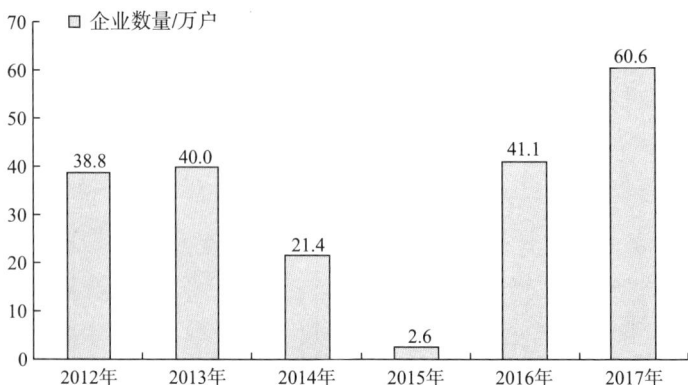

图 3　全国企业的吊销数量图

（中国政法大学破产法与企业重组研究中心搜集）

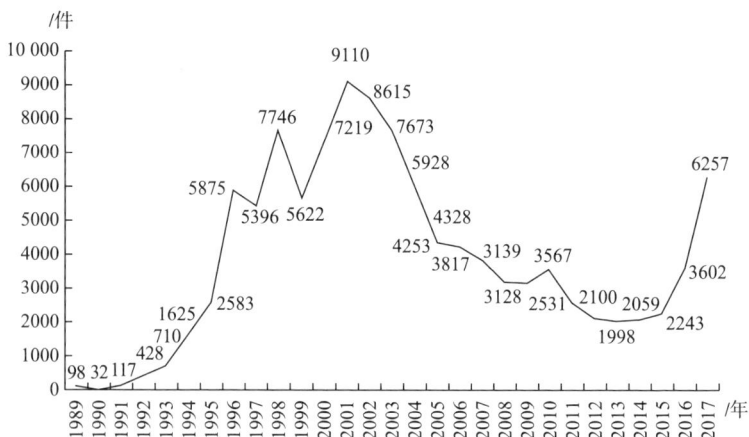

图 4　全国破产案件结案数量图

（中国政法大学破产法与企业重组研究中心搜集）

　　近两年，经济下行压力加大是我国经济运行面临的新常态。伴随着经济下行，经济结构老化、国企利润下降、产能过剩的问题愈加突出。国企在利润下降的同时，2015 年前 10 个月国有企业财务费用增长了 9.5%，其中，中央企业增长了 9.4%，地方国企增长了 9.7%。在负债方面，相关机构披露，国企负债率已从 2007 年的 58.3% 上升至 66.4%，其中，央企的负债率由 2007 年的 56% 上升至 67.7%，提高了近 12 个百分点。我国 27 个大行业中 21 个产能严重过剩，首要的八大行业是钢铁、煤炭、水泥、玻璃、石油、石化、铁矿、有色金属。这八大行业的亏损高达 80%，许多企业亏损经营，负债累累，又不能正常退出市场，造成严重的"僵尸企业"现象。

供给侧结构性改革的核心是对市场进行结构性调整，去产能、去杠杆、去库存，焕发市场的内在活力，优化劳动力、土地、资本和技术等市场要素的配置。需要强调的是，经济改革的推动力最终来自市场对适应市场发展需求的制度的需求，经济发展中的矛盾及问题的解决办法必须在改革中寻找，供给侧结构性改革的重心在于提供市场化的制度供给。这些市场化制度中，破产制度最为重要，是治愈当前经济中产能过剩顽疾的一剂治本良方。

2. 中国破产法难于实施的主要原因

在中国，企业破产难的主要原因有以下六个方面：

第一，地方政府出于维稳和政绩的需要干预企业破产。一些地方政府以破产案件可能带来社会的不稳定为由而努力"让"失败企业不破产，地方法院不受理破产案件，这直接造成了通过司法程序退出市场的企业数量远远少于行政手段的吊销和注销。许多地方政府为了政绩需求或为了保持与主要信贷银行的所谓"优良信用"关系，对僵尸企业采取各种帮扶救治措施，"借新还旧"、财政输血，甚或以政府信用帮助它们获得银行贷款。这些帮扶救治措施不但没有解救企业，反而浪费了社会资源，占用了大量社会资金，向市场释放了错误的信用信号，使得僵尸企业"僵"而不死。

第二，法院不愿意受理破产案件。实践中，法院不愿意受理破产案件主要出于几个因素：破产案件行政协调成本太高，特别是国企破产，出于债务、职工安置、维稳等考虑，涉及地方政府国资、人保、工商、银行、发展改革委等多部门，作为司法机构的法院很难协调；破产案件的专业性很强，且费时耗力，但办案效果往往显不出来，法院内部的绩效考核机制很不利于办理破产案件的法官；破产案件对债权的清偿难于执行；没有专门的破产法院和法官队伍。

第三，专业人员队伍的缺乏。关于破产管理人的选任，《企业破产法》规定，可以由有关部门、机构的人员组成的清算组或者依法设立的律师事务所、会计师事务所、破产清算事务所等社会中介结构担任。尽管有的法院建立了破产管理人名录，并从其中通过摇号的方式选取了破产管理人，但政府机构主导的清算组却是实践中的主要模式。在已经受理的＊ST公司重整案例中，大部分案例均是政府主导的清算组做管理人。政府的介入在个案中或许具有一定的合理性，不过被大范围的采用却意味着破产法的非市场化运作，造成了破产程序的运转专业性不强，挤压了市场中介组织发挥作用的空间。法院监控下平衡协调利益相关人的过程也演变成为政府出于维稳和政绩需要，以及保护劳动者和国家债权的需要。这势必造成人们对适用破产程序的远离趋势，也进一步降低了普通债权人获得清偿的比例。

第四，破产案件的处置没有市场化。实践中，破产法律服务市场没有形成，破产案件的收费很低，律师、会计师等专业人员没有积极性。国际上，一般是根据破产处置的市场效益或工时来收费，例如，美国破产重整的法律服务费用和管理费用平均占债务人财产价值的3％到25％。而在中国的实践中，往往是法院确定一个极低的固定收费。

第五，破产法体系中缺乏个人破产和金融机构破产制度。我国目前的《企业破产法》只是"半部破产法"，尚缺个人破产制度。市场经济主体不仅包括企业，也包括自然人或各色消费者。不论是有组织的企业，还是独立的个人，都有债权债务关系要处理，个人破产法是一主要工具。西方发达国家早期商业繁荣的一个重要的原因是个人破产法的出现和发展，正是因为在现实商业活动中有了个人破产，才带动了西方早期和后期成熟市场经济的出现。若没有个人破产制度，破产法便不是完整的破产法。不仅债权人的债权难以有效偿付，产生"信用垃圾"，而且债务人自身也会由于缺乏债务清理机制而陷入债务泥沼不能自拔。

此外，金融机构也是市场主体，同样会发生经营风险或债务危机，也需要相应的债务处置机制。如果对金融机构缺乏一个清晰的关于破产和清算的法律框架，那么在维护金融稳定方面，很多做法不仅缺乏根据，更可能造成影响社会稳定的事件。许多金融机构经营不善，亏损严重，极大地侵害了广大投资者与储户的合法权益。金融机构破产机制的建立并不会损害市场的信心，相反会有助于增强金融机构和投资者的风险意识、调整金融业结构、分散和规避金融业风险，有利于良好的社会信用机制的形成和市场经济的有序运行。

第六，文化传统与商业习惯因素。中国人"好面子"的文化与商业传统观念认为，"破产"是件不吉利的事情，人们会尽可能通过其他途径而非破产程序解决债权债务问题。

3. 发达国家的经验与破产数据分析

许多发达国家对破产法的重视有很好的经验。市场经济越完善的国家，越重视破产法的制定与实施，破产案件也越多。破产制度的起源可以追溯到古代罗马法有关追偿债务的制度，英国、意大利的破产法也有数百年历史，而美国则是后来者居上，成为破产制度最完善、破产现象最活跃的国家。从近十年的数据看，美国联邦破产法院受理的破产案件每年都在一百万件左右，2005年最多达到了二百余万件，2011年后案件数量不断下降。以2016年为例，破产清算案件为490 365件，企业重整案件为7292件，家庭农场主的债务重整案件461件，个人债务重整案件296 655件。即便是对投资者利益有重大影响的上市公司，破产法也照样发挥其有效功能，美国2013年上市公司申请破产清算或重整程序的数量为99家，资产规模约为4亿美元。这一数据的峰值出现在2008—2009年全球经济危机期间，两年间美国申请破产清算或重整的上市公司共计349家，资产规模约为175亿美元。而在欧洲，在发达的西欧国家，其破产案件数量基本稳定在17万件以上。从数据分析来看，我国适用破产程序案件的数量不足美国的0.2%，西欧全部国家的1.16%。同时，我国2014年每千家公司进入破产程序的数量仅为0.11户，显著低于西欧平均70户的数量。此外，美国2013年的个人破产案件占全部破产案件的30%以上。

表1　美国破产案件数量

年份	合　计	依《破产法》第7章申请的破产	依《破产法》第11章申请的破产	依《破产法》第12章申请的破产	依《破产法》第13章申请的破产
2016	794 960	490 365	7292	461	296 655
2015	844 495	535 047	7241	407	301 705
2014	936 795	619 069	7234	361	310 061
2013	1 071 932	728 833	8980	395	333 626

续表

年份	合　计	依《破产法》第 7 章申请的破产	依《破产法》第 11 章申请的破产	依《破产法》第 12 章申请的破产	依《破产法》第 13 章申请的破产
2012	1 221 091	843 545	10 361	512	366 532
2011	1 410 653	992 332	11 529	637	406 084
2010	1 593 081	1 139 601	13 713	723	438 913
2009	1 473 675	1 050 832	15 189	544	406 962
2008	1 117 771	744 424	10 160	345	362 762
2007	850 912	519 364	6353	376	324 771
2006	617 660	360 890	5163	348	251 179
2005	2 078 415	1 659 017	6800	380	412 130
2004	1 597 462	1 137 958	10 132	108	449 129
2003	1 660 245	1 176 905	9404	712	473 137
2002	1 577 651	1 109 923	11 270	485	455 877
2001	1 492 129	1 054 975	11 424	383	425 292

表 2　西欧国家公司破产数据

国　家	年　份					2015/2016同比变化/%
	2016	2015	2014	2013	2012	
奥地利	5534	5422	5600	5626	6266	+ 2.1
比利时	9170	9762	10 736	11 739	10 587	- 6.1
丹　麦	6674	4029	4049	4993	5456	+ 65.6
芬　兰	2408	2574	2954	3131	2956	- 6.4
法　国	56 288	61 429	60 853	60 980	59 556	- 8.4

续表

国　家	年　　　份					2015/2016 同比变化/ %
	2016	2015	2014	2013	2012	
德　国	21 560	23 180	24 030	26 120	28 720	− 7.0
希　腊	108	189	330	392	415	− 42.9
爱尔兰	1032	1049	1164	1365	1684	− 1.6
意大利	15 057	16 015	16 101	14 272	12 311	− 6.0
卢森堡	983	873	845	1016	1033	+ 12.6
荷　兰	4399	5271	6645	8375	7373	− 16.5
挪　威	4544	4462	4803	4564	3814	+ 1.8
葡萄牙	7168	7288	6773	8131	7763	− 1.6
西班牙	4080	5097	6564	8934	7799	− 20.0
瑞　典	6019	6433	7158	7701	7737	− 6.4
瑞　士	6504	6098	5867	6495	6841	+ 6.7
英　国	17 927	15 983	17 660	18 935	21 252	+ 12.2
总　计	169 455	175 154	182 132	192 769	191 563	− 3.3

西欧（欧盟十五国以及挪威和瑞士）的公司破产数量近几年在不断下降。2016 年的总数 169 455 比 2015 年（175 154）减少了 5700（3.3%）。前两年（2014 年和 2015 年）也出现了下降（分别下降了 3.8% 和 5.5%）。然而，减持幅度有所放缓。长期来看，西欧的破产数量仍然高于 2008 年至 2009 年的金融危机以前。

从上面这张图表中破产案件数据分析，我们可以发现这样一个规律，西欧经济状况较好的国家破产率反而比经济状况较差的国家要高，最能说明此点的是，西欧国家中经济状况最差、国家信用已经破产的希腊在 2016 年的企业破产率在所有西欧国家中最低，西欧国家公司平均破产率竟然是希腊公司破产率的 92 倍。这说明破产案件保持在一个较高的数量上是有利于市场经济发展的。因为一个企业破产意味着这个企业原本占有的市场份额和社会资源流向了更有竞争力的企业。

必须强调的是，市场退出机制是多样化的，并非所有市场失败的企业只有清算一途，在经济发达国家，尤其是美国，对债务人企业在发现问题的早期，更多的是选择并购重整的破产机制，并在近年越来越多地采用预重整的早期救治机制。"过大而不能破产"（too big to be bankrupt）的问题并不仅仅是中国国企面临的困境，同样也是欧美破产法的攻坚难题。为此英美破产法和欧洲破产法设计了诸如转让性重整、法庭外重整、以将来可能产生的资不抵债作为破产保护程序的启动原因促进企业提早重整等一系列破产重整制度。这些制度和公司结构治理理论结合起来，为解决僵尸企业的破产问题提供了值得借鉴的思路。这些思路提示我们，在设置重整程序时应将重点放在解决公司结构内部的利益冲突问题上，一个好的破产重整框架必须满足以下要求：重整程序必须使重整能够尽早开始（越早开始重整，效果就越好）。重整程序必须能对特殊情况做出灵活的反应。因此，制度的设计应该尽可能地具有灵活性。重整程序必须提供一个能够在诸多不同利益之间进行平衡的框架。尤为重要的是，在这一框架下，必须排除滥用程序的可能。重整程序必须有助于尽可能顺利并有约束力地作出重整决定。因此，制度设计应尽可能简单和宽容。

4. 政策建议与法律改进

（1）短期的政策建议。这一轮经济结构调整过程中的产能过剩来势凶猛，其处置难度不亚于 20 世纪 90 年代中期的国企改革，重点问题是解决淘汰僵尸企业所要涉及的就业与债务问题，核心问题是防范因结构调整与处置僵尸企业可能引发的金融风险，同时还应在此过程中引导中国经济与国企改革步入稳健发展的市场经济新常态。有人说解决此轮困境，国企危机需要再一次的政策性破产，本书不同意这种看法。与 20 世纪 90 年代不同，我国面临的国际经济金融形势与国内市场社会体制环境发生了很大变化。上一轮国企危机中，解决人员安置问题主要靠的是当时未触碰的国有土地资源，解决债务危机主要靠的是当时未使用过的银行呆坏账准备金及核销制度，而现在这两项制度红利已经用尽。土地资产作为困境企业的隐性资产早已不再，而今天银行债务的简单核销，是商业银行二十多年市场化改革的倒退。再加上地方政府愈来愈强的政绩利益考虑及不作为心态、由大强国企主导兼并重组动力能力的减弱、司法机构的独立公正与专业介入的不足、商业银行扭曲的不良货款责任观与制度性约束软化等因素，使得对这轮产能过剩危机的处置非常困难。

不论挑战如何巨大，本书仍认为此轮产能过剩结构性调整与僵尸企业处置是能处理好的，但是，短期政策应对还是应坚持以市场化手段为主、以行政化手段为辅的原则，以利于后期改革对接。

第一，应严格按照《企业破产法》来对僵尸企业实施市场退出，绝不允许以 20 世纪 90 年代那种通过让担保债权人让利受损的方式推动企业破产。对那些连年亏损、丧失偿付能力、不能清偿到期债务的僵尸企业，应严格按照《企业破产法》的规定进行破产清算，不能置破产制度与程序而不顾，也不能由地方政府直接插手干预破产程序或法院随意变更法意，以保证破产程序公正公平，保护债权人债务人合法权益以及维护市场交易的信誉信用。对那些政府不得不救助的企业，应在符合破产法制度与程序的基础上进行融资支持、税收优惠、财政补贴或债务冲抵。作为主要债权人的商业银行如何稳妥退出"僵尸企业"？有多个债权人的，可在法院受理破产案件前成立债权人委员会，学习佳兆业重组模式，进行庭外重组。债权人委员会应在坚持分类施策监管原则的前提下，确定增贷、减贷、重组、债务核销等处置措施。一旦进入破产程序，则坚决执行破产法规则。

第二，处理好僵尸企业失业人员安置问题。从短期来看，关停国有"僵尸企业"将立即造成相关企业员工失业，据测算，2015 年 10 月末，钢铁、煤炭、黑色金属矿采选、有色金属矿采选、造纸和纸制品业等九个产能过剩严重的工业行业就业总人数达 2731 万人，约占就业总人数 5.6%。再加上每年约 800 万的新增就业人口，如新增就业岗位不能跟进的话，再考虑职业技能不匹配等结构性因素，下岗潮来临的压力就值得警惕。与 20 世纪 90 年代不同，这次解决僵尸企业市场退出带来的职工人员失业问题，国家不仅要考虑到失业人口规模与社会稳定问题，还应考虑到如何使僵尸企业处置过程能更公正、公平、公开地进行，保护企业雇员的合法权益，并建构一套社会保障供给—职业培训—创业或再就业体系。与过去相比，国家有更雄厚的财力与更多可选择的解决再就业的政策手段和工具。因此，国家应考虑安排投入更多的工业企业结构调整专项奖补资金，这笔资金主要用于退出过剩行业员工社保安置；同时应强制要求地方政府将原有支持补贴给僵尸企业的资金转移支付补贴给下岗职工。

第三，需要挖掘一批懂得困境企业拯救技术的专家担当专业的管理人。相关国资管理部门与地方政府应在金融机构、国有企业汇集一批专家型企业家，更应以开放的心态引进民企与战略投资企业家介入僵尸企业的拯救与处置。这些专家应品行笃正，熟悉管理，了解市场，懂法律，能融资，会协调；既有创意思想，又是谈判高手，还是降成本提效益的实干家。应放手让他们以市场化方式担任管理人，处理僵尸企业事务。在英美等发达国家，大型企业的重整重组，就有 CRO（首席重组官）这种角色，在通用公司、雷曼兄弟公司等大型企业重整案件中，甚至底特律城市破产案中，CRO 发挥了不可替代的作用。专门处置破产事务的企业风险管控与危机管理专业机构的大量涌现，更是催生了西方发达国家处置拯救重建困境企业这一成熟行业。我国 20 世纪 90 年代的去产能过程中，也涌现出了一批这样的企业家与专业人士，应重视发挥这些专业人士的作用。

第四，要改变债权人债务人行为方式，使其真正自负其责。监管机构不能简单核销银行的呆坏账，应按照责任权利对等与市场化原则处理不良资产。同时应出台相应的具体规定与标准来约束商业银行债权人对一时好的产业与企业进行"围货"——这是形成产能过剩的主要因素；也应约束商业银行对早期问题企业"抽货止血"——这是产生僵尸企业群现象的重要原因。同时，国资监管部门应出台具体指标强制债务人企业推行精益生产管理，精益生产管理即消除浪费、减少成本、提高质量效益的生产管理。有许多债务人拥有技术上的优势，也有很好的市场，却陷入了财务困境甚至僵尸状态，如何使其从濒临破产的边缘扭亏为盈，就应建构一套指标体系，精益管理，挖掘利润，为企业建构一套有竞争力的生产与管理系统。

第五，应将并购重组与破产清算相结合。应在僵尸企业处置过程中引入庭外重组和预重整制度，将之与破产清算结合在一起，以降低交易成本，保存企业资产的价值，实现债权债务关系的更优调整。庭外重组是陷入困境但有复兴可能的企业与其债权人之间以协议的方式，对企业进行债务调整和资产重构，以实现企业复兴和债务清偿的一种法庭外拯救手段。庭外重组可以适用债务减免、债转股、贷款、增资及并购等各种方式，充分尊重当事人的意思自治，并可避免公开的调查和外部监督，保护企业的声誉，有利于债务人和债权人在相关市场上维护市场信用，可以大大地减少解决债务问题的总成本。预重整的优势在于低成本和高效率，这在美国已是一项成熟制度。首先，预重整能够降低整体管理费用，预重整模式一般很快就能结案，并且可以避免相关的诉讼。其次，破产前成立的债权人委员会可以继续担任破产程序提起后的债权人委员会角色，从而节约了时间成本和业务适应成本。最后，债权人在提起重整程序前必须就预重整计划进行谈判、起草并通过计划。这样申请重整后法院需要做的工作大大减少，成功的预重整案件必然比传统重整案件花费的时间少，而且成本也低。

（2）中长期的政策与法律建议。

第一，修改破产法，成立破产管理局。2006年的《企业破产法》已运行十余年，与中国现行市场经济的发展已呈现出不适应的一面，僵尸企业、刚性兑付危机、地方政府债务危机、民间借贷"跑路潮"、P2P倒闭、金融机构亏损严重、消费者个人信用失信、跨境债权债务处理的协作等问题已成常态现象，另外，破产法还显示其立法有不精细的一面，应加快修改相关程序与制度。

建议借鉴英美等国政府管理破产事务的经验，设立破产管理局，作为国务院直属的一个政府部门来负责推动破产法的实施与修改，管理破产方面的行政事务。许多发达国家都设有破产管理局，并赋予以下职权搜集破产法实施现状与问题，为精准实施和修改破产法做出规划：考察董事、监事和高级管理人员履行诚信义务情况，发现和认定他们违反破产法的事实，追索董事、监事和高级管理人员的责任，并将追索的数额在债权人之间公平分配；作为破产管理人的管理者，破产管理局可以监督检查破产管理人在破产程序中履行职责的情况，防止破产管理人滥用职权，以确保破产管理人按照法律规定专业处理破产事务，提升破产程序的效率。

第二，改变地方政府的政绩预期。目前破产制度在运行中存在大量地方保护主义现象，政府干预破产市场化运作机制的程度较深。这些地方保护主义的根源在于，地方政府认为当地的大中型企业如果破产会对其政绩造成不利影响。以僵尸企业为例，不少"僵尸企业"是一些地方政府死保的"大牌"，即使债台高筑，政府也不停止对"僵尸企业"的慷慨相助。

一些地方政府一遇到破产案件，便马上贴上"维稳"的标签，立刻让法院成为实现地方政策意图的工具。地方政府官员在经济活动中非常活跃，但对"破产"一词却唯恐避之不及，认为辖下企业出现破产情形，是对其执政能力的挑战与仕途的不祥之兆。于是，当企业出现破产清算可能时，政府官员们往往极尽所能拖延时日，用有限的财政进行救助，以保政绩。阻遏地方保护主义对真正推行破产法实施，清理市场信用垃圾是极为重要的。这就要求政府在政绩考核制度上作出调整，打破以往的政绩预期，引导地方政府从长远出发作出判断，积极地推动供给侧结构性改革。

第三，推进破产案件的司法受理。除了要阻遏地方政府在法院受理破产案件的干预批准权外，应在法院体制与内部考核机制上进行改革，以改变法院在破产案件中作用权威式微的状况，还应建立一支专业化的破产案件审理队伍。在现行司法框架下，法院受制于地方政府与专业能力，债权人也不能及时接管困境企业和实施重组，只能追究企业违约责任，这是我国破产司法体系的重大缺陷。截至 2018 年 3 月，全国已有 97 个法院创设清算与破产审判庭，但是破产案件审判的专业性与独立性还较为局限。我国可以进一步借鉴美国的专门破产法院与破产法官制度，使破产法院独立于地方政府的利益，独立而专业地受理、审理涉及跨地跨界商业贸易与债权债务关系的破产案件。如果能建构起专门的破产法院体系，其独立性、专业性和体系完备性及受到有效监督的特点，将使其处于主导整个破产程序的核心地位，作为破产程序中异议的裁判者，各方利益博弈的平衡者能有效遏制"假破产、真逃债"现象，承担起扫除市场经济"信用垃圾"的职责。

第四，推动建立个人破产制度，完善金融机构破产程序。个人破产，是指作为债务人的自然人不能清偿其到期债务时，由法院依法宣告其破产，并对其财产进行清算和分配或者进行债务调整，对其债务进行豁免以及确定当事人在破产过程中的权利义务关系的法律规则。我国迄今为止仅将企业法人纳入适用破产法的主体范围，而未建立自然人破产制度。因此，在司法实务中，遇到自然人债务人全部财产不足以清偿债务时，均通过民事诉讼程序（主要是通过执行程序）解决该类纠纷。为适应消费时代的来临，保护债权人债务人合法权益，为更好地发挥破产法的市场信用功能，全国人大应加快制定个人破产法。

我国自 2001 年起开始从法律角度思考解决金融机构退出问题。2001 年，国务院通过《金融机构撤销条例》，规定了商业银行和非银行金融机构的撤销清算、债务清偿等事宜。2003 年《商业银行法》修正案原则性地规定了商业银行的解散和破产事宜。2006 年《企业破产法》第 134 条专条规定商业银行、证券公司、保险公司等金融机构实施破产的，国务院可以依据本法和其他有关法律的规定制定实施办法，但是没有做其他详细规定。目前，国务院已制定《证券公司风险处置条例》，《存款保险条例》也已于 2015 年出台。

金融机构破产的核心问题是处理好维护金融稳定，保护存款人、投资者和社会公众合法权益，以及保护金融机构债权人权益之间的关系。一般企业破产的核心问题则是保护债权人利益和最大化企业价值（特别是在重整情况下，也服从于债权人保护）。存款保险制度建立后，银行业机构的存款人保护和风险处置已于法有据，我国金融安全网又多了一道有力的屏障。银行业机构破产程序理论上的要素也已基本完备：存款保险制度将有效保障以存款人为代表的社会公众利益，存保的早期纠正和风险处置工具和央行的金融稳定职责相配合，可以解决银行机构破产最棘手的威胁金融稳定的负外部性问题。在此基础上，若还有少量机构在风险处置完毕后需要退出市场，就可直接适用《企业破产法》相关清算程序，另行立法的必要性已不大。

下一步，应进一步加强存款保险的早期纠正和风险处置职能，进一步完善证券投资者保护制度和保险保障基金的职能，与央行、监管机构一道形成风险处置合力，明确《企业破产法》对金融机构的适用程序，尽快完善各类金融机构的有序清算程序。

（四）破产清算与重整程序实现市场化出清

破产法有两个非常重要的制度，破产清算与破产重整程序，二者可帮助市场经济中的各个主体实现市场化出清。

1. 破产清算程序

早期的破产法中最核心的程序是清算程序（Liquidation）。清算程序具体分析有三种：第一种清算是一般清算，即市场当事人或者债权人、债务人之间自愿的意思表示。选择一般清算的公司不一定是亏损，但是公司不想再继续营业，可以自愿把这个公司清算，最后将债权债务清偿完毕即可。第二种清算是强制清算，规定在《公司法》中，强制清算是在债权人与债务人自愿清算遇到障碍和麻烦的时候，需要公权力介入的一种清算。强制清算又分为两种，司法的强制清算和行政的强制清算。一般清算与强制清算，实际上都不是市场退出的主流制度，市场退出的最主流的制度是第三种清算，即破产清算，也就是纳入到破产法框架下的清算制度。破产清算和前两种清算的区别在于，破产清算是特别强调集体清算的程序，而早期的清算都是单一特性的，是单个债权人和单个债务人之间一对一的关系。但是随着现代经济的发展和经济交易的复杂，一个企业的债权人众多，用简单的清算解决不了问题，因此出现了破产清算。

早期破产清算在学界多有学者探讨。最早的偿付，借钱还钱，在罗马法《十二铜表法》当中就有规定，法律界徐国栋教授也专门写了一篇文章，探讨早期罗马法中清算的概念。[1]在古代，如果出现借钱不还的情形，在罗马法之前是血腥复仇，不还钱就把债务人杀掉，之后随着文明的衍生和发展，通过债奴的方式，让还不了债的债务人成为债主的奴隶。

随着人类文明的高度发展，对于债务清偿不能的处理越来越有技术性，如破产法出现。破产清算是在司法框架下、在法官主持下对欠债债务人财产进行处置分配的一个文明的制度安排。因此，破产清算是市场经济退出的一个最核心的机制，也可以说，破产法从出现一直到今天，是不变的一个最基本的程序，也是一个最基本的制度。

清算制度与市场出清、替代法则和市场经济的铁律紧紧联系在一起。这样一个机制与制度，目标就是要迅速地出清市场。迅速清算，是一个非常讲究效率的制度。清算程序是市场经济当中最讲究效率的机制，是一个真正的优胜劣汰的机制，是一个狼驱羊的机制，即所有的羊拼命地在前面跑，因为后面有狼追着，掉队的羊是要被狼吃掉的，这就是一个优胜劣汰的市场丛林法则，前面讲价高者得与公平竞争，都是因为有优胜劣汰这样一个机制在后面压阵，其具有巨大的原动力。因此，市场经济和破产法是紧紧联系在一起的。

2. 破产重整程序

"重整"（Reorganization），是市场经济另外一个重要的退出制度安排，也是近四十年破产法最重要的进展。重整理论首先来源于英美法的哲学，即允许失败者有再来一次的机会，这是一

---

〔1〕 参见徐国栋：《罗马破产法研究》，载《现代法学》2014 年第 1 期。

个很重要的社会宽容文化。

20 世纪六七十年代，美国出现了一个很重要的理论，"转机理论"（Turnaround）。"转机理论"是指企业从出生到死亡，罗马的倒塌不是一天发生的，是有一个过程的。企业转机是 1970 年代兴起并迅速风靡国际的拯救处于困境与危机中企业的方法与程序。按照转机理论，任何处于困境中的企业病人都是可以拯救的，问题是选择什么样的药方与医治手段去治疗。转机管理类似一剂药方，帮助企业预防并医治企业的病患，提升企业绩效，实现可持续增长。当公司惨淡经营、摇摇欲坠之时，转机管理成为起死回生的灵丹妙药。

公司企业有其制度设计与理想追求，企业对于合约的履行也是有过程的，比如企业要生产什么样的产品，哪些技术人员来开发这样的产品，生产产品需要哪些原材料，企业要找哪些熟练的工人，生产过程，企业要怎么把产品卖到市场，如何雇佣销售人员等，这是由一系列合约组成的。从企业家萌发想法，到逐步找到这些合约，再到合约在市场逐步实现，这是一个漫长的过程。

在这一过程中，企业会出现一些问题。就像人一样，大多数人刚生出来都是健康的，然后要历经各种各样的社会磨炼，在每个年龄阶段都可能会出现生病现象，甚至是重病，但生重病并不意味着立即死亡。因此就出现了这么一种理论，即所有人从生病到死亡过程当中，他是有被挽救机会的，这个挽救就叫"转机"，它是一种生命的拯救再生，也是一种生命哲学，人是可以再来一次的，甚至可以再来几次，当然这种再生是有前提条件的。

在这一理论的指导下，1978 年《美国破产法》进行了重大改革，增加第 11 章，即重整程序这一章。重整这个思想，应该有人去深入研究，谁最早提出来重整的？美国在 19 世纪二三十年代，铁路就做过重整，但是那个时候并没有成为法律。

"重整"成为法律是 1978 年美国立法者的智慧——《美国破产法》的第 11 章。2017 年 3 月澳大利亚悉尼举办国际破产协会（INSOL）全球大会，全世界上千名破产专家出席了该场会议，会场上大家不说"重整"这个概念，都说"Chapter 11"，因为大家都知道"Chapter 11"指的是《美国破产法》的"Reorganization"一章，翻译为"重整"。

重整指的是在司法框架下，在法院法官的组织下，债权人、债务人的一个谈判程序，这个谈判程序就是要债务人或者债权人提供一整套让企业再生、重生、更生、重组的计划，这套计划有可能是债务重组、股权重组、债权人和债务人的重组。重整计划提出来，经过一定的司法程序得到批准后，就成为企业再生的法治安排。

这套制度在 1978 年写入《美国破产法》之后，在实践中迅速得到了反馈。早期运用于诸如美国联航公司、美国克莱斯勒公司破产的案件。后来大型公司的破产案件非常多，如安然公司破产、雷曼兄弟的破产、通用公司的破产等。2001 年安然公司的破产是当时最大的破产案，雷曼兄弟是近些年影响最大的一个破产案。除此之外，许多大小商业银行的破产，也都使用了《美国破产法》第 11 章。所以，破产重整制度是使用率非常高的破产程序。

在世界范围内，并不是只有美国一个国家在使用这套制度。重整制度问世后，在美国的资本市场、公司股权市场乃至美国的整个企业界掀起了重整的浪潮，这个浪潮传播到全世界，现在各国的破产法都学习该制度。我国是 2003 年开始意识到重整制度的重要性，开始将重整制度借鉴到中国破产法中。

大陆法系的领军国家——《德国破产法》修改的时候，[1]主要学习的就是美国的"Chapter 11"，所以1999年《德国破产法》生效的重整制度与美国的一样。日本的倒产五法中的"民事更生"和"株式会社更生"制度，也借鉴了"Chapter 11"。可以看到，世界上形成了一个破产法改革浪潮。

破产制度原来仅仅是清算的概念，而现代破产法不仅有清算价值，还有重整价值，重整给予市场主体一次再生的机会。市场主体不仅仅是指企业，后来《美国破产法》第13章修订，个人债务也可以重整。由此可见，重整制度非常有效，这是一个大浪潮。

为什么现在大型企业的破产运用重整制度与程序比较多？

第一，大型企业有很多无形资产和难以估值的资产。比如说大型企业的品牌，树立品牌是需要很多年的，企业的简单死亡对品牌确实是毁灭性的。比如美联航破产，其企业有很多内涵价值，比如它的飞行安全性、飞机起降的速率、全球客户网络、营销团队、经营管理团队、品牌价值以及对税收的贡献和就业岗位的提供，这都是很难估值的，所以不能单纯从企业资产价格或者它的负债来判定这个企业是不是应该破产清算。

第二，如果可以把企业中一些经营要素、生产要素、服务要素进行低价格要素替代，它又有可能产生新的价值。所以，在判断一个企业是否能够重整时，要去探寻它是否有营运价值。这个探寻可能是原来经营者在原来的市场条件下没有注意到的因素，这时候一定要有重整专家进入，才能发现破产企业的营

---

[1] 1995年，笔者曾与刚从美国回来的德国破产法起草组的三位议员面见与交谈。

运价值。美国有 CRO"首席重整官"制度，首席重整官可以迅速发现这个企业有没有重整价值，这个设置非常重要。是否有重整价值主要看其是否有营运价值，通过改变它的管理结构，改变企业的经营方式，降低企业经营成本。现在世界上比较流行"精益管理"，实际上就是降低企业的各种成本。通过这样一套方法能够让企业具有重整价值。

第三，这个企业具有巨大的社会公益性。如果它的死亡会带来市场信心问题、一大批工人失业问题，就会对社会公众利益造成一定的减损。某种程度上，自由市场的理论当中也有干预理论，但这个干预者不一定是政府，在美国，市场干预还可能是法官在干预。破产重整案件受理法院法官的水平是非常高的。我们看到美国大多数大的企业重整案件是在美国纽约南区破产法院审理的，因为这个法院的法官水平非常高，法官是站在全球市场角度来看这个企业重整的。这个企业值不值得拯救？怎么救？若要救，旁边还有一个巨大的市场，华尔街市场能不能容忍它？所以，这样的法官从某种程度上来说本身就是一个企业家，所以本书把这种法官称为"企业家法官"。一般情况下，司法不干预商业判断，但是在美国的大型企业重整当中，司法往往干预商业判断，但这个干预是一个市场化干预，是一个商业判断，法官能够对商业判断有特别敏锐的嗅觉能力，并且是非常准确的一种商业判断。当然在美国破产重整案中，我们也看到一些水平不高的法官，还有个别法官想出名，所以会刻意制造一些引起社会关注案件，如对雷曼破产案件主审法官，社会就有一些不同评价。但我们要承认，这些法官应该是对市场经济的精髓了解非常深入，是有从微观到宏观的把握的。当然，法官干预的重整案毕竟不多，大多数企业重整是市场自身选择、资源自然配置的结果。

市场经济退出的主要制度安排，主要是清算理论和重整理论，这也是早期破产法到现代破产法的一个发展。

（五）僵尸企业的破产法处置

1. 僵尸企业的背景与界定

僵尸企业是个热点词，它不是一个法学概念。僵尸企业是在 2015 年中央经济工作会议上提出来的概念，这个概念引起了全球关注，包括国际货币基金组织、世界银行、美国等。按照中央定义，僵尸企业是指年年亏损，且亏损严重、资不抵债，靠银行续债和政府补贴而继续生存的企业。按照我国破产法，不能清偿到期债务，并且资产不足以清偿到期债务或者明显缺乏清偿能力的企业，我国称之为僵尸企业。[1]

那么，衡量"僵尸企业"的标准是什么？笔者认为，僵尸企业是指那些丧失偿付能力，不能清偿到期债务，已经具备破产原因，达到破产法规定的申请破产的条件，但依靠借贷尚在持续运营的企业。其或以吸食银行贷款和政府资金为生，或以逃避债务为务。僵尸企业不仅会损害债权人的合法权益，从公司治理角度来说，也损害了那些希望尽快摆脱债务负担、轻装上阵的股东利益，而且还会扰乱市场交易秩序，持续生产信用垃圾，对经济结构与产能过剩行业的调整产生影响，制约金融改革、经济增长和经济转型。

---

〔1〕 从一组数据来分析，2016 年我国共有 2400 万家企业。但只有 2100 多万家进行年度申报，剩下的 260 多万家企业是没有进行年度申报的企业。国家工商总局把经营出问题的企业列入异常经营名录，并制定异常经营名录的名单，这个名单有 400 多万家企业。未年度申报的休眠企业以及列入异常经营名录的企业有很多就是僵尸企业。中央政府在推动的僵尸企业主要是国有企业，各个省都在拉名单，广东是最多的，广东有 2700 多家僵尸企业，山东是 550 家，浙江是 380 家，主要是国有企业，其中广东国有企业比较多。

破产制度在我国长期失灵，造成市场难以正常出清，僵尸企业得以苟延残喘，占用信贷等宝贵资源，抬高企业杠杆率，加剧产能过剩，衍生大量信用垃圾，侵害债权人和股东的合法权益，扭曲市场价格信号，限制了市场优胜劣汰的"创造性毁灭"作用的正常发挥。

这一轮结构性改革的背景是中国四十年经济高速增长，近几年增速明显变缓，处于下行压力中，不仅中国，整个世界经济外围环境下行压力都非常大。中国有严重的产能过剩现象。我国有27个大型产业产能过剩，按照中央说法，应该是7个较大的、主流的行业产能过剩。中央于2015年年底制定了一个计划，首先是钢铁煤炭去产能，钢铁大约年产10亿吨左右，2016年、2017年、2018年每年要压减1.5亿吨，即便如此产能还是过剩。但1.5亿很难压减，2016年只完成四千多万吨，煤炭要在3年内压减2.5亿吨，大量僵尸企业将紧随压产能出现。2017年2月28日召开的中央财经领导小组第十五次会议明确，深入推进去产能，要抓住处置"僵尸企业"这个"牛鼻子"。有关部门、地方政府、国有企业和金融机构要把思想和认识统一到党中央要求上来，坚定不移处置僵尸企业。2019年7月30日，习近平总书记在中共中央政治局会议中再次强调要加快"僵尸企业"出清。面对僵尸企业，我国需要在以上战略的指导下，提升产业基础能力和产业链水平，深化供给侧结构性改革，以期平稳渡过处置"僵尸企业"关键期。

僵尸企业处置是这一轮改革的焦点，也是破产制度的焦点，中央提出"多兼并重组，少破产清算"，笔者认为这样的提法并不完全准确，应该是"该清算的清算，该重组的重组"。如果要建立一个健康的市场经济，建立一个好的制度，那么若有些企业已经到了癌症晚期，则没有必要挽救，该出清的就要出清，该清算的就清算。但是我国破产法在实施中遇到过很多障碍，包括社会稳定、职工安置问题。中央下决心用一千亿资金解决职工安置问题，最初主要用于钢铁和煤炭两个产业，2017 年又新增了五个产业，包括传播制造、有色金属、炼化、电力和建材。相关数据显示，2016 年共安置职工 72.6 万人，2017 年是最低线，但仍有50 万以上需要安置的职工。这对于中国而言是比较棘手的问题，处置僵尸企业和处理社会稳定问题和人的问题是密切相关的。另外考虑破产文化，国人难以接受"破产"概念，认为破产是不吉利的词，其与倾家荡产、负债累累、"面子"文化结合在一起。所以在观念上进行破产选择时，可以接受重整，但不能接受破产。实际上，破产包括重整、清算以及和解程序，现在第一例大型和解案例也出现了。[1]我国法院也排斥受理破产案件，法官对破产案件有畏难心理，因为法官需要协调很多部门，不易处理，这也是处置僵尸企业的实施障碍之一。

　　另外一个很重要的原因是我国司法体制没有跟上市场经济的发展和进程。法院绩效把破产案件跟经济纠纷案件同等考核，但经济纠纷处理时间短，而破产案件处理时间可能长达数年之久。现在虽然将破产法独立出来，但也没有从根本上解决问题。破产

---

　　〔1〕　淮北云天置业有限公司破产和解案：淮北云天置业有限公司于 2006 年获准在淮北市新火车站黄金地段开发建设"金色云天"项目。由于经营不善，资金链断裂等原因，该公司于 2015 年年底全面停止营业，其开发的"金色云天"项目也长期处于烂尾搁置停工状态。2017 年 1 月 17 日，债权人邓某某向淮北中院递交申请，以云天公司不能到期清偿债务为由，要求裁定云天公司破产还债。2017 年 1 月 26 日，淮北中院依法裁定受理邓某某对云天公司的破产申请，发布破产公告。2017 年5 月 10 日，安徽省淮北市中级人民法院主持召开淮北云天置业有限公司破产和解案债权人会议，债权人会议中，过半数债权人以及代表 2/3 以上债权额的债权人表决通过破产和解方案，盘活企业资产 28.7 亿元。

案件有大有小，自 2016 年开始，最高人民法院强调全国法院必须处理破产案件，建立"全国企业破产重整案件信息网"，2017 年 1 月份颁布文件处置"执行转"破产，破产案件相应增多。

2. 处置僵尸企业的难题

僵尸企业在实践中的处置面临诸多难题。以下的难题分析，均是各地在处置僵尸企业过程中已经出现的一些难题。

第一，僵尸企业的定义。僵尸企业应该有所区分，我国破产法应把破产清算的企业和可以拯救的危困企业加以区分，否则我国的政策和破产法的效益难以到位。

第二，国有企业的定义。我国国有资产法的用词是"国有控股""国有参股""国有独资"，原来不用国有企业概念而是国家出资企业，2016 年国有企业改革又用了国有企业的概念。曾有地方法院法官提出疑惑，全民所有制企业能不能申请强制清算？1988 年我国出台了《全民所有制工业企业法》，后于 2009 年进行了修正，但是按照《公司法》第 10 章的规定，清算程序只适用于有限责任公司和股份有限公司，不适用于全民所有制企业，所以法院依此不受案。《民法总则》第 71 条规定，法人的清算程序和清算组职权，依照有关法律的规定；没有规定的，参照适用公司法的有关规定。所以，全民所有制企业的破产可以参照公司法。目前，工商总局还有五十多家大型全民所有制企业登记在册[1]，不奢求现代企业制度，不是很现代的企业制度我国还没有做到。

第三，"执转破"的条件。执转破需要四个条件：企业法

---

[1] 根据 2017 年 7 月 18 日国务院办公厅印发的《中央企业公司制改制工作实施方案》规定，按照《全民所有制工业企业法》登记、国务院国有资产监督管理委员会监管的中央企业（不含中央金融、文化企业），全部改制为按照《公司法》登记的有限责任公司或股份有限公司。

人、到期债务、当事人自愿、要对资信人签订书面同意，这四个条件，在实践中也面临着"空转"的难题。所谓"空转"，是指资信人、被资信人没有积极性，特别是债权人，其不愿意债务人破产，因为破产后得不到任何财产。笔者反对法院依职权宣告破产。当时全国人大常委会发布相关破产法征求意见稿时，最高人民法院提出了关于法院依职权宣告破产的建议，现在学界也有相似主张，但法院怎么能直接介入市场活动中，宣告企业破产呢？企业破产一定是由市场主体自主决定，不管该市场主体是多么不成熟，多么没有实现市场化，还是应该遵循自愿原则。执转破也面临着如何衔接的问题，有财产的"僵尸企业"，不愿意执转破，没有财产的僵尸企业，债权人又没有意愿。

第四，破产案件受理后面临的问题。比如管理人问题，按照破产法规定由法院指定管理人，有权必有责，为了规避责任，法院采取摇号、抓阄制选择管理人，当然国际上也有少数国家采取这样的制度，但这样导致结果差距很大，有的管理人经验丰富，处理过几十起案件，有的管理人经验为零，让他管理大型企业重整极易出现问题。该争议在破产法起草过程中就存在，笔者主张应由债权人会议选出管理人，债权人保护是破产法的元问题，权利应该回归债权人。没有制度保障、制度跟进，任何管理人都可能不公正，法院也有可能不公正，所以要靠严密的制度来解决不公正的问题。另外，管理人报酬没有市场化的问题也很严重。

第五，破产审计，有美国模式和英国模式。美国模式下破产审计是由律师事务所、律师为主导，英国是由会计师为主导，但都是一个团队，其中有法律人士，有财务专家，有企业专家。我国在实践过程中，审计也采取摇号制，因此难以组建自己的团队。另外，我国还有很多非市场化因素。

第六，涉税问题。现在破产的税收，特别是重整中的税收存在严重问题。例如进入重整方案后，重整开始实施，但应从什么时候开始收税，这就是一个问题。

第七，职工公房问题，这是我国的历史遗留问题。在过去的国有企业，职工基本是单位分配住房，甚至几代人都住在这个房子里。现在企业破产，认定房子是公房，回收住房时，就引发了职工群体性事件。在上一轮国企改革中，政治性破产就出现过此问题，现在又重蹈覆辙。所以，应有历史劳动和即时劳动的划分，即时劳动债权对应员工即时劳动，历史劳动债权需要计算员工对企业的贡献，对价支付，仅工作两三年的员工，就分配一套住房是不合理的，一辈子在企业工作的员工连一套房子都得不到，也是不合理的。

第八，担保债权问题，在实践中也存在很大争议。本书不赞成担保债权人参加债权人表决会议，甚至是计入破产的人数中，这涉及其他债权人的利益，与担保债权无关。因为现在破产表决，要求破产人数过半数和债权总额的 2/3 通过，按照这样的程序来看，如果有相应制度保障，绝对优先权既不需要计入表决总额中，也不需要计入人数当中。

第九，工商注销问题。粗略计算，一般情况下，注销一个企业比注册一个企业更难，有的企业注销要花费 6000 万，所以笔者曾经做了两年的课题，帮助国家工商总局推动简易注销，现在简易注销的文件[1]已经出台。简易注销程序很简单，只要

---

[1] 工商总局 2016 年 12 月 26 日发布的《关于全面推进企业简易注销登记改革的指导意见》（工商企注字〔2016〕253 号）。

一份承诺书即可。简易注销最令人担心的问题是简易注销后，债务人跑路，企业又注销了，若仍有债权没有正常申报，该怎么办。为解决该问题，简易程序要求债务人签署承诺书，既是给债务人简化程序，但债务人又不免责，实际上能解决僵尸企业、休眠企业以及坑蒙拐骗企业在市场上继续经营的问题，能解决清扫市场信用垃圾的问题，近几年国家工商总局在试点运行，2017 年 3 月已经在全国推广简易注销登记制度。

二、破产法的基本理论

破产法的基本理论，属于破产法"技术层面"的问题，是公司法、证券法与民法等其他法律不具有的。破产法的基本理论主要有偿付能力理论、自动中止理论、资产池与破产欺诈理论、挑拣履行理论、自行管理与强裁理论。

（一）偿付能力理论

破产法的基本理论之一是偿付能力理论。其在正确判断债务人是否有偿付能力，判断具体破产原因、破产的发生与否中占据重要地位。

偿付能力是人类商业交易史中的一个最基本的概念。所有的市场交易者，不管是消费者还是投资者，都会参与各种债权债务关系。实际上，偿付能力是债权债务关系中的其中一种状态。当一个债务人不能清偿其债务时，就是破产的状态。在中国，破产是一个贬义词，是不吉利的概念，但是随着破产法的发展，破产这个词越来越成为中性词，描述的是债务人不能偿付的状态。通过偿付能力理论，可以判断一个债务人，也是一个市场的参与者，是否处于不能偿付的状态。

法院审理破产案件的依据为《企业破产法》第 2 条所规定

的破产原因。实际上，经济学的角度有另一套方法，构成破产法的偿付能力理论，以下有四种方法来判别主体的偿付能力。

第一种方法是资产负债表测试法。通过资产负债的比例来判断一个债务人是否具有偿付能力。现在的资产负债表很容易查找得到，特别是上市公司的，每年年报三个表都可以查看，其中最重要的就是资产负债表，左边是资产，右边是权益和负债。资产负债表表明一个企业的资产和负债的关系。例如，如果资产是 1 个亿，负债是 5000 万，此时的资产负债率便是 50%，资产是大于负债的，这个时候可以说企业资产杠杆率是 50%，企业是没有问题的，是健康正向的。国际上认为当资产杠杆率是 60% 时，企业是没有问题的。当一个企业资产是 1 个亿，负债是 1.2 亿的时候，那就说资产负债率是 120%，此时就是资不抵债。很多国家的破产法叫资不抵债法，早期的时候看一个企业有没有偿付能力，就是看企业的资产和负债。

现代社会仅仅看资产和负债是不够的。因为现在很多企业资产小于负债，但是仍然不能说这个企业没有偿付能力，特别一些新兴企业负债率很高。例如，现在特别火的摩拜共享单车，它的负债率很高，但是它有很好的现金流，这个企业的偿付能力是没有问题的。因此，在判断时需要找到其他方法进行辅助。

第二种方法是现金流测试法，此种方法越来越成为现代市场经济判断一个债务人是否有偿付能力的重要标准。例如，一家企业有资产 1000 万，负债 800 万，其资产大于负债，但其负债是现金负债，资产则包括厂房、设备、仓库存货，虽然资产价值有 1000 万，但其现金是 0 或只有 300 万，这时，即使这家企业是资大于债，也可能是无偿付能力的。现金流标准越来越成为判断一个债务人有没有偿付能力的重要标准，也是现代社会越来越多采用的标准。

《企业破产法》第 2 条规定了破产原因，即债务人破产的原因是不能清偿到期债务，资产不足以清偿债务，或者明显缺乏清偿能力。这两种方法是判断一个企业是否具有破产原因的很重要的方法。实际上，现在很多国家的企业去申请破产的时候都不需要有破产原因。我国《企业破产法》专门规定了破产原因，与我国"以事实为依据，以法律为准绳"的原则相关。

第三种方法是资本充足率测试法。资本充足率（Capital Adequacy Ratio），又叫资本风险（加权）资产率［Capitalto Risk (Weighted) Assets Ratio，CRAR］，是一个银行的资本总额对其风险加权资产的比率。资本充足率是保证银行等金融机构正常运营和发展所必需的资本比率。与商业银行所从事的业务（包括管理层声明已经从事的业务和正在从事的业务）相比，若银行所持有的资本量过低，即资本与银行运营业务不匹配，则该银行的偿付能力有问题。巴塞尔协议Ⅰ、Ⅱ和Ⅲ中，所有的商业机构必须具备资本充足的底线 8%。当然随着 2008 年世界金融危机的发生，很多金融机构对于资本充足率的要求都提高了，中国现在要求资本充足率要达到 12%。但是不管怎么样，资本充足率是看一个金融机构偿付能力的重要标准之一，现在中国也通过了《存款保险条例》，相关部门也在研究金融机构的破产问题，实际上资本充足率就为偿付能力的测试，以及金融机构的市场退出，提供了一个很好的方法。

第四种方法为或有负债法，就是看一个企业担保的情况。2017 年 IFM 到中国企业进行评估，邀请一些专家来交流，在这些交流当中，专家们特别关心中国企业担保情况，一个企业的资产负债表是很好的，现金流也没有问题，但是这些企业偿付能力还是有问题，为什么会出现这种情况呢？因为这些企业和债务人，为那些即将破产的企业进行担保，他们的信用就受到了污染和影响。所以或有负债就可以成为中国判断债务人是否有偿付能力、是否会破产的判断依据。中国出现很多担保圈问题，上市公司担保圈都是连带破产，连带强制退市，比如新疆担保圈、河北担保圈、山东担保圈、福建担保圈之前相继入市，中国担保圈与或有负债密切相关。

近几年在商业银行的监管机构的推动下，鼓励大型银行为中小企业提供贷款，这些银行发明了一些方法。例如联保制度，但同时问题也出现了，浙江为什么这么多企业跑路？为什么这么多企业负债之后出问题？很大程度上是因为联保制度，银行贷款十家联保，借用秦朝的连坐制度，一家企业还不了债，这十家亲戚和好友的企业就接连出事。在中国文化中，中国人喜欢担保，喜欢保证，这是我国与英美法系国家非常大的一个区别。英美是一定要抵押或者质押，中国用得最多的是保证制，实际上是一种信誉的保证，但必须重视的是，这种保证非常容易出问题。

（二）自动中止理论

1986年颁布的《企业破产法（试行）》，主要学习借鉴的是大陆法系。当时采取破产案件宣告开始，即在破产案件受理以后，一直到破产宣告后效力才开始。2006年《企业破产法》把宣告开始改为受理开始，即法院在受理破产案件那一刻起，所有有关破产案件启动程序和实体效力就发生了，这是一个很重要的变化。我国破产程序与美国破产程序都是采用"破产受理"开始主义，因此，程序启动后所产生的法律效力也十分相似。

在美国，一个破产案件可能是由数十个或数百个次级诉讼组合而成的，这是破产案件区别于传统的刑事或民事案件的重要特点。当事人有权利对破产案件中出现的某些问题提出异议（动议），一旦这种异议需要法官审理，就构成了一个独立的诉讼，构成破产案件和破产程序中的一个次级程序。这些数十或数百个次级诉讼又可以分为核心诉讼与非核心诉讼，以及相关诉讼与非相关诉讼。雷曼兄弟破产系列案有很多次级诉讼到现在都没处理完。1998 年广东国际信托投资公司破产案也处理了非常久的时间。一个诉后面有无数的次生诉讼，这些诉讼，有核心的和非核心的，有总诉讼和分诉讼。所以，破产受理开始是非常重要的，因为它和整个司法体制、司法程序是连接在一起的。

《美国破产法》是现在世界上比较完善的破产法。无论是自愿破产还是强制破产，利害关系人都可以对破产申请本身提出异议要求法院驳回申请。只要存在实质性争议，利害关系人能提出实质性理由，类似我国《企业破产法》中的"破产原因""破产实体要件"，甚至对破产程序构成实质性滥用、频繁申请等问题都可以得到实质性审理。从某个角度来说，在同是受理开始主义的表象下，这种对各种争议的实质性审理以及简洁的受理程序构成了美国与我国破产程序的重要区别。另外，对于破产案件的要求，美国的理解是比较准确的，《美国破产法》具有宪法性。宪法性在于美国要求审理破产案件的法院或者法官必须是高度独立的、权威性的、专业的，这是三个最基本的要求。因此，在美国有独立的破产法体系，这个破产法体系仅仅存在于联邦而不是地方一级法院，以防止地方保护主义。关于破产法庭的设立构想，我国在二十年前就已提出，最早提议建立巡回法庭，后来提议建立破产法庭。2017 年破产审判工作推动，全国已经有 85 个破产法庭成立。2016 年开始，最高院要求省级和副省会级中院必须成立破产法庭，部分高院包括广东、山西等，其中广东是最早的一个，成立了高院一级破产庭。全国已经有 85 个中级人民法院和其他法院建立了专门的破产庭，地方一级破产庭的名称有所不同，例如清算破产庭、金融庭、清产庭等。如果按照比较完善的破产法，审判的独立性会受到影响，从东北特钢案件、江西赛维案件可以看出，地方法院受理存在很多问题。笔者认为，破产审判庭最好可以设在巡回法庭下，排除地方法院受地方干扰问题。

《企业破产法》第 3 条规定，破产案件由债务人住所地法院管理。现在是以中级人民法院受理为主，以基层法院受理为辅，包括"执转破"。从世界各国破产案件来看，若想让破产法成为市场经济中一个良好的且有效的制度，应该让受理破产案件的法院和法官具有绝对的权威性，具有高度的独立性。同时，由于破产法涉及所有民商事法律，包括物权法、合同法、担保法、票据法、公司法、证券法，应该由专业化法官来审理。受理破产案件的法院的权力，在世界各个国家是不太一样的，对案件的介入程度也不太一样，一般来说，法院具有程序性权力和实体性权力，程序性的权力是指法院在启动并推动破产程序进行的过程中所享有的权力，主要包括案件受理权、管理人指定权、第一次债权人会议召集权、对财产变价与分配方案以及重整计划的批准权、破产宣告权、重整程序终结权以及对重整计划的监督权等。实体性的权力是指法院对当事人在破产中的权利和义务的裁判权，主要包括围绕破产财产的撤销、取回、抵销的裁判权和对破产欺诈的裁判权。破产法还赋予法院一定的惩戒权。我国破产法还将一些更具体的权力赋予法院。例如《企业破产法》第 22 条规定，有关指定管理人及确定其报酬的办法由最高人民法院规定。

受理开始后，有一项中国学习借鉴美国但不完全一样的制度，即自动中止制度。自动中止制度是保证破产法有效性，保证在整个破产案件中能够最大化实现破产目标的制度。自动中止是指一旦法院受理破产案件，从这个时间节点开始，所有的诉讼和执行，所有围绕着债务人的财产争议都立即中止，统一到受理破产案件的法院中。这个制度有两个目的，一是给债务人一个喘息的空间。一旦法院受理，债权人采取的各种活动，讨债、电话骚扰、追债、黑社会等都是非法的。二是制止债权人哄抢。所以，自动中止是破产法中非常重要的一个制度。我国《企业破产法》第 19 条、第 20 条、第 21 条，有借鉴美国的自动中止的概念，《美国破产法》第 7 章、第 11 章（重整）和第 13 章（个人债务调整）均适用"自动中止程序"。但是我国法院执行环境不甚理想，所以和美国并不完全相同。源头上，《企业破产法》第 19 条、第 20 条、第 21 条是来自于美国自动中止制度，下一步破产法的修改工作可以往这个方向推动。受理开始和自动中止是非常紧密地联系在一起的。这也是破产法和其他法律不一样的地方，这一制度在程序上、实体上都有巨大的制度效益。

（三）资产池与破产欺诈理论

资产池和破产欺诈理论在实务界和学术界涉及得比较少，但却是一个重要的领域。债权人保护是破产法的"元"问题。债权人利益的多少在于债务人申请破产时资产池有多大。债务人的资产池越大，债权人能得到的利益保护则越多，所以破产法中有关债务人财产的条文都是希望扩大资产池。根据我国《企业破产法》第 30 条，资产池不仅包括申请时的债务人拥有的全部财产及权利，还包括破产申请后到终结前债务人取得的财产，比如可以进一步追得的债务、现金、银行利息，企业继续经营一段时间获得的新的财产等。因此，在债务人财产这一章，破产程序不管是清算程序还是重整程序，都要求将债务人的资产池管住，而且要资产池越大越好。也就是说，对于资产池主要有两个目标，一是不能少，二是增加得越多越好。

在资产池理论的支撑下，就有了破产欺诈理论。因为在所有的破产案件中，不论是债务人还是债权人，都有可能利用破产程序做有利于自己的事情。因此，破产法很重要的一个目标，就是防止破产欺诈，我国《企业破产法》设计了第 31 条、第 32 条、第 33 条，当时起草这三条时请了世界上很多国家的专家，第 31 条规定了五种行为可以撤销：无偿转让财产的、以明显不合理的价格进行交易、没有担保提供担保的、放弃债权的和提前清偿的，只要在破产申请前一年有这五种行为的话，都视为可能的破产欺诈行为，破产管理人可以请求法院予以撤销。《企业破产法》第 32 条规定了单独清偿。破产申请前半年内，如果债务人对其中一个债权人提前单独清偿，即违反第 32 条，在某种程度上也是一种破产欺诈，是破坏公平清偿准则的。一年、半年的时间设定，一方面参考了国际经验，另一方面是对交易秩序进行考虑的结果。例如，不能规定破产申请前十年，交易可撤销，否则市场交易秩序就乱了，所以当时设定的是一年，单独清偿，为防止个别债权人追偿设定为半年，这是参考了很多国家的破产法的。再看第 33 条，只要是为逃避债务而隐匿、转移财产的、虚构债务或者承认不真实的债务的，在任何时候均无效，没有年限。隐匿逃避债务问题当时也是有争议的，所以加了限定——为逃避债务而隐匿、转移财产的，这是典型的破产欺诈行为，在国际上发生过很多，我国也有很多。在实践中，隐匿、转移财产还有很多隐蔽和变相的方法，我国破产法早期也是参考了这样一个标准。这是破产法最重要的防止破产欺诈理论，也是破产法很重要的诉讼条文，如果说我国有次级诉讼的话，破产法最主要的衍生诉讼就是破产欺诈诉讼，这在实务当中也经常出现。特别是在中国，在交易成本很高，交易很不安全的情况下，破产欺诈行为是非常多的。

《民法总则》于2017年10月1日开始实施，实施以后对破产法有比较大的影响，其中的影响之一便是对于《企业破产法》第31条和第33条的行为，让破产法适用范围会进一步的扩大，因为《民法总则》把可撤销的行为范围放得更宽，将无效的行为又分为绝对无效与相对无效。绝对无效在《企业破产法》起草的时候只有第33条规定的两项，民法总则把这个扩大到只要是有违反法律法规的行为都是无效的；另外，破坏公序良俗与恶意串通，是下一步对《企业破产法》第33条的修改内容；根据《民法总则》，《企业破产法》第31条的行为在《民法总则》中也扩大了。[1]

（四）挑拣履行理论

挑拣履行理论是破产管理人制度中的重要理论。管理人是整个破产程序的总指挥，是中心角色。管理人权力很大，在美

---

[1] 关于新修订的《民法总则》与《企业破产法》的互动，参见李曙光：《〈民法总则〉对破产法修改有推动作用》，载《经济参考报》2017年5月9日，第8版。

国破产法当中，管理人就是财产信托的受托人，或者是一个委托代理人，这个委托代理人跟一般的健康公司的委托代理人不一样。破产管理人不仅具有委托代理这样一个管理权限，某种程度上还行使所有权人的职能。

美国破产管理人叫 Trustee，我国叫管理人。管理人的权利非常大，最重要的一个权利就是挑拣履行权。对于当事人、债务人和交易对手方的所有合同中，有些合同有可能是一方已经履行完毕，另外一方没有履行，或者正在履行；有些可能是债务人已经履行完毕，但是债务人的交易对手方没有完成，或者交易对手完成了而债务人没完成，这个时候管理人有权决定是继续履行还是予以放弃。实际上是等于将一个篮子里的好苹果挑出来，坏苹果扔掉。

挑拣履行的重要理论支撑是资产池理论，如果有利于资产池做大的就继续履行，不利于这个资产池的就不再履行。《企业破产法》第 18 条给予管理人非常大的权利，实际上已经和《合同法》有所冲突，但因为进入到破产的特别状态，此时适用《企业破产法》，而不适用《合同法》。所以，为什么说破产法具有宪法性？因为它可以打破《合同法》的基本准则，由管理人来决定，这个合同要继续履行，还是不再履行？所以破产法一定具有宪法性，如果没有宪法性的话，它和其他很多法律都会有冲突。挑拣履行权是管理人最重要的权利。当然管理人还有很多其他权利，按照破产法的规定是由法院来指定管理人，管理人同时要处理破产中其他的事务。

挑拣履行理论的挑战体现在金融衍生品领域。所有合同关系都有确定的一对一的交易对手方，但是金融衍生品领域的交易是瞬间的千百万手的交易，因此看不到一个确定的交易对手方。此种情况下一旦债务人破产了，不能确定其交易对手方是谁。国际上创造了一个制度，中止交易净额清算，即当交易对手方的债务人破产，不能确定其他的交易方是谁时，可以允许债务人和任何一方的交易对手方进行对冲。国际上有国际掉期与衍生工具协会（International Swaps and Derivatives Association, ISDA），其发布了 ISDA 协议，这个制度下管理人不能行使挑拣履行权，也就是说，不允许管理人决定某个合同不继续履行。交易商只要在金融衍生品交易当中，如果债务人破产的话，管理人是没有挑拣履行权的。现在已经有 44 个国家加入该协议，我国也借鉴了 ISDA 协议。因此，我国《企业破产法》第 18 条，管理人的履行挑拣权在金融衍生交易当中受到一定的限制，这一点还没有写进去。在巨大金融系统风险出现的时候，尤其在 2008 年金融危机时，这样的交易非常多，如果按照破产法规定的管理人挑拣履行权，清算成本非常高。所以这个制度目前是挑拣履行权的例外，当然这是一个比较前沿的问题，我国也有学者在研究这个问题，即金融安全港怎么建立的问题。

（五）自行管理与强裁理论

我国破产法也借鉴学习了《美国破产法》中一个很重要的理论——DIP 理论，即"经管债务人"，意为原来的经营管理层继续管理该企业，在重整程序的框架下继续经营这家企业。当然，经管债务人的权利在进入第 11 章破产重整程序后会受到限制，但是还是由原来的团队进行经营，这叫自行管理。

我国《企业破产法》第 73 条接受了这一理论，所以，当一个企业进入破产重整程序时，有两种模式，第一种模式是自行管理模式，债务人自己继续经营，因为企业的亏损并不完全是经营管理团队的原因，有可能是产品、市场原因，也有可能是短期的现金流出问题，也有可能职工成本或者运营成本太高等原因，如果能及时降低成本、渡过困难期的话，那么这家企业还是好企业，这个理论支撑了自行管理模式，在《美国破产法》第11章中成为主要的程序。第二种模式是管理人模式，此模式是直接交给外面专门的重整专家团队进行管理。重整是美国法的一个发明，影响了全世界很多国家的破产法，也是我国强调要"多兼并重组，少破产清算"的一个重要理论来源。

很多企业涉及破产问题时都需要拯救，但是一般来说，所有国家的破产法都有一个底线，就是拯救应该比清算使债权人得到的更多，此时债权人才会愿意重整。对于这一底线原则，债权人的判断是不一样的，很多债权人会认为，重整几年的时间成本很高，直接清算得到的财产更多。在现实中，债权人往往为了尽快结束而选择清算程序，而不太赞成重整。因此，破产法就赋予破产法院强制裁决权（"强裁"）。

我国破产法适用的强裁制度是从现代破产重整制度的发源地美国舶来的制度。强裁是国内重整实务界的一种"行话"，其本源是"强制批准"（cram down），即法官在确认重整计划符合规定的条件下可以不顾某些（个别）债权人或者股东的反对，而对重整计划予以强制批准，我国破产重整理论与实务界称之为"强裁"。法院只要有一组债权人通过，不管多数还是少数债权人反对，就可强制裁决重整。美国法院使用过强裁权力，就在离美国华尔街铜牛很近的、世界上著名的破产法院——纽约南区破产法院使用过，很多复杂的大型的破产案件都是由此法院受理的，美国法官在这一点上是介入商业判断的，但这需要法官具备很强的商业判断能力。但需要注意的是，在美国，即便是这样的"强裁"权力被允许使用，也使用得非常少，更多的是基于公共利益和对大型企业的保护，或者是基于哈特的理论和公共利益保护理论两种理论来作抉择。事实上，在重整中适用清算价值强裁债务人是错误的。清算价值只是法院批准重整计划必须满足的底线（bottom line），但是，满足了底线并不意味着就是公平的，还要根据重整价值判断是否对债权人分配公平。债权人参与重整，就应该根据其债权数额按比例分享重整价值。强裁则必须使用更严格、更高的门槛，即适用对担保债权人的担保价值足额清偿规则和对其他权益持有人的决定优先权规则。《美国破产法》第 1129 条分别规定了正常情况下法院批准重整计划的条件和强裁的条件。担保债权的强裁条件是重整计划必须给担保债权人足额的支付。而无担保债权和股权的强裁条件就是美国司法实践中所谓的绝对优先权，即无担保债权或者获得足额清偿，如果不能获得足额清偿，则股权不能获得清偿。

回到我国法院，现在我国法院大量使用"强裁"制度是一个很大的问题。因为我国法官的商业判断能力非常有限，同时我国法院会照顾地方利益。还有很重要的一点是，很多的破产企业是没有拯救价值的。因此，"强裁"在中国就成了一个被很多学界、实务界和债权人诟病的问题。我国破产法修改和破产法实施过程中，要特别慎重对待强裁，最高人民法院也同意此观点。但各地法院还在不断地进行"强裁"，这是一个很大的问题。即便在美国，采用"强裁"情况也很少。"强裁"的一个前提就是债权人利益保护原则，而且我国《企业破产法》第 87 条也提出了一些条件，但我国一些法院不看这些条件，使债权人利益受到一定威胁，这是需要特别注意的。

三、破产案件中行政司法的协调

（一）行政司法机关的联动机制

1. 行政司法联动机制构建的必要性

中国现行的《企业破产法》到 2017 年 6 月已经实施整整十年。但令人遗憾的是，该法实施之后，中国破产案例反而呈现出连年下降、低位徘徊的态势。其中一个最重要的原因是，近十年的破产案件更多的是政府之手在运作，市场上自由选择破产程序的企业偏少，更多的是各种体制的制约。

我国《企业破产法》本身在立法时有一个很大的缺陷，破产案件没有一个执行部门。而一部法律要实施，需要人推动，但我国没有这样一个部门去推动，所以我们一直建议要成立破产管理局，从政府层面来推动破产案件受理。但是，现行司法体系也没有及时跟上，债权人、债务人对于破产法的认知，还是处于非常肤浅的阶段。所以，破产案件只能在政府的推动下进行，特别是现在经济体量与规模非常大，企业数量也非常多，有形之手介入是正常的现象。但是具体的"有形之手"如何介入市场、何时介入市场，在企业出现危机的时候如何去拯救，都存在问题。

某些地方政府考虑的主要是社会稳定和地方财政。我国很多企业也还是很"依赖"政府，政府自然而然在社会的期待中接受这些事务。出于政绩考核与地方稳健的高要求，在面对一些大企业的破产案件时，政府会冲在前面。像东北特钢、江西赛维、中钢这些比较大型的企业面临困境的时候，甚至会上升到省政府层面。而我们整个体制，还必须需要一个协调机制，现在法院、管理人、债权人都协调不了，那么政府就必须充当这个角色。

在依法处置僵尸企业、实现市场主体有序退出的进程中，如何健全破产审判工作机制，最大限度地释放破产审判的价值是我们面临的重要问题。破产案件一审终裁的特殊性，使得其对破产审理过程的公正性和严谨性有着极高的要求，目前破产审判的规范化、专业化程度都有待提升。对于标的额较大、涉及债权债务人范围较广的案件，笔者认为可考虑由高级人民法院甚至是最高人民法院巡回法庭审理，以排除地方保护主义的干扰。对于标的额较小、债权债务关系并不复杂的案件，可考虑采用简易破产程序审理。2019 年 3 月 27 日发布的《最高人民法院关于适用〈中华人民共和国企业破产法〉若干问题的规定（三）》旨在充分发挥司法职能作用，为营造稳定公平透明、可预期的营商环境提供有力司法服务和保障。最高人民法院审判委员会专职委员刘贵祥表示，该规定通过明确破产受理后借款的清偿顺序、单个债权人的知情权、债权人会议表决机制、管理人处分债务人重大财产的权限和程序等问题，进一步保障债权人等利害关系人在破产程序中的合法权利，鼓励对债务人企业继续经营提供资金支持，促进债务人财产保值增值。人民法院要通过加强破产审判，依法处置僵尸企业，进一步发挥破产在优化营商环境、深化供给侧结构性改革中的积极作用。随着各地在贯彻落实"推进供给侧结构性改革"与推进中央有关"破、立、降"政策的工作，破产案件不仅慢慢多起来，也进入到僵尸企业处置的深水区，许多过去破产审判中未碰到的深层次问题渐渐显现出来。一是许多地方领导认为，破产是不吉利之事，地方进行结构调整与处置僵尸企业会尽量绕开破产途径；二是有些地方领导认为破产的事是法院的事；三是在破产法实施中，一些地方领导与部门不仅不推动依法破产，反而给此项工作人为设置障碍；四是一些破产案件在审理过程中，制度之间顶牛冲突的现象很多。这些问题多涉及地方党政领导的认识水平与支持力度，不解决这些问题，势必给我们三年解决僵尸企业的任务拖后腿，也必然降低破产审判工作的质量。

2. 行政司法联动的"三个协调"

为推进破产处置与破产审判工作，行政部门与司法部门应做好"三个协调"。

第一，应做好"府院协调"，即协调行政部门与司法部门在破产工作中的方向把握与分工协作事宜。在破产审判过程中，常常涉及地方稳定、职工安置、企业工商登记、股权变更、金融债权的转股、税收债权的处理、国有资产监管等问题。在现行体制下，没有地方党政的领导与支持，仅依靠司法部门难以有效推动这些问题及时、有效、完全地解决。当前推动破产法的实施与做好僵尸企业处置，最重要的是地方党委与政府要认识到位，应认识到抓好"供给侧结构性改革"仍是当前政府工作的重中之重，这不仅关乎地方经济结构的调整、国有"僵尸企业"处置，更关乎地方经济活力、营商环境的优化以及经济发展质量提升的政绩考核。我们还要认识到，我国当前要素市场化配置机制尚不完善，政府在一定范围内还应在市场化法治化的框架下发挥在破产工作中的领导协调作用，以打破行政部门与司法部门之间的沟通与工作障碍，充分发挥破产机制在去除无效供给中的作用。

第二，应做好政府"内部协调"，即地方政府各部门之间的协调。各政府部门之间在破产工作中往往互相推诿扯皮，慵懒不作为，推卸责任。实践中，破产实效的发挥涉及的绝不仅是一个部门的工作，应当有发展改革、财政、金融、国资、劳动、社保、工商、税收、公安等多部门的参与、协作，地方党委与政府应设立具体的领导机构负责推进政府部门内部的协调，推动政府内部各部门在破产法实施中分工协作，方能使"府院协调"能够真正落地，形成有效的反馈。

第三，应做好破产处置中的"制度协调"，即破产法实施过程中各种法律法规与具体制度之间的协调。如股东出资不到位导致企业破产，企业关联交易导致企业集团破产，这就涉及《公司法》与《企业破产法》的对接问题；债转股的政策涉及《商业银行法》《公司法》与《企业破产法》的对接问题；《税收征收管理法》第45条涉及与《企业破产法》第109条和第113条的冲突或边界问题；破产重整制度与现有股权变更登记制度、信用修复制度的冲突；破产程序终结与企业注销制度与完税证明制度的冲突；以及破产法内在的各种制度矛盾如管理人与法院职权的厘清，债权人与债权人委员会权力边界的分野，清算程序与重整程序的转换等，这些都需要新的立法修法推动与实践智慧去解决。

建议在中央全面深化改革委员会下设立僵尸企业处置工作领导小组，推进行政部门与司法部门的协调机制。各级地方党委与政府更应成立专项工作领导机构。同时，在各级政府层面形成专项工作组，做好政府部门内部协调、政府与法院审判工作对接与推进制度之间的协调。

3. 行政司法联动的"四个机制"

推进破产审判工作中，除了"三个协调"外，还应当在实际工作中形成"四个机制"。

第一，联动机制。即"你动我也动，我动带你动"。不仅要形成司法部门与行政部门的联动机制，还要形成政府部门内部的联动机制，使破产法实施常态化，完善市场主体退出方式，及时出清市场中的信用垃圾。

第二，识别机制。要形成对不健康企业的破产预警和识别机制，对市场有影响力的企业，特别是僵尸企业的金融风险形成常态化监管。当企业出现危机前兆时及时处置，并根据需要适时进入破产程序，及时化解风险。

第三，奖惩机制。行政部门内部协调中要对各个具体办事部门有明确的奖惩制度，促使各个部门及时有效地做出反馈，使破产法实施的"三个协调"能够真正发挥实效。

第四，保障机制。破产法的实施无论是在司法审判中还是政府履行职责，都需要资金、人员等保障。地方政府应加快建立破产启动保障基金、破产企业职工安置保障基金、重整保障基金等。

解决好破产法实施的问题绝不仅仅只在破产法自身，还在于扫清破产法实施"最后一公里"障碍。中央应在总结各地经验的基础上，从国家层面推动完善行政部门与司法部门的破产法实施协调机制，成立破产管理局与破产巡回法庭。力争在三年内解决僵尸企业问题，建立市场配置资源长效机制，破除无效供给痛点，使破产法的实施符合建立现代化经济体系的要求。

（二）企业注销制度的简易化

简易注销隶属于行政程序，而破产隶属于司法程序。只有对简易注销与破产程序进行有机协调，才能保证市场主体高效且低成本地出清市场。优胜劣汰，适者生存，富者阡陌万里，贫者无立锥之地，效率是最高指导原则。[1]注销程序是企业退

---

[1] 参见熊秉元：《正义的成本——当法律遇上经济学》，东方出版社 2014 年版，第 114 页。

出市场的最后一道工序。经过注销登记，企业的商事能力与主体资格一并消灭，不再参与市场的商事活动。注销登记与准入登记一样具有公示效力，能够为市场主体判断交易对象提供公示信息，为交易安全提供一定的保障。在企业的市场退出中，注销程序的效率高低影响了企业的退出动力，只有从制度上降低注销程序的成本，提高退出市场的效率，才能激励企业及时、有序地退出，减少市场中"僵尸企业"的数量。注销程序的设置，体现了安全与效率的博弈和平衡。

1. 注销程序的效率改革

"保护正常经营商事主体债权人和职工的利益、降低市场交易风险、保障市场经济活动正常秩序是商事制度的目的。现行的商事主体注销登记是终止经营主体资格的登记制度。"[1] 在简易注销程序推行前，企业注销程序过于僵化，所有类别的企业统一适用《公司登记管理条例》和工商总局的规定。公司企业法人在注销登记时，需要提交的材料多达 10 种，分属税务清税、社保清保、海关结税等多个部门管辖，企业注销时手续异常繁复、耗时长、成本高，企业苦不堪言，于是大多数企业选择一走了之，而不履行注销程序。

在商事制度改革的背景下，无论是 2013 年《公司法》关于公司准入门槛的降低，还是近来各地推行的"多证合一"、企业名称"自助申报、自主查重"，都意图提升企业进入市场的效率，降低进入成本，保持市场活力。市场经济是效率经济，也是双向开放的动态机制，在完整的市场机制构建中，高效的退

---

[1]　徐建宇：《对商改背景下注销制度设计的一些思考》，载《工商行政管理》2016 年第 11 期，第 15 页。

出机制与准入机制同等重要，相得益彰。在简政放权的改革下，简易注销程序的推行为市场主体的高效退出提供了重要机制。

国家工商行政管理总局自 2015 年起鼓励各地试点简易注销制度，对个体工商户、未开业企业以及无债权债务企业实行简易注销程序，使得 2015 年注销企业数量达到了 78.85 万户，比 2014 年增长了 55.86%。[1] 根据工商总局《关于全面推进企业简易注销登记改革的指导意见》（本部分以下简称《指导意见》），企业简易注销登记改革自 2017 年 3 月 1 日起在全国范围内全面实行。相较于普通注销登记，在简易注销程序中企业提交材料种类更少，手续更加简便，登记机关作出决定的时间更为短暂。"缩短市场主体退出周期，降低退出成本，提高登记效率"，是简易注销程序针对以往市场退出机制的不畅与低效作出的有的放矢的改革。

2. 简易注销程序的诚信推定

简易注销程序作为商事制度改革的重要组成部分，是政府简政放权改革理念和市场化改革方向的具体落实。简易注销程序的推进运用了市场化的操作方式和经济规律，通过降低注销成本鼓励企业退出市场，实现高效市场退出的目的。在简易注销程序中，全体投资人的承诺书取代了以往一系列证明企业清算活动已经完结的清算报告、清税证明等，登记部门对市场主体的观念从"背信推定"转变为"诚信推定"，对市场主体的监管形式从"前端严审"变更为"后端惩治"，监管格局从以往的"严进宽出"转换为"宽进严出"。一言以蔽之，监管方式以"告知—承诺"为核心，以事后信用惩戒为保障措施，这正体现了政府简政放权的市场化改革方向。

---

〔1〕 数据来源于国家工商管理总局网站。

简易注销程序通过全体投资人承诺书落实诚信推定原则。承诺书既具有推动程序的意义，也具有事实证据的作用。首先，承诺书是注销登记程序启动的前置要件。《指导意见》明确企业申请简易注销登记应当首先通过国家信用信息公示系统向社会公告申请及全体投资人承诺等信息，承诺企业符合简易注销登记的适用范围，不存在适用除外的情形。只有提交了承诺书，简易注销程序始得开展。其次，承诺书提供证据证明企业和投资人存在背信行为，为登记机关的事后监管提供便利。根据《指导意见》，全体投资人应当对承诺书的真实性负责。如果违反守信要求，"登记机关可以依法做出撤销注销登记等处理"并将"企业列入严重违法失信企业名单，并通过国家企业信用信息公示系统公示"。《行政许可法》规定，被许可人以欺骗手段取得行政许可的应当予以撤销，并且行政机关应当给予处罚，但是注销登记不属于行政许可行为，登记机关不能依据《行政许可法》对欺诈的被许可人实施撤销许可和行政处罚规则，只能依据《指导意见》作出撤销企业注销登记并施以信用惩戒的决定。最后，承诺书是投资人就企业债务对企业债权人承担担保责任的根据，是债权人事后救济的证据。在承诺书中，全体投资人对注销企业未发生债权债务或者债权债务已清偿的事实真实性作出承诺，实际上相当于担保了企业债务的清偿。在企业仍存有未清偿债务的情况下，投资人应当与企业共同承担连带清偿责任。

承诺书是对诚信推定规则下投资人的道德约束。全体投资人承诺书的性质并非通常认为的行政合同。行政合同是一项兼具公法性质与私法性质的制度设计，是行政机关为实现公共管理的目标，维护公共利益，而与相对人签订的载有公法上权利义务内容的合同。如果将承诺书视为行政合同，则其中须包含创设权利义务及相应的违约责任内容。但在简易注销程序中，无论是企业申请登记机关协助办理简易注销登记的权利，还是全体投资人保证承诺信息属实的义务，抑或登记机关追究欺诈申请人行政责任的权力，唯一能够作为依据的就是相关法律法规，而非承诺书。在没有为双方或一方当事人设定权利义务的情况下，承诺书不符合行政合同的构成要件。

因此，承诺书只是全体投资人对"守信"行为的一种道德宣示。如果投资人违背如实陈述的义务，承诺书可被用以证明全体投资人存在背信行为，这为登记机关作出注销行为无效、主体资格恢复的决定提供了事实证据。

3. 简易注销程序事后追责的困境

作为企业退出市场的最后一道关卡，注销登记需要发挥其应有的审查功能，对企业的商事活动和债权债务予以了结。商事交易"如果只图敏捷，而不求安全，则今日所为的交易，明日即可能发生问题，甚至于遭受以外的损害"。[1]商事活动规则始终处于效率与安全的不断博弈中。鉴于简易注销程序对审查标准的放宽以及对企业的"诚信推定"，可能出现企业借助该程序恶意退出市场，以此逃避债务的情形。需要通过相应的事后监管配套措施威慑不良企业，杜绝背信行为的发生，维护简易注销程序的设置初衷。在简易注销程序中，针对承诺人的事后监管和利益相关者的救济规则存在不少漏洞，导致行政机关和利益相关者对失信承诺人的事后追责容易陷入困境。

（1）行政机关的事后监管难题。承诺书只能在登记机关的事后监管中起到事实证据的作用，不能为其实施惩戒措施提供法律上的依据。那么，承诺书中所称的"惩戒"是否属于行政

---

〔1〕 张国键：《商事法论》，台湾三民书局1980年版，第43页。

法上的行政处罚，"惩戒"权的行使依托于何处规定，"惩戒"规定又是否合法合理？这些问题的厘清不仅影响实践中简易注销程序的适用，也关涉"依法行政"原则的落实问题。

登记部门对欺诈申请人的"约束和惩戒"主要体现为"黑名单"制度。《指导意见》规定，"企业在简易注销登记中隐瞒真实情况、弄虚作假的，登记机关可以依法做出撤销注销登记等处理，在恢复企业主体资格的同时将该企业列入严重违法失信企业名单，并通过国家企业信用信息公示系统公示"。

尽管"黑名单"作为一种较为严厉的信用惩戒手段，对于注销企业及其法定代表人、投资人而言均会造成权利限制。但是，该措施仍然存在两个缺陷需要弥补。其一，"黑名单"规则存在抵触上位法的可能。尽管《指导意见》为登记机关撤销注销登记，恢复企业主体资格，并列入黑名单的事后惩戒措施提供了依据，但是，《指导意见》属于工商总局颁布的部门规章，效力层级低于《企业信息公示暂行条例》，在上位法已经对违法行为作出处罚规定的情况下，部门规章仅能在该行政处罚的行为、种类和幅度的范围内作出具体规定。因此，《指导意见》关于"黑名单"的规定降低了处罚门槛，可能因抵触上位法而无效。其二，事后信用惩戒的力度不够。除了"黑名单"信用惩戒手段之外，立法没有规定其他的行政处罚措施。对于借简易注销程序恶意退出市场的投资人而言，若企业是否存续尚且不重要，威胁企业商誉的处罚便更加缺乏震慑力。至于对个人的处罚，"黑名单"制度仅对"法定代表人、负责人"作出三年内任职的限制，其余大部分签署承诺书的投资人无法受到该条款的制约。事后惩罚和追责手段的威慑力和有效性直接关系到简易注销程序的安全价值能否实现的问题。

（2）利益攸关者的事后求偿障碍。背信企业借助简易注销程序恶意退出的目的在于逃避债务，这必然会侵害债权人及其他利益攸关者的合法权益。除承担破坏公共管理秩序的行政责任以外，背信企业还可能承担民事上的债权清偿及损害赔偿责任。根据《指导意见》，当投资人隐瞒实情、弄虚作假时，登记机关可以撤销注销登记，恢复企业主体资格，有关利害关系人可以通过民事诉讼主张其相应权利，利害关系人也有权向"恶意利用企业简易注销程序逃避债务或侵害他人合法权利"的投资人主张权利。该规定实际上是《公司法》第 20 条第 3 款"揭开公司面纱"规定的具体运用。但是在处置企业退出的司法实践中，"揭开公司面纱"规则面临诸多适用困境。

首先，"揭开公司面纱"规则是公司法人人格独立和股东有限责任制度的补充，其精髓是对法人制度的维护和完善，而不是为了否定它。[1]无论在英美法系还是大陆法系，公司股东的有限责任都是一块传统的基石。[2]滥用"揭开公司面纱"制度将动摇公司制度的根基，也会破坏有限责任规则的功能。其次，《公司法》对该制度的适用仅作出原则性规定，具体的适用情形并不明确，只能交由法官自由裁量，而宽松的自由裁量权易致该规则被滥用。由于我国不存在判例制度，不同地域、不同审级的法院法官在适用规则时可能会作出截然相反的解读，法院裁决缺乏一致性和可预见性。最后，债权人在起诉公司股东时，应当举证证明其滥用制度以逃避债务，债权人作为公司的外部

---

〔1〕 参见刘敏编著：《实践中的商法：司法解释解读·典型案例分析·商事审判专论》，北京大学出版社 2011 年版，第 472 页。

〔2〕 See P. I. Blumberg, *The Law of Corporate Groups: Substantive Law*, Little, Brown and Company, 1987, p. 3.

人员，在承担举证责任时面临诸多障碍，也使"揭开公司面纱"的规则适用陷入困境。

在简易注销程序中，对于投资人是否具有主观上的"恶意"，利害相关人也易陷入举证不能的困境。承诺书虽然声明全体投资人对于"无债权债务"的承诺的真实性负责，但是，因过错导致遗漏债务并不等同于恶意退出以逃避债务，投资人的主观恶意难以通过承诺书显现，这便使得《指导意见》提供的追偿规则与《公司法》中的"揭开公司面纱"制度一样，容易陷入无法适用或者过滥适用的极端情形。

4. 强化事后监督机制

在"告知—承诺"的诚信推定规则下，应当加强事后监督，通过行政责任与民事责任的追究制度，保障债权人利益和公共管理秩序。法律不仅应宣示权利，而且还应同时配置救济的各种程序。[1]

第一，行政机关应当依据《行政处罚法》的赋权设定事后惩戒规则。《指导意见》规定的行政责任主要是"黑名单"的处罚方式，登记机关对失信承诺书设定"黑名单"处罚应当符合《行政处罚法》关于行政处罚设定权的规定。为了完善简易注销的事后惩罚机制，应规定，当出现"隐瞒真实情况、弄虚作假，取得企业注销登记"的情形时，应当将企业列入经营异常名录，而非纳入不属于《企业信息公示暂行条例》规定的处罚范围之内的"黑名单"。

另外，为了补强信用惩戒措施的威慑力，《指导意见》可以

---

〔1〕 参见程燎原、王人博：《赢得神圣——权利及其救济通论》，山东人民出版社1998年版，第349~350页。

在遵循《行政处罚法》的基础上，设定一定的行政处罚以提高市场主体恶意欺诈的违法成本，遏制其违法退出市场的动机。鉴于《指导意见》属于部门规章，仅有权设定警告及一定数额的罚款，因此《指导意见》可增加罚款作为事后惩治措施，弥补信用惩戒在威慑力上的缺陷。

第二，利益攸关者应能通过请求投资人承担连带担保责任实现事后救济。相较于"揭开公司面纱"规则的适用，全体投资人的承诺书实际上为债权人未获得清偿的债权，提供了另外一种更为便利的救济途径，即全体投资人对公司的未清偿债务承担连带担保责任。作为公司业务和财务的控制人，投资人在申请注销登记前对公司债权债务关系进行彻底清理，这是其应履行的基本义务。"如果其不履行或者不适当履行，则应视为股东实质上接受了公司财产和债务，因此可推定其自愿放弃有限责任之保护。"[1]因此，对于公司注销登记、主体资格消灭后才被发现的遗漏债务，股东应当承担清偿责任。

在简易注销程序中，股东的保证人地位更加明显。"全体投资人对以上承诺的真实性负责，如果违法失信，则由全体投资人承担相应的法律后果和责任"的承诺明确表示，如果存在未被清算的债务，投资人将承担相应责任。该承诺应当被解读为投资人对企业债务承担连带责任的声明。根据《指导意见》的规定，即便企业的注销登记被撤销，主体资格得到恢复，但是基于承诺书，投资人与企业仍然需要共同承担债务清偿的连带责任，债权人也可以依据承诺书向任何一个投资人主张债权，

---

[1] 席建林：《试论有限责任公司股东清算义务与清偿责任及其转换》，载《政治与法律》2003 年第 2 期。

而无须举证证明投资人存在主观上的"恶意"，或者"滥用"公司独立人格和股东有限责任。这一举措极大地提高了债权人获得清偿的可能性，避免其因为举证不能而无法向无过错的投资人主张权利。

构建投资人对企业债权的无过错连带责任制度，实际上是对债权人利益的倾向性保护。但在一个债权债务关系中，投资人的利益同样须被兼顾，尤其是诚信投资人的利益。投资人连带责任的制度突破了股东有限责任的保护屏障。我国没有个人破产法，在企业破产时个人的担保责任不能免除，这将导致投资人陷入数额庞大的债务之中，难以脱身。当投资者个人财产难以清偿企业债务时，通过个人破产制度和债务豁免规则则能够解放诚信债务人，使之依法妥善解决债务问题，迅速脱身，获得重新开展生产经营活动的机会。个人破产制度的设置将弥补投资人连带责任制度构建的缺憾。

（三）企业年报制度对年检制度的取代

信用制度是市场经济现代模式中最核心的一项制度。[1] "经济领域中的信用制度来源于市场经济主体之间基于长期的经济交往而形成的信任关系和信誉评价。"[2] "信用是一个人的践约和守信能力的多层次的社会评价。包括政府信用、个人信用和商事信用。而商事信用是信用在商事领域的具体体现，是商事主体在经营活动中所具有的经济能力的一种社会评价。"[3]

---

〔1〕　参见汪丁丁：《回顾"金融革命"》，载《经济研究》1997 年第 12 期。

〔2〕　赵万一、王煜宇：《中国商事信用法律制度基本问题研究》，载《中国商法年刊》（第 2 卷）2002 年第 00 期，第 135 页。

〔3〕　冯果：《由封闭走向公开——关于商事信用的若干理论思考》，载《吉林大学社会科学学报》2003 年第 1 期，第 47 页。

在公司运营中，决定公司对外责任承担范围的因素是公司拥有的资产，而不是公司注册时的资本。与注册资本的静态相对应，公司拥有的资产始终处于动态，以最低注册资本金规定、验资制度及企业年度检验保证公司信用的做法不符合社会发展的现实。透明度高、时效性强的信息公示平台、畅通的信息获取路径及完善的信息公示制度是现代信用体系建设的基础设施。在企业的经营过程中，通过年度报告制度实时更新公司的经营信息，强化信用机制，能够提高企业信誉状况的透明度，降低交易风险，避免"僵尸企业"利用注册登记的权利外观，欺诈合同相对人，最终导致负债积重难返，加剧社会的信用风险。

1. 年检制度的废止

企业年度检验制度的实施源于 1988 年的《企业法人登记管理条例施行细则》。企业年度检验制度要求企业每年向登记机关提交若干年检项目的材料，由登记机关进行年度审查，以确定企业是否有继续经营的能力。为了保证企业年检的正常运行，《企业年度检验办法》规定了吊销的行政处罚手段，用以惩治企业不通过年检、在年检中弄虚作假、未参加年检、虚报出资资本等行为。

受到彼时"计划经济"思维的影响，年检制度及保障年检制度发挥作用的吊销处罚具有较为明显的行政干预色彩。在市场信用体系不健全、市场主体自律意识较弱的环境下，年检制度发挥了一定的监督作用，保障了市场经济的秩序。但是，随着经济的发展和市场竞争机制作用的凸显，企业是否具有继续经营的能力，则更多地取决于市场的选择和淘汰机制。政府对于企业信息的审查不仅存在信息滞后、大量人力物力资源浪费的问题，也容易使"决策者"政府被无故拖入行政诉讼之中；而复杂的手续、繁多的材料也导致企业成本的增加。[1]

2. 年报制度的优势

随着商事制度改革的推行，《企业年度检验办法》在 2014 年被废止，吊销处罚随企业年检制度一并变成历史，取而代之的则是企业年度报告及配套实施的企业经营异常名录惩戒。

年报制度的实施与市场经济信用文化的建设息息相关。市场经济的转型方向和改革目标对信用制度和信用文化的建设提出了新的要求，良性的市场经济与良好的信用文化和信用制度是一致的，法律制度作为市场经济运行的基本结构，是市场经济最基本和最核心的信用制度和信用文化基础，在转型阶段必将发挥至关重要的作用。[2]

在众多"僵尸企业"滞留的市场中，企业债权人及其他相关者的利益无法得到清偿。相应制度的缺位致使"停业不清算"成为企业逃避已有债务，甚至进一步欺诈相对人的惯用手段。在 2014 年以前，对于未参加年检或者在年检中弄虚作假的企业，主管机关有权实施吊销处罚，但对于企业及企业家难以产生实质意义的影响，这也在一定程度上滋生了"僵尸企业"。从社会学的角度分析，信用机制缺乏是"社会资本"缺乏的一种表现，在群体和组织中，人们缺乏为了共同的目的一起合作的

---

〔1〕 有学者指出，除了改革年检制度外，还需要规定公司董事、经理对公司实质性资本减少的义务和责任、完善对小股东及公司债权人的法律救济以及加强对公司利润分配和剩余财产分配的监控。参见徐晓松：《论我国公司资本制度改革的方向》，载《法学杂志》2003 年第 2 期，第 19 页。

〔2〕 参见李曙光：《破产法的转型》，法律出版社 2013 年版，第 50 页。

能力,最终将妨碍人们利用本来可以利用的商业机会。[1]信用机制的完善对市场经济的持续发展与市场主体的合作共赢具有重大意义。

相较之下,年度报告制度的实施意味着企业由"对政府负责"转向"对社会负责",这是政府简政放权的重大改革,也是政府监管理念的转变,信用机制的建立,有效地扩大了监督主体的范围,由市场自主决定企业的去留,避免发生劣质企业驱逐良好企业的市场扭曲现象。

与直接限制、剥夺企业经营资格的吊销处罚相比,年报制度所配套实施的企业经营异常名录是一种间接的信用惩戒措施。根据国务院《关于印发注册资本登记制度改革方案的通知》,未按规定期限公示年度报告的企业,登记部门在信用信息公示系统上将其载入经营异常名录,提醒其履行年度报告公示义务。纳入经营异常名录的主要目的不在于直接处罚,限制企业的商事能力和交易权利,而在于借助名录对企业信用信息的负面评价,督促企业尽快履行信息公示义务。

企业信息是其从事商事活动的"信誉名片",也是其他市场主体进行交易决策的主要依据。被列入经营异常名录的企业,其宝贵的商誉受到损害,开展正常经营活动受到较大阻碍,同时也会影响法定代表人、投资人等企业控制者的个人名誉,因此企业经营异常名录是一种信用惩戒机制。对于市场交易而言,企业经营异常名录的公示能为交易者决策提供充分信息,降低

---

[1] See John C. Coffee, "The Rise of Dispersed Ownership: The Roles of Law and the State in the Separation of Ownership and Control", *The Yale Law Journal*, 2001, pp. 45 –49, 78 –79.

调查成本，实现交易安全与效率的双重目标。对企业而言，阳光是最好的防腐剂，经营异常名录的公示为市场力量参与监督提供了平台，通过市场自发形成的监督机制，促使企业诚信经营。对政府而言，企业经营异常名录的推广则是监管理念的根本性变革。工商行政管理部门改变了以往通过直接进行监督管理处罚的公权力主导格局，转而强化以市场监督为主、行政监管为辅、司法审查为保障的社会共治机制，建立市场监督管理的联动网络有利于发挥私主体参与市场管理的积极性，营造诚信经营、和谐友好、互利共赢的氛围。

"政府与市场的关系，是经济学中一个永恒的话题。"[1]市场治理理念从"行政监管"转向"社会共治"，通过更为市场化的操作方式和信用惩戒机制引导企业诚信经营，也是党的十八届三中全会决议确定的改革理念，是一系列商事制度改革的大势所趋。

3. 年报制度中信用惩戒的弱威慑力

企业经营异常名录与"黑名单"（又称"严重违法企业名单"）作为年报制度的信用惩戒手段，旨在通过公开企业的信用状况，为市场主体的决策提供充分的信息，保障交易安全与效率，同时督促企业改正背信行为，推动企业信用体系建设。根据《企业经营异常名录管理暂行办法》《企业信息公示暂行条例》，当企业未依法公示信息，或者公示内容不真实时，工商行政管理部门依法将企业纳入经营异常名录，只有在被列入经营

---

〔1〕 徐伟、孙永智、陈钊：《经济转型中的政企关系与民营企业发展》，载张军主编：《市场、政府治理与中国的经济转型》，格致出版社、上海人民出版社2014年版，第57页。

异常名录届满 3 年仍未履行公示义务的，才将其列入严重违法企业名单，如果在被列入经营异常名录后，企业履行了信息公示义务，则可以由工商行政管理部门将其移出名单。被列入严重违法企业名单的企业只有在 5 年内切实履行信息公示义务，才可以移出"黑名单"，并且，其法定代表人、负责人在 3 年内不得担任其他企业的法定代表人、负责人。

　　企业经营异常名录与"黑名单"制度存在以下四个差别。其一，适用条件不同。"黑名单"制度的适用条件比经营异常名录更严格，企业只有在经过经营异常名录的督促期限之后仍不履行相关义务的，方能被列入"黑名单"。其二，移出名单的要件不同。经营异常名录中的企业只需要在 3 年内履行信息公示义务即可移出，而"黑名单"中的企业必须连续 5 年遵守信息公示义务，才能被移出名单。其三，惩罚范围不同。"黑名单"制度的惩罚范围不再仅限于企业，而是扩大到企业的法定代表人、负责人，对法定代表人、负责人等具体个人的商事权利进行直接限制，显然具有更强的威慑效果。其四，制度功能不同。从功能上看，企业经营异常名录侧重于督促，而"黑名单"制度更侧重于处罚。前者对企业的惩罚主要体现为信用惩戒，即通过公示企业的不诚信行为，为市场主体提供决策信息，从而对企业的交易活动产生负面影响，以此激励企业改变背信行为，按时公示企业的真实信息；"黑名单"制度同样会对企业的商誉造成消极影响，但是其处罚措施还包括直接限制企业控制人的商事权利，类似于《行政处罚法》的行政处罚措施。

　　无论是企业经营异常名录还是"黑名单"，列入名录并公示的惩治措施尽管会对一个企业的商誉造成极大损害，但其威慑对象还是仅仅作用于试图继续经营的企业，对于无意经营且无意清算的投资人而言，企业是否列入名单并不重要。即便适用威慑力更强的"黑名单"制度，唯一的权利限制措施也无非是法定代表人在 3 年内不得再担任其他公司高管，显然，名录制度对于失信企业和失信投资人的信用管理力度和威慑力尚远远不足。此外，名录制度以公示督促为其主要功效，无法为不存在解散事由但实际上已经停止经营活动的"僵尸企业"退出市场提供路径。被占据的稀缺资源仍然难以释放，债权债务关系也无法得到及时的清理了结。

4. 不年报企业强制除名机制的创设

实现"僵尸企业"的快速离场，仅有名录制度还远远不够，应当另行设置针对不年报企业的强制除名机制，与名录制度相互衔接，构建多层次、具有针对性的处罚机制。

一个长期不履行信息公示义务的企业类似于一个长期失踪的自然人，应当及时清理其既有的债权债务关系，并释放被其占据的社会资源。应对名录制度的功能定位作出更为清晰的划分，实现惩罚由轻到重的划分。对于主观上没有违反信息公示制度的恶意，只是出于其他原因难以依法按时公开信息的企业，在其违法初期，可通过经营异常名录进行督促，不干预其正常经营。当超过一定的督促期限而该企业仍未消除不良行为时，可将其列入"黑名单"，对企业的权利及企业控制者的权利进行一定的限制，以实现威慑功能。当企业被列入"黑名单"超过一定期限且企业拒不改正时，应当通过强制除名机制实现"僵尸企业"的市场退出。强制除名制度指在企业被列入"黑名单"超过一定年限后仍拒不改正的，通过司法程序实施企业清算，并最终进行注销登记的制度。创设强制除名机制的目的便在于清理财务和释放资源。这种制度与自然人的"宣告死亡"规则相似，应由具备中立性、独立性、权威性的法院发挥司法审查功能，主导企业的清算活动，并在清算活动结束后，由清算义务人负责向行政机关申请注销登记，以消灭退出企业的权利外观。

只有将信用机制的完善与市场退出制度相结合，才能最大限度地发挥信用机制的作用，及时清扫市场中的"信用垃圾"。

（四）破产管理局的建立

1. 建立破产管理局的必要性

我国 2006 年出台的《企业破产法》于 2007 年 6 月实施以来已经有十多年的时间。一方面，《企业破产法》的实施带来了积极的社会经济效果。例如，一些由于资不抵债或者现金流危机而处于破产困境的企业借助《企业破产法》提供的破产重整程序成功地走出困境，实现转机。另一方面，《企业破产法》在实施过程中暴露了许多问题。最突出的问题就是许多企业本来应该申请破产，却逃避破产程序，将损失转嫁给债权人和职工。《企业破产法》颁布后，全国各级法院审理的各类破产案件结案数量呈明显下滑趋势，《企业破产法》实施前有四千余件破产案件，2008 年法院受理的破产案件只有 3139 起，2014 年仅仅有 2059 件。而 2008 年退出市场的企业多达 78 万家。这 78 万家企业中，有 38 万家以注销的方式退出市场，40 万家以吊销的方式退出。2008 年适用破产程序退出市场的企业占所有退出市场企业的比例为 3.7%，2014 年下降至不足 3%。

考虑到 2008 年正值全球性经济危机最严重的一年，我国企业受到的影响也相当严重。所以保守估计，这些退出市场的企业中有相当一部分应该走破产程序却选择逃避破产，将企业失败的成本转嫁给债权人和职工，后者甚至可能将成本进一步转嫁给社会和政府部门。本来应该申请破产的债务人逃避破产，从个案上看似乎便宜了债务人，其实从整体上看，既无益于债务人，更有害于债权人、职工，最终给社会带来更大的危害：将大部分倒闭企业拒之破产门外，这是逼着企业主卷款潜逃，留下没有清理的债权债务关系和更多的失业人口。本书认为，造成破产法的实施效果不理想的主要原因就是我国目前缺乏一个配套的政府主管机构：破产管理局。本书建议尽快设立破产管理局，作为国务院直属的一个政府部门，其来负责推动破产法的实施，管理破产方面的行政事务。

2. 破产管理局的职能

英、美、德、俄等国政府及我国香港地区均已设立破产管理局，综合来看，破产管理局主要有五项功能，我国内地可予以借鉴：

第一，追踪破产法实施并整理法律实施数据，为决策者制定和实施决策提供实证基础。破产法作为市场经济的基本法，其实施影响到经济生活的方方面面。对破产实施进行跟踪并整理研究其数据，有助于决策者制定相应的经济和政治策略。例如，美国次贷危机的实质就是破产危机，有关规制金融衍生品的制度都离不开破产制度。再比如，美国学者通过对不同州个人破产数据的研究，分析飓风等自然灾害对个人破产带来的影响，为政府决策提供有价值的实证研究基础。

目前我国各级工商局作为公司等企业的注册登记和注销、吊销管理部门，没有能力也没有动力管理企业破产案件并监督注销或吊销的企业是否逃避破产。法院负责审理破产案件，但也没有能力和动力对破产案件进行系统的管理。至于未来的个人破产案件的数据管理和分析，工商局和法院更缺乏能力和动力。汶川地震就是一个深刻的教训。所以，建立破产管理局并赋予其此功能有助于搜集并完善破产数据，为决策者做决策提供翔实精准的实证基础。

第二，负责破产法实施中操作规程的制定以及为立法的修改提供建议，推动立法水平和质量的不断提升和完善。法律是一个不断改进和完善的过程。破产法是一个实践性非常强的部门法，牵涉的面和部门很广，需要一个统一的管理部门，追踪督促其实施，负责实施中操作规程的制定，并在总结经验教训的基础上为立法的修改提供建议，有助于推动破产法立法质量的不断提高。

第三，追踪董事、监事和高管落实公司法规定的诚信义务情况。诚信是市场经济的基石。董事、监事和其他高管落实其诚信义务的好坏直接影响到我国公司的经营管理水平。公司法尽管规定了董事、监事和其他高管的诚信义务，事实上我们所看到的许多企业亏损破产，一些企业高管违背诚信义务却得不到相应的惩罚，其主要原因就是对企业亏损破产负有直接责任的董事、监事和高管没有一个责任机构对其进行追究。所以，建立破产管理局，使之作为一个对企业亏损破产负有直接责任的董事、监事和高管进行追究和监督的责任机构，有利于配合公司法，落实公司董事、监事和其他高管的诚信义务，提升我国市场经济的诚信水平。

第四，作为公共管理人管理个人破产案件。许多破产案件，尤其是个人破产案件，其破产事务的管理因为没有盈利，私人职业者没有动力参与。政府作为市场经济的信用提供者和公共产品提供者，有义务以法律援助的形式为私人破产提供管理服务。

第五，管理破产管理人。破产管理人是代表破产企业全体利益关系人管理破产财产的私人主体。我国目前的破产管理人由各级法院进行管理。法院作为裁判机构，不应该行使管理职能。这种体制极容易滋生腐败，也没有效率。破产管理局作为破产案件监督管理机构管理作为私人主体的破产管理人，既有资格也有效率。当然，这种管理不是干预，而是监督，其相当于破产案件中的守夜人。

3. 破产管理局的机构设置

破产管理局的机构设置方面，除日本的管理机构是建立在律师协会的基础之上，英国、美国及俄罗斯均将破产管理局设置在国家行政部门或司法部门之中，值得我国比较和借鉴。

美国联邦破产管理人行政管理机构总部（Executive Office for U. S. Trustees）位于华盛顿，主要为管理人提供政策和法律上的指导，以及负责对联邦破产管理人制度的运作进行总体上的监督，同时处理行政管理方面的问题。破产管理人行政管理机构同时为在执行联邦破产法律时遇到困难的私人破产管理机构提供行政上与管理上的帮助。俄罗斯政府1992年设立联邦企业重整与破产管理局，同时在各大区和地区设立了相应的垂直领导的分支机构，目前由司法部总体行使其职能。该局的主要职能是提出有关破产法律、规范性法律文件以及相关政策的建议，制定相关规则，在破产案件中行使国家债权人的职能，培训和管理破产管理人。

4. 建议我国设立破产管理局

破产管理局的宗旨、目标、策略和预期效果包括以下三个方面：首先，保护破产法体系的完整性，以使公众遵守破产法律和规则。其次，促进破产法体系的效率，使得破产案件得以及时有效地解决。最后，实现破产法实施的不断演进，使得破产程序在信息披露、管理、破产方案制定、财产评估等方面与时俱进。

为实现上述宗旨与目标，综合国外经验与我国现实情况，我国应建立破产管理局。应尽快在国家司法部门或行政部门下设立破产管理局，完善破产管理人管理制度，推进破产法的有效实施，助力供给侧结构性改革。我国可以通过比较发达国家破产管理局的机构设置，学习美国与英国等国家的经验，将其作为司法部门或行政部门的内设机构，负责破产法的实施与破产事务的管理，代表政府推动社会信用的强化和管理。

尽快设立破产管理局，作为信用管理者，代表政府管理市场经济的信用。一个有效运作的破产管理局有助于推动我国市场经济建设的进一步发展和完善。这方面的国际经验已经很丰富，我国香港地区的破产管理署也提供了一个可为借鉴的成功例证。

四、方兴未艾的破产法

（一）建构个人破产制度，补全半部破产法

1. 制定个人破产法的重要性

个人破产法是指作为债务人的自然人不能清偿其到期债务时，由法院依法宣告其破产，并对其财产进行清算和分配或者进行债务调整，对其债务进行豁免以及确定当事人在破产过程中权利义务关系的法律规范。

《企业破产法》只适用于企业法人，没有涵盖个人破产等内容。一部没有个人破产内容的破产法不是一部完整的破产法。新破产法实施了十余年，今天在新的全球金融与经济环境下，在中国市场经济进入到关键阶段时刻，加快个人破产法（自然人破产、消费者破产）的起草进程具有重要性与必要性：

第一，个人破产法是公司企业破产法的基础。西方发达国家早期商业繁荣的一个重要的原因是个人破产法的出现和发展，正是因为在现实商业活动中有了个人破产，才带动了西方早期和后期成熟市场经济的出现，先有个人破产，后有企业破产，企业破产不过是个人破产的放大和延伸。只有建构个人债权债务责任意识，才能建构企业债权债务的责任意识，进而建构个人信用、企业信用然后扩展为全社会信用的责任体系，这是现代破产法的宗旨和目的之一。

第二，从各国破产法情况来看，个人破产法也是所有市场经济国家破产法的重要内容，美国的个人破产又称为消费者破产，规定在《美国破产法》第 7 章、第 13 章等章节中。英国、澳大利亚、德国、法国、日本的破产法，个人破产法都是其重要内容。从破产实践角度来看，国际上个人破产案件的数量发展迅速，在整个破产案件数量比例上，个人破产占了绝大部分。据美联社 2009 年 4 月 13 日公布的统计，在 2008 年，过去 12 个月内美国申请破产保护的企业和个人总数近 120 万，其中大多数是个人破产。2007 年每 1000 个美国人中就有 4 个申请破产，破产率是 2006 年的 2 倍。

第三，中国实施个人破产已初步具备条件。个人消费信贷的快速增长是个人破产立法的现实要求。根据央行最新数据显示，截至 2016 年第三季度末，全国银行卡在用发卡数量 60.15 亿张，同比增长 14.53%，环比增长 3.21%。全国人均持有银行卡 4.39 张，其中，人均持有信用卡 0.33 张。注意，这其中，信用卡逾期半年未偿信贷总额 537.50 亿元，环比增长 11.85%，占信用卡应偿信贷余额的 1.51%。社会整体消费观念的逐步转型，意味着中国人长期信奉的量入为出的消费观念已被打破，超前消费和负债消费逐渐成为主流，而个人破产制度对于拯救财务状况恶化的个人或家庭很有必要。

第四，建立个人破产制度对于推进供给侧结构性改革具有重要意义。供给侧结构性改革中的一个重要内容是消费结构的转型，"双创"政策带动大量个体加入到市场竞争中。根据工商总局最新数据，截至 2016 年年底，全国个体私营经济从业人员实有 3.1 亿人，比 2015 年增加 2782.1 万人。但这些个体大多缺乏创业经验，商业战略不清晰，试错比例较大。最高人民法院在《关于个人独资企业清算是否可以参照适用企业破产法规定的破产清算程序的批复》明确提出个人独资企业清算可以参照适用企业破产法规定的破产清算程序，但实践中，遇到自然人债务人全部财产不足以清偿债务时，却大都通过民事诉讼程序，主要是通过执行程序解决该类纠纷。当确实"无产可执"时，自然人债务执行便陷入僵局，这既无法解决债权人的诉求，也难以给个体债务人重新再来的机会。个体在市场中的抗风险能力较低，适时推出个人破产制度，为个体参与到市场竞争中保驾护航十分必要。在现有情况下，应考虑先行制定《个人破产法》或者《个人破产条例》，用以界定个人破产行为，规范个人破产程序，保障债权人债务人的合法权益，打击欺诈破产，建立个人信用。在《个人破产条例》试点后，通过汲取经验教训，再考虑制定一部包含个人破产法、企业破产法在内的完整破产法，设计出完善的自动中止、清算分配、债务豁免、债务重整计划等内容，弥补我国仅有"半部破产法"的遗憾。

因此，个人破产法的立法需求甚为紧迫。

2. 个人破产法的立法结构与主要内容

在破产法立法过程中，对于个人破产是否入法的问题在全国人大破产法起草小组中引发过激烈的争论。在 2002 年 2 月的破产法草案稿与 2004 年的一审稿中，曾经就将商自然人等个人破产的内容规定在第一章总则中，但在破产法二审稿和三审稿中又把这部分内容删除了。全国人大财经委对个人破产法的制定也一直比较关注。在 2005 年，全国人大财经委专门组织了一个代表团到欧洲等地去考察欧美的个人破产制度及其运行情况。随着中国市场经济的深入发展，现在正是制定并推出个人破产法的良好时机。

个人破产法的立法结构问题是值得重点关注的问题，它包含个人破产法的立法架构与内容设计。本书认为，中国个人破产法应包括如下架构与主要内容：

（1）个人破产法的适用范围。个人破产法首先要解决其适用范围问题，即何谓个人债务人？

债务人是一个广义词，在破产法中一般指所有负债的自然人个人或消费者个人。个人债务人可具体细分为负债的自然人个人或消费者个人；合伙企业及其合伙人；个人独资企业及其出资人；其他依法设立的营利性组织和从事工商经营活动的自然人。这几类个人债务人在我国市场经济实践中数量极大。

（2）个人破产的适用类别。个人破产与消费者破产的类别：一般适用清算与重整两种程序。

适用破产清算程序一章：个人破产多适用清算程序，此清算程序，也称直接破产，即法律程序将债务人财产变卖作价，公平清偿给债权人。在留下基本生活物品之后，消费者一次清算完毕，全部财产清偿给债权人，从此债务一笔勾销了结。此程序的特点是：一次性清算，到法院呈递申请。管理人接管破产财产。债务人有权保留一定的财产作为基本生活保障，即有一些不受执行的财产，如高价值财产：如住房但有价值限制；生活必需品：家具、衣物、书籍及锅碗瓢勺盆；有价值或对家庭有特殊纪念意义的物品，如结婚戒指、家庭有历史意义的照片等。这些有权保留的财产主要限于与生活有关的财产，银行存款、股票、人寿保险单、退休基金存款都不应在保护之列。

适用破产重整程序一章：个人债务的重整目的是尽量能多拿出点钱还给债权人。为什么要那样做呢？个人债务的重整是指分期付款的还债。一般来说，有信用卡的个人债务人适用此程序。个人债务重整的重心在还款计划，债务人与债权人制定详细的还债计划，这个计划也要债权人同意，一般是在一定年限内必须偿还。个人债务重整程序要求按照一定的程序和个人债务建议的方案清偿全部或部分债务，债务人完全控制申请破产前或申请后取得的财产，可以保持并使用这些财产。其特征为：要有正常稳定的个人收入；债务金额方面的限制，破产后债务人的信用更好，这是因为刚取得债务豁免，无债一身轻，且债务人在一定年限内不可能再次取得债务豁免，必须还债；是自愿程序，债权人不能申请；分期付款还债，有还款计划方案，债务人必须把未来收入的全部或一部分债用于执行方案，对同类债权人不得歧视，方案必须是善意提出且须可行；债权人同意；诉讼要中止。经法院裁定的重整方案对所有债权人有约束力。

（3）个人破产的申请与受理。个人破产清算申请：清算，即依照法律规定将债务人的财产变卖或作价，然后公平清偿给债权人。这是破产法最古老的程序。申请破产清算的理由：可以摆脱债权人讨债的压力；尽早破产可以有较多财产支付那些不可豁免的债务。破产清算一般分自愿清算，由债务人提出；强制清算，由债权人提出。经过破产程序，债权人可彻底调查债务人财产情况，追回一部分已转让财产。为防止债务人滥用破产程序来反复推迟债权人对其财产的执行，应规定，如债务人提出清算申请后又撤销申请，其必须等待若干天后才能再次提出清算申请。

个人破产申请文件的内容一般为：申请表，包括名称、地址、电话等；已知债权人名单；全部资产、负债明细表；所有合同明细表，含房产租约，对个人债务人而言，未申报的债务将得不到豁免；债务人财产状况陈述书；收入支出情况明细表；财产抵押情况明细表。

中止的效力。当债务人申请破产时，债权人往往也在通过多种方法向他催债，包括民事诉讼。应规定，债务人提出破产申请后，所有对债务人的其他诉讼或非诉讼追债行为都必须自动中止。有四种中止行为：向法院提起或继续进行有关债务清偿的诉讼；强制执行在清算申请提出前法院已作出的付款判决；通过非司法方式以任何手段获得债务人财产或使债务人支付任何现有债务；对债务人的债务进行抵销。

个人债务重整申请：清算程序的缺陷是无担保债权人在清算中所得到的清偿极为有限。因此，立法和司法应限制个人债务人全都适用清算程序，应鼓励适用重整程序。个人破产重整程序的适用条件一般为：债务人必须是个人，包括自然人（消费者）、个体经营者、夫妻共同经营的小型企业，合伙一般不适用；债务人必须有固定收入包括工资、短期薪金、企业分红，甚至亲属的赠与均可；收入要充足、稳定、有规律，个人债务人债务数额不得超过一定限额；债务人必须出于诚信。重整程序最重要的是制定出一个合理可行的债务重整计划。

重整程序只能由债务人主动向法院提出申请，不能由债权人申请。债务人有权主动将适用重整程序的案件转为适用清算程序；法院也有权以对债权人和破产财产有利为原则，将案件转换为清算程序。

关于案件的受理管辖。在 2002 年 2 月破产法草案稿与 2004 年的一审稿中规定：人民法院受理破产申请后，应当组成合议庭审理，但是，对财产数额较小、债权债务关系清楚、债权人人数较少的破产案件，人民法院可以不组成合议庭审理。此规定可以借鉴。债务人申请的管辖法院一般为债务人住所地、主要营业地、主要财产所在地。

（4）个人破产的债务豁免。消费者破产，取得债务豁免是破产的主要目的，甚至是唯一目的。从这个角度说，个人破产法主要向债务人提供保护。

债务豁免指的是，在清算分配程序完结以后，债务人对剩余的负债不必再清偿的一种制度。破产法只对个人破产提供债务豁免，对公司合伙不提供，破产法应保护的是对经济影响很大的个人企业，即无限责任企业，这些企业很容易因业务失败而负债累累。

债务豁免的范围：破产宣告前产生的债务均被豁免，债务人提出清算申请的日期（被豁免的债务包括审理破产案件时申报的和未申报的债务）对任何在破产宣告时已履行完毕或不再履行的合同，由其而引起的债务全部被认为是在破产宣告前发生的。法院有权拒绝对欺诈性地转让或藏匿财产的债务人等给予债务豁免。而个人收入的纳税与侵权责任赔偿等则为不可豁免的债务。

关于债务豁免，破产法草案稿中规定："在破产案件终结后，合伙企业合伙人、个人独资企业出资人和其他破产自然人依照相关规定被免责前，应当以其取得的全部财产，对破产债权未受清偿的部分，继续承担清偿义务。前述规定的破产人，可以就破产案件终结后的债务清偿，拟订一份偿债计划，在破产案件终结前，提交债权人会议认可。经债权人会议认可的偿债计划，对双方当事人具有约束力。破产案件终结后，具备下列事由之一的，对于普通破产债权的未受清偿部分，除故意侵犯人身权的损害赔偿外，免除破产人的清偿责任：①在破产案件终结时，全部破产债权的40%以上已经获得清偿的，自破产案件终结之日起满3年；②在破产案件终结时，全部破产债权中已获得清偿的部分达到30%以上，但不足40%的，自破产案件终结时起满4年；③在破产案件终结时，全部破产债权中已获得清偿的部分达到20%以上，但不足30%的，自破产案件终结时起满5年；④在破产案件终结时，全部破产债权中已获得清偿的部分达到10%以上，但不足20%的，自破产案件终结时起满7年；⑤在破产案件终结时，全部破产债权中已获得清偿的部分不足10%的，自破产案件终结时起满10年……"

另外，还有个人破产的法律责任配套问题，需要个人破产法处理相应的责任。在个人破产申请获准并对个人资产进行清算后，破产人余下的债务虽然可以获得豁免，但同时债务人的消费行为等也要受到限制，如不得进行高消费，不能购置房产、汽车等高档物品，甚至对一些涉及社会与商业信用的职务债务人也不能担任，如不能担任公职人员或国有企业管理人员等。在破产法草案稿中规定，债务人已知或者应知其不能清偿到期债务，仍然不合理地开支费用，或者挥霍财产的，人民法院可以对直接责任人处以 1 万元以上 5 万元以下的罚款。构成犯罪的，依法追究刑事责任。

破产人获得免责后，自愿对已免责债务予以清偿的，债权人所得的清偿利益，受法律保护。违反相关规定，债务人拒不向人民法院提交财产状况说明书、债务清册、债权清册和有关财务报告的，或者提交不真实的，人民法院可以对直接责任人员处以 5000 元以上 5 万元以下的罚款。债务人拒不向管理人或者破产清算人移交财产和与财产有关的账簿、文件、资料、印章的，或者伪造、销毁有关财产证据材料而使财产状况不明的，人民法院可以对直接责任人员处以 1 万元以上 5 万元以下的罚款。有上述行为，构成犯罪的，依法追究刑事责任。上述规定可以借鉴，但必须改进，如罚款数额的规定就应发生变化。

3. 制定个人破产法相关的重大问题探讨

笔者认为，制定中国的个人破产法必须着重解决以下五大问题：

第一，金融体系能否适应个人破产制度。这又涉及三方面具体内容。一是商业银行自身的商业化。如果商业银行不加快商业化或市场化进程，那么个人破产制度的实施对商业银行来说将会带来毁灭性的打击。商业银行自身行为必须在市场中得到检验。商业银行应按市场规则谨慎经营，在满足合理的资本充足率和存款利率的条件下追求利润最大化，这对推动个人破产制度的建立具有重大意义。二是个人金融体系里个人征信体系的建立，这非常重要。近几年，我们国家个人征信体系发展得很快，已经初步建立了全国性的个人征信体系网，中国人民银行总行在这方面取得了很大的成就，但是个人征信体系仍有很大的缺陷，如个人征信体系中的瑕疵标准把老百姓的水电费

缴纳纳入其中，这就值得讨论，水电费可能就是每月几十块钱
或者几百块钱，而且没能缴纳也有很多原因，如果简单影响到
消费者信用，应该说这样的征信体系还是存在问题的。怎么样
使我们的个人征信体系更加科学、完善和合理，以及如何更好
地处理个人征信体系和个人隐私权的保护？这都是我们要考虑
的问题。建立个人信用评级标准制度与机构很重要。如 FICO 信
用评分（还款史占 35%，债务总额占 30%，个人以前的信用占
15%）打分范围是 325～900。如果借款人的信用分低于 580 分
为很差；低于 620 分金融机构会要求借款人增加担保；信用分
高于 720 分为很好；高于 800 分，则违约率为 1/1292。三是金
融监管机构改革，即如何有效地监控个人信贷，监控是否严密、
严格，如何建立一套合理的个人信贷风险标准，等等。

　　第二，中国人的个人消费方式以及个人信用传统。这首先
涉及中国人个人信用的行为方式。东方人的个人信用行为方式
更多地讲究关系学，这种关系学在个人信用的界定中是无处不
在的。比如说担保关系，消费者要房屋按揭，因为银行可能要
求按揭的人一个月必须要有多少稳定的收入，但消费者很可能
不能达到银行的要求，因此必须找一个担保人，于是消费者可
能随便找了个单位进行担保，而事实上这个单位并不是真心要
为消费者提供担保，只不过是因为存在着某种关系，且最后因
为这种关系而出具了担保文件。因此，依赖于这样的信用出具
的担保实际上是东方特色的"人保"制度，这种人保制度极大
地威胁到了商业银行的安全。一些商业银行大量的贷款是建立
在这样一种不准确的、脆弱的担保方式之上的。

　　另外，在消费方式上，中国人信用卡的使用还不普遍，人们
更多地倾向于使用现金，很多人甚至都不把现金存在银行，他们

对银行都不放心。把钱缝在被子里，放在枕头底下，枕着睡觉最安心。再如超前消费问题，中国人喜欢储蓄的文化，不喜欢超前消费，这也是因为我们的社会保障体系比较脆弱。中国人往往有一种强烈的防范大事突发的心理，所以要储蓄，以应付家庭的一些大事与突发紧急事件，如买房、家人生病、小孩上学等。这就构成了中国个人破产制度区别于西方国家的不同的文化背景。

第三，建立相关的立法和法律的配套体系。可以说个人破产立法是一个法律上的挑战，这涉及几个方面。从立法技术来说，我们是要立一个单独的个人破产法，还是把个人破产制度加入到一个大破产法中？从目前来看，我们可能只能采用第一种模式，因为企业破产法已经出台，现实选择是只能采取制定个人破产法或者个人破产条例这样的方式。可以考虑由国务院先行制定《个人破产条例》，以界定个人破产行为，规范个人破产程序，保障债权人债务人的合法权益，打击欺诈破产，建立个人信用。在《个人破产条例》实施一段时间之后，在取得经验的基础上，再制定一部包含个人破产法、公司破产法在内的完整完善的破产法。

如果要制定个人破产法，还要考虑相关配套法律的可操作性。例如个人独资企业法、合伙企业法。尽管合伙企业法规定了有限合伙人，但还有无限合伙人，对于这两类商事主体破产，现在也没有法律规制。最近央行正在推动放贷人条例的进程，放贷人条例实际上允许更多的放贷机构放贷，使放贷活动更加活跃。但这同样涉及个人破产的问题，因为很多贷款是放贷给个人的。还有一些配套法律，刚才也已经提到，如物权法等一些规定，物权法的一物一权、物权法定等原则，笔者认为跟个人破产是有冲突的。

第四，完善破产法实施的司法体系。主要是两方面的问题，一方面，我们目前的司法体系并没有建立一套国家破产法院的体系。现在的四层人民法院中，三层法院即高级人民法院、中级人民法院、基层人民法院是可以受理破产案件的。那么个人破产案件究竟是由哪一层法院来进行审理？审理过程中会否出现因为法院的地方化、行政化，而有地方利益考虑，出现法院侵害银行债权人利益的现象？如果地方出现像我国台湾地区、韩国那样的"卡债族"的时候，法院是否有可能为维护地方稳定而大量豁免地方的个人债务？另一方面，庭外谈判机制的健全问题。如果没有债权人庭外谈判机制，那么司法的成本就会大大增加。目前的司法体系还不足以应付大量的债权人债务人的清偿纠纷。比如，现在有许多过度消费行为，如房价高涨时助长了投机行为，上海有人通过贷款买了一百多套房子，实际上他没有偿债能力，这种类似的案例很多，若每一件纠纷都由法院审理的话，司法的成本就会很高。而庭外谈判机制，强调的是债权人本身对债务人债务风险的一种监督，这将节约司法资源，让当事人按契约自治原则解决纠纷。如果债权人对债务人的过度消费行为持一种放任态度的话，那么司法体系同样将是不堪重负的。

第五，加强政府破产管理力度和市场化的专业的破产从业队伍建设，这也是对个人破产制度的一个挑战。个人破产实际上更加强调政府干预，因为在一场经济危机中，政府最终很有可能给个人难以承担的债务买单。比如政府要拿出更多税收解决个人破产人的社会保障问题，个人破产导致商业银行为个人买单，而商业银行买单很有可能最终导致政府介入拯救。2008年金融危机，美国和欧洲的政府就投入了大量的资金对破产的公司进行拯救。另外，政府要扮演破产公共管理人的角色。因为企业破产有大量的私人管理人在提供服务，但是个人破产没有专业破产人员愿意做，那么就只有政府来扮演这一公共管理人的角色。因此笔者一直呼吁要成立一个破产管理局，来担任公共管理人的职责，同时承担搜集个人破产的信息数据、对破产立法做相关解释等工作。当然，这并不排除专业的私人管理人在个人破产中也会发挥一定的作用。

合理解决这五个问题，中国的个人破产立法与未来的破产司法将会有一个大的发展与飞跃。

（二）引入金融机构破产制度，防范金融风险

长期以来，金融业都被看成一个特殊的行业。它们不仅进行高负债经营，而且其业务也涉及众多的客户的隐私和商业秘密，被认为是不宜进行信息披露和公司化运作的一个行业。许多政府监管者、金融机构、投资者、储户都还没有改变这种观念，认为金融机构（特别是银行）不能破产，否则会引发挤兑等金融风潮和动荡现象，影响社会稳定。[1]

根据新巴塞尔协议草案，商业银行就是公众公司，它具备公司组织形式的所有特征。其资产负债结构、经营评估体系、

---

[1] 据中国人民银行相关调查数据显示，75%的城乡居民认为"钱存在银行金融机构没有风险"，69%的城乡居民不关心银行的支付能力，33.3%的居民认为"银行金融机构都是经过国家批准的，银行出了问题，国家要来解决"，32.89%的人认为"从来没有碰到过钱存在银行而取不出来的情况"，他们依靠自身经验和对国家的信任保持着对银行金融机构的信任，因此，59%的人认为银行金融机构不会破产，77.67%的人认为国家不会允许银行金融机构倒闭，理由是：从来没碰到过银行金融机构倒闭的情况；国家要保护老百姓的利益；银行金融机构破产会破坏社会稳定。调查人员在150户银行经理和职员中询问"国家是否允许银行金融机构破产倒闭"时，54.14%的人认为"不允许"；其中，73户行长（经理）组中有56.16%的人认为"不允许"，这些行长中高达83.56%的人认为如果银行出现支付危机（挤兑），国家会采取一切措施来保障银行不关门。资料来源：中国人民银行怀化分行课题组：《存款人的金融风险意识与银行业的退出制度——对300户城乡居民、157户银行职员的问卷调查及其思考》，载《金融经济》1998年第9期。

信息披露等各方面的要求，应当与上市公司一样，而且在资本流动性非常强的现代市场中，商业银行没有什么特殊性。因此，它应该像现代公众公司一样，建立类似的公司治理结构，理顺委托代理关系，建构内部制衡、外部制约的治理机制。金融机构不能破产，其本质是不能完全市场化。金融机构包括商业银行，都必须成为真正的市场主体（参见图5），按照市场主体的基本要求去竞争，审慎经营，追求利润最大化。否则，金融机构便还是一个国家包办的主体，不注重经营和管理，其市场风险势必要转嫁到国家财政，最终是全体纳税人身上。[1]

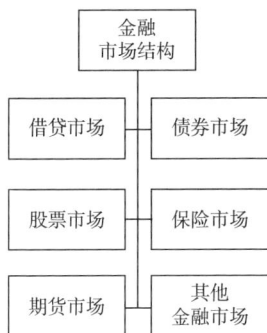

图5　金融市场结构图

---

〔1〕 1998 年中国政府发行 2700 亿元国债来筹集资金补充四大银行的资本金；1999 年，中央政府又将 1.4 万亿人民币的坏账剥离到资产管理公司。尽管当时央行一再强调，这是四大银行"最后的免费午餐"，但因为新的坏账继续涌现，我国又在 2003 年底动用 450 亿美元的外汇储备，补充中国银行和建设银行的资本金，为这两家表现较好的国有商业银行向海外上市铺路。2005 年 3 月 9 日，在财政税收记者招待会上，财政部部长金人庆在回答中坦然承认，四大国有商业银行较早前剥离的 1.4 万亿人民币坏账（1999 年），还是得由国家财政来"埋单"。载中国经济网，http://www.ce.cn/ztpd/xwzt/lianghui2005/jzzj/200503/11/t20050311_3299455.htm，最后访问日期：2015 年 3 月 11 日。

中国原来的破产法对金融机构的破产问题没有涉及。随着经济与资本市场的发展，一些机构乱办金融，违规经营；一批金融机构经营不善，亏损严重，这种状况极大地侵害了广大投资者与储户的合法权益。1990 年代中后期，中国人民银行开始对存在严重经营风险的金融机构实行市场退出的尝试。如 1998 年关闭海南发展银行，由中国工商银行托管其债权债务，这是中华人民共和国成立以来关闭的第一家银行。[1] 从 1998 年至 2005 年中期，共处置了 2937 家城市信用社。按照国务院办公厅转发的《中国人民银行整顿信托投资公司方案的通知》，从 1998 年开始对信托投资公司清理整顿，通过合并重组、关闭撤销、破产等方式，信托投资公司从 239 家锐减到 53 家；实施停业整顿的 165 家信托投资公司绝大多数仍未最终退出市场。

除商业银行、信用社和信托机构开始涉及市场退出机制外，近年来，其他金融机构，特别是券商的破产问题已很突出，如近来发生的大鹏证券、南方证券、新华证券等二十余家证券公司的破产与德隆危机，即暴露了中国现有金融机构潜在的破产危机。而且一些商业银行和金融机构每年新增的不良资产还在大量发生，如果没有一个很好的破产机制的话，中央政府将会为这些所谓的金融机构背上沉重的财政包袱。金融机构的倒闭或破产涉及千千万万普通民众的家庭与生活，涉及市场经济的金融秩序和社会的稳定。因此，近几年，银行与非银行金融机构的破产问题被提上了议事日程。

---

〔1〕 1998 年 6 月 21 日，中国人民银行决定关闭海南发展银行，时逢亚洲金融危机，引起了国内外的关注。这一金融机构退出市场的方式的出现，使得金融机构市场退出问题开始凸显。

正是因为原有的计划管制的思路不能很好地处理市场经济条件下的金融机构退出问题,[1]中央政府开始从法律角度思考解决问题的办法。2001 年 11 月 14 日国务院第 47 次常务会议通过《金融机构撤销条例》,共 7 章 38 条,规定了商业银行非银行金融机构的撤销清算、债务清偿等事宜。2003 年 12 月 27 日通过《中华人民共和国商业银行法》修正案,其第 69 条、第 71 条规定,"商业银行因分立、合并或者出现公司章程规定的解散事由需要解散的,应当向国务院银行业监督管理机构提出申请,并附解散的理由和支付存款的本金和利息等债务清偿计划。经国务院银行业监督管理机构批准后解散。""商业银行不能支付到期债务,经国务院银行业监督管理机构同意,由人民法院依法宣告其破产。商业银行被宣告破产的,由人民法院组织国务院银行业监督管理机构等有关部门和有关人员成立清算组,进行清算。商业银行破产清算时,在支付清算费用、所欠职工工资和劳动保险费用后,应当优先支付个人储蓄存款的本金和利息。"2004 年 2 月 1 日《中华人民共和国银行业监督管理法》的实施,进一步明确规定了银行业金融机构"接管、重组、撤销"的程序。

---

[1] 我国现在金融机构的市场退出,"主要采用的是行政性关闭,而不是市场化的破产方式。当然也有一些案例是在行政关闭后走向了破产,但总的来说是行政主导型的做法。这与当前法律环境和司法执法条件有关。一方面,行政关闭后,出了问题,人们往往会去找政府,使政府承担了过大的责任,而且助长道德风险。政府不解决,部分债权人可能会静坐、游行,甚至延续好多年,现在我们还不时看到这种现象存在。特别是一些未经许可的非法基金、非法期货公司、非法证券营业部被行政关闭后,客户损失了钱找政府,使得政府应接不暇。另一方面,行政关闭随意性很强,法规又跟不上,行政手段与司法发生争议时是否有效也很难说,这种矛盾经常发生"。参见周菡:《央行行长周小川表示:把差的金融机构淘汰出局》,载《证券时报》2004 年 7 月 13 日。

破产法在开始起草以及制定过程中,[1]要不要规定金融机构特别是商业银行的破产问题引发了激烈的争论,这是因为银行及非银行金融机构的破产问题极其敏感,也因为即便要规定金融机构的破产,该采取何种立法模式具有较大争议。最后各方达成共识,即新破产法仅对金融机构含商业银行破产作出原则性规定,而不做具体规定。2006年8月27日全国人大常委会通过了中国的《企业破产法》,该法附则的第134条专门就金融机构的破产问题作出了特殊规定:商业银行、证券公司、保险公司等金融机构有本法第2条规定情形的,国务院金融监督管理机构可以向人民法院提出对该金融机构进行重整或者破产清算的申请。国务院金融监督管理机构依法对出现重大经营风险的金融机构采取接管、托管等措施的,可以向人民法院申请中止以该金融机构为被告或者被执行人的民事诉讼程序或者执行程序。金融机构实施破产的,国务院可以依据本法和其他有关法律的规定制定实施办法。

《企业破产法》第134条隐含着十分丰富的信息,首先,中国在《企业破产法》中第一次写上金融机构破产的内容,它实际上宣告了中国的市场经济开始接纳金融机构的破产;其次,《企业破产法》接受了商业银行作为公众公司而不是特殊行业的国际标准,中国银行与非银行金融机构的改革接受国际标准;再次,新《企业破产法》赋予中央政府起草相关破产条例、实施办法的权力;复次,《企业破产法》赋予监管部门来处理问题银行和问题金融机构的手段;最后,这一条款也是与现有的

---

[1] 本部分内容参见李曙光:《新〈企业破产法〉与金融机构破产的制度设计》,载《中国金融》2007年第3期。

《商业银行法》《证券法》《保险法》等法律、法规有关金融机构破产的内容相衔接、相配套的。当然，金融机构的破产问题十分复杂，在实践中应审慎操作。金融机构破产作为市场经济中的一种预期机制，对于增强金融机构和投资者的风险意识、调整金融业结构、分散与规避金融风险具有积极作用。但是，金融机构破产特别是破产清算是不得已的选择，因为金融机构破产不仅将对广大投资者造成损失，影响金融机构与经济秩序的稳定，而且会影响公众对经济发展与繁荣的信心。

以下内容根据《企业破产法》第 134 条的规定，着重讨论金融机构破产的立法制度设计问题。《企业破产法》第 134 条的规定实际上赋予了中央政府制定金融机构破产的实施办法的职权。我认为，应制定《国务院金融机构破产实施办法（或条例）》，而且该《实施办法（或条例）》不应像金融分业监管一样分业制定，而应统一制定。《国务院金融机构破产实施办法（或条例）》应该重点解决以下九大问题：

1. 关于金融机构的界定与范围问题

目前，并没有任何法律对金融机构有一个准确的界定。[1]

---

〔1〕 我国经过十几年的改革和发展，形成了以中国人民银行为中央银行，国有商业银行为主体，包括政策性金融机构、股份制商业银行、其他非银行金融机构并存的金融体系。其中银行类金融机构包括政策性银行、商业银行。商业银行又分为：国有独资商业银行、股份制商业银行、城市合作银行以及住房储蓄银行。非银行金融机构主要包括国有及股份制的保险公司，城市合作社及农村信用合作社，信托投资公司，证券公司，证券交易中心，投资基金管理公司，证券登记公司，财务公司，及其他非银行金融机构。另外，境内开办的外资、侨资、中外合资金融机构，包括外资、侨资、中外合资的银行、财务公司、保险机构等在我国境内设立的业务分支机构及驻华代表处也称为金融机构。2006 年 11 月 11 日，中国政府发布了具有里程碑意义的《中华人民共和国外资银行管理条例》，对外商独资银行和中外合资银行的业务经营范围完全比照《商业银行法》来定义，2006 年 12 月 11 日，根据中国加入 WTO 的相关协议，中国银行业对外全面开放。

从 2003 年形成"三驾马车"的金融监管体制以来，一般认为，由银监会、证监会、保监会[1]三个金融监管部门监管的机构即为金融机构。但严格说来，这种界定不准确。其一，该定义忽视了我们还有第四大或者更重要的监管机构，即央行和外汇局，央行负责中央货币政策与再贷款等事项，并下设金融稳定局负责维护金融体系的稳定和协调发展。而央行代管的国家外汇局更是拥有对于汇金公司等这种金融公司的监管权限。因此，金融机构的界定应涵盖此类机构。其二，有的金融监管部门监管的行业，不属于金融业，如证监会监管的期货业在过去被定位为餐饮业，新的《期货交易管理条例》实际上已把期货业改为金融行业，所以金融机构的界定应该把期货业与金融衍生品业涵盖其中。其三，我们还有一部分金融资产由财政部门在监管，如中信、光大等金融集团公司，再如华融、信达等四大金融资产管理公司，管理着中国庞大的不良金融债权，[2]似乎也应纳入金融机构当中。另外，农村的金融市场与信用合作社等金融组织由农业部等部门在监管，也应纳入金融机构当中。综上可以看出，破产法所指称的金融机构破产，其涉及范围非常广，它涵盖货币市场、外汇市场、证券市场、债券市场、期货市场、保险市场、信托市场，甚至是金融信用市场等市场中的金融机构以及新兴的、综合性的金融控股公司等金融机构，应该也涵盖境外金融机构在中国设立的金融主体。这么

---

〔1〕 银监会与保监会于 2018 年 4 月合并为中国银行保险监督管理委员会。

〔2〕 根据银监会的统计数据，到 2006 年 3 月底，我国四家金融资产管理公司累计处置不良资产 8663.4 亿元，累计回收现金 1805.6 亿元。载原中国银行业监督管理委员会官网，http://www.cdrc.gov.cn/chinese/home/docView/2453.html，最后访问日期：2006 年 4 月 25 日。

庞大的金融机构主体的竞争退出问题和繁芜复杂的金融债权债务关系，需要一个金融机构破产的特别法来处理，因此，《企业破产法》第 134 条为金融机构破产问题提供法律依据是有其道理的。

2. 关于金融机构破产的申请主体问题

《企业破产法》第 134 条规定："商业银行、证券公司、保险公司等金融机构有本法第 2 条规定情形的，国务院金融监督管理机构可以向人民法院提出对该金融机构进行重整或者破产清算的申请。"该条文用词谨慎，令人产生疑问，若国务院金融监管机构可以提出申请，那金融机构自身及金融机构的债权人能否提出破产申请？这一条在立法时有两个背景考虑，第一个考虑是金融机构分为国有的金融机构和非国有的金融机构，国有的金融机构的破产申请肯定是由国务院金融监管部门来提出的，而非国有的金融机构的破产则不一定经国务院金融监管部门的申请程序。第二个考虑是，由于在现行《商业银行法》《保险法》与《证券法》当中分别规定了商业银行、保险公司与证券公司的破产须经国务院监管部门批准这样一个前置程序，而非商业银行、非保险公司、非证券公司的破产申请则不一定必经国务院监管部门的批准。正是因为这两个考虑，目前的条文写成："国务院金融监督管理机构可以向人民法院提出对该金融机构进行重整或者破产清算的申请。"但这一条并不排除金融机构自身在遵守国家有关法律法规的前提下，自愿提出破产申请。《金融机构破产实施办法（或条例）》在制定时应对此条款更为明确：哪些金融机构的破产申请必须经国务院金融监管部门批准或提出，哪些是不需批准也不需要金融监管部门提出的。

3. 关于金融机构破产的前置程序问题

在中国目前的一些相关法律法规中，对于商业银行、证券公司和保险公司破产设置了一个破产申请的前置程序，[1]即必须经过国务院相关部门的批准，金融机构破产条例可以继续保留对于这类金融机构破产的前置程序的规定，同时可以把这个范围稍微扩展一点，如期货公司的破产申请、大型信托公司的破产申请、大型金融控股公司的破产申请也应该经国务院金融监管部门批准，而其他中小型的金融机构的破产则可以被视为公司破产等同对待。由此突出重大金融机构的破产问题，而缩小其他金融机构破产前置程序的适用范围。这是因为在主要的大型金融机构破产申请前，金融监管部门一般会有一个接管、托管程序，经过接管或托管后，能够使这种主要的大型的金融机构破产的风险具有可控性，更加便于政府监管部门考虑是否启用破产程序。

4. 关于金融机构破产管理人问题

新破产法引入了专业化和市场化都较强的管理人来接管破产财产和处理破产相关事宜，这是新破产法的一大特色。管理人一般由政府有关部门组成的清算组、律师事务所、会计师事务所、破产清算事务所等机构以及具有相关专业知识和执业资格的人员组成，但是由于金融机构破产的特殊性，一般性市场化的管理人机构与管理人，在接管金融机构财产和处理金融机构破产事宜时，不一定有专业优势，并且缺乏控制与处理金融

---

[1] 如《商业银行法》（2015年8月29日修正）第64条：商业银行已经或者可能发生信用危机，严重影响存款人的利益时，国务院银行业监督管理机构可以对该银行实行接管。

风险与危机的经验，因此金融机构破产的管理人应更多地考虑由金融监管部门与市场专业化人士合作组成清算组或管理人机构，并由有经验的金融精英来承担管理人职责更为恰当，也可以考虑由投资者保险基金公司来担任。因此，《金融机构破产实施办法（或条例）》应特别规定金融机构破产管理人的资格、选任、职责与监督事宜。

5. 关于金融机构破产的债权申报问题

由于现代金融业发展迅速，金融资产和金融产品覆盖面广、品种丰富，金融资产与金融产品的经营形式多样，其债权债务关系也极其复杂。金融债权在某种程度上表现为一种特殊债权，即附着于某种特定的金融资产与金融产品上的给付权。由于在中国目前这种特定的转型期，商业信用交易较为混乱，而各种法律法规时有冲突，法学学术概念被混乱地运用于实践当中，有时候物权、股权、债权、租赁权等纠缠在一起，不知何为真正的债权。如当商业银行破产时，储户与商业银行之间是债权人与债务人之间的关系吗？如券商挪用客户保证金，当券商破产时，被挪用者是券商的债权人还是取回权人？这些在学理上常有争论，有时难以区分。又如央行、证监会等部门颁布《关于证券公司个人债权及客户证券交易结算资金收购有关问题的通知》之后，对于何为"个人债权的收购范围"，不少投资者有不同的理解。学界对个人储蓄存款、居民个人持有的金融机构发行的各类债权凭证、客户证券交易结算资金被纳入债权范围没有疑义，而对居民个人委托金融机构运营的财产、居民个人持有的存放于金融机构相关账户上的被金融机构挪用的有价证券等是否构成个人债权的一部分则存有不同意见。今后，随着中国金融市场与经济发展，新形式的金融债权会层出不穷。而金融机构破产程序的启动，首先要界定何为金融债权，并确认这种债权。建议《金融机构破产实施办法（或条例)》除了界定清楚个人债权与机构债权之外，还应给司法机构通过判例法的形式来界定金融债权的品种与种类留下空间。

6. 关于金融机构破产的重整问题

由于金融机构破产的社会震动面相对较大，因此，除非不得已，各国破产法都鼓励金融机构的破产更多地走重整程序，以减少因金融机构破产清算而带来的某种品牌价值的流失、员工失业以及社会不稳定等问题。从各国金融机构破产的实践来看，政府鼓励金融机构破产重整的措施有以下几种：其一，政府注资，对濒临破产困境的金融机构由政府注入一笔资金，或者是代为支付到期贷款，使金融机构度过破产难关，转危为安。其二，政府接管，即由政府接管濒临困境的金融机构，并采取一定的措施清理债权债务的关系，由政府作为债务人代表与债权人进行不进入破产清算程序的谈判，并提供政府信用的担保。其三，托管，政府指定或委托其他有实力的大型金融机构托管陷入困境的金融机构，并承诺解决一部分不良债权的处理。其四，通过中央银行提供再贷款来拯救陷入困境的金融机构，政府与央行成为困境金融机构的新债权人，有时候这种方法也与接管与托管并用。当然，陷于困境的金融机构自身也可以采用市场化的重整方式，由提出破产申请的金融机构在市场上自行寻找重整解脱之道。为了给政府积极干预金融机构的破产重整提供依据，《企业破产法》第 134 条特别规定："国务院金融监督管理机构依法对出现重大经营风险的金融机构采取接管、托管等措施的，可以向人民法院申请中止以该金融机构为被告或者被执行人的民事诉讼程序或者执行程序。"

鉴于金融机构破产重整的特点，建议《金融机构破产实施办法（或条例）》规定金融机构选用重整程序的，应注意以下四点：其一，在重整期间不应由债务人自行管理财产，而应由政府采用接管、托管或指定专门的管理人的形式来管理财产，以强化政府在金融机构重整中的主导作用。其二，金融机构重整方案制定的时限应比一般公司破产要长，建议允许其重整方案的提出时间可以为360天。其三，金融机构债权人类别组应不同于破产法中一般的债权人类别组，总体上应将个人债权与金融债权分开，考虑存贷人、证券投资者、期货投资者、保险购买人等不同债权与股权的特点，同时也应适当考虑金融机构雇员债权的保护问题。其四，要特别注意金融机构重整计划通过后的执行监督问题。

7. 关于金融机构财产的变现问题

一般而言，债务人财产的变现过程是在市场上正常地出售，但是金融资产的变现有其特殊性。金融机构的固定资产通常以拍卖的方式进行，而证券类资产，则是通过交易变现的。对于交易变现的形式，以股票为例，主要包括两种：一种是采取在二级市场上抛售的形式处置变现；另一种是场外交易，以协议转让的方式处置变现。值得注意的是，以前政府部门对问题券商的股票资产处理，大都采用了二级市场上抛售的方式。由于所处理的问题券商规模都比较小，其所持有的重仓股规模也不足以影响市场。所以，在处理时并没有引起市场的关注。但是，对于高度控盘的重仓股进行抛售，则可能出现连续跌停，甚至是崩盘的命运。因此，金融机构财产的变现，必须注意在保护债权人利益的同时，保护其他流通股东的利益。

当金融机构破产时，主要有两大类资产的变现，一类是金融机构的有形资产，如其房屋、土地等不动产以及设备资产等，另一类是无形财产，这一部分财产可以说是金融机构的主要资产，金融机构的无形财产主要是特许经营权，也就是所谓的金融牌照与其营销网络与营销团队。商业银行、券商、保险公司、期货商都有自己的准入门槛与营销点，要获得这些金融牌照，其成本非常高昂，更何况这些金融牌照在经营一段时间后，其网络覆盖与品牌传播的效用与价值会大大提升。因此，当金融机构破产时，金融领域的特许权与牌照的资产评估值都价值不菲。因此，为更好地实现破产金融机构的资产变现，《金融机构破产实施办法（或条例）》应当规定：其一，对金融机构的无形资产进行评估，而不仅仅是评估有形资产；其二，金融资产的变现，其特许权与金融牌照的处理应与破产金融机构员工的安置结合起来，并应将其写入变价方案之中；其三，金融机构的资产变现应公开进行，并在招标拍卖过程中以形成竞争机制为原则。

8. 关于金融机构破产财产分配方案的特殊性问题

由于债权人种类的复杂性，金融机构的破产在分配方案上会有所差异，一般来说，破产金融机构的债权人有两大类，除了通常的债权人分类以外，还有一个特别的分类，即个人债权人与机构债权人的区分。按照《商业银行法》规定的破产清偿原则，即第71条第2款："商业银行破产清算时，在支付清算费用、所欠职工工资和劳动保险费用后，应当优先支付个人储蓄存款的本金和利息"，个人债权人具有优先权。商业银行的这种个人债权优先权是否能够推广到处置其他金融机构的破产问题，这是《金融机构破产实施办法（或条例）》应该加以考虑的。西方国家在处理金融机构破产问题时确定了"有限偿付"

原则，也被称为"债权打折"原则，即在金融机构破产倒闭时，对个人债权设定一个最高限额，限额以下全额赔偿，限额以上的按照一定的比例偿付。对于最高限额的确定，应当参考本国的经济发展阶段、投资者的投资水平、社会的承受能力等因素，其中人均 GDP 是一个重要的参考指标。前几年来，我们在处理大鹏、南方等问题券商以及德隆危机时，央行等部门采取了个人债权打折收购的规定与办法，力图妥善解决个人债权人支付的优先权问题，而对无担保的机构债权人则作为一般债权处理。这种原则可以吸收到《金融机构破产实施办法（或条例）》当中。

9. 关于金融机构投资者保护基金的问题

当金融机构出现破产问题并且可能导致金融体系风险时，政府应考虑采取必要的拯救措施，不仅如此，对投资者的保护还可以寻求金融保障体系的帮助。中国应当借鉴资本市场发达国家和地区的成功经验，逐步建立起金融机构破产保护基金。当金融机构出现破产、关闭或撤销等情况时，投资者因此所遭受的损失可通过基金获得一定程度的补偿，来改变过去"政府买单"的金融机构退出模式。

按照现有的监管框架，金融机构的破产一般应该准备建立三大保护基金，即存款保险基金、证券投资者保护基金与投保者保护基金。2005 年 6 月 30 日，证监会、央行等部门颁布《证券投资者保护基金管理办法》（后于 2016 年进行了修订），根据此办法："证券投资者保护基金是指按照本办法筹集形成的、在防范和处置证券公司风险中用于保护证券投资者利益的资金。"我们相信存款保险基金与投保者保护基金的建立也基本上是按照这一路径来设计的。但问题是这三大基金并不涵盖所有破产金融机构的保护问题。因此，在设计《金融机构破产实施办法（或条例）》时，是应将三大基金统一合并为金融机构保护基金，还是分别设计不同的保护基金，这是一个值得讨论的问题。笔者认为，由于各保护基金筹集的方式不同，来源不同，支付原则与内容也有差异，所以在制定《金融机构破产实施办法（或条例）》时，应对保护基金的设立做灵活处理。可以设立三大基金，也可以设立期货投资者保护基金等更多种类的基金方式，对其资金来源、保护范围、功能、监管等作出明确的规定，并逐步提高各保护基金的储备规模和比例。

总之，《金融机构破产实施办法（或条例）》的制定是一项创立新制度的系统工程。在起草过程中，必须着重解决以上这九大问题，构建一个符合中国国情并与国际接轨的金融机构破产制度，才能有效防范金融风险，实现金融安全和促进中国金融市场的繁荣。

（三）建立 PPP 市场退出机制，纾解地方政府债务

2016 年 12 月召开的中央经济工作会议强调，"要把防控金融风险放到更加重要的位置，下决心处置一批风险点，着力防控资产泡沫，提高和改进监管能力，确保不发生系统性金融风险"。该告诫言犹在耳，但是随后公布的几个债务相关指标显示，金融风险压力虽有局部改善，但总体形势不容乐观。其中，地方政府债务规模这一重要指标值得关注。财政部公布的数据显示，2016 年末，地方政府一般性和专项性债务余额为 17.19 万亿元。考虑到部分地方债并未把政府性债务平台纳入统计口径，真正的地方债规模远不止这一数字。截至当前，已有 23 个省公布了 2017 年固定资产投资目标，规模将达到 40 万亿，而这部分资金如何筹措尚未可知，地方政府的债务处置问题将会是

一块越来越难啃的骨头。

地方债务规模愈积愈大的问题更让我们感觉有心无力,新《预算法》虽明确了地方国企债务与地方债务分离,政府不为此兜底,但地方政府的"隐形担保"功能未能消除。而且一味用强刺激基础设施投资加码,来解决经济发展动能不足问题,有点饮鸩止渴,只能延缓危机。

对我国地方债务水平及金融风险进行总体把控是非常必要的,其对当前供给侧结构性改革有重大意义,一个国家的债务长期徘徊在较高水平,国家的资产负债表难看,说明经济发展质量不高,如同长期处于浮亏状态的企业,也必定难以有较高的企业价值与较强的市场竞争力。对于这些庞大债务的处置,不能仅依靠传统的行政手段和经济手段,更重要的是要运用法律思维与手段,特别是破产法思维及工具去解决。

破产法思维的运用是利用法律手段解决债务危机的重要内容。市场出清是破产法思维的核心原则。破产法在市场经济中的作用就是提供一套市场出清机制,实现市场主体的优胜劣汰。对于市场中那些无偿付能力主体就应当有壮士断腕的决心,应该清算的就坚决清算,应该重组重整的就全力推进,要坚定打破"国家兜底"的惯性思维,不要在泡沫积累蔓延后被动破裂。依破产程序而非行政手段去处置金融风险是破产法思维的主要内容。破产法以严谨的法律条文提供一整套程序规则,为其他市场主体提供稳定预期,明确债权债务解决的法律路径,促使所有的市场主体举一反三。市场化是破产法思维的题中应有之义。破产法以公开、公平、公正的方式实现各种力量的博弈均衡,当处理一些历史遗留债务问题陷入困境时,通过破产法公开公平及市场化方式解决债务危机是对各市场主体最好的尊重。

当前中国的整体债务水平还保持在可以把控的区间，各类债务似乎表面未有触发系统性金融风险的可能，但若不未雨绸缪，资产泡沫会越吹越大，谁也不知道哪个风险点会成为触发风险的原点。整体把握我国债务及金融风险情况，警惕系统性金融风险，加强监管防范，就要不仅只是发挥市场在资源配置中的决定性作用，还要真正确保破产机制在资源配置中发挥决定性作用。

PPP 项目成立之初是为了实现公共利益最大化，这个利益原则应贯穿 PPP 项目公司生命周期的始终。如果出现危及社会公共利益、损害社会公共利益的情况，为了阻止该后果的发生，PPP 项目公司的解散和破产也不失为理性的选择之一。

2017 年 7 月 21 日，国务院法制办发布《基础设施和公共服务领域政府和社会资本合作条例（征求意见稿）》（以下简称《PPP 条例》）。政府和社会资本在基础设施和公共服务领域的合作模式被称之为"PPP 模式"。PPP 模式大热的背后是我国基础设施建设投资模式从政府行政性行为向市场化行为的转变。经过一段时间的试验和实践之后，推进 PPP 立法正当其时。

根据全国政府和社会资本合作综合信息平台项目库数据显示，截至 2017 年 6 月末，全国 PPP 入库项目累计投资额已达 16.3 万亿元。其中，真正落地的只有 3.3 万亿元，落地率 34.2%。这说明投资者对于 PPP 项目还存有不少犹疑。投资者疑虑是否能在不违背原有约定情况下可以实现自由退出，更在乎 PPP 项目是否有建立较好的风险防范机制，特别是破产风险的防范机制，以实现项目持续稳定运行的目的。

PPP 项目在建立破产风险防范机制时，要实现项目的破产隔离，主要有以下两个关键点：

第一，PPP 项目的真实销售。PPP 运营的基础资产应当真实剥离，而将 PPP 项目的运营权益置入 PPP 项目中。美国次贷危机的爆发就是因为金融机构将债务作表外处理，没有真正实现破产隔离，导致表外债务爆发后进一步传导，对基础资产部分造成影响，进而影响衍生工具的权益。PPP 项目大都是与民生息息相关的产业或者公共服务，如果没有做到真实销售、破产隔离，一旦投资主体陷入债务危机，而这些公共服务又因为未能做到破产隔离而无法暂停或者变价拍卖，PPP 项目将陷入债务处置困境。

第二，PPP 项目的独立性。除了协议方式外，PPP 项目还有成立项目公司的主要模式。项目公司，即具有特殊目的主体（Special Purpose Vehicle，SPV），是指专门为运营 PPP 项目而由政府和投资方共同成立的有限责任公司。在 PPP 项目运作过程中，应当将项目运营的实质资产和投资者投入的资本置入 SPV，独立于原有的运营主体和投资者的其他经营主体，以防止投资者自身破产时，由于人格混同被"刺破公司面纱"。

此外，倘若运营 PPP 项目的 SPV 破产，对于其中涉及的公共服务和基础设施该如何在既不损害公共利益，又按照市场化、法治化的方式做特别安排，也缺乏相关规定。在 PPP 项目大量出现后，应当出台相关破产法规范对此问题予以考虑。

PPP 项目的退出机制中除了因经营不善导致的以破产方式退出之外，还有正常状态下的退出。目前主要有协议退出和以资产证券化的方式退出。

在协议退出中，应当注意股权转让价格的公平性。资产证券化的方式退出，主要是投资者在不改变运营权益法律主体的情况下，将现金流证券化，一次性收回资金而实现投资者的退出。在此过程中，同样应当按照"真实销售、破产隔离"的原则处理，避免埋下新的风险点。

应当以《PPP 条例》的出台为契机，梳理当前《公司法》《证券法》和《企业破产法》中的有关规定，审视在社会资本参与到基础设施建设和公共服务领域的情况下对于其退出方式如何做出具体的特别安排，避免在 PPP 项目运作过程中在民生服务领域留下隐患。

（四）实现债转股法治化，优化市场资源配置

1. 债转股理论

关于债转股理论，2016 年诺贝尔经济学奖获得者哈特（Oliver Hart）是从破产理论分析债转股比较早的学者。哈特获奖的一个重要理论是不完全契约理论。不完全契约理论认为，所有的合同、契约都是有漏洞且不完备的，会产生剩余控制权、剩余产权。哈特提出剩余权益的概念，其认为所有的合同都会有剩余权益。运用到破产法，所有的企业经营者都有可能作为理性的经济人，都有可能窃取企业资金，内部人化公为私，为其所用，因此破产机制是一个倒逼机制，如果损公肥私的话，最后企业破产会有一个倒追的机制，将企业搞破产就是犯罪。

我国破产法也有此规定，但不是非常明显。我国现在破产案件较少，而在英美破产案件非常多，包括很重要的次级诉讼，追究企业高管责任的诉讼，比如安然破产案、雷曼破产案。在哈特眼中，这样一种倒逼的机制，使得破产清算对企业高管有威慑力。但是，现代社会大型企业越来越多，破产清算不是一个好方法，因为大型企业要整体地卖出，卖不出好价钱，也没人买得起。因此，企业要分拆卖，把大企业好的架子卖掉了，而且卖不出好价钱。哈特主张，大型企业不要进入破产清算程

序，而是应当选择破产重整程序。但是《美国破产法》第11章重整程序烦琐，耗时费力，谈判过程复杂。所以哈特主张，不要让债权人来谈判，而是应该让债权人成为股东。由此来看，债转股是简易重整程序的好方法。这就是哈特的债转股理论。企业的不完全契约的理论已经引入中国，在这一轮改革中，这是很重要的理论。

债权人与债务人的关系是市场商业社会最活跃、最基本的关系之一，已经深深地打下了意思自治的烙印。债转股是债权人和债务人协商一致处理债务的一种方式，是指债权人以其依法享有的对公司的债权转为公司股权，增加公司注册资本的行为。

从破产法角度看，债转股是企业重整过程被用以使企业摆脱困境的金融工具之一，特别是用于挽救有经营希望或者有重整价值的企业。债权人借贷给企业的最初动机是期望通过事先约定好的利率获取相应回报。困境企业的债权人之所以愿意选择将债权转化为股权，源于债权人在权衡清算与重整的成本收益后，认为给予企业一个再生的机会将会使自己享有的债权获得高于直接清算所获得的清偿。

在转变为股东后，债权人大多会在企业经营情况有所好转后选择退出，以获得最初就期望的现金回报，而非保留长期持有的账面价值。但债转股策略实施后，若企业仍然无法摆脱困境而迫不得已走向破产清算时，原债权人将无法再获得清偿。理性的债权人一般不会选择和一个没有前途希望的债务人成为队友，因为最后将会落得颗粒无收的下场。

2. 我国实施债转股的制度背景

在20世纪末，我国在大规模处置银行不良资产的过程中就曾大量采用债转股形式。但债权人一方多是商业银行，债务人为国有企业，结果往往是债务人将债务转嫁给政府的资产管理公司，由政府充当"接盘侠"，并没有实现资源的优化配置。

目前进行的供给侧结构性改革，再次将债转股作为去产能、去杠杆的重要政策抓手与金融工具。但在实施中应明确，债转股政策必须遵循相应的法治原则与法治思维，必须有可操作性的法律路径作为保障。

2016 年 9 月 22 日，国务院正式下发《关于积极稳妥降低企业杠杆率的意见》及《关于市场化银行债权转股权的指导意见》（本部分以下简称《指导意见》），明确指出"有序开展市场化银行债权转股权"，这让热议中的"债转股"再次成为焦点。在推进供给侧结构性改革背景下，大力推动债转股应该遵循何种法治思维与法治原则？应该由何种程序来决定债转股方案？债转股的实施有何主体要求？债转股是否应对外资开放？这些问题都应被置于法治的框架下予以回应。

我国上一轮债转股并没有实现资源优化配置。对中国债权人而言，"债转股"并不是一个陌生的概念。在 20 世纪末的大规模处置银行不良资产的过程中就曾大量采用债转股形式，当时起到了消化银行不良贷款和降低企业负债率的效果。

但债转股在我国实践操作中，债权人一方往往是商业银行，债务人为国有企业，这种情况往往会带来债权损失风险与严重的期限错配问题。而且，在彼时政策的主导下，银行急于剥离不良资产，接盘的资产管理公司又没有动力变现资产，而债务人的国有属性亦使得企业管理者因对企业没有所有权，难以因股权被稀释而产生紧迫感，这就导致债转股的结果往往是债务人将债务转嫁给政府的资产管理公司，由政府充当"接盘侠"，并没有实现资源的优化配置。

虽然20世纪90年代，承接债转股和坏账剥离的四大资产管理公司事后都盈利了，但那是因为加入WTO之后的经济高增长效应，而不是债转股奇迹。

目前进行的供给侧结构性改革，再次将债转股作为去产能、去杠杆的重要政策抓手与金融工具。但在实施中应明确，债转股政策必须遵循相应的法治原则与法治思维，必须有可操作性的法律路径作为保障。

3. 实施债转股应遵循六个法治原则

第一，重视偿债能力原则。实施债转股应当考虑企业的规模与偿债能力。《指导意见》中强调"四个禁止，三个鼓励"，将实施债转股与去产能结合起来。与产业导向结合起来是可取的思路，但还应当综合考虑企业规模的大小与其偿债能力的适格性。规模较大的企业所涉债务往往较重，对债权人的财务影响也更大，所涉债权人主体较多，理应慎重进行债转股的实践，而偿债能力较弱的企业则具有更大的逃废债可能。债转股应当是资困企业的应急药，而不应是僵尸企业的续命草。

债转股企业一般应是有偿债能力、有存续价值的好企业，如果企业本身的产业前景和治理结构不存在被优化的可能，反而使僵尸企业久拖而没有了断，阻碍资源的流动和优化配置，这是对市场信用的极大破坏。

第二，多数决原则。实施债转股应当获得多数债权人的同意。债权人与债务人的关系属于私法范畴，蕴含着意思自治的法律要求。企业能否实施债转股，这是商业判断，须通过对企业现有经营状况、财务数据及市场情况等复杂因素综合判断。按照"谁决策谁担责"的市场规律，应当将这种极具专业性的判断交由市场，交给当事人。债转股计划的实施应当征得多数债权人同意，地方政府不应该以行政力量强制银行等债权人接受债转股，为应该退市的企业续命；法院在企业进入破产重整程序后，也不应在只有少数债权人同意的情况下滥行"强裁"特权。无论是地方政府还是地方法院，都没有替当事人做出商业判断的法律特权，更不具备用公权为应破产清算的失败企业寻求市场救助兜底的法律授权。

第三，适格主体操作原则。企业若具备实施债转股的客观条件和主观能力，大多数债权人基于市场判断，也愿意甚至主动实施债转股，实施债转股应当交由适格的专业机构操作。按照《商业银行法》的要求，商业银行不能投资于非银行类企业，不能直接持有一般企业的股票。同时，根据《商业银行资本管理办法》（以下简称《管理办法》）的规定，"商业银行被动持有的对工商企业的股权投资在法律规定处分期限内的风险权重为400%"，两年后，则风险权重上升为1250%，而正常贷款的风险权重仅为100%。银行若直接将债权转化为股权自己持有，其资本充足率可能触碰《管理办法》的监管底线，难以成为实施债转股的直接主体。因此，债转股的具体操作应当交由专业的资产管理公司、投行或者券商，这些专业性机构更有能力参与到企业处理不良资产具体操作中。专业的不良资产处置机构在承接债权之后，对不同业务实行精细化管理，在企业摆脱困境后退出获利。

原银监会之前对资产管理公司一直持较为审慎的态度，严格限制资产管理公司的经营资格。但原银监会于2016年10月14日下发《关于适当调整地方资产管理公司有关政策的函》，取消了"省级政府设立地方资产管理公司"的限制，为地方资管公司松绑。考虑到尚未有专门针对地方资管公司的监管措施，银行业监督管理机构应当依照《银行业监督管理法》的监管授权制定相关细则，在后续的监管中注意采用市场化的标准衡量这些资管公司是否拥有相匹配的专业能力，亦为地方资管公司免受政府的不当干预而怠于处置不良资产提供制度性保障。

专业的市场化债转股实施机构，还应当体现在债权的选择承接上。监管者不应给银行设置考核或其他红线，迫使银行急于甩掉包袱，而不顾企业是否具备实施债转股的客观标准。合理有效的出清制度是供给侧结构性改革的必然要求。

第四，合理估值合法定价原则。如果只是简单按原有对价转化成股权，而不对债权人的损失做出合理补偿，那就是对债权人的二次伤害。因此除了考虑股权折扣之外，还应当允许债权人适当议价，使债权人在符合甚至超过其基本预期的情况下乐于接受债转股的施行。债务人原有股东在实施债转股后，自身的股东权益也会受到影响，这就要求作为公司重大决策的债转股表决过程应当符合《公司法》的要求，保障原股东们的知情权和参与权。如果企业是上市公司，则还会涉及《证券法》中关于重大事项信息披露的要求。合理估值合法定价方式还体现为实施机构在企业成功脱困后的退出程序，特别是在涉及国有企业未公开的股权交易中，要严格按照国有资产的转让要求和估价方式确定受让人和转让价格，防止国有资产流失。

第五，股东权益事先明确原则。当债权人转变为股东后，按照《公司法》，其股东权益表现为参与公司治理和分享收益。各方当事人享有的权利义务在债转股正式实施前即应当明确，这有助于企业在实施后尽快恢复正常运转，毕竟企业尽快脱困才符合各方利益。考虑到债转股的实施机构未必有能力或有意愿参与到后续的公司治理中，如何确保债转股股东的利益得以保障，同时明确其在何种条件下能够退出企业十分必要。债权人和债务人企业双方在实施债转股之前，应当就股权权益行使的具体内容达成一致，避免债转股协议草率达成和实施后，公司因新旧股东博弈而无法正常运转。

第六，外资有条件进入原则。从市场化的角度考虑，实施债转股应当有条件地允许外资进入。目前，不少实践经验丰富且有一定专业水准的境外不良资产处置者有意愿参与境内不良资产处置，但却受到《金融资产管理公司吸收外资参与资产重组与处置的暂行规定》《关于金融资产管理公司对外处置不良资产外汇管理有关问题的通知》等诸多政策法规的限制。我国的不良资产处置固然有自己的国情，然而，也应逐步开放竞争，倒逼境内不良资产处置机构不断提高业务水平，符合市场化的要求。目前个别境内外机构的合作试点是一个良好的开端。有关部门应当尽快修改相关规定，允许那些能真正帮助资困企业摆脱困境与帮助银行债权人优化债权的外资进入我国的不良资产处置市场，逐步放开对外资参与债转股的限制，提高债转股的实效。

近来关于债转股的政策体现了监管层对市场化改革的决心和魄力，但债转股是一项复杂的系统工程，需要在实施原则、标准、主体、程序等具体操作层面逐一匡正细化政策，以期债转股这一药方能够对症下药，达到去产能、去杠杆的目的。运用法治与市场思维，可以确保债转股非运动式地运用，成为常态化市场金融工具。法治经济是市场经济内涵最好的诠释，必须要让法治思维成为指导债转股的内在逻辑。

4. 降低企业杠杆率，推行债转股政策

杠杆率是资产和负债的比例。现在官方数据显示，国有企业的杠杆率是 117，而按照社科院的数据，实体部门杠杆率则达到了 227，这是非常高的杠杆率。因此债转股就成了很重要的一个手段，中央经济工作会议、总理政府工作报告都强调，处置僵尸企业是牛鼻子，降低杠杆率是重中之重。

第一，能否"债转股"。如何降杠杆率？现在各个部门，如国家发展改革委、工信部、国资委、银保监会等，都在制定相应的政策，原银监会在 2016 年出台了降杠杆率的附件。债权能否用于出资？《公司法》没有规定，但是 2011 年 11 月国家工商总局出了《公司债权转股权登记管理办法》，规定债权可以出资。而作为债权人的商业银行能否成为股东？《公司法》也没有规定。

第二，转股的债权当然是要到期的债权。这些转股的债一定是要找到一个好的下家、好的企业。原银监会等出台的《关于钢铁煤炭行业化解过剩产能金融债权债务问题的若干意见》（银监发〔2016〕51 号）也强调，转股的企业必须是能盈利的企业，是在安全、环保、产品质量等方面没有问题的企业，不能是僵尸企业。

第三，债转股的表决机制。有一些学者认为，必须一致同意。[1]笔者认为，一致同意在我国没办法实行，但是要保护不赞成转股的少数债权人利益，如何去保护？可以先制定条款，有很多方法，但是要一致同意这个债转股是没办法做的。

---

〔1〕 参见王欣新：《企业重整中的商业银行债转股》，载《中国人民大学学报》2017 年第 2 期。

第四，债转股的实施机构。这一轮债转股有两个特点，一是允许地方政府成立资产管理公司，以前地方政府只能成立一家，现在已经发到第三个牌照；二是允许商业银行成立自己的资产管理公司，这个资产管理公司与原来的资产管理公司作为债转股的实施机构，要把商业银行的债权先划拨或转售给实施机构，由资产管理公司进行债转股。

我国在 2015 年的中共中央、国务院《关于深化国有企业改革的指导意见》提到了关于优先股的问题。债转股最好的方式是优先股，即对企业的经营决策没有表决权，仅收取固定的收益，但是目前优先股没有法律依据。

第五，债转股的退出机制。债转股一定要有退出机制，现在债转股刚刚开始，笔者到我国香港地区、其他国家参加破产大会时发现，很多海外的投资者现在非常关注我国这一轮的不良资产处置，他们认为这一轮不良资产处理可能比 1990 年代的规模大得多。具体来说，退出机制是什么？债转股一定要创造比较好的条件去转售，能够让债权人成为股东之后实现股转债，能够比较好地退出。因此，证券市场非常重要，债转股之后，假定是优先股，要可以进行新的发债或上市，经过一定的期限之后，这些优先股的股东可以退出。这方面还需要很多政策和法律的支撑。因此，哈特的债转股理论在中国实实在在地实行了，债转股也成为一个很重要的理论，但实践中还有大量的问题。

（五）建设跨境破产处理机制，开放国际市场

我国《企业破产法》第 5 条涉及跨境破产，随着我国"一带一路"建设的不断发展，跨境破产案件会越来越多。众所周知，1978 年《美国破产法》增加第 11 章"破产重整程序"，但

是很少有人关注到《美国破产法》2005 年发生的革命，即美国在其破产法里面增加第 15 章"跨境破产"。2005 年美国布什总统签署这一法律，到今天其已影响全世界，就像《美国破产法》第 11 章影响全世界一样。

1. 跨境破产立法的国际比较[1]

世界经济交往的增多和经济全球化进程的加速，使得跨境破产问题受到当今国际破产业界的广泛关注。这种关注的焦点推动了破产程序效力在国与国之间的相互承认。关于跨境破产出现了许多国际性的法律文件，其中影响比较大的是《联合国跨境破产示范法》和《欧盟破产程序规则》。

联合国跨境破产示范法。《联合国跨境破产示范法》于 1997 年 5 月联合国贸易法委员会第 30 届会议通过，该示范法分为 5 章，共 32 条，各章分别为：第 1 章，总则；第 2 章，外国代表和债权人对本国法院的介入；第 3 章，对外国程序的承认和补救；第 4 章，与外国法院和外国代表之间的合作；第 5 章，同时进行的程序。该法的目的在于为处理跨境破产案件提供一套有效机制，以促进达到下述目标：①本国法院及其他主管机构与外国法院及其他主管机构之间涉及跨境破产案件的合作；②加强贸易和投资方面的法律确定性；③公平而有效率地实施跨境破产管理，保护所有债权人和其他有关当事人的利益，包括债务人的利益；④保护并尽量增大债务人资产的价值；⑤便于挽救陷入经济困境的企业，从而保护投资和维持就业。

---

[1] 本部分参考 *Cross-Border Insolvency：A Guide to Recognition and Enforcement*（Insol Internationl）. 该书由国际破产协会于 2003 年出版，介绍了 39 个国家和地区的跨境破产制度。

欧盟理事会破产程序规则。《欧盟破产程序规则》（No. 1346/ 2000）由欧盟理事会于 2000 年 5 月 29 日通过，并于 2002 年 5 月 31 日生效，该规则分为 5 章，共 47 条。各章分别为：第 1 章，一般条款；第 2 章，对破产程序的承认；第 3 章，附属破产程序；第 4 章，向债权人提供信息及债权人提起请求；第 5 章，过渡条款和最终条款。该规则在除丹麦以外的成员国内自动生效，任何成员国现存的本国法律条款，包括案例法、先例、任何程序规则以及实践，如果与该规范相冲突，要自动停止适用。《欧盟破产程序规则》意在使跨国破产程序能够高效运行，对破产债务人的财产采取相同的措施，为所有破产债权人利益进行的破产管理，不应考虑债权人的属国因素，各国债权人都应该得到平等对待。英国、德国、法国在跨境破产问题上均要适用这一规范。

美国。美国法院往往依据礼让原则承认外国法院的判决和裁定，同时，外国债权人也可以根据礼让原则向被告住所地的州或联邦法院起诉，此外，美国大多数法院都采纳了统一金钱判决承认法案（Uniform Foreign Money-Judgments Recognition Act, UFM-JRA）。这一法案明确设定了外国金钱判决的承认与执行规则。这些规则对州法院和联邦法院具有法律约束力。《美国破产法》中的第 303 条、第 304 条、第 305 条和第 306 条都涉及了跨境破产问题。第 303 条第 2 款第 4 项规定，外国管理者可以选择依据第 7 章（清算）或者第 11 章（重整）向破产法院提请非自愿破产申请。债务人在美国境内需有住所、营业地或可执行的财产。第 304 条第 3 款规定了破产法院在审查承认和协助申请时应恪守的原则。统观之，法院应遵循最有利于保障破产财产的经济、便捷管理的原则，同时还应符合下列要求：对债权人公平对待；

防止给美国债权人在涉外诉讼程序中引起不便和歧视；杜绝优先和诈欺交易；完全按照该法所规定的顺序分配破产财产及其收益；礼让原则；如果合理，应给涉外破产实体以重生的机会。

日本。日本《外国倒产程序承认和协助法》（LRAF）于2001年4月1日生效。它废除了严格的地域限制，并引入了以《联合国跨境破产示范法》为基础的程序，据此法院可以在涉外程序中进入承认援助手续。它同时规定了涉外程序与国内程序并列的原则。此外，在于2000年4月1日正式生效的《民事再生法》和于2003年4月新修改的《公司更生法》中也对跨境破产问题做了相关的规定。它们在破产程序的域外效力方面采用了与《联合国跨境破产示范法》相一致的普遍主义原则，宣布债务人对于其无论在日本境内还是境外的财产，均有权管理并处置。

2. 中国破产制度中的跨境破产

（1）一般法律原则。跨境破产的总原则为：按照中国《宪法》第18条和第32条的精神，外国企业、经济组织和个人必须遵守中国法律，其合法权利和利益受中国法律和中国司法的保护。中国法律承认那些被中国立法机构和中国政府同意缔结和参加的国际公约、双边和多边条约。并在互惠原则的基础上，与那些参与公约和条约的国家进行司法协助与合作。

中国加入 WTO 的承诺：中国在其加入世贸组织的报告书中明确，中国一贯忠实履行其国际条约和义务，将通过修改现行国内法和制定完全符合 WTO 协定的新法的途径，以有效和统一的方式实施 WTO 协定。中国将修改有关法律法规，建立符合 WTO 协定要求的对行政行为的司法审查程序。这表明对待国际合作，中国将采取更加开放的态度，而这一态度也将影响跨国破产领域中的法律与实践。

中国对于承认和执行外国法院判决的一般态度是：其一，根据中国缔结的国际条约、双边条约或者互惠原则，在不损害中华人民共和国的主权、安全或者社会公共利益的前提下，中国法院对外国法院的判决予以承认和执行。其二，对于中国法院有管辖权的案件，中国法院不予承认和执行外国法院作出的判决和裁定。其三，外国法院作出的判决和裁定经中国法院承认或执行后，与中国法院作出的裁决具有同等效力。

（2）协助性立法。中国的破产法律体系较复杂，它由国有企业破产法、非国有企业破产法、中央政府的破产政策以及地方的一些破产条例等构成。在中国的破产法律体系中，尚没有关于跨境破产的具体规定。跨境破产的程序一般适用《民事诉讼法》、中国参加的国际条约和双边司法协助协定的规定。

《民事诉讼法》和有关的双边司法协助协定对外国法院裁定的承认和执行程序，作出了如下规定：其一，承认和执行外国法院判决的请求应向有管辖权的人民法院提出。企业破产案件由债务人住所地人民法院管辖。债务人住所地指债务人的主要办事机构所在地。债务人无办事机构的由其注册地人民法院管辖。其二，对外国法院裁定的承认和执行程序可以由当事人提出，也可以由外国法院提出。外国法院应按其所在国与中国缔结或者参加的国际条约、司法协助协议或者互惠关系，请求中国法院承认或执行判决。如两国之间没有共同参加的国际公约、司法协助协议或者互惠关系，请求应通过外交途径进行。当事人也可以直接向中国有管辖权的中级人民法院提出承认和执行外国法院判决的申请，如果该法院所在国与中华人民共和国没有缔结或者共同参加国际条约，也没有互惠关系的，当事人可以向人民法院起诉，由有管辖权的人民法院作出判决，予以执行。其三，中国法院接到申请后，依照中国缔结或参加的国际条约或者按照互惠原则进行审查。这种审查，只限于审查外国法院的裁判是否符合中国法律规定或司法协助协议中确认的承认和执行外国法院裁判的条件，对外国法院裁判中的事实认定和法律适用问题不予审查。其四，审查后作出裁定承认外国法院判决，发出执行令或者不予承认的处理结果。

满足以下条件的判决能够得到中国法院的承认和执行：按照中国法律，作出裁决的法院对案件有管辖权；依据作出裁决的法院所在国的法律，该判决已经生效；诉讼当事人的合法权益得到了应有的保护；中国法院对于相同当事人之间就同一诉讼标的的案件已经作出了发生法律效力的裁决，或正在进行审理，或已承认了第三国法院对该案所作的发生法律效力的裁决；判决符合中国法律原则，不损害中国的主权、安全、社会公共利益。

（3）跨境破产的实践。对于外国已经发生法律效力的破产宣告，在中国与破产宣告国既无司法协助协定又无国外法院委托的情况下，如果破产管理人要求在中国境内强制执行破产人的财产，中国法院的通常做法是：只要破产管理人和破产人通过协议的方式接受中国法院的管辖，即可由破产管理人直接向中国法院起诉，法院在对案件事实充分审查的基础上，依法作出判决。在外国债权人要求接管位于中国境内的财产时，通过协商和调解，允许外国债权人以股份转让的方式实现其对外国破产人位于中国财产所享有的权利。

至于对境外破产程序的承认，在有的案件中，法院在允许接管人和当地政府进行谈判后，承认了境外破产程序的效力

（1983 年南洋纺织品商行宣告破产案）；而在另外的案件中，法院则采取了不同的态度，没有认可境外接管人的效力，并在案件处理中表现出强烈的保护中国债权人的倾向［广州荔湾区建筑公司诉欧美中国财产有限公司案、1992 年国际商业信贷银行（Bank of Credit and Commerce International, BCCI）深圳分行破产案］。

近几年，中国一些地方法院开始认可外国破产程序的法律效力。如广东省佛山市中级人民法院于 2001 年 11 月作出的一份民事裁定，承认了意大利法院作出的破产判决的法律效力［广东省佛山市中级人民法院（2000）佛中法经初字第 633 号民事裁定书］。

（4）韩进跨境破产案。2016 年 9 月 1 日，韩国首尔中央法院正式裁定，韩国最大航运企业韩进海运开始进入破产重整程序，韩进海运是世界排名前十的海运企业，在中国设有多家办事处，其破产重整涉及众多中国债权人，因此，其破产引发市场与业内人士的广泛关注。可以说，"韩进破产案"是中国政府与司法机构高度重视破产法在去产能处置僵尸企业中作用的今天所遇到的一起较大的跨境破产案件。

我国破产法有关跨境破产的制度设计规定在《企业破产法》第 5 条，立法过程中，我国最终采取了综合普及主义和属地主义的折中原则，粗线条地确立了我国破产法的跨境破产内容。从司法实践观察，第 5 条有一定的开放性，为我国破产法与其他国家和地区破产规则的接轨已经做好了原则性的前提准备。但是，其过于粗糙和简单化的条文，使得其在制度与程序的操作层面，已经远远落后于跨境破产实践的发展形势。

"韩进破产案"的启示为，企业在跨境破产的司法合作方面应有明确的主管司法机构。我国目前主管破产案件和海商事案件的法院内设机构是不同的，具体到最高人民法院层面，破产案件是民二庭的业务指导范围，而海商事案件是民四庭的业务指导范围。当类似"韩进破产案"的跨境破产案涉及我国债权人当事人合法权益时，其究竟应归属何种司法机构来统一协调？一般来说，虽然韩进破产案是一涉海商事的破产案件，但考虑到破产制度与程序的特殊性，以专事破产的审判机构来协调保护我国债权人的各种诉讼似乎更为合理和专业。因此，最高人民法院应该在内部分工上就此尽快协调一致，同时按照国际公认的破产程序、制度、原则要求，加强与其他相关国家和地区法院就该案的跨境破产事宜的协调，将保护中国债权人的合法利益与推进跨境破产的国际合作结合起来。

随着全球贸易自由化进行，以及"一带一路"的战略驱动，更多行业企业将面临跨国债权债务的处理问题。推动中国法院破产裁定的国外承认，以及国外法院破产裁定的中国因素考量和中国债权人合法权益保护，将是我们建构中国跨境破产制度时所面临的一个巨大挑战。这需要我们的司法机构，在破产法的框架下，加快细化跨境破产的制度与程序规则，对跨境破产案件的管辖与受理、管理人承认、各种破产裁定的效力、财产的执行以及司法合作各环节作出司法解释或个案推动，条件成熟时应尽快采用立法或条例形式，推进跨境破产的国际司法合作。

反垄断法前沿问题研究

一、反垄断法的挑战

（一）垄断的涵义

1. 垄断的产生

竞争广泛地存在于社会生活的各个方面，两方或多方力图取得并非各方均能获得的某些东西时，就会有竞争。"竞争至少与人类历史一样悠久，所以达尔文（Darwin）从经济学家马尔萨斯（Malthus）那里借用了这个概念，并像经济学家将其应用于人的行为那样，将它应用于自然物种。"[1]最早对竞争进行系统论述的应该是1776年亚当·斯密的《国富论》[2]，但其论述并不严密，此后的近一百年中，古典经济学家都沿袭了斯密关于自由主义竞争的概念。因为他们认为垄断是非常罕见的，所以没有必要对竞争作精确定义。据统计，在《国富论》中，每90页只有1页篇

---

[1] ［美］乔治·施蒂格勒："竞争"词条，载［英］约翰·伊特韦尔等编：《新帕尔格雷夫经济学大辞典》（第1卷：A—D），经济科学出版社1992年版。

[2] ［英］亚当·斯密：《国富论》（上、下），郭大力、王亚南译，上海三联书店2009年版。

幅用于论述垄断，而在穆勒（Mill）的《政治经济学原理》[1]中，500 页中仅有 1 页篇幅用于论述垄断。[2]在亚当·斯密的竞争理论中，"垄断"通常仅指君主就商品的制造、进口或销售而赐予的专营权。

随着经济的发展和经济学科学的进展，经济学家们对已有的竞争概念日益不满意。1838 年奥古斯丹·古诺（Augustin Cournot）提出完全竞争理论的基本思路，[3]到 1900 年左右，经济学界最终完成了对整个完全竞争理论的论述，使其成为经济理论的标准模式。实现完全竞争需要满足严格的条件：同种商品由大量较小的销售者供应或购买者需要，其中无人能以其行为对价格施加可感受到的影响；能自由进入市场，并且没有其他限制价格和资源流动的阻碍；所有的市场参与者都完全了解相关因素。竞争理论在发展成为价格理论与资源配置的基本组成部分的同时，还获得了一种日趋重要的作用，即作为判别实际市场效率的标准，因为完全竞争可以使资源最优配置，实现收入最大化。[4]这也是"反垄断"的最主要的经济原因。

竞争无处不在，而随着经济的发展，垄断也逐渐为人们所重视，与此相关的理论也逐渐增多。垄断可以理解为"竞争的缺乏"，它的语文词义是"排他性控制"和"独占"，表现在经济行为上的垄断，可以包括所有单一的个人、组织或集团排他

---

〔1〕 ［英］约翰·斯图亚特·穆勒：《政治经济学原理》（上、下），金镝、金熠译，华夏出版社 2009 年版。

〔2〕 ［美］乔治·施蒂格勒："竞争"词条，载 ［英］约翰·伊特韦尔等编：《新帕尔格雷夫经济学大辞典》（第 1 卷：A—D），经济科学出版社 1992 年版。

〔3〕 ［法］奥古斯丹·古诺：《财富理论的数学原理的研究》，陈尚霖译，商务印书馆 1994 年版。

〔4〕 最大限度满足论原理，由亚当·斯密最早提出。

性地控制某种经济资源、产品、技术或市场，但经济学上的垄断远比此复杂，主要在于垄断产生的原因是多种多样的。[1]原因不同，与竞争的关系也不同；同时，原因不同，对效率的影响也不同，垄断不能简单地归结为全部是对效率的损害。因此，认识垄断产生的不同原因是反垄断法律制定和实施的关键。"发生市场垄断的成因，大体有以下五种。第一种，由资源的天赋特性，带来产品（服务）的独特性。比如龙井茶、莱阳梨和邓丽君的歌。这类产品，市场上独一无二、消费者又愿意出价来欣赏，资源所有者就拥有排他性的独占权。第二种，发明的专利权或版权，或者像可口可乐的配方那样的商业秘密。这些资源没有天赋的独特性，但是在想象力和科学技术的商业应用方面，具有独特性。政府如果不通过法律保护专利和商业秘密，发明和创新的供给就不足，对经济增长不利。当然，技术一旦发明出来，由社会共用可以加快新技术的普及，所以对专利的保护，通常设立一个时间区间，过了时限就对社会免费开放。第三种，赢家的垄断。凡竞争就有输赢，商场竞争的胜出者可能凭实力和策略，一时之间将所有竞争对手赶出市场。典型的案例，是IBM和微软公司，不是别人不可以做电脑硬件和软件，而是一时之间没有谁做得过他们。第四种，成本特性产生的垄断。一些产业，需要巨大的一次性投资，才能形成供给能力。这些投资一旦发生，就成为'沉没成本'（就是几乎别无他用）。对于这些产业来说，新的竞争对手面临很高的'进入门

---

[1] 周其仁：《竞争、垄断和管制——"反垄断"政策的背景报告》，2001年12月，北京大学中国经济研究中心。此文对垄断的定义及其分析和政策建议非常具有参考价值。

槛',因为他们必须再支付一笔巨大的投资,才可能与在位厂商竞争市场需求。这就是通常所说的'自然垄断'。第五种,强制形成垄断。这就是运用非经济的强制力量,清除竞争对手,保持对市场的排他性独占。这种强制的势力,可以是高度非制度化的,如欺行霸市、强买强卖;也可以是高度制度化的,如政府管制牌照数量,或由立法来阻止竞争而产生的行政性垄断。需要说明的是,强制形成的垄断,虽然动机完全不相同,但在行为上,垄断者的地位都是由非经济力量造成的。"[1]

当然,真实世界的情况更复杂,可能并不止一个原因导致了垄断。对于政府的政策制定和相关法律的制定,重要的是区分哪些垄断会妨碍技术进步和经济效率,而哪些垄断恰恰是技术进步的推动力和经济效率的表现。这是一个技术问题,也是一个理论问题,而且并不是一成不变的。

2. 垄断的类型

(1)经济性垄断。

第一,滥用市场支配地位或滥用优势地位。欧洲法院在审判霍夫曼案件时,曾这样解释道:"滥用优势地位的概念是与具有优势地位企业的行为相联系的概念。有关企业由于存在着这种地位,不仅影响了市场结构,削弱了竞争程度,而且通过采取与商业交易中产品和服务的正常竞争所不同的手段,具有妨害现存市场上竞争程度的维持或者竞争发展的作用。"[2]市场支配地位是指企业对某种特定的产品具有较大的影响力,使其他

---

〔1〕 周其仁:《竞争、垄断和管制——"反垄断"政策的背景报告》,2001 年12 月,北京大学中国经济研究中心。

〔2〕 阮方民:《欧盟竞争法》,中国政法大学出版社1998 年版,第195 页。

企业处于从属、被动的状况。市场支配地位一般包括四种情况，一是企业独占市场没有竞争者；二是某一家企业在市场上具有压倒性地位，其他企业难以进入该市场；三是企业的特定商品没有任何实质意义上的竞争；四是企业产品的市场占有率达到一定份额，比如说一家企业特定产品的市场占有率达到 1/2 以上，或者两家企业对某种特定产品的占有率达到 2/3 以上，或者三家企业对某种特定产品的占有率达到 3/4 以上，使其他企业难以进入或者扩展市场。我国《反垄断法》主要采用了第四种亦即以商品在相关市场的占有率为判断标准。对于占市场支配地位的企业，我国《反垄断法》从多方面限制或禁止其滥用市场支配地位，如禁止差别待遇、强制交易、搭售或者附加交易条件、掠夺性定价和独家交易等损害消费者利益的行为。

第二，经营者集中，即经济力量过度集中导致的垄断，或者说指合并与获得控制的行为，在欧盟法律中被称为"聚合"。它往往指两家或更多的企业合并成一家企业，通常由一家占优势企业吸收一家或多家的企业，或者是两家企业共同组成一家新企业，以达到企业规模扩张、提高市场占有率的目的。在中国的经济改革过程中，结构调整和国有企业战略性重组，主要是通过兼并、收购、合并等方式来完成的。"抓大放小"的"抓大"必然导致经济力量的过度集中，集中的过程很可能就要损害消费者的利益，它对消费者在产品样式的选择、价格选择以及产品本身种类的选择等方面都会产生重大的影响。《反垄断法》正是对合并企业的市场份额，合并对社会公众利益造成的影响进行审查。《反垄断法》第21条规定，企业合并达到国务院规定的申报标准的，经营者应当事先向国务院反垄断执法机构申报，未申报的不得实施集中。2008 年 8 月 3 日，国务院颁

布实施《关于经营者集中申报标准的规定》（后于 2018 年进行
修正），其第 3 条规定了经营者集中达到下列标准之一的，经营
者应当事先向国务院反垄断执法机构申报，未申报的不得实施
集中：①参与集中的所有经营者上一会计年度在全球范围内的
营业额合计超过 100 亿元人民币，并且其中至少两个经营者上
一会计年度在中国境内的营业额均超过 4 亿元人民币；②参与
集中的所有经营者上一会计年度在中国境内的营业额合计超过
20 亿元人民币，并且其中至少两个经营者上一会计年度在中国
境内的营业额均超过 4 亿元人民币。这一规定明确了需要申报
的标准，增强了《反垄断法》的可操作性。但其对所有产业、
行业并无区分地采用这一标准，又使其缺乏必要的灵活性和合
理性。

第三，垄断协议，所谓垄断协议就是厂商之间的合谋。我
国《反垄断法》调整的"垄断协议"分为两类。一类是具有竞
争关系的企业之间签订横向限制竞争协议，也就是市场上同类
产品的生产商或者销售商之间达成的协议。比如说，确定、维
持或变更商品的价格，串通投标，限制商品的市场供应数量、
质量，限制购买新技术或新设备，共同阻碍或排挤竞争对手等。
《反垄断法》禁止这种横向的垄断协议。另一类是上下游企业之
间签订纵向限制竞争协议，也就是指不同生产阶段的企业订立
的限制竞争协议，如销售商要求生产商给予地域保护，经营者
向批发者、零售者提供商品时限制其转销价格等。这些都是
《反垄断法》所禁止的。因为市场不成形、竞争没有秩序、法律
不完善等原因，厂商之间的合谋在新型市场中很容易出现，按
比例瓜分市场，最终也会损害消费者利益。

在《反垄断法》的制定中，一个值得讨论的问题是对垄断

的具体规制方式。世界上有两种立法例：一种以大陆法系为代表，在反垄断法中对各种垄断行为的形式和认定标准作出详细规定。另一种以美国为代表，在反垄断法中仅概括规定违法垄断的种类，具体的垄断认定标准由反垄断执行机构负责。由于对垄断现象的认定具有复杂性，其认定的标准随着经济发展会发生变化，在反垄断法中对垄断认定的标准作出具体规定在表面看来有利于反垄断法的执行，但实际上是难以界定和不可行的，不同的产业有不同的市场规模，如在商品零售业，达到一定市场占有率很困难。但在航空、铁路、电信等行业中，很容易达到一定的市场份额。这两者很难统一标准。因此，具体的垄断认定标准应由反垄断执行机关根据产业和行业发展情况来调整、制定，在对上述三种经济性垄断进行的规制中，我国《反垄断法》规定了三种经济性垄断及其行为特征以及某些行为的认定标准，但多数行为的认定标准并未明确，而是由国务院或国务院执法机构作出具体规定。

（2）行政性垄断。在《反垄断法》中，反对行政垄断是我国《反垄断法》的特点。党的十九大报告指出，要深化商事制度改革，打破行政性垄断，防止市场垄断，加快要素价格市场化改革，放宽服务业准入限制，完善市场监管体制。行政性垄断正是市场化改革的一只"拦路虎"，其涉及的面很广，主要包括：

第一，政府垄断。政府垄断了一些工业部门、一些行业，没有从对企业特别是对国有企业的干预中退出来。现在问题比较突出的是电信、电力、民航、保险、金融、医药、石油、新闻等行业，政府垄断较为严重。但《反垄断法》中并未明确对此种政府垄断进行调整。

第二，行业壁垒。政府在一定的行业里面设置一系列禁止性、限制性政策和优惠政策。比如有的行业不准私有企业进入，纺织业有配额限制等。

第三，差别待遇。由于多种企业类型的存在，许多行政法规和政策对不同类型的企业有不同的权利义务规定，造成它们在市场中不同的竞争能力。集体企业在企业税负水平、减免税收、获得水电等公共服务方面比私营企业要顺利得多。在投资决策、劳动用工和企业摊派方面各种类型的企业享有不一样的权利。

第四，地区垄断。地区垄断以地方保护主义为较突出的表现形式，地方政府可能通过一系列地方的税收政策、价格控制等手段来排斥外地企业，帮助本地企业压倒外地企业，保护本地企业产品市场和经济利益，限制外地企业跟本地企业竞争，或者限制本地商品流向外地市场等。《反垄断法》应对这种现象予以限制和禁止。当然，行政性垄断可能不完全是一个《反垄断法》所能解决的，它涉及政府在市场中的作用，是有限政府，还是无限政府？是大社会小政府，还是小社会大政府？还涉及政治体制改革、行政体制改革以及整个改革进程的发展。我国《反垄断法》对行政垄断中的滥用权力强制买卖、利用行政权力实施地方保护主义、设定歧视性标准与条件等行为作出了规定，但对于政府垄断相关产业部门等行为却没有涉及。

（二）中国《反垄断法》的困境

2018 年 4 月 10 日，在以习近平总书记为核心的党中央领导下，国家市场监督管理总局正式挂牌。为了加强和优化政府反垄断职能，国家市场监督管理总局加快研究内部机构具体设置，决定整合国家工商行政管理总局、国家发展和改革委员会以及商务部等三家机构承担的反垄断执法职责，加强执法力度和统领，从整体上推进我国竞争政策实施。反垄断机构"三合一"的全面推行，对落实公平竞争审查制度、提升反垄断执法精细化水平与对接国家通行规则都有一定的推动作用。随着国务院《关于在市场体系建设中建立公平竞争审查制度的意见》《公平竞争审查制度实施细则（暂行）》等政策文件的发布，从前端遏制行政垄断的机制已经形成。根据党的十九大提出的"打破行政性垄断，防止市场垄断"战略部署，2019 年 9 月 1 日，由国家市场监督管理总局制定的三部反垄断法配套规章《禁止垄断协议暂行规定》《禁止滥用市场支配地位行为暂行规定》《制止滥用行政权力排除、限制竞争行为暂行规定》正式落地施行。《禁止垄断协议暂行规定》细化了垄断协议认定方法和执法程序；《禁止滥用市场支配地位行为暂行规定》明确了相关违法行为的认定和处理；《制止滥用行政权力排除、限制竞争行为暂行规定》明确了行为类型和处理方法。这三部配套规章是在我国反垄断执法机构整合后，对反垄断法律的统一、细化和优化，增强了可操作性，有利于实现反垄断工作优化协同高效，推动构建统一开放、竞争有序的市场体系。《反垄断法》保护我国市场公平竞争和维护消费者利益，推动市场化、法治化、国际化营商环境建设，保障市场在资源配置中起决定性作用，是促进我国现代化经济体系建设和经济高质量发展的重要基础性法律制度，但在理论和实践层都还面临一定的困境。

1.《反垄断法》目标的模糊

垄断和规模经济从一定角度来说并不一定是坏事，垄断的动力会促使企业不断去降低成本、提高效率、进行技术和产品的创新。有时垄断也不意味着高价格。比如说，给技术的发明者以专利的保护，就可以大大激发企业和科技人员的积极性，先进技术的采用会降低产品的价格；有的时候垄断企业还会采取低价策略，将产品价格确定在新的竞争者无法达到的低水平，以阻止竞争厂商的进入。另外，从一个国家的经济发展、工业化的实现和经济整体素质的提高来讲，大企业、大集团的发展及其规模经济对国民经济的发展起着极其重要的作用。因此，垄断的状态和规模经济并不是《反垄断法》的目标，《反垄断法》的理想目标就是保持垄断企业的规模优势，限制垄断企业实施垄断价格策略，但是理想目标往往难以达到，现实当中的《反垄断法》往往以牺牲规模经济效益为代价，肢解垄断，把垄断企业一分为二、一分为多。为避免现实中的反垄断走入误区，《反垄断法》应将反垄断法的现实目标定位于反垄断企业利用垄断优势的行为上面，《反垄断法》的目标在于规制各种有碍公平竞争的垄断行为，《反垄断法》反对的是垄断行为和垄断行为的后果。对于规模经济和全球竞争下的国内大企业的保护，可以通过竞争政策和产业政策来加以调整，应该用竞争政策来带动《反垄断法》的实施。对于那些妨碍竞争的垄断，《反垄断法》要予以限制，对不妨碍竞争的规模经济，则应予以鼓励，以提高我国企业的国际竞争力。可以这样说，我国的《反垄断法》应该根据我国对外开放和我国经济改革的时间表，在不同的历史阶段和范围有所变化和发展。

党的十八届三中全会中指出，要紧紧围绕使市场在资源配置中起决定性作用深化经济体制改革，坚持和完善基本经济制度，加快完善现代市场体系。"十二五"规划明确强调，要加快形成统一开放、竞争有序的市场体系，建立公平竞争保障机制，打破地域分割和行业垄断，着力清除市场壁垒，促进商品和要素自由有序流动、平等交换。清理废除妨碍统一市场和公平竞争的各种规定和做法。健全竞争政策，完善市场竞争规则，实施公平竞争审查制度。放宽市场准入，健全市场退出机制。健全统一规范、权责明确、公正高效、法治保障的市场监管和反垄断执法体系。营造优良营商环境，加强知识产权保护和反垄断执法，深化执法国际合作。党的十八届三中全会和"十三五"规划的内容，正是党中央在中国特色社会主义新时代的历史阶段对《反垄断法》的变化和发展方向所作出的要求。《反垄断法》是我国经济法治建设的重要抓手，在全面深化改革、维护公平竞争、营造优良营商环境、完善健全现代市场体系和对外开放新体制等方面存在巨大的潜力。

2. 行政豁免的立法空白

《反垄断法》应该清楚准确地规定行政豁免条款，或称除外制度。但我国《反垄断法》对此问题却没有涉及。世界各国反垄断法都把豁免条款作为其重要内容，对于那些涉及自然垄断、公共利益的行业或领域，如城市的供水、电网、煤气等，予以豁免，以避免社会资源浪费，维护国家的政治经济安全。我国对大多数基础设施行业、公用行业、交通运输、金融等涉及公共利益和行政性垄断的行业应当予以豁免或有条件豁免。如果这些行业不纳入豁免，而按照《反垄断法》的统一标准进行调整，那么一大批行政性垄断行业，如电力、邮政、电信、铁路、民航、公路、证券、保险、烟草等行业的企业，则首先会受到起诉与查处，这不利于我国国内产业和稀缺行业的发展，甚至影响到国家利益；如果这些行业全部纳入豁免，《反垄断法》规定的实施，纯粹就是保护落后，阻碍自由竞争，违背《反垄断法》的立法本意。因此，《反垄断法》应授权反垄断执行机构审时度势，对于行政性垄断企业仔细甄别，采取适度豁免的原则，豁免少数关系到国家政治经济安全利益的自然垄断行业，而把一些以前认为是自然垄断的行业转为竞争性行业，排斥在豁免领域之外。对于一些产品市场占有率很高的优秀企业，如联想、海尔，应通过反垄断执行机构规定一个市场结构的标准，比如说市场占有率不超过 30%，引导其在一定的市场份额下进行规模扩张和提高效益。

3. 《反垄断法》与其他法律的错位

我国原有法律框架的立法目的主要是保证国家基础设施的安全，而不是规范产业中主体的行为，如 1995 年的《电力法》规定，国务院电力管理部门负责全国电力事业的监督和管理，包括电力建设、电力生产与电网管理、电力供应与使用、电价与电费、电力设施保护，等等；1990 年的《铁路法》规定，国务院铁路主管部门主管全国铁路工作，对国家铁路实行高度集中、统一指挥的运输管理体制，包括铁路运营、铁路建设、铁路安全与保护。随着经济改革的深入，这些带有强烈的行政垄断色彩的立法，都必须进行修改或重新制定。又比如电信立法，加入 WTO 以后，我国电信业面临着严峻的压力与挑战，然而有关的电信管理仍主要依据国务院文件和有关规章进行，这些文件和规章早已不能适应当前电信迅速发展的要求，因此加快电信立法已成为当务之急，有关部门应加紧起草电信法草案。反垄断法和正在起草修订的电信法、电力法、邮政法、航空法、铁路法等法律法规的关系非常密切，要吸取以前立法当中法律互相掣肘的经验教训，统筹考虑，互相配套，按照建立市场经济体制的基本要求来进行立法，增强《反垄断法》的权威性和可操作性，从法律效力的角度来说，作为规范市场主体行为的法律,《反垄断法》的效力高于其他部门法的法律效力。

在对行政垄断进行调整的过程中,应当强调通过综合的制度安排和立法来界定政府权力,给政府权力的行使划定一个空间。因此,不能仅仅依靠一个《反垄断法》,要有一整套涉及政府公共服务体制建设的法律来界定政府的权力边界,比如说《行政诉讼法》《行政许可法》《行政复议法》《公务员法》,甚至《企业国有资产法》《物权法》等。将这些法律规定与《反垄断法》衔接起来,划清与政府密切相关的三个界限,其一,划清政府公共管理者角色与公共产品提供者角色之间的界限;其二,划清政府公共服务行为与政府经营行为的界限;其三,划清政策制定者与经济增长推动者之间的界限。

4. 独立权威的反垄断司法体系的欠缺

没有救济机制的反垄断法只能说是"半部"反垄断法。因为缺乏救济机制等于相关利益主体只能听凭反垄断执法机构的处置,而不能有异议的权利。比如说在可口可乐收购汇源的案例中,可口可乐停止收购无非有两个原因,首先,这种执行机构的裁决在中国《反垄断法》的框架下,有可能形成终极的裁决;其次,中国的法律没有给《反垄断法》的接受方提供一个上诉或者申诉的司法程序。完全的《反垄断法》应当在否决其并购请求的同时给可口可乐提供救济程序,而且这种救济程序必须是有效的。

我国应当建立一个独立的有权威的司法体系,对反垄断的纠纷处理、执法审查提供司法救济。现在的《反垄断法》将关注点过多地放在政府反垄断机构方面,实际上,政府的反垄断机构在市场中的反垄断行为本身只是参与市场一方的行为,或者说是规制一方的行为，但政府反垄断机构并不是一个没有利害关系的、中立的一方，政府部门某种程度上是有利益倾向的，它的反垄断行为与措施有可能公正适当，也有可能不公正、不正当。某种程度上，反垄断的执行机构跟政府是合一的，因此，政府履行反垄断职责时有可能本身就有行政垄断行为，也有可能在更大程度上损害市场竞争。《反垄断法》的可实施性，更重要的是要在政府与涉嫌垄断行为人之间，找到一个平衡利益的司法审查与救济渠道，并保证这个救济渠道的可诉性。因此，《反垄断法》在今后的改革中要在司法体系的功能方面多加笔墨，建立一个独立、权威、严谨、公正的法院审理与司法诉讼审查救济程序，这比完善政府的反垄断机构更重要。

二、互联网平台排他性协议的反垄断规制

（一）互联网平台的要素

1. 互联网平台的涵义

关于互联网平台的定义，国内外不同学者有不同的观点。徐晋认为，平台是市场的具体化形态，表现为一种交易空间或场所，可以存在于现实世界，也可以存在于虚拟网络空间，该空间引导或促成双方或多方客户之间的交易，并通过收取恰当的费用而努力吸引交易各方使用该空间或场所，最终追求利益最大化……平台存在一个双边或多边的平台结构，具有交叉网络外部性，双边市场需求具有双边依存性，具有长尾经济性。[1]苏吉特·查克拉

---

[1]　徐晋：《平台经济学》（修订版），上海交通大学出版社 2013 年版，第 25～27 页。

沃蒂（Sujit Chakravorti）和罗伯特·罗松（Roberto Roson）认为，双边市场是一个向两个不同终端的用户提供产品和服务的平台，该平台试图对每种不同的终端用户设定价格来"使得双边处于同一平面（board）"。[1]大卫·埃文斯（David S. Evans）认为，双边平台或者"多边平台市场"（Multi‐Sited Platform Market）在产业经济学中主要被描述为这样的一类产品和服务：拥有两个或者两个以上不同的客户群体；因为某种外部性的存在，不同的客户群体之间得以连接和协作；并且必须有某种中介来内化一个客户群体对另一个客户群体所产生的外部性。[2]让·梯若尔（Jean Tirole）认为，双边市场（或者多边市场）可以粗略地定义为，使终端用户之间相互交往的一个或多个平台，并通过适当地向双边（或多边）收费使双边（或多边）都参与其中。换言之，平台在保证整体盈利，或至少不亏损的前提下，试图满足每一边的需求。[3]由此可见，学者们大多将互联网平台与双边或多边市场联系在一起。笔者认为，互联网平台无论如何无法绕开"多边"这一本质特征，这也是平台经济学产生的根本原因。因此，互联网平台，应当是指互联网多边平台市场，其具有两个或者两个以上不同的客户群体，这些不同客户群体之间具有交叉网络外部性。相比单边市场，多边市场最显著的特点在于其具有交叉网络外部性（Cross‐Group Network Externalities）特

〔1〕 Sujit Chakravorti Roberto Roson, "Platform Competition in Two-Sided Markets: The Case of Payment Networks", *FRB of Chicago Working Paper*, No. 2004‐09, http://papers. ssrn. com/sol3/ papers. cfm? abstract_ id = 564564##.

〔2〕 David S. Evans, "The Antitrust Economics of Multi-Sided Platform Markets", *Yale Journal on Regulation*, 2003 (20), pp. 331‐333.

〔3〕 [法] 让·梯若尔:《创新、竞争与平台经济——诺贝尔经济学奖得主论文集》，寇宗来、张艳华译，法律出版社2017年版，第74页。

性。这里的网络外部性指某个产品的价值随着该产品的消费者数量的增加而增加。[1]多边市场的网络外部性具有交叉性，即一方用户数量的变化，会影响另一方用户数量的变化，从而影响到产品的价值，而且这种影响是相互的、持续的。[2]

目前实践中出现的一个较大问题是：通过共同的技术接口，仅仅向用户提供综合、多种产品的"转售型"企业是否属于互联网平台？笔者认为，"再销售"或者"转售"型模式的企业，即使同时向用户提供了综合的产品，仍然不属于"多边平台市场"意义下的平台企业。平台是"多边平台市场"的简称，必须具有"多边"这一本质特征。如果将转售型的企业定义为平台企业，那么平台企业就可以包括传统的图书馆、百货店（不是百货商场）、音像店，甚至服装厂以及进出口公司。如果包含了过多的传统业务，也就意味着，互联网平台的反垄断问题完全可以通过对线下的上述案件进行研究就可以解决。普通的"单边市场"企业，也面临两个"边"：上游和下游，只不过单边市场条件下的两个边是纵向的关系，而双边市场的两个边是横向的关系。从这个意义上讲，"上游—中游—下游"关系不能够构建一个平台。因此，单纯"转售型"企业不属于互联网平台。

2. 互联网平台经济的发展

（1）平台经济的起源。提到互联网平台不可不提平台经济，互联网平台正是在平台经济的发展中显现出其重要地位的。平台经济催生了互联网平台的产生，互联网平台的完善和多样化

---

〔1〕　参见李剑：《双边市场下的反垄断法相关市场界定——"百度案"中的法与经济学》，载《法商研究》2010 年第 5 期。

〔2〕　参见张江莉：《互联网平台竞争与反垄断规制——以 3Q 反垄断诉讼为视角》，载《中外法学》2015 年第 1 期。

推动了平台经济的发展，二者相互依赖、相辅相成。要考察互联网平台的现状必须先考察平台经济的发展程度。

伴随着数字时代的崛起，"平台"逐渐成为越来越重要的组织模式。"平台"形式由来已久，但信息技术的飞速发展和互联网应用的普及真正催生了平台经济的浪潮。2015 年，国务院陆续出台《关于发展众创空间推进大众创新创业的指导意见》和《关于大力推进大众创业万众创新若干政策措施的意见》，互联网创业已成为社会经济发展的必然结果，而伴随着互联网和电子商务发展起来的平台经济的影响愈加彰显。

"第二次信息革命"以"云计算＋大数据"替代"计算机＋软件"改变技术发展轨道，平台引领的商业生态成为创新涌现的基石。在信息技术演变的过程中，新经济的分工体系转变，共享思维逐步贯彻并深化。正像历次关键技术突破对人类社会的影响一样，技术更迭带来经济转型，促使纵向共享程度加深，引发平台经济对传统单边市场的冲击。20 世纪 90 年代以来的互联网革命，在中国诞生了以 BAT 为代表的新型网络平台，而后平台模式不断丰富。平台经济依托新信息基础设施和新生产要素，踏上为其他企业和个人服务、以激活生产力为目的的"赋能"新征程。

对于平台经济（Platform Economic）的定义从不同角度而言具有一定分歧，但 2014 年诺贝尔经济学家让·梯若尔与其合作者在相关论述中对平台经济三要素的提炼赢得了较多共识，即：存在两组或多组主体、不同主体间存在网络效应、需要中介参与。[1]芝加哥大学法学院教授大卫·埃文斯作为最早研究

---

〔1〕 See J. C. Rochet , J. Tirole, "Platform competition in two sided markets", *Journal of the European economicassociation* , 2003.

平台经济学的学者之一，也对平台经济内涵作出了类似的总结。[1]

平台将相互依赖的不同群体集合在一起，通过促进群体间的高效互动，创造了独有价值。"根据梅特卡夫定律，网络的价值与用户数量平方成正比，这种外部性令互联网平台成长很快，价值极速攀升，超越传统经济中依赖规模成长的企业。"[2]平台经济的快速发展，对经济社会的影响日益深远，梳理平台经济的独特之处，有助于推动万众创新和实现经济转型发展。平台经济呈现出开放性、交叉网络外部性、价格策略差异性、聚集整合性的新特点。

第一，开放性。平台在提供基础服务的前提下，开放自身资源，让更多的第三方主体参与到平台的生态系统中来。以互联网为依托，开放平台容纳不同类型的服务主体，服务主体和个性化用户亦可实现对接，互助共赢，实现价值。同时，平台经济开放性体现在平台和外界物质、信息资源的交换，其可构成一个自组织、自适应的商业生态系统。平台经济在主体、模式、技术、信息、资本等诸方面呈现出的开放性和共享性也产生出拓展经营模式、满足用户需求、推动创新等益处。[3]

第二，交叉网络外部性。根据让·梯若尔在其关于双边市场的论著中所述，交叉网络外部效应是指一边（如买方）的网

---

〔1〕　参见［美］大卫·埃文斯等：《看不见的引擎：软件平台驱动下的产业创新和转型》，陈宏民等译，清华大学出版社 2010 年版，第 57~60 页。

〔2〕　孟晔：《新经济框架：从行业分工到平台共享》，载阿里研究院主编：《平台经济》，机械工业出版社 2016 年版，第 15 页。

〔3〕　参见徐晋：《平台经济学——平台竞争的理论与实践》，上海交通大学出版社 2007 年版，第 34~41 页。

络规模将对另一边（如卖方）的需求大小产生影响。但需要指出的是，双边（买方和卖方）的间接网络效应大小（也即交叉需求弹性）可能是不同的。[1]平台上的两种用户互相依存并影响，双方用户通过平台相互作用而获得价值。区别于传统单边市场下的经济样态，平台经济的繁荣，取决于各边用户的和谐程度和共生效率。

第三，价格策略差异性。平台经济呈现出的这一新特点实为网络外部效应的衍生品。让·梯若尔在对平台经济的分析中提到，某种组织模式之所以能够称为"平台"，其关键在于交易的"非中立性"，即卖方不能将平台对其收取的费用完全转移给买方；换句话说，"平台"存在的意义在于其能够有效地采用交叉补贴策略，能够对卖方和买方施加不同的价格策略并对其产生不同影响。正因交叉网络外部性特征存在，"卖方对买方的影响力"与"买方对卖方的影响力"可能是不同的，所以平台对双边所收取的价格便可能不同。[2]

第四，聚集整合性。平台经济相对传统单边市场经济样态更具聚集性，主要体现在：一是平台聚集了多种主体，根据平台类型不同，聚集商品服务供应商、用户、广告商等主体；二是平台聚集了海量信息，产品信息、商业信息、个人信息等在网络中传递交融；三是聚集了不同主体间的交互关系和社会资源。[3]在整

---

〔1〕 See J. C. Rochet, J. Tirole, "Platform competition in two sided markets", *Journal of the European economicassociation*, 2003.

〔2〕 参见叶秀敏：《平台经济的特点分析》，载《河北师范大学学报（哲学社会科学版）》2016 年第 2 期。

〔3〕 参见［美］杰里米·里夫金：《零成本社会：一个物联网、合作共赢的新经济时代》，赛迪研究院专家组译，中信出版社 2014 年版，第 11~16 页。

合性方面，平台沟通了各类主体，重构了关系和价值链。"在平台经济的作用下，传统的价值关系被更为高效的新型价值关系所取代。"[1]这种价值链重构，取消了冗长的中间环节，商业运转和资源配置效率得以提升。

（2）平台经济重构传统经济。习近平总书记强调，"十三五"时期经济社会发展要努力在保持经济增长、转变经济发展方式、调整优化产业结构、推动创新驱动发展等方面取得明显突破。相对于"平台经济"的"传统经济"以单边市场为突出特征，平台经济的发展驱动企业通过价值链进行合作，创新发展新模式和新应用，产生空间的转移、组织的变革，对于整体经济态势和社会生活产生迥异于传统经济的价值意义，是保障"十三五"目标实现的必经路径和最佳选择。另外，平台化作为全球经济社会的组织形式和价值形成机理变化的最主要趋势之一，传统经济借助平台思维寻求转型已成未来之所向。

平台经济与传统经济的区别不仅体现在其自身展现的特点上，更体现在其对市场经济发展产生的新价值和新影响上，在促进中小企业创新、改善就业模式、推动新经济增长方面尤为突出。

第一，促进中小企业创新。传统经济下的中小企业长期面临着资金不足、人才缺失、协作效率低下等创新瓶颈难以突破，而平台经济的繁荣为中小企业创新提供契机。首先，平台的大数据优势令中小企业突破信息资源的闭塞，方便其了解用户、组织创新。其次，云计算和云平台应用显著降低企业成本，有

---

[1] 范保群：《平台经济的关键因素是多边、互动和互惠》，载阿里研究院主编：《平台经济》，机械工业出版社 2016 年版，第 114 页。

益于增加创新投入和人才引进。[1]最后，平台的开放性提升内外部协作效率，为服务需求者和提供者搭建了合作创新的桥梁。

第二，改善就业模式。在互联网平台时代，就业呈现出"平台型就业"和"创业型就业"两种渠道，"代表改革最新趋势的是充分鼓动个人积极性却不占用国家庞大资源就能解决就业问题的网络平台"。[2]平台经济弱化了土地和资本对劳动力的限制，劳动者的潜能、创造性通过平台得以释放。其发展使得就业者发挥自我能力、与市场连接不完全依附于企业的趋势进一步发展，自由就业群体规模不断扩大，可在一定程度上缓解就业压力，改善就业环境。

第三，推动新经济增长。平台经济是共享经济的基础，共享经济是新经济发展的趋向。实际上，各类服务业的价值链或者价值网络中都存在着搭建平台的机会。平台一旦建立，就能够吸引各种资源加入，发挥平台的集聚效应，推动整个产业的资源向平台倾斜，创造出巨大价值。[3]

在平台经济的冲击下，传统经济企业无论其意愿如何，被纳入平台化模式中已成必然，许多传统领域企业纷纷"触网"也印证了这一点。[4]两者关系在传统经济转型方面着重体现为传统企业通过架构平台运营模式、实施平台管控策略、建立平

〔1〕 See Geoffrey G. Parker, Maeshall W. Van Alatyne, "Two – Sided Network Effects: A Theory of Information Product Design", *Management Science*, pp. 1494 – 1504.

〔2〕 吴敬琏：《网络平台代表改革最新趋势》，载科技资讯网，最后访问日期：2017 年 10 月 2 日。

〔3〕 参见褚国飞：《"共享经济"或颠覆传统消费模式》，载《中国社会科学报》2014 年 8 月 25 日，第 A03 版。

〔4〕 参见王颖、陈威如：《如何踏上共享经济平台的"快进轨道"》，载《清华管理评论》2016 年第 4 期。

台商业系统等方式主动融入平台经济，开展平台化创新与改革。

"平台经济"作为"共享经济"的基础和土壤，以"普惠经济"的面貌呈现，成为新经济的基本形态。未来平台经济的发展，横向与纵向共享程度将不断加深，不同群体、地域的边界也将不断被打破。

平台经济未来的发展趋势，可大致预期为以下四个方面。其一，更加关注用户端的需求和体验。平台经济将逐渐将关注点从平台自身转变到用户端，以用户的个性化需要为运营目标。其二，"平台 + 个人"组织模式大量涌现。平台经济改善企业内部信息不对称的状况，企业内部治理机制将发生变化，平台中主体权利和自由度将不断扩张。[1]其三，跨境特征凸显，重塑全球贸易格局。平台经济规模扩大、信息技术进步及商业功能拓展，使交易匹配、跨境支付、国际物流更大程度上由数据驱动，平台经济从国内统一大市场逐渐延伸至"无国境"的全球市场。其四，治理将有赖于政府、平台、企业、消费者共同参与。互联网跨越时空，原有监管模式正面临重大挑战。在平台经济蓬勃发展的今天与明天，其治理与责任界定问题前所未有，纷繁复杂。未来的治理将是多种主体共同参与的模式，相应地，原有的监管思维也要发生适度转变。

（3）互联网平台经济的发展。互联网平台的广泛构建和快速发展壮大，将众多的参与方连接在一起，极大地改变了企业的经营方式和人们的生活方式，且其影响力还在进一步扩展。对于我国当前互联网平台的现状，可作如下归纳：

---

〔1〕 See Thomas Friedman, "Welcome to the Sharing Economy", *New York Times*, July 20, 2013.

第一，互联网平台发展迅速。我国的互联网平台是在电子商务，尤其是零售电子商务快速发展的基础上发展壮大起来的。由于信息网络低成本扩张，借助于互联网络，人们能够突破沟通交流的空间限制，电子支付技术和现代物流服务又给人们在金融交易和实际货物交易方面带来极大便利，各种平台由此迅速建立并不断扩张，在各领域大行其道。我国的互联网平台迅速崛起，已经形成设施优势、用户优势和应用优势，专业化分工越来越细，产业融合越来越深入，网络平台的上下游产业链也越来越完整。一批平台经营者跻身全球最大互联网公司行列，互联网平台的用户逐年大幅度上升，投身于日益壮大的互联网平台经济生态系统的中小企业、个人创业者越来越多，消费者越来越习惯于利用网络交易平台，网络交易平台的生态系统得以不断丰富和完善。互联网平台能够吸引各种资源加入，发挥平台的集聚效应，推动整个产业的资源向平台倾斜，创造出巨大价值。互联网平台作为创造和聚集价值的桥梁，正日益成为经济领域中最具有活力的一部分。

第二，互联网平台的影响力不断扩大。互联网平台向社会经济的各个领域渗透，逐步产生了广泛的社会效应，正在改变着各个行业的企业组织模式和经营模式。随着互联网平台的快速发展，涌现出来一批具有较高国内外知名度和影响力的企业。互联网平台中所蕴含的全新的展示、交流、交易模式，不断融入人们的生活，成为人们日常生活模式和社交结构变革的重要推动力。互联网平台加速了人与人之间的交流和信息流动，逐步改变着人们的交流和交易方式，为人们带来了新的消费体验，对人们的工作和生活方式产生了深刻的影响，带动了人们的消费方式甚至整个生活方式的变革。互联网平台是能够相互交流、相互沟通、相互参

与的互动平台，为人们的生活带来了极大的便利，已经成为人们
生活中不可或缺的一部分。互联网平台已渗入人类生活的方方面
面，对人们的社会生活、价值观念乃至思维方式产生了强烈的冲
击，带动了社会的整体变迁，将人类推进到一个高度信息化的
时代。

第三，互联网平台触发新的商业模式。互联网平台的发展
不仅催生了很多新的经济概念、经营方式（如团购等），还触发
了业态创新。第三方支付在解决平台经济发展瓶颈的同时，也
推动了自身的发展，涌现出一批知名的第三方支付中介公司。
互联网平台的发展也使企业组织模式发生了重大的变化。随着
越来越多的平台企业的出现，学习效应开始显现，一些传统企
业也通过搭建平台而成功开拓了新的增长点。平台本身还有衍
生效应，在原有的平台上又可以继续衍生出新的平台，触发新
的商机。互联网平台正推动商业模式发生改变，从而触动了整
个经济的微观基础。

第四，互联网平台为企业持续创新提供了空间。互联网平
台通过对产业资源、市场资源的整合，为参与企业提供不同类
型的服务，带来了广阔的发展空间，这种整合及其所代表的巨
大市场，同时驱动企业进行持续创新，以获得和巩固竞争优势。
例如，电子商务平台上产品相似的多家企业为赢得更多用户，
就必须加强技术、产品、服务与品牌宣传推广等方面的创新。
同时，平台企业自身为了实现高附加值和高成长性，也要持续
进行技术创新和商业模式创新，而这些创新将会带动整个产业
的发展。面对劳动力成本、商务成本不断提高，行业利润持续
走低的局面，许多制造型企业、家电企业纷纷转向电子商务平
台，借助其庞大的用户资源和快捷的销售渠道，扩大销售规模、

提高收益、降低成本，创新营销模式，获取更高利润。由于能够实现制造业与服务业的融合，近年来，互联网平台成为制造业服务化转型的重要推动力。

第五，互联网平台对传统行业造成冲击。互联网平台降低了交易成本。昔日一些门庭若市的大商场顾客锐减，有的实体店被迫倒闭，有的则同互联网结合起来进行转型经营。互联网平台是推动经济转型发展的重要引擎。从微观角度看，互联网平台的作用和价值在于推动买卖双方的交流或交易，具有中介功能，通过组织、服务和利益协调，推动市场结构和产业组织合理化。从宏观角度看，互联网平台的发展能够推动产业持续创新、引领新兴经济增长、加快制造业服务化转型和变革工作生活方式，是推动经济结构调整和发展方式转变的重要力量。

3. 互联网平台经营者类型

互联网平台的日常运营和维护都依赖于互联网平台经营者，互联网平台经营者也是直接参与平台经济的重要主体。目前我国互联网平台发展程度较高，平台种类繁多，平台经营者的经营模式也日渐复杂，需要具体分析。互联网平台经营者指经营多边平台市场的企业。其具有如下特征：互联网平台经营者经营一个或者多个平台；平台经营者搭建了平台交互空间，形成了多边用户之间的相互架构；互联网平台经营者往往向其用户提供多种不同产品；互联网平台经营者在不同用户之间或者不同产品之间进行交叉补贴，从而实现整体盈利；互联网平台经营者为其平台设定技术接口。

互联网平台一边的用户可以向其他用户提供产品，平台经营者也可以向用户提供产品。平台经营者在此平台上进行综合经营，也会受到平台结构的影响。比如，平台经营者通过搭建一个平台之后，平台经营者本身再向各方用户销售产品，类似于在平台上聚合各种产品，这些都算是平台经营者的行为，能够受到平台多边交叉网络效应的影响。结合双边市场理论，按照我国平台企业的经营模式，本书尝试对当前我国市场的主要平台经营者进行如下划分：

第一，交易辅助型平台经营者。交易辅助型平台经营者搭建双边市场。平台功能为创造网络交易市场，平台的双边为消费者和生产商，平台产品是向市场双边提供的交易管理服务，平台利润来源于价格弹性低的一边。例如淘宝、京东商城、苹果 App Store。

淘宝网平台的双边用户具有交易关系，经营者和消费者通过淘宝网平台更快速地搜索到交易对象并达成交易，降低搜索成本，提高交易效率。淘宝网为买卖交易双方提供相关便利服务，如争议处理、监督入驻商家、规范交易、审核入驻商品等。淘宝网的主要利润来源为广告收入、增值服务收入、针对淘宝商城卖家的收费等，消费者在淘宝网购买商品一般不需要向平台支付中介费用。因此，淘宝网为经营者和消费者创造了交易的市场，为二者的交易活动提供管理服务，是典型的交易辅助型平台。

京东商城的非自营部分和某些出租给商家的自营部分属于这里所说的交易辅助型平台。经营者和消费者通过京东商城的网络平台，达成交易意向，完成交易。京东商城提供存储服务（京东为商家提供存储、保管商品的服务，同时提供定期对存储商品进行盘点的服务）、出库服务（指在约定时间内京东按照商家订单信息将商品进行配货、分拣并复核的服务）、配送服务。利润来源于向商家收取的入驻费收入、资金沉淀期的利息收入（用户付款和商家收款的时间差、商家交的保证金）、广告费收入、仓储物流费收入等。

苹果 App Store 是针对 ios 系统的应用程序商店，是以硬件为基础、操作系统主导、基于网络应用的针对手持设备的销售服务的网上商店。App Store 是一个典型的"C2B2C"的电子商务模式，其流程是，开发者开发程序、定价并提交给苹果公司验证，苹果公司验证程序之后在 App Store 上发布，消费者根据自己的喜好下载程序并支付费用给苹果公司，苹果公司将利润分成，由此完成一个完整的交易。[1] App Store 是一个针对特殊商品即 app 的网络平台，平台连接着 app 开发者和消费者，并提供相应的管理和销售服务，收取提成，属于交易辅助型平台。

第二，受众创造型平台经营者。受众创造型平台经营者搭建双多边市场。平台功能为匹配观众和广告商，平台拥有双边或三边，受众创造型平台由平台提供吸引用户的产品，并向广告商提供广告位（在产品中投放广告），收入来源为广告，例如免费视频网站、音乐平台的免费部分、百度搜索引擎。三边用户平台由产品供应商、用户和广告商组成。产品供应商提供产品，并和平台分成广告利润，例如安卓平台。

免费视频网站，如爱奇艺、优酷、腾讯视频等为用户提供免费的视频观看服务，并以此吸引广告商在平台上投放广告，平台获取广告利润。免费视频网络平台吸引的用户数量越大，广告商投放广告积极性越大，即平台用户的数量将影响进驻平台的广告商的数量和广告交易量，双方互相联系、相互依赖，维持网络平台的运营。因此，免费视频网站属于受众创造型的双边平台。

在线音乐平台，如网易云音乐、QQ 音乐、酷我音乐等为用

---

〔1〕 参见黄放：《浅谈"App store"商业模式》，载《价值工程》2011 年第 14 期。

户提供大量免费的音乐收听和下载服务，通过增加用户数量吸引更多广告商投放广告。因提供服务的免费部分不涉及增值服务，所以主要以收取的广告费为利润来源。在线音乐平台的免费部分属于受众创造型的双边平台。

百度搜索引擎为平台用户提供信息检索服务，吸引用户使用该平台进行搜索，并为广告商提供广告位，即把广告放在搜索结果前几名的位置，以收取的广告费和竞价排名费作为利润的主要来源。由于百度搜索引擎的用户数量与广告投放交易数量直接联系且成正比，其属于受众创造型的双边平台。

安卓平台的主要盈利模式有三种：其一，应用付费下载：开发者把软件上传至 Google Play 或第三方软件市场，并对软件实行收费下载，用户付费后，所下载的软件才能够使用，一般付费软件不内置广告。其二，免费应用＋广告：开发者把软件上传至 Google Play 或第三方软件市场，用户可以免费下载软件并使用，软件内置移动广告，开发者通过广告实现盈利。通常，由于用户不愿意付费下载软件，因此免费软件比付费软件更受欢迎。其三，应用内收费：开发者把软件上传至 Google Play 或第三方软件市场，用户可以免费下载应用程序或者游戏，但是应用程序内的某些功能需要付费才能使用。此外，游戏中的道具和关卡等内容也需要付费。目前，在安卓平台上，应用付费下载盈利模式受到 Google 及用户的限制，并不被看好。国内主要是以免费应用＋广告盈利模式和应用内收费盈利模式为主。[1]安卓平台将与开发者一起分享软件内的广告费，即供应

---

〔1〕　参见田秀霞、盛翌航：《Android 平台的应用开发盈利模式探讨》，载《上海电力学院学报》2012 年第 5 期。

商向安卓平台用户提供软件产品,并与平台分享广告商投放广告所得的广告利润,属于受众创造型的三边平台。

第三,需求匹配型平台经营者。需求匹配型平台经营者搭建双多边市场。平台功能是提供社交场所,为用户匹配生活需求。将有需求倾向的双方聚集到同一平台,使他们各自的需求得到满足。例如各类相亲平台、58 同城等。

各类相亲平台,如珍爱网、百合网等,为平台用户提供符合其需求的婚恋交友服务,使单身用户通过与平台其他用户进行交流与联系,从而满足用户婚恋交友的需求。其主要利润来源为广告费、会员费、线下联谊门票和基本服务费等,具有较强的中介性质,属于需求匹配性平台。

58 同城是以提供免费的信息分类线上服务为主的一个互联网线上平台,其最大的特点是本地化信息服务,可以免费提供使用者周边的信息,做到真实有效。其服务覆盖生活的各个领域,提供房屋租售、招聘求职、二手买卖、汽车租售、宠物、票务、餐饮娱乐、旅游交友等多种生活信息,覆盖中国所有大中城市。58 同城提供全方位的信息服务是为了更好地吸引网络流量,快速形成良好的知名度。在完成初期工作之后,为更多使用者提供这样一个信息全面、可信度高、交互性强的网络平台的同时,58 同城也为商家用户提供了良好的推广产品服务,帮助商家用户完成网站广告投入、引流服务、相关信息发布等服务,例如"网邻通""名店推荐""社区快告""微站通"等。而 58 同城最主要的盈利和收入来源于商家的广告投入,以及用户的增值服务和免费产品的会员升级功能收费,个人或商家选择加入会员并缴纳一定费用后可以享受更多的定向服务。个人用户和商家并不在 58 同城平台上直接交易,而是通过该平台获取信息或推广信息，满足各自需求，58 同城属于需求匹配型平台。

第四，中间商型平台经营者。这部分平台经营者在搭建平台市场之外仍以线上单边市场作为主要盈利来源，作为中间商购买上游产品向下游销售，具有平台经营者和一般中间商的双重市场身份，在反垄断规制中应区分对待，应尤为警惕此类经营者利用其平台力量扩大自身作为中间商的市场份额形成垄断。例如中国知网、音乐平台的付费部分和视频网站的 VIP 部分、网络超市自营部分。

中国知网利用网络数据库技术整合各种学术资源，构建"知识仓库"，向广大机构组织或个人提供数字化的知识资源服务。它直接和各个期刊杂志社签定期刊版权协议，获得相应的授权，向各个期刊出版社支付相应的稿酬。然后，将各个学科学术论文、科研资料等研究成果通过数字化加工整合，形成庞大的知识资源库。大专院校、科研组织、企业事业单位以及个人学者可以付费获取相关资料的阅读、下载服务。因为数据库产品是以网络形式传递的，所以，所有的参与者都必须与网络服务提供商交易，通过付费而获得上网服务，同时，中国知网需要网络服务提供商提供主机、服务器的托管以及互联网接入服务，并向其缴纳相应的费用。

在中国知网数据库的商务模式中，中国知网扮演两种角色，第一种是作为知识资源服务提供商的角色满足用户在线知识资源搜索下载的需要，为不同的用户提供数字化服务。第二种角色是版权费用的重新分配者。中国知网提供在线数据库服务，必须获取相应知识资源网络出版版权，因此必须向知识版权持有者（期刊杂志社）支付一定比例的版权费。也就是说，中国知网把用户下载的费用收入按照一定比例重新分发给各个期刊杂志社。期刊杂志社作为版权所有者的角色，主要是通过协议向中国知网授权，并获取相应的版权费。最终用户作为知识资源的消费者，通过支付一定的下载费用，在线获取相关的知识资源。

因此，中国知网其实是作为中间商购买了上游版权持有者（期刊杂志社）的网络出版版权，而后作为新产品卖给下游用户，为用户提供在线搜索和下载服务，属于中间商型平台。

在线音乐平台的付费部分和视频网站的 VIP 部分通常要求用户付费收听某些音乐或观看视频，平台通过购买音乐和视频的版权，再转售给平台用户以赚取差价。平台作为中间商，将上游的音乐和视频版权买入，向下游消费者卖出，以此盈利。因此，在线音乐平台的付费部分和视频网站的 VIP 部分都属于中间商型平台。

天猫超市，是淘宝天猫商城旗下的本地网上零售超市。京东自营，是京东从批发商处购买物品，以自己为平台进行的销售方式。二者都有自己的进货渠道，作为独立的经营者即中间商，将货物卖给下游的消费者，只是销售方式为通过自己的网络平台在线销售，统一仓储和配送。与传统的经营者差别只在于是否为线上销售，属于中间商型平台。

总体来看，我国平台经济发展速度极快、发展水平较高，已经形成了相对成熟的互联网平台经营市场，这对推动我国互联网经济发展、产业结构优化升级、创新创业体制机制完善具有重要的积极意义。互联网平台的规模扩大化、商品种类和经营模式多样化、多边市场相互联系紧密化已成为我国互联网平台的发展特点。而平台经济作为一种新兴经济形式，其发展中存在的问题也在逐渐暴露，其中互联网平台经营者的经营行为尤为值得关注，应当按照互联网平台经营者的分类进行有针对性的考察。

（二）互联网平台排他性协议对市场竞争的影响

1. 互联网平台排他性协议的涵义

独家交易协议（Exclusive Dealing Agreements），又称为排他性交易协议，通常包括一个或者一系列协议，主要约定供应商同意在特定的地区内仅向销售商独家销售商品，或者销售商同意只从供应商处购买用于转售的一类商品，或者双方当事人相互承担上述两个方面的约束。排他性交易协议所确立的是排斥合同的当事人一方与合同另一方的竞争对手进行交易的关系，如销售商同意买断一家供应商所有商品，或者一个供应商同意将其全部商品销售给一家销售商。除此之外，该协议中还有可能约定销售商超出特定的地区、与特定地区之外的客户发生交易的违约责任。排他性交易协议一般应当具备以下构成要件：其一，协议的主体为独家供应商（上游企业）和独家销售商（下游企业），双方当事人分属于两个不同的经营领域，且两个经营领域具有上下游关系，如生产商和批发商、生产商和零售商、批发商和零售商之间。其二，协议的内容包括作为协议一方当事人的上游企业承诺在某个市场或市场某个领域内只向作为对方当事人的下游企业提供某种商品，并且不论是上游企业主动提出，还是被动接受下游企业的要求而作出这样的承诺。

同实体运营模式相同，互联网企业中也会出现排他性协议，影响了竞争秩序，需要被规制。很多互联网企业尤其是具有相对优势地位的一些企业，他们在不同的细分市场对产业链的上游经营者具有巨大的影响力，通过签订独家交易协议的方式广泛控制上游经营者的核心资源，对行业竞争产生了深刻的影响，应被特殊关注。互联网平台的发展驱动企业通过价值链进行合作，创新发展新模式和新应用，产生空间的转移、组织的变革，对于整体经济态势和社会生活具有重要的价值意义。平台之间的竞争成为当前互联网领域的最新竞争模式，而排他性协议在互联网平台竞争中已成为常态。互联网平台排他性协议之于市场竞争会产生较为复杂的利弊影响，对其影响进行研究，有助于合理界定排他性协议的垄断性以及制定科学的规制路径。

2. 互联网排他性协议对竞争的积极影响

第一，推动企业进入市场。受众创造型和中间商型互联网平台的排他性协议有利于企业打开新的市场，特别是进入外国市场。如果经营者想要进入一个新的外国市场，一般需要花费比进入国内市场更大的投资，包括支付克服一些国际贸易中存在风险的花费等。而经营者通过与互联网平台订立排他性协议则可以为企业进入外国市场提供一定的保障，减少了进入市场的成本。[1]事实上，当任何一个新产品要进入市场的时候，经营者必须要通过销售商或其他交易平台来扩大其产品的知名度。然而，销售商或其他交易平台仅仅当经营者能够为其提供地域保护，即可以通过一定时期的地域保护获得一个可观利润从而有可能补偿他为新产品投资所付出的代价时，他才会对这个新产品的销售做出努力。互联网平台排他性协议有利于经营者开拓新地域的网络市场，减少进入市场的成本，经营者不再需要同其他互联网平台进行谈判，从而能够降低交易费用，

---

[1] 参见孙晋：《反垄断法——制度与原理》，武汉大学出版社 2010 年版，第63 页。

获得互联网平台提供的更优惠的服务条件。其不需要同时管理多个平台的交易模式，有利于降低经营成本，更容易进入新市场。[1]

第二，减少搭便车现象。在没有排他性协议的前提下，一个互联网平台可以搭上另一个互联网平台在推广方面的便车。如当一个互联网平台在为一种产品进行推广时，该推广活动也会为其竞争者吸引客户。这种搭便车现象的存在，使提供售前服务的互联网平台要么降低售前服务的内容和质量，要么决定取消售前服务。长此以往，会损害产品的形象，使商品的总销量下降，对经营者造成不利影响。排他性协议有助于避免这种搭便车情形。[2]

欧盟《纵向限制指南》（2010）还进一步细化了"搭便车问题"的类型，包括解决"搭乘他人资质的便车"（certification free-rider issue）的问题。在某些领域，一些零售商因仅仅销售"优质"产品而享有很高信誉。通过这些零售商销售新产品，对引入新产品可能至关重要。如果生产商最初不能将产品销售限定于高档商店之中，就有可能承担产品下架的风险，产品的市场开拓可能失败。这意味着可能有必要在有限期间内允许排他分销或者选择性分销等限制。这段有限时间必须能够保证新产品的引入，但是不能过长而阻碍产品的大规模推广。此种情况在最终消费者大宗购买的经验产品（experience goods）或复杂产品中更为明显。[3]

---

〔1〕　参见王晓晔：《反垄断法》，法律出版社 2011 年版，第 149 页。
〔2〕　参见刘继峰：《竞争法学》（第 2 版），北京大学出版社 2016 年版，第 122 页。
〔3〕　参见中华人民共和国商务部反垄断局编：《世界主要国家和地区反垄断法律汇编》（上册），中国商务出版社 2013 年版，第 441 页。

互联网企业利用技术的兼容性与标准的不相容性定律等实施独家交易行为，迫使交易对象不得与自己的竞争对手进行交易，排除了交易对象在销售该互联网企业的产品或服务的同时，销售其他类似的产品或服务的可能性。互联网平台排他性协议有利于防止其他经营者利用该平台提供的服务和所做的宣传，能够最大限度地避免"搭便车"现象，维护产品的品牌形象与质量。[1]

第三，增加不同品牌间的竞争。纵向限制协议对竞争的影响包括对内和对外两个方面，一般被限制的是经营某一品牌产品主体范围内的竞争。美国芝加哥经济学派的经济学家认为，纵向限制竞争行为虽然限制了同一品牌内部的竞争，但是促进了不同品牌产品之间的竞争。互联网平台排他性协议有利于促进不同品牌间的竞争，而在同一品牌内部网店和实体店的竞争中也能促使经营者提高服务质量。

第四，使经营者、互联网平台、消费者三方获益。当经营者是唯一的，产品具有独特性、在市场上没有可以直接替代的产品时，如果经营者选择在多家交易辅助型平台进行交易，平台之间存在此种产品的竞争，平台越多产品的独特性越差，消费者越分散，平台不能借此产品吸引更多的用户，不同平台间会竞相压低交易价格，交易价格的下降使经营者获利较少。如果经营者选择一家平台进行独家交易，由于平台本身的用户黏性以及产品的独特性，会吸引更多的用户关注，经营者有提高交易价格的优势和可能。[2]因此经营者有独家交易的积极冲动。

---

[1] 参见叶明：《互联网企业独家交易行为的反垄断法分析》，载《现代法学》2014年第4期。

[2] See Geoffrey G. Parker, Maeshall W. Van Alatyne, "Two-Sided Network Effects: A Theory of Information Product Design", *Management Science*, pp. 1002 - 1045.

对平台企业来讲，获得产品在平台上的独家经营权，可以吸引更多的消费者关注，但是消费者对这些产品的关注度是暂时的，平台达不到以此产品来增强用户的依赖性目的，为此平台按照免费或超低定价—更多吸引消费者—增加点击量—广告收入增多这样的经营思路，通过点击率和广告收入来获取更多的利润。与其说这种经营方式对平台来讲似乎有限制竞争的嫌疑，不如说是符合市场竞争机制的一种经营策略。互联网平台企业利用忠实经营策略（loyally policy）与交易对方形成长期合作关系，长期销售该种商品，可以提升销售人员的专业素质，促进产品或服务的推广与销售，提高销售效率，提高品牌信誉度和影响力，提高销售量的同时增加互联网平台用户数量，扩大网络规模，促进互联网平台企业的发展。[1]

对平台另一边的消费者来讲，在平台浏览使用产品没有进入障碍，是否能使用平台上的产品主要受两个因素影响：是否收费以及收费的高低；对插播或跳出的广告的容忍。目前用户使用的平台产品往往是免费的或采取非常低的收费，只要求用户下载一些客户端增加用户访问量。而对于广告的容忍态度，"当消费者都是广告偏好厌恶时，独家交易会提高社会福利"。[2]

以搜狐网络视频 2012 年独家买断《中国好声音》为例，《中国好声音》是独特的产品，经营者只有一家出品方——灿星制作，搜狐网络视频平台花亿元买断《中国好声音》的独家播映权，收获的不仅仅是用户点播数据的增加，广告客户也从 10 个增

---

〔1〕　参见叶明：《互联网企业独家交易行为的反垄断法分析》，载《现代法学》2014 年第 4 期。

〔2〕　高洁、蒋传海、王宇：《平台竞争与独家交易》，载《财经研究》2014 年第 2 期。

加到 16 个，在第一期好声音播出后，搜狐还获得了广告客户的追单。两场比赛结束后统计结果显示，在近五千万用户中超过 50% 是新增用户，同时推出了五档由《中国好声音》衍生出来的娱乐节目。通过独家交易，《中国好声音》被卖了高价，出品方获利颇多，消费者通过点击视频享受了产品服务。三方受益的同时，其他平台同时间相应的点击率下降与不当竞争无关，是正常市场竞争的结果。经营者与平台企业之间的独家交易没有损害社会福利，没有设置市场进入壁垒障碍，是一种经营策略或手段。[1]

3. 互联网排他性协议对竞争的消极影响

（1）提高市场门槛，削弱市场竞争。新的平台必须成立自己的平台服务网络，或诱使市场上的经营者（供应方）与其订立新的协议，而已有的互联网平台若与市场上全部或很高比例的同类型商品或服务经营者（供应方）订立排他性协议，对想要进入互联网平台市场的潜在竞争者即产生阻碍，从而形成资本市场障碍或管理瓶颈，使得其他平台处于不利的竞争地位。[2]互联网平台的排他性协议使得具有市场支配地位的互联网平台与经营者建立了更加单一而紧密的联系，扩大了互联网平台用户群，增强了互联网平台的市场力量，强化了其市场支配地位及互联网平台市场的进入壁垒，抑制潜在竞争者进入互联网平台服务市场，排斥和限制竞争效果增强。[3]此外，还可能形成经营者（供应方）或互联网平台划分市场的局面，较少的互联网平台之间的共谋

〔1〕 See Alan J. Meese, "Exclusive Dealing, the Theory of the Firm, and Raising Rivals, Costs: Toward a New Synthesis", *The Antitrust Bulletin*, p. 50.

〔2〕 参见刘继峰：《竞争法学》（第 2 版），北京大学出版社 2016 年版，第 122 页。

〔3〕 See Timrsass, "The Competitive Effects of Exclusive Dealing: Evidence from U. S. Beer Industry", *International Journal of Industrial Organization*, p. 23.

也成为可能。

就典型互联网平台举例来说：第一个是网购平台。如淘宝与经营者签订独家销售协议，经营者只能在淘宝网平台上销售其商品。一方面，其他经营者如想入驻该平台也须与其签订独家交易协议；另一方面，由于淘宝网垄断了多家经营者的独家销售权，其他网络销售平台如想进入该市场也面临较大的挑战和困难，从而导致市场进入的壁垒，排除和限制了其他经营者和其他网络销售平台进入市场参与竞争。第二个是网络文献数据库。中国知网与期刊和高校签订独家授权协议，由于文献资源的不可替代性强，其他网络文献数据平台由于缺少这些资源而很难在网络文献数据市场立足，导致其他平台难以进入该市场，这样的市场壁垒限制和排除了网络文献市场竞争，破坏了竞争秩序。第三个是数字音乐平台。腾讯音乐与其他唱片公司签订独家版权协议，加强了音乐版权资源的集中，新的数字音乐平台进入市场阻力大，形成市场壁垒，阻碍了正常的数字音乐市场竞争秩序。

互联网平台的排他性协议使得一种产品只在一家平台销售，产品的销售渠道被固定下来，其他互联网平台无法销售该产品，难以参与到市场竞争中，中小互联网平台更容易被逐出市场，潜在的竞争者亦难以进入该市场，其结果会实质性地排斥竞争者，减少平台之间的竞争和独家销售产品内部的竞争，或削弱竞争强度。特别是在产品不具有足够的可替代性的条件下，拥有排他性协议的互联网平台会在很大程度上丧失竞争压力，甚至完全排除竞争，增加购买者对该平台的依赖性，以致产生市场力量。[1]如果拥有排他性协议的互联网平台的市场份额较大，或者其独家销售的产品的市场需求量较大，排他性协议往往具有明显的限制竞争效果。[2]

（2）实行垄断高价，侵害公众利益。垄断高价的产生源自于不完全竞争市场环境，在互联网平台排他性协议中体现为平台利用其具备的市场地位，限制和影响价格。从反垄断角度来看，垄断高价是指优势地位企业利用其优势地位将产品或其服务的价格定在超过竞争水平之上的行为。[3]由于这一价格高于边际成本与市场需求曲线相交时的竞争价格，同时也高于垄断者收取垄断价格时产品的边际成本，因而被称为垄断高价，即不公平高价。互联网平台与上游经营者（供应方）达成排他性协议，使消费者仅能通过该平台获得特定商品和服务。消费者选择渠道的局限，使平台的市场支配力得以强化。[4]平台可利用其市场地位，增加其对于上游经营者（供应方）收取的费用，而根据平台运行模式的不同，平台或经营者又采用不同的方式以不公平价格向消费者攫取利润。并且，排他性协议的不公平高价现象因商品或服务不可替代性愈强而将愈加明显。[5]第一个是网购平台。如淘宝与经营者签订独家销售协议，垄断了该

〔1〕 参见王晓晔：《反垄断法》，法律出版社 2011 年版，第 110 页。

〔2〕 See Ommyataahl Gabrielsen, "The Foreclosure Argument for Exclusive Dealing: the Case of Differentiated Retailers", *Journal of Economics*, pp. 25–40.

〔3〕 参见许光耀：《独家销售协议的反垄断法调整》，载《中国物价》2014 年第 4 期。

〔4〕 参见陈伟华：《互联网平台竞争中独家交易的反垄断分析》，载《浙江社会科学》2016 年第 3 期。

〔5〕 参见程贵孙：《平台型产业反垄断规制的理论误区与释疑——基于双边市场理论视角》，载《商业经济与管理》2009 年第 3 期。

产品销售的网络市场，经营者可以很方便地抬高产品的价格，购买该商品的消费者权益将受到损害。第二个是网络文献数据库。如中国知网与期刊和高校签订独家授权协议，要求期刊授权中国知网独家使用期刊的数字化汇编权、数字化复制权和信息网络传播权，要求高校授权中国知网独家使用该高校的硕博士论文电子数据。网络期刊和文献往往具有不可替代性，中国知网利用自己独家销售的优势地位，向消费者收取不正当高价以授权其阅读和下载这些文献，消费者只能被迫同意，由此侵害了消费者的权益。[1]第三个是数字音乐平台。数字音乐平台，如腾讯音乐与世界三大唱片公司环球音乐、索尼音乐、华纳音乐达成独家版权协议，腾讯音乐对这三家唱片公司的音乐版权再进行售出，可能因独家经营而实行不正当的高价，从而侵害消费者权益。

在没有排他性协议的情况下，多个互联网平台间通过组织促销活动、提升服务、创新等手段吸引客源，互相竞争，消费者有较大的选择权，往往能享受到价格低、服务优的福利。但签订排他性协议后经营者只面对单一互联网销售平台，往往实行价格控制，保持高价，对消费者形成剥削，损害消费者的福利。[2]这一点在交易辅助型平台以及中间商型平台均能实现。经营者（供应方）在交易辅助型平台上实施不公平高价，直接损害消费者的福利；中间商型平台通过提高价格将上游经营者（供应方）的财富转移到自己手中，这一不公平的财富转移最终

---

〔1〕 参见许光耀：《纵向价格限制的反垄断法理论与案例考察》，载《政法论丛》2017 年第 1 期。

〔2〕 参见董新凯、陈敏：《美国反垄断法对独家交易协议的规制》，载《广东商学院学报》2007 年第 4 期。

也会被转嫁到消费者的头上，构成协议下平台对消费者的剥削。如果平台能够保持不公平高价，就会减少服务和创新，而且人为地提高价格会抑制消费者的需求，导致产品或服务的产量低于竞争情况下所能达到的数量，相关的社会资源也将因此发生转移，偏离消费者的实际需求。[1]消费者选择商品的自由被剥夺，比较鉴别的机会丧失，只能被动接受，由此亦对消费者利益造成损害。网购平台通过签订排他性销售协议，限制了消费者的自由选择权，并控制和抬高商品的价格，且由于消费者在网络市场中对该种商品没有其他的可选择的机会，则购买该商品的消费者权益将受到损害。网络文献数据库和数字音乐平台的付费部分作为中间商型平台，通过与版权所有者签订独家授权协议获得版权再转售，其成本又将转嫁给消费者，且由于这类数字版权资源的不可替代性，消费者没有其他的选择，只能被动接受高定价、低服务的结果，损害了消费者的利益。

通过针对互联网平台排他性协议的特点及典型案例进行分析，可以看出，一方面，排他性协议有益于推动企业进入市场，减少搭便车现象发生，增加不同品牌间竞争，从而会在一定程度上增加平台与经营者的收益以及消费者福利。但另一方面，排他性协议存在的消极影响也不容忽视。排他性协议筑高了协议外企业或平台进入市场的壁垒，产生了限制竞争的效果，从而会衍生出不公平高价、消费者选择受损等市场问题。在对互联网排他性协议进行反垄断规制时应综合分析协议的积极和消极影响，结合个案特征进行全面审慎的考量。

---

[1] See Howard H. Marve, "Exclusive Dealing", *Journal of Law and Economics*, pp. 1 – 25.

（3）降低市场资源配置效率。在互联网平台热衷于与经营者签订排他性协议时，互联网平台的经营重心将倾向于争夺客户资源、占领市场份额，而忽视平台建设、服务改善、管理创新等良性竞争要素，扭曲竞争机制为恶性竞争，不利于市场资源配置的总体效率最大化。互联网因其开放性和平等性，显著提升了市场配置资源的效率，但排他性协议遏制了平台和上游经营者（供应方）间开放的可能，并破坏了平台间公平竞争的环境。在互联网平台排他性协议下，协议外平台为进入市场需要付出更多额外的交易成本。另外，对于价格的限制，控制了反映社会生产和需求的最灵敏信号，无法真实反映市场状况，亦不利于社会资源的配置。网购平台、网络文献数据库、数字音乐平台等都存在这个问题。网络平台热衷于与经营者签订排他性协议，将竞争的重心转向占领市场份额，而相对忽视了服务的改善、平台的建设等要素，如一些网络文献数据库不注重改善读者的阅读体验，这不利于平台的创新发展，不利于良性竞争。

（三）排他性协议反垄断规制的国际经验

虽然排他性协议具有一定的积极效果，但因其消极后果影响较大，各国均对排他性协议行为予以相关规制，规定内容通常包括认定、规制标准和相关豁免条款。

1. 美国对排他性协议的认定及规制标准

美国学术界对其主要是从相关市场中生产厂家与经销商之间的关系进行界定的。美国反垄断法在早期就规定了关于相关市场排他性交易协议的表现形式，其主要特征表现为排他性交易协议的主体是达成协议的独立双方，即生产厂家与经销商，双方都有达成排他性交易协议的真实意思表示，上游生产者为了巩固自身已经取得的市场优势地位，要求下游经销商必须从自身手中购买协议规定类型的产品。此外，还有许多其他类型的排他性交易协议形式，例如事实上的排他性交易协议、机构内部的排他性交易协议、特许类的排他性交易协议、共存性的排他性交易协议等。

美国关于排他性交易协议的反垄断法规制主要体现在《联邦贸易委员会法》第5条、《克莱顿法》第3条以及《谢尔曼法》第1条、第2条之规定，《谢尔曼法》第1条规定："以托拉斯形式或其他形式的联合、共谋，签订任何用来限制州际与外国之间的贸易或商业的契约，都是非法的。任何人签订上述契约或从事上述联合或共谋，都是严重犯罪。如果参与人是公司，将处以不超过1000万美元的罚款。如果参与人是个人，将处以不超过35万美元的罚款，或3年以下监禁。或由法院酌情并用两种处罚。"[1]《克莱顿法》第3条规定："任何从事商业活动者，在此类经营过程中，在合众国境内任何区域、哥伦比亚特区、合众国管辖的任何岛屿占领区及其他地区，为使用、消费或再销售而从事租赁、销售或承诺出售物品、商品、货物、机器、设备或其他物件时，不论是否属于专利产品，如限定价格，或以此价格给予折扣或回扣，并在条款、合同或协议中规定承租人或购买商不得使用或购买出租人或销售商竞争对手的物品、商品、货物、机器、设备或其他物件，以至于使此类租赁、销售、承诺或条款、合同、协议将严重地削弱竞争，或形成任何商业行业的垄断，都属于违法行为。"[2]

---

〔1〕 郭跃：《美国反垄断法价值取向的历史演变》，载《美国研究》2005年第1期。

〔2〕 徐杨、管锡展：《企业独占交易策略基本理论及其反垄断政策意义》，载《财经问题研究》2006年第4期。

以上法律规定对排他性交易协议的规制具有极大的综合性，其实际适用还要依赖于一些具体的规制标准。美国学术界与执法者早在 20 世纪 20 年代就对排他性交易协议规制有了一些标准，只是随着时代的变迁而不断完善。从 1970 年代开始，以芝加哥学派为代表的经济学家注重排他性交易协议给市场经济带来的价值作用，主要表现在"自身合法性标准"与"合理性标准"。"自身合法性标准"适用范围有限，其认为只要是一个经营者内部作出的排他性交易协议，可以认为其合乎法律规定，但若是对于相关市场竞争产生致命性破坏，则必须受到反垄断法的严厉惩罚。而"合理性标准"则认为应对相关市场中达成排他性交易协议进行综合考虑，主要从排他性交易协议的合理性对其违法与否进行判断。对于合理性的判断标准主要从排他性交易协议的实施情况、法律规定以及价值目标三方面进行。

2. 欧盟对排他性协议的认定及规制标准

欧盟确定相关市场交易行为是否属于排他性协议行为必须同时满足四个要件，并且必须依次满足这些条件，前一个条件没有满足，就无法审查下一个条件，依次对应。首先，全面考虑该独家交易协议的实施是否有利于相关市场效益的提高。其次，分析该协议中关于限制规定是否属于为实现前一目的而必须实行的行为。再次，分析相关市场中的其他经营者与普通消费者能否从该排他性协议中取得相应利益上的份额。最后，达成排他性协议能不能消除相关市场的竞争。欧盟委员会反垄断法存在自愿通知制度，即相关市场经营者达成排他性协议后，为了保证其市场交易行为符合反垄断法的规定，交易方应该在实施前向欧盟委员会通知该项协议的基本情况，并接受其全方位的审查。

欧盟委员会根据排他性协议的不同表现形式规定了两种类型的豁免制度，分别是个案豁免制度与集体豁免制度。欧盟委员会在《欧共体条约》第 81 条第 3 款明确规定了排他性协议个案豁免制度，《欧共体条约》第 81 条第 1 款规定了包括排他性协议在内多种形式的纵向限制竞争协议，其规定对于独家交易协议实施豁免的积极条件是，达成排他性协议必须利于改进商品的生产、销售或有助于促进技术进步或者经济发展，并使消费者可公平地分享由此而来的收益；同时，规定排他性协议实施豁免的消极条件是不得"向企业施加对于实现上述目标而言并非必不可少的相关限制措施"和"使得上述企业得以对相关产品的重大份额消除竞争"。欧盟委员会早期公布的 67/67 号方案中规定了排他性协议采用集体豁免制度，这些规定被后来的反垄断相关法律法规所接受，也就是 1983/83 号条例与 1984/83号条例。[1] 条例中分别规定了独家购买协议与独家销售协议集体豁免制度。此后，欧盟委员会为了进一步规范以独家交易协议为表现形式的纵向限制竞争行为的集体豁免制度，于 1999 年通过了 2790/1999 号条例，重新规定排他性协议集体豁免制度的适用条件以及相关市场界定技术问题，此外，还扩充了集体豁免制度的适用范围，规定了排他性协议集体豁免制度可以应用于服务领域。德国反限制竞争法只规定了横向限制竞争行为的集体豁免制度，而亚洲一些国家不仅规定了横向限制竞争排他性协议集体豁免制度，而且规定相关市场中小经营者为了改进技术、提高自我竞争力而达成的纵向限制竞争协议也适用集体豁免制度。

---

〔1〕 王玉辉：《限制竞争协议法律规制研究》，中南大学 2007 年博士学位论文。

（四）互联网平台排他性协议的监管

1. 互联网平台排他性协议的特殊危害

互联网平台因其网络效应，在搭建成功之后会进入双边市场相互吸引的高速发展阶段，购买方数量的增加，增加了供应方的利益，供应方数量的增加也增加了购买方的利益。这种网络正外部性的叠加使超大型平台成为可能。提供可替代产品的同类平台在进入市场时，因其能够提供的双边选择少而很难获得成功。[1] 在这种竞争结构下，处于支配地位的平台如果运用排他性协议限制竞争，将对市场竞争造成更严重的危害。

首先，网络平台的运营往往呈现出高固定成本、低边际成本的特点。在用户达到一定数量之后边际成本甚至近乎零。这种存在于平台服务价格和边际成本之间的巨大差值使平台经营者在采取纵向限制措施时，可以为了获取垄断地位而在一定时间内将自身的盈利压缩到最低，[2] 并以此构筑最大可能的进入壁垒。这意味着互联网平台将纵向限制对社会福利的减损和对市场竞争的破坏作用放大到了最大。

其次，网络平台聚拢用户群之后，很容易通过搭售新产品（tie-in）将其自身的支配力向其他市场延伸（所谓的"杠杆理论"），或者说通过从其他市场吸取资本巩固原本所在市场的支

---

〔1〕 FTC Workshop Tr. at 20（Glen Weyl）（由于网络效应，传统上认为此类市场中的公司很难进入市场）. See generally United States v. Microsoft Corp., 253 F. 3d 34, 55（D. C. Cir. 2001）（en banc）（per curiam）（在电脑系统操作平台的背景下讨论"鸡和蛋"的问题——软件应用程序开发者希望在已经拥有众多用户的平台上编写程序，而软件应用程序的客户希望使用已经运行了很多程序的平台）.

〔2〕 Richard A. Posner, "Vertical Restraints and Antitrust Policy", 72 U. Chi. L. Rev. 232, 2005.

配地位。[1]因为数字产品的特点，网络平台的搭售往往不再受到产品本身特性的限制。[2]搭售对平台经营者垄断地位的延伸或者巩固作用被互联网的经营模式扩大了。

最后，产生市场分割效果的纵向协议对一般意义上的生产商和经销商而言是难以达成的，这需要很强的市场力量。但对平台而言，因为互联网带来的叠加效应，用户很容易集中在少数的同类平台上，例如我国的网购平台、支付平台，都存在这种少数集中现象。超大型平台的出现导致纵向协议很容易对市场进行分割。以网购平台大促为例，在促销期，网购平台通过店铺管理员向店铺传达独占要求。如果不关闭其他平台的店铺将受到"搜索降权、不能参加平台促销活动"等间接经济惩罚，如果同意了独占要求则获得"流量倾斜、会场位置靠前"等间接经济奖励。最终导致商家接受站队，从而分割了市场，直接限制了消费者选择不同销售服务的可能性。

2. 互联网平台排他性协议的监管策略

我国《反垄断法》第14条主要侧重纵向价格垄断协议，而互联网平台层面的排他性协议更应侧重非价格垄断协议，这样才可以应对平台经济发展中反映出来的新的反垄断形势。目前的平台经济也可以被称为一种补贴经济，消费者作为双边市场上价格弹性较高的一边往往被平台补贴，其形式表现为免费的服务甚至是一定阶段内高额的负利润补贴。以打车平台为例，为了争取用户的占有率，打车平台不仅为消费者提供免费服务，

---

[1] Richard A. Posner, "Vertical Restraints and Antitrust Policy", 72 *U. Chi. L. Rev.* 234, 2005.

[2] 例如卖锤子搭售钉子。

而且还倾向于在相当长的时间内以优惠券、"充值返现"等方式补贴消费者，甚至通过降低消费者打车的花费以及给司机补差价的方式，进行高额的负利润补贴。固定转售价格或限定最低转售价格的协议在平台的经济模式中很难出现，相反，非价格的纵向垄断协议则成了平台经营者减少竞争对手用户数量、消解竞争对手网络效应、突破竞争瓶颈的主要武器。

根据 2016 年美国联邦贸易委员会（FTC）公布的经济和法律学者、专家共同完成的《共享经济报告——平台、参与者及监管者面临的问题》，普遍形成的共识是，双多边市场的平台经营者之间的竞争很容易因网络效应产生两极分化，成功的平台将更容易获得双边市场的资源，并通过巩固其获得的网络增益构建市场进入的壁垒。有一位参与论证的小组成员表达了对大型平台滥用支配力的担心。大多数参与研究的成员则持反对观点：平台经营者与传统产业的经营者不同，即使是超大型平台也很难运用其市场支配地位损害消费者的利益。第一个重要的理由是消费者的多属性，平台的用户不会拒绝使用其他的平台，双边市场上的买方和卖方往往具有平台多属性（multi - homed）。换句话说就是"平台之间的竞争制约着平台的力量"。持有这种观点的研究成员占大多数，他们倾向于目前不对平台进行规制。但是考虑到我国的网络平台经营者的经营业务有相当大的部分仍然处于单边市场之中，平台经营者在这些业务中扮演着网上经销商的角色，对这些垄断行为的认识和监管是极为必要的。而在双边市场上，虽然判断垄断行为存在很多困难，但至少能够形成这样的共识，即双边市场上，平台经营者的排他性协议是具有对竞争的促进和对竞争的危害的两面性的，当平台经营者的市场份额达到较高的程度后，排他性协议对竞争的危害开始彰显并被平台的网络效应放大。因此，对于双边市场上的平台排他性协议的监管应该采取审慎的态度，应该建立在对平台经营者相关市场份额和排他性协议的反竞争后果的准确测算的基础上。

3. 互联网平台排他性协议的监管要素

基于互联网平台排他性协议的特别危害性和认定的监管策略，互联网平台排他性协议的监管应包括下列监管要素：

第一，协议是否具有排他性。因为排他性协议的表现形式可能多种多样，所以在判断是否具有纵向协议的性质时不应受限于协议是如何表达和达成的，而应考察协议的内容能否影响到市场份额或者能否在相关市场上对产品价格、产量、产品质量、产品多样性、产品创新产生可以观测的消极影响。

在分析协议的排他性内容时，还应区分平台经营者实施行为所处的市场是单边市场还是双多边市场。如果一个平台经营者处于双边市场中，其中一边或双边往往是多属性的，因此如果平台经营者对一边的产品或服务进行价格调整，就可能直接导致多属性的另一边市场的需求弹性变动，因此，在双边市场结构中判断协议是否真的具有排他性应该考量的一个重要标准就是协议是否能够影响平台竞争者一边或双边的多属性。

第二，平台经营者的市场份额。平台经营者占有的相关市场份额越高其市场支配力就越强，排他性协议带来的危害性就越大。如果平台经营者只是市场上的中小经营者，则应豁免对其排他性协议的反垄断审查。对于单个中小企业而言，因为不具有市场力量过度集中的问题，纵向协议对竞争的危害性不明显，反而可以帮助他们在大企业的夹缝中生存，提高了市场的竞争性。无论是否借助纵向协议，不具有市场力量的企业最终依靠产品或销售模式的优化而盈利。因为纵向协议的双方资源总是互补的，一方是产品提供者，另一方是购买者。如果纵向协议无法限制或损害上游或下游的需求，那么纵向协议的主导作用就只是促进资源结合。

平台经营者因为处于双边市场所以在判断市场份额时存在困难，一个排他性协议可能发生在不盈利的市场而能够帮助平台在盈利来源的市场上获得更多的份额。例如免费软件平台，在这样的市场结构中，平台经营者同时面对三个市场——软件用户市场、软件开发商市场、广告市场。开发商把软件上传至软件平台，用户可以免费下载软件并使用，软件内置移动广告，开发者和平台经营者通过广告分享利润。平台可以通过和开发商之间的排他性协议吸引更多的软件用户，最终在广告市场上获得更多的占有率，实现更高的利润。因此，测算利润来源市场的占有率有利于确定平台经营者的市场地位。

第三，竞争者的市场份额。这一指标用于确定竞争者平台的市场地位。竞争者越强，竞争者数量越多，实施排他性协议能够给平台经营者带来的收益就越少，造成反竞争性危害的可能就越低。

第四，协议相对方的市场份额。协议相对方如果是平台上产品的供应方，其市场份额越大，越独立于平台的纵向控制，倾向于具有多属性。以软件平台为例，知名品牌的软件厂商往往选择在多个平台发售产品，而平台为了能够保证软件商带来的客户量，难以对其进行限制。

第五，市场进入壁垒。如果存在市场进入壁垒，平台经营者就可以轻易将其产品或服务价格提高到垄断价格之上而不用担心引入新的竞争者。在这种情形下，排他性协议对市场的危险性就大幅度提高了。政府的规制、特许经营、知识产权都可能成为市场进入的壁垒。反垄断执法机关可以借助沉没成本的计算来确认是否存在市场壁垒。市场的沉没成本是指一旦离开市场注定无法回收的成本。例如广告成本，一个企业如果为了进入市场投放大量的广告而最后没有成功进入，那么这些成本将是无法挽回的。因此，沉没成本越高，市场的进入壁垒就越高。

在平台经营者所处的竞争市场上，一个具有特殊性的不可忽略的竞争壁垒是，平台积累的网络效应。普遍的观点认为网络效应可以不断叠加，能够构成垄断的壁垒。[1]但这种壁垒的作用不应被过分夸大。网络效应是可逆的，平台积累起来的网络效应在新的技术出现后会迅速丧失，而互联网产业的技术革新时代还没有过去，新的科技创新随时会打破市场壁垒，创造巨大利润。一个典型的例证是我国互联网社交平台的迅速更迭（QQ、微博、微信）。此外，广告利润模式也加剧了网络服务用户、补贴用户、更新技术的竞争。用户聚集之后平台可以增加服务进行跨平台市场的竞争。因此监管的侧重应该是规制平台经营者以纵向协议的手段对竞争对手的网络效应进行的破坏。这需要考察一个纵向协议是否能够降低竞争对手的用户关注度，且这一考察应该独立于相关市场份额的测定。

第六，市场成熟度。一个监管的难点是，在确定平台市场份额时应考虑到市场的成熟度。成熟市场是指市场已经存在一段时间，核心技术被广泛学习和了解，其更新速度开始降低，市场需求呈现基本稳定的样态。这样的市场上用户数量增长缓

---

〔1〕 李太勇：《网络效应与进入壁垒：以微软反垄断诉讼案为例》，载《财经研究》2000 年第 8 期。

慢而用户更难离开,依赖性更强。[1]因此,在成熟的市场上纵向协议更有可能发生,其危害性也更大。

以成熟市场来区分,线上期刊数据和线上音像市场可以算作是成熟市场,除了在线上,我们难以得到这些产品,或者获得产品的成本很高。一个理由是这类产品的数字化,实体产品已经难以买到或成本过高了。另一个显而易见的原因是平台提供的海量数据和数据搜索服务为购买节省了巨大的成本以至于成为这类产品买卖必不可缺的辅助。此类线上市场中,如果平台经营者的盈利方式主要来自于转售行为,那么可以直接适用《反垄断法》第14条判断经营者是否实施了违法行为并进行反垄断规制。但大多数平台经营者的主要业务都集中在双边市场上,以网购平台为例,双边用户具有很大流动性,市场本身具有可替代性(例如在线下购买、从其他小平台购买、从微商购买),市场份额难以确定,这就要求反垄断执法机关严格按照监管要求审核平台排他性协议的违法性。

第七,产品的性质。产品的性质有很多,对于判断排他性协议的危害性而言重要的产品性质包括产品具有同质性还是差异性、产品的价格是高昂还是低廉、产品是一次性购买还是需要多次购买。一般而言,可替代产品如果具有较大的差异性、较低的价格、重购率较低,那么排他性协议的危害就更大。

---

[1] Why The Claim That Markets with Two – Sided Platforms Become One – Sided When They Mature is Wrong (Davis S. Evans, Chairman Global Economics Group).

金融法前沿问题研究

　　金融法是调整金融关系的法律规范的总称，其调整对象是各种类型的金融关系即特殊的货币与货币、货币与未来权益的交易与规制关系。通过反欺诈、反操纵等信息监管的方式来调整虚拟的无形市场。当某种金融行为仅仅涉及交易双方的利害关系，不涉及第三人利益时，则强调自由，侧重私法规范；当此种行为不仅涉及交易双方的利益还涉及第三人利益，尤其是公众投资者时，则强调安全，侧重公法规范。

　　在供给侧结构性改革以及人民币国际化、利率市场化、强化金融改革与金融创新背景下，有必要深入讨论金融法改革前沿议题。

一、金融法的革新

　　进入 21 世纪以来，我国在政治、经济、社会体制等方面的改革稳步推进，取得了卓有成效的长足进步。我国正处于社会转型阶段，面对转型期的复杂经济形势，以习近平总书记为核心的党中央明确要牢固深化经济体制改革的决心。党的十八届三中全会指出"经济体制改革是全面深化改革的重点，核心问题是处理好政府和市场的关系，使市场在资源配置中起决定性作用和更好发挥政府作用"，"坚持和完善基本经济制度，加快完善现代市场体系、宏观调控体系、开放型经济体系"。习近平总书记在党的十九届三中全会中强调要坚决破除制约使市场在资源配置中起决定性作用、更好发挥政府作用的体制机制弊端，完善市场监管和执法体制，强化事中事后监管。习总书记在多个场合对经济体制改革、现代市场体系完善的强调，体现了党中央对经济制度的高度重视，金融作为市场经济的核心，更是经济改革的重中之重。尤其要不断建立健全完善、成熟的现代金融体系和配套的法律规范体系，并紧跟互联网时代的技术发展做出适时调整。

党的十九大报告中明确提出，"深化金融体制改革，增强金融服务实体经济能力，提高直接融资比重，促进多层次资本市场健康发展。健全货币政策和宏观审慎政策双支柱调控框架，深化利率和汇率市场化改革。健全金融监管体系，守住不发生系统性金融风险的底线。"时隔一年，总书记又在 2018 年中央经济工作会议中强调，加快经济体制改革，要以金融体系结构调整优化为重点，深化金融体制改革，发展民营银行和社区银行，推动城商行、农商行、农信社业务逐步回归本源。要完善金融基础设施，强化监管和服务能力。党中央的一系列金融改革战略为我国在互联网金融背景下的金融体制改革提供了正确方向与重要依据。

（一）金融创新与金融法改革

1. 金融创新中的金融风险

整体交易法律机制的缺失与对规则的漠视导致市场失灵，导致没有赢家的混战。2015 年 6 月 15 日以来，在一个月的时间里，中国股市发生了令世界目瞪口呆的变化。从 2014 年 7 月中旬开始的一年当中，前 11 个月 A 股的总市值从 28 万亿元一路暴增到 78 万亿元，成为仅次于美国股市的全球第二大股市；然而一个月内就蒸发了 20 万亿元，沪指从 5200 点暴跌了 33% 到 3500 点。随后在中央政府直接决策与领导下，政府动用财政、金融、行政、司法等多种手段进行护盘"救市"，至今，证券市场的"救市"行动仍处于进行时。通过这场"股灾"我们可以发现，市场交易从来不缺乏参与者，而是欠缺对规则的制定与遵守，所以法律人的声音非常重要。目前证券市场中各个角色，监管者、机构投资者、散户、中介机构等各不在其位，政府监管者直接介入交易市场，机构投资者疯狂投机，散户缺乏理性，最终导致了一场没有赢家的混战。所以从长远来看，必须加强对整体交易规则与市场法律机制的制定与完善，引导市场主体对规则的重视与遵守，这是一个漫长且艰难的过程，但经济的持续健康发展本就应该多一些理性和平衡，因为谁也承受不了如此"过山车式"的动荡与压力，投资者需要一个公平公正的商业交易环境与稳定可靠的长远预期，这就是"市场经济法治"的价值所在。

"互联网新金融业态"成为部分不法分子敛财的幌子，造成投资者的惨重损失和恶劣的社会影响。以"e 租宝"案为例，"e 租宝"是"钰诚系"下属的金易融（北京）网络科技有限公司运营的网络平台，其打着"网络金融"的旗号上线运营，"钰诚系"相关犯罪嫌疑人以高额利息为诱饵，虚构融资租赁项目，持续采用借新还旧、自我担保等方式大量非法吸收公众资金，累计交易发生额达七百多亿元。警方初步查明，"e 租宝"实际吸收资金五百余亿元，涉及投资人约九十万名，一年半内非法吸收资金五百多亿元，受害投资人遍布全国 31 省、自治区、直辖市。现在利用"互联网""新经济业态"等概念欺骗普通投资者的案件非常多，这些金融产品与其背后的机构潜藏的问题巨大。当然，也不排除新兴的金融产品中有许多是符合社会发展和"双创"概念的，如支付宝或其他网络借贷、网络信托、股权众投等新金融业态，但是我们也要看到这当中泥沙俱下的现实情况，大量的类似案件都有受害者范围广、数量多、涉案金额巨大的特点，应当引起监管者和广大投资者的警惕。

　　中国金融发展不充分、不平衡的现状暗藏系统性金融风险隐忧，必要情况下需要政府的介入。2018 年 2 月 23 日原保监会网站公告称，依法会同人民银行、原银监会、证监会、外汇局等有关部门成立接管工作组，对安邦保险集团实施全面接管。同日，上海市人民检察院第一分院亦发布消息称，近日依法对安邦集团原董事长吴小晖集资诈骗、职务侵占案向上海市第一中级人民法院提起公诉。如果说 2004 年的德隆事件的处理方式还较为市场化，那么为何如今的安邦事件政府反而直接介入呢？因为如果政府不及时介入，可能会爆发系统性的金融风险。再看 2018 年 8 月 17 日大公国际被罚案，大公国际是中国主要的信用评级机构之一。评级机构是债券市场的重要参与者，对债券发行人的偿债能力和意愿出具报告，某种程度上决定发行价格。但由于大公国际为相关发行人提供信用评级服务的同时，直接向受评企业提供咨询服务并收取高额费用，中国银行间市场交易商协会、证监会同时发布决定，给予大公国际资信评估有限公司严重警告处分，责令其限期整改并暂停债务融资工具市场相关业务一年。

综上，现如今中国金融发展不充分、不平衡，"灰犀牛""黑天鹅"事件层出不穷：一方面，传统金融领域下中小企业贷款难，金融体系无法滋养实体经济；另一方面，大量资金进入本不该进入的领域，如安邦事件中保险资金大量进入证券市场，保险投资者的合法权益在证券市场的巨大风险下难以得到保障。

2. 金融法改革的阻力与方向

金融是市场经济的核心，其财富与风险并存的特征要求金融法的介入。市场经济本质上是信用经济，金融是市场经济的核心，只有先建立货币信用和整个经济活动的信用，才会有整个市场经济的信用；市场经济的特征是让资源配置最优化，而通过金融可以使资源得到有效配置，如果没有良好的金融体系以及金融元素在市场经济中的嵌入发展，整体经济的活跃度和市场经济的价值则会大大降低。所以，金融作为市场经济的一种信用机制，是连接所有的市场交易主体与经济活动的纽带，是贯通整个市场经济躯体的血液，没有血液的良好流动，经济的健康度、鲜活度就会出大问题。反过来说，市场经济中金融作为信用背书、交易纽带，在带来巨额财富的同时也暗藏着巨大的风险与副作用，所以金融法便以此为切入点，介入到金融体系的运行中去，对整个金融活动与交易、发展和创新进行规制。

依法治国是我国的基本国策，现代金融市场的建设必须依法进行。建设法治中国，必须坚持依法治国、依法执政、依法行政共同推进，坚持法治国家、法治政府、法治社会一体建设。现代金融市场的建设必须依法进行，以法律手段落实政策目标、履行政府监管职责、保护市场主体的合法利益。《中共中央关于全面深化改革若干重大问题的决定》指出："经济体制改革是全面深化改革的重点，核心问题是处理好政府和市场的关系，使市场在资源配置中起决定性作用和更好发挥政府作用。"通过立法手段加强规范和引导金融市场发展，严格依照法定程序和标准实施监督监管，对违法违规操作行为予以负面的法律评价，将依法治国的思路渗透到金融市场发展的方方面面，是促进我国完善现代金融市场体系的必由之路。

金融发展是金融创新与金融监管的赛跑过程，需用立法来解决这一深层次矛盾。金融是现代经济的核心，进入 21 世纪以来，世界金融领域创新与变革日新月异。在经济全球化的背景下，我国金融市场的增长也异常强劲，有力地促进和保障了社会主义市场经济的高速发展。但 2008 年全球金融危机的余波未消，金融监管仍需警钟长鸣。伴随一系列金融立法的纷纷出台或做出修订，金融监管执法和金融司法实践发生了深刻变化。中国金融业面临着内部金融创新不足和低水平竞争困境，外部面临金融创新过度和高水平竞争压力，这使得金融监管内外平衡上出现了悖论。金融发展的过程往往就是金融创新与金融监管的赛跑过程：没有金融市场的充分自由度，经济体就难免失去活力，难以发展；然而，如果金融创新工具层出不穷却被不断滥用，投资者遭到误导甚至欺诈，则金融风险不可避免。金融创新常常以规避金融监管作为动力之一。法律其实就是市场规则。市场本身有其法则，良法会与之契合，理想的立法应该与市场运行法则高度契合、协调统一。放眼当下的全球状况，都在寻求一种新的秩序。以美国为例，在经济上就是以金融业为主的虚拟经济在逐步取代以制造业为主的实体经济。从里根时代开始，一个是互联网业的发展，一个是金融业的发展，金融业逐渐成为美国经济的主体，表现为金融资产的膨胀、大量金融手段和金融产品的出现。美国将金融业作为新的经济增长点和支柱，但是没有充分考虑其伴随的风险。1999 年，花旗集团与旅行者集团的并购促使美国政府出台《金融现代化法案》，放开金融管制，允许银行跨业经营。从分业监管到混业监管好比打开了金融衍生品的"潘多拉宝盒"。金融创新得到迅速发展的同时，2008 年出现的次贷危机再次警示我们资本的贪婪本性和金融监管的必要性，结构性风险也提出了新的监管难题。

金融法改革存在巨大阻力，克服阻力是实现金融法改革、推动金融体系发展的前提。以法治取代人治，建立法治国家，就金融法改革而言必须冲破三大阻力：一是观念的阻力，传统以家族为本位的社会文化观念，法律往往被轻视。金融领域关系着市场经济的资本融通活动，巨额的交易量下存在着形形色色的利益诱惑，在利益驱动下更容易罔顾法律的规定。从观念上树立对法律规范的尊重，促使市场主体自发形成更好的信用记录、交易习惯和秩序规则。二是体制的阻力，创新是金融发展的题中之意，过去计划经济"以管为主"，对金融领域更是管制严格。行政监管机关必须摒弃"官本位"的心态，在处事、办事、做事方面进行反思，树立起服务型政府的意识，减少金融市场中不必要的交易成本，使行政执法程序更加公开透明，给市场主体以合理的信赖期待。三是队伍的阻力，现代金融市场的确立依赖健全的金融法体系，但法律文本是静态的，所以需依赖一个稳定、专业的职业共同体去实践，这其中包括银行业、证券业、保险业等金融行业工作者，也包括律师事务所、会计师事务所、评级公司等中介机构，还包括具备精良专业技能和高度职业伦理的法官、检察官与公务员。

金融法改革需要坚持一定的方向，让金融法为改变我国金融发展不平衡状态而服务。金融，从某种程度上说，处于不断创新的状态，不断有新的金融产品、金融业态、金融要素市场出现；而法律相对保守，需要经过时间沉淀，观察新金融现象的好处与危害，法律才会决定是否介入——这就是金融法与其他法律相比，相对于社会现实更加滞后的原因，这与金融发展本身的特点密切相关。我国正处于社会转型巨变时期，最原始、落后的经济体系和业态与最先进、前沿的金融业态并存，所以，在克服阻力的基础上，还应把握金融法改革的三个方向：其一，要处理好传统金融法的问题；其二，要处理好金融法与其他法律的关系与冲突，要寻找到不同部门法竞合与冲突的规范；其三，金融法要适应整个金融体制的运行导向，以及整个中国市场经济体系和现代化经济体系的建设与高质量发展趋势，形成新的金融开放与发展的局面。中国经济对世界经济影响巨大，不论是"一带一路"倡议，还是正在打造的金融开放格局，金融法都扮演了重要的角色，金融法不应当是关起门来的，而应当是一个越来越开放的体系。党的十九大着重提及建设新经济体系的重要性，使得原来"数量型"增长转变为"质量型"增长，法律人应当使金融法为实体经济服务，促进我国市场经济长远发展。

（二）金融监管的体制性变革

金融监管体制是指国家对于本国金融的监督管理体制，其要解决的是由谁来对金融机构、金融市场和金融业务进行监管、按照何种方式进行监管以及由谁来对监管效果负责和如何负责的问题。

十三届全国人大一次会议通过了《国务院机构改革方案》，该方案确立："组建中国银行保险监督管理委员会。将中国银行业监督管理委员会和中国保险监督管理委员会的职责整合，组建中国银行保险监督管理委员会，作为国务院直属事业单位。将中国银行业监督管理委员会和中国保险监督管理委员会拟订银行业、保险业重要法律法规草案和审慎监管基本制度的职责划入中国人民银行。不再保留中国银行业监督管理委员会、中国保险监督管理委员会。"至此，我国实行已久的金融监管权力集中于中央政府，由中央政府设立的金融主管机关和相关机关分别履行金融监管职能，银监会、证监会、保监会分别监管银行、证券、保险机构及市场，中国人民银行、审计机关、税务机关等分别履行部分国家职能，即"一元多头"的金融分业监管体制一定程度上被打破。

随着我国经济和金融行业的发展，金融监管体系与金融活动之间的矛盾日益凸显，分业监管模式已经无法满足社会发展的需求。2017年10月党的十九大报告中，将"防范化解重大风险"列为"三大攻坚战"之首，金融监管改革成为"防风险"的必然要求。世界上许多国家都采用了分业监管的金融监管体制，特别是金融业不太发达的国家。可以说分业监管的模式对于传统金融是有效的，但是我国当今金融业发展面临着传统、现代、未来三个面向并存的问题，金融产品不断更新，新的金融现象、行为、活动不断涌现，原有的监管体系已经不能适应金融的新发展，比如2015年的"股灾"，股灾是期货市场传导到证券市场的，期货市场和证券市场是分割的两个市场，期货市场的做空影响了证券市场，但是在没有统一监管的情况下，监管者无法进行有效监管。

本次金融监管体制改革采取了"双峰监管"的模式，该模式体现了"功能监管"的原则。"双峰监管"在我国是"宏观审慎监管"加"行为监管"，将国务院金融稳定发展委员会置于领导地位，由央行牵头负责宏观审慎监管，中国银行保险监督管理委员会、中国证券监督管理委员会等各部门负责具体的行为监管。"宏观审慎监管"是指宏观地注意到每一个微观领域可能的联动性：保险市场与资本市场的联动性、证券市场与期货市场的联动性、民间借贷与银行的联动性，等等。这样的监管模式是基于原来银行业监管与保险业监管分离的弊端，该弊端造成大量保险资金通过银行进入证券市场，使投资者损失惨重。所以本次改革意图"深化金融监管体制改革，解决现行体制存在的监管职责不清晰、交叉监管和监管空白等问题"，改变原有基于金融分业的监管模式，根据现实需求，将银监会、保监会合并。

新金融时代的背景下，金融创新与金融风险并存，金融监管要在"双峰监管"的模式下，按照"功能监管"的原则进行。这不仅适用于整个中国市场经济与金融业的发展，也会对金融法治，如证券法的修改、期货交易法的制定、金融消费者的保护、证券投资基金法的发展、互联网金融法律问题，产生巨大影响。金融发展永远处于高度活跃的状态，法律界需要时刻学习，包括如何对新金融业态中的纠纷进行定纷止争，如何剖析法律关系并平衡各方权利、义务、责任关系。

二、《证券法》的修改

时至今日，我国已进入全面深化改革时期，中国资本市场也发生了巨大变化。现行《证券法》存在许多缺陷与不足，已不能适应市场发展需要。当务之急是尽快修改《证券法》，促进证券市场改革。

（一）《证券法》的修改背景

1. 全面深化经济体制改革的要求

2013 年 11 月，党的十八届三中全会通过了《中共中央关于全面深化改革若干重大问题的决定》（本专题以下简称《决定》），标志着我国进入全面深化改革的新阶段。《决定》提出了"紧紧围绕使市场在资源配置中起决定性作用深化经济体制改革"的市场化改革指导思想。以"处理好政府和市场的关系"为原则，《决定》指出，要健全多层次资本市场体系，推进股票发行注册制改革，多渠道推动股权融资，发展并规范债券市场，提高直接融资比重。同时，《决定》也要求，落实金融监管改革措施和稳健标准，完善监管协调机制，界定中央和地方金融监管职责和风险处置责任。

2013 年 12 月底，国务院办公厅发布《关于进一步加强资本市场中小投资者合法权益保护工作的意见》，提出了健全投资者适当性制度、优化投资回报机制、保障中小投资者知情权、健全中小投资者投票机制、建立多元化纠纷解决机制、健全中小投资者赔偿机制、加大监管和打击力度、强化中小投资者教育、完善投资者保护组织体系的九条意见。

2014 年 3 月底，国务院常务会议提出促进资本市场健康发展的"国六条"，即继续积极稳妥推进注册制改革，规范发展债券市场，培育私募市场，建设期货市场，促进中介创新，以及继续扩大资本市场开放。2014 年 5 月，国务院发布《关于进一步促进资本市场健康发展的若干意见》，就发展多层次股票市场、规范发展债券市场等提出资本市场发展的新的九条意见。

从党的纲领性文件到国务院的意见与举措，体现出党和政府发展资本市场的决心，而对资本市场发展要求的落实，需以《证券法》的修改为基础。

2. 资本市场发展的需要

随着 2005 年股权分置改革等一系列改革的实施，资本市场的市场基础和市场环境发生了很大的变化，市场容量快速扩大、市场产品极大丰富。近年来，证券市场的发展积累了丰富的实践经验，各方面对资本市场的认识日益深化，对资本市场改革和发展也形成了广泛共识。

我国的资本市场由场内市场和场外市场两部分组成。到今天，场内市场的主板（含中小板）、创业板（二板），以及作为场外市场的全国中小企业股份转让系统（"新三板"）、区域性股权交易市场、证券公司主导的柜台市场共同组成了我国多层次资本市场体系。截至 2017 年年底，我国境内上市公司共 3485 家，上市公司群体日益发展（见表 4）。2018 年 11 月 5 日，习近平总书记在首届中国国际进口博览会的开幕式上发表主旨演讲，表示将在上海证券交易所设立科创板并试点注册制，不断完善资本市场基础制度。

融资规模方面，根据国家统计局数据，我国的社会融资规模在 2016 年达到 178 159 亿元，其中非金融企业境内股票融资额达到 12 416 亿元，企业债券融资额达到 30 025 亿元。（见表 1）中国证监会统计数据显示，2017 年我国通过境内证券市场筹资规模达到 33 588.52 亿元，股票成交金额达到 1 124 625.07 亿元，成交量达到 87 495.32 亿股。（见表 2、表 5）

2014 年 4 月 10 日，内地证监会和香港特别行政区证监会发布联合公告，公布沪港通框架。公告称，决定原则批准上海证券交易所和香港联合交易所共同开展沪港股票市场交易互联互通机制试点，将允许两地投资者通过当地证券公司买卖规定范围内的对方交易所上市的股票；2016 年 8 月 16 日，两证监会发布联合公告原则批准深圳证券交易所、香港联合交易所有限公司、中国证券登记结算有限责任公司、香港结算有限公司建立深港股票交易互联互通机制。随着国内很多市场交易规则与国外的接轨，市场对交易所的监管提出更高的要求，对《证券法》的修改也提出了更加迫切的要求。

表 1　2004—2016 年社会融资规模与股票、债券融资规模变化

年　份	社会融资规模/ 亿元	非金融企业境内股票融资/ 亿元	企业债券融资/ 亿元
2004	28 629	673	467
2005	30 008	339	2 010
2006	42 696	1 536	2 310
2007	59 663	4 333	2 284
2008	69 802	3 324	5 523
2009	139 104	3 350	12 367
2010	140 191	5 786	11 063
2011	128 286	4 377	13 658
2012	157 631	2 508	22 551
2013	173 169	2 219	18 111
2014	158 761	4 350	24 329
2015	154 063	7 590	29 388
2016	178 159	12 416	30 025

数据来源：国家统计局 2004—2016 年《中国统计年鉴》。

表2　我国证券市场筹资概况

年份	境内外筹资合计/亿元	境内筹资合计/亿元	首次发行金额	再筹资金额		债券市场筹资金额			
			A股/亿元	A股/亿元		可转债/亿元	公司债/亿元	中小企业私募债/亿元	可交换公司债/亿元
				公开增发	定向增发（现金）				
2008	3913.43	3596.16	1036.52	1063.29	361.13	55.60	288.00	—	—
2009	5682.72	4609.54	1879.00	255.86	1614.83	46.61	638.40	—	—
2010	12 640.82	10 275.20	4882.63	377.15	2172.68	717.30	603.00	—	—
2011	7506.22	6780.47	2825.07	132.05	1664.50	413.20	1262.20	—	—
2012	4602.15	3822.73	435.53	0.00	1267.01	152.55	1854.20	93.75	—
2013	7948.72	6884.83	0.00	80.42	2246.59	551.31	3219.91	310.85	—
2014	10 630.18	8427.01	668.89	18.26	4031.30	311.23	2482.30	777.05	—
2015	28 692.58	29 493.63	1578.08	0.00	6709.48	98.00	21 181.24	244.50	—
2016	47 927.37	46 236.51	1633.56	0.00	16 978.28	195.42	28 802.23	—	314.49
2017	35 416.67	33 588.52	2 186.10	0.00	12 871.15	792.21	16 802.96	—	1048.84

数据来源：中国证监会统计数据。

表3　我国近五年债券市场发行、托管规模

年　份	债券发行总额/亿元	债券托管总额/亿元	银行间市场债券托管额/亿元
2013	9.0 万	29.6 万	27.7 万
2014	11.0 万	35.0 万	32.4 万
2015	22.3 万	47.9 万	43.9 万
2016	36.1 万	63.7 万	56.3 万
2017	40.8 万	70.4 万	65.4 万

数据来源：中国人民银行2013—2017年《金融市场运行情况》。

表 4　2010—2017 年我国境内上市公司数量变化

年　份	上市公司总数	上交所	深交所
2010	2063	894	1169
2011	2342	931	1411
2012	2494	954	1540
2013	2489	953	1536
2014	2613	995	1618
2015	2827	1081	1746
2016	3052	1182	1870
2017	3485	1396	2089

数据来源：中国证监会统计数据。

表 5　我国 2008—2017 年股票成交规模

年　份	成交金额/亿元	成交量/亿股
2008	267 112.66	2 413 139.49
2009	535 986.77	5 110 700.53
2010	545 633.54	42 151.99
2011	421 649.72	33 957.55
2012	163 768.68	18 067.33
2013	468 728.60	48 372.67
2014	743 912.98	73 754.61
2015	2 550 538.29	171 039.46
2016	1 267 262.64	94 201.17
2017	1 124 625.07	87 495.32

数据来源：中国证监会统计数据。

（二）《证券法》的缺陷

1. 证券定义范围过窄

受分业经营、分业监管的制约，蓬勃涌现的诸多具有投资性质的保险产品、银行理财产品、集合投资计划等未被纳入证券监管的范畴，导致对同类证券产品监管标准不统一。特别是在互联网金融勃兴的今天，很多投资形式其实质都是证券投资，但是《证券法》并没有为其正名，使得很多的正常融资需求难以得到有效满足。例如，众筹模式实际上就是通过互联网发行的证券，但《证券法》并没有对这种新的证券行为作出规定。

2. 股票发行审核具有行政色彩

证监会不仅实质上控制上市规模、上市节奏和上市资源的分配，而且行使证券公开发行与上市的审核权力，导致证券发行审核与上市审核一体化。同时，证监会过多的实质性审核也是在代替投资者作出价值判断，使广大股民和机构投资者失去自己去做调查和研究的激励，政府和市场的行为边界较不清晰。

3. 事中事后的监管处罚措施无力

目前证监会执法权限偏软，执法手段不足，证券市场虽已确定"宽进严管"的监管理念，但"严管"力度依然不够。有的案例中，券商招股说明书造假，但仅仅处罚 100 万元，或者对董事只作一个警告、警示，难以起到充分的警戒作用，进而导致违法违规行为屡禁不止。

4. 投资者保护机制薄弱

我国资本市场长期以来的立法指导思想偏重于市场规模、市场结构、市场功能的发展和完善，而对投资者尤其是中小投资者的保护不够重视，中小投资者保护制度多是原则性规定，制度操作性不够甚至形同虚设。相对于投资者，金融机构处于强势地位，我国法律对金融消费者合法权益的保护还处于空白，这在一定程度上不利于投资者权益保护。

5. 司法保障存在缺陷

要真正推动资本市场健康发展，司法体系应尽量达到"有诉必理"的要求。实践中，一些证券诉讼的受理需要以行政处罚作为前置条件，即要在证监会实施行政处罚之后，法院才予以受理，这说明了司法体系存在严重滞后的问题。由于证券案件的专业性高、跨地域性强，地方法院的专业化水平、地方化倾向都会使现有司法体系不足以应付一些资本市场出现的新型案件。

（三）《证券法》的修改方向

《证券法》修改的大致方向应当如下：

1. 推进新股发行注册制，激发市场活力

市场化改革是党中央确定的经济体制改革，也是资本市场改革的指导方向。《证券法》的修改理应坚持市场化方向，进一步发挥市场配置资源的决定性作用，激发市场的活力。市场化的主要体现是新股发行的注册制改革。当前的新股发行审核制使股票发行背离了市场化原则，扭曲了发行市场。IPO注册制改革，其核心就是让市场实现优胜劣汰，让市场活力更充分地迸发出来。当然，注册制只是股票上市的一种方式，注册制的实施不是最终目的，改革的目的是将造假、欺诈行为降到最低，更加注重信息披露的准确性。以美国为例，美国的注册制，是美国证监会以信息披露为中心的形式审核与各交易所设置上市条件并实质审核相互分工、相互配合的有机整体。《证券法》修改的重点不仅是发行审核制度本身，还应建立注册制生态系统相关的配套机制。当务之急，是从加强监管执法着手，提升信息披露质量，实现"放松管制、加强监管"的监管转型。

2. 推动行为统一监管，实现监管合理化

在我国的实践中，同属证券性质的产品、同属证券业务的活动、同属证券交易的市场，却存在产品规则不统一、监管要求不统一、监管主体不统一的现象，不同部门分别监管不同的市场，相同性质的产品和业务实行了不同的行为规则，不利于统一市场的形成和发展。立足于行为统一监管的原则修改《证券法》，应当做到业务规则的统一、监管要求的统一和监管机构的统一。

扩展证券定义的范围。涉及信托、委托理财、份额化交易的文化产品等物权、债权、信托权益的权益凭证，都应纳入证券范围。传统商业银行的理财产品业务、投行业务、债券业务等，保险机构的投资业务等都应纳入证券业务范畴。

明确交易所法律地位。创业板、"新三板"在现行《证券法》中没有规定，本次修改应当纳入。应给各地出现的文化产权交易所、股权交易所等一个合法的定位，原因是，这些都是社会的客观需求，《证券法》当中构建多层次的资本市场，理应包括这些渠道，形成畅通社会的股本融资和权益融资市场。

3. 健全信息披露，强化投资者保护

信息披露制度。证券发行条件从注重企业的盈利，向注重信息披露的方向转型。信息披露又涉及哪些属于误导的信息、哪些属于欺诈的信息、哪些情况应当承担责任等问题，这些都应纳入《证券法》修改范围。证监会的监管也应以信息披露为核心，建立发行上市、日常监管等各个环节有机衔接的信息披露规则体系。要根据日常监管中发现的问题，充实和调整信息披露要求，完善信息披露规范制定机制。

投资者保护机制。《证券法》的立法原则主要是保护投资者的利益，尤其是对中小投资者的保护，《证券法》本质上就是一部投资者保护法。证监会前主席肖钢曾提出投资者保护制度的七个方面：证券侵权民事赔偿制度、证券市场的公益诉讼制度、和解金赔偿制度、监管机构责令购回制度、承诺违约强制履约制度、主动补偿投资者制度和证券专业调解制度。这些有价值的制度虽不易实施，但其公开提出也昭示了《证券法》修改注重投资者保护的目标取向。

4. 完善监管执法手段，加快监管转型

新股发行制度向市场化转型，证监会的职权也应随之从审核审批向监管执法转型，监管工作的重心应从事前把关向事中、事后监管转移。要完成这一转型，就需要《证券法》完善证监会的监管方式、充实执法权限、完善执法手段、创新执法机制，加大违法行为打击力度，使监管措施和处罚规定更具威慑力。

（四）《证券法》的修改建议

1. 关于总则的修改

拓展《证券法》"证券"的种类与范围。修订前后的《证券法》中都缺乏对"证券"的清晰定义，法定列举的"证券"种类范围比较狭窄，建议《证券法》修改时重新界定"证券"含义，拓展证券的种类与范围，将本质上属于"证券"的投资产品和众筹模式一体纳入《证券法》的调整范围和证监会的集中统一监管范围。

调整对"证券衍生品种"的授权立法。现行《证券法》第2条明确规定证券衍生品种发行、交易的管理办法由国务院制定。这种以国务院为主导的证券品种创新模式使得证券市场的创新实践暴露于效力不确定的法律风险之中，从而违背证券市场的发展实际，亟待改革。建议调整对"证券衍生品种"的授权立法，改为授权证监会作出具体规定或由交易所制定业务规则、报证监会审批。

2. 关于证券发行制度的修改

（1）新股发行注册制改革的必要性分析。市场化改革是党中央确定的经济体制改革包括资本市场改革的指导方向。《证券法》的修改理应坚持市场化方向，进一步发挥市场配置资源的作用，激发市场的活力，限制政府诸多不当权力和行为。而资本市场的市场化改革重点便是新股发行的注册制改革。

第一，发行核准制扭曲市场力量。我国的发行制度经历了从审批制到核准制（substantive regulation or merit standard）的转变，[1]目前我国新股发行实行的是核准制，即在严格主承销商资质管理的前提下，实行"改制辅导一年、证券机构推荐、发审委审核、通过市场确定发行价格、证监会核准"的审核程序。从审批制到核准制，尽管行政干预色彩有所减弱，但核准制下的市场力量仍然不足，容易使股票发行背离市场化原则，并发展成为扭曲市场机制的严重问题。

首先，在核准制下，证券监管机构不仅控制着上市规模、上市节奏和上市资源的分配，而且行使证券公开发行与上市的审核权限，导致证券发行审核与上市审核一体化。所有股票发行必须得到证券监管机构的核准，而一旦经过批准，则都由交易所安排上市，即通过发行审核即意味着通过上市审核，类似

---

〔1〕 1999年7月起实施的《证券法》明确要求我国股票发行审核实施核准制。核准制与审批制的最大区别，就是取消了人为的额度分配，只要符合《证券法》和《公司法》的要求即可申请公开发行股票，但是发行人要充分公开企业的真实状况，证券主管机构有权否决不符合规定条件的股票公开发行申请。

于我国台湾地区曾实行过的"强制上市制度"。实行核准制本身已经给市场带来很多显性及隐形成本，遏制了市场活力，[1]而发行审核一体化，则阻碍了场外市场的发展，进一步降低了市场活力。而目前成熟的证券市场普遍遵循"发行注册化、上市市场化"的原则，发行审核与上市审核相分离。就上市审核而言，交易所保留上市审核权、政府主管机构保留否决权是主流。[2]

如前所述，若证券监管机构做过多的实质性审核，一旦投资者受到损失，其往往会把责任归到证券监管机构，认为证券监管机构审核有误导致了损失的发生。证券监管机构"家父主义"式的保护，尽管是"无微不至的，极其认真的，很有预见的，而且是十分和善的"[3]，但长此以往，终将使投资者逐渐

---

[1] 对此，Karmel 认为，实质审查对资本形成当然会造成负担，问题是实质审查给证券发行带来的成本是否大于其给投资者或证券市场带来的收益。实质审查带来的显性成本是法律顾问费、调查费、申请费以及其他费用的产生及增加，而较为隐形的成本则是由此带来的发行过程的延误及不确定性。除了这些金钱上的成本，实质审查还限制了发起人、承销商以及投资者签订分配风险与收益的合同的自由。See Roberta S. Karmel, "Blue – Sky Merit Regulation: Benefit to Investors or Burden on ommerce", 53 *Brook. L. Rev.* 105, 1987 – 1988；Roberta S. Karmel, "The Future of the Securities and Exchange Commission as a Market Regulator", 78 *U. Cin. L. Rev.* 501, pp. 2009 – 2010.

[2] 美国的股票公开发行审核以美国证监会（SEC）为主，上市审核由各交易所负责。我国香港地区的公开发行由香港证监会负责，上市审核由港交所负责。英国的公开发行由贸工部下的公司注册署负责，上市审核由伦敦证券交易所负责。日本的公开发行由财务省负责，上市审核由交易所负责。新加坡的公开发行由财政部会计与企业管制局负责，上市审核由新加坡交易所负责。韩国的公开发行由金融监督委员会负责，上市审核由韩国交易所负责。详见深圳证券交易所综合研究所：《我国股票发行上市审核制度：问题与完善》，载《深证综研字第 0117 号研究报告》，2005 年。

[3] ［法］托克维尔：《论美国的民主》（下卷），董果良译，商务印书馆 1988 年版，第 896 页。

失去独立判断的能力。

其次，发行审核过于关注盈利能力和财务状况，也诱发了各方的财务造假行为。近年来，拟上市公司会计薄弱、内控不力、信息披露质量不过关的现象比较突出，中介机构未恪守执业规则和未履行谨慎义务的问题时有发生。个别公司信息造假、欺诈上市情节严重。2011 年以来，在美国上市的"中概股"频频遭遇做空机构的阻击，其主要问题恰是财务造假。从国内来看，从绿大地、新大地到万福生科，欺诈上市损害投资者合法权益的情况屡禁不止。证券监管机构自 2012 年年底启动、至 2013 年 10 月结束的首发公司财务会计信息专项检查工作中，共有 268 家企业提出终止审查申请，占排队企业的 30%。其中，河南天丰节能板材科技股份有限公司、广东秋盛资源股份有限公司等企业已移交稽查部门。[1]可见，发行核准制在一定程度上扭曲了市场的力量，使市场竞争机制无法有效发挥作用。

第二，以信息披露为核心的注册制改革方向是新股发行的注册制改革，其核心就是让市场来实现优胜劣汰，充分迸发市场活力。当然，注册制只是股票上市的方式之一，实现注册制并非最终目的，股票发行改革的目的是将资本市场中的造假、欺诈行为降至最少。因此，注册制应更加注重信息披露的准确性、完整性和真实性。简言之，注册制应以持续信息披露为核心。至少从 2001 年开始，证券监管机构在市场的呼吁下就将我国国内 IPO 监管改革的目标确立为"美国式"的注册制。但很多时

---

〔1〕 朱宝琛：《268 家 IPO 排队企业提交终止审查申请》，载《证券日报》2013年 10 月 12 日。

候，我们对"美国式"注册制的运作过程、核心思路都存在误解，简单认为注册制就是不经实质审核，仅进行形式注册[1]，更忽视了贯穿于注册制始终的核心思路——信息披露制度。

首先，美国的注册制是美国证监会（SEC）的形式审核、各州实行的实质审核与各交易所设置的上市条件相互分工、相互配合形成的有机整体。简单来说，美国本土公司在美国境内公开发行（不考虑美国面上的注册豁免），其中，联邦层面以信息披露为中心负责形式审核，各州的证券发行监管普遍实行实质审核（merit regulation），控制证券投资风险。[2]此外，各交易所设置的上市条件，在很大程度上也起到了实质审核的作用。注册制与核准制的区别不在于是否需要进行实质审核，而在于是否对拟发行公司证券的投资价值作出判断。

其次，注册制的核心在于持续的信息披露。美国证券发行适用的《1933年证券法》本质上就是一部关于信息披露的法律。该法构建了综合披露制度，要求必须全面真实地披露发行人的情况，才可以进行证券的公开发行。公司发行自由，政府无权禁止，但发行人必须真实完整地披露自己的业务情况。如果发行人违反了信息披露的义务，除了要承担第11条规定的公开失真的民事责任外，还可能导致SEC的行政措施、刑事禁令以及禁令救济。此外，美国的《1934年证券交易法》又规定了定期报告制度，由此共同形成了美国证监会完整的"双轨制披

〔1〕 沈朝晖：《流行的误解："注册制"与"核准制"辨析》，载《证券市场导报》2011年第9期。
〔2〕 各州对证券发行进行实质监管的法律统称为"蓝天法"，因第一个实施实质监管的堪萨斯州提出"欺诈性的证券背后除了蓝天，没有任何支持的资产"而得名。

露体系"。[1]

　　最后，有力的综合性执法，包括行政执法、民事诉讼和刑事诉讼，是"注册制"有序运行的根本保障。美国证券市场有无处不在的民事诉讼和无孔不入的律师群体，集团诉讼制度、做空机制及民事和解制度等则是其制度基础。注册制在一定程度上是依靠事后的救济、惩戒，来弥补和取代事前审核与事中检查的缺位。对此，有人也认为，注册制和核准制不是非此即彼、完全对立的概念，核准制的立法理念重在预防，防止没有投资价值的证券进入市场，而注册制的立法理念是重在惩戒，通过严厉的反欺诈制度达到事后保护投资者的目的。

　　综上所述，注册制改革的重点不在于简单地取消发行核准制度，而是要建立注册制生态系统下一系列的配套机制。当务之急，是从加强监管执法着手，提升信息披露质量，实现"放松管制、加强监管"的监管转型。

　　（2）注册改革"三步走"：从行政力量到市场力量。如今，备受期待的注册制改革被市场各方寄予厚望。尽管监管层正在筹备搭建注册制审核流程的框架，但是由"核准制"向"注册制"过渡无疑是个浩大的工程，除了流程上的重塑，还包括市场的培训等一系列问题。过渡期的政策路径无疑是目前市场最

---

　　〔1〕　在起草《1933 年证券法》时，美国国会曾经过激烈的辩论，最终国会放弃了"蓝天法"的优劣哲学，而采纳英国的披露哲学及纽约州证券法的欺诈理论，试图通过严厉的事后惩罚来制裁欺诈行为。在众议院辩论中，议员 Rayburn 曾概述，"本法案的宗旨就是要在尽可能的范围内，将证券的持有者（股东）与公司管理层置于平等的、信息对称的地位；将买卖双方就可获取的信息方面置于同一层面"。因此，该法案没有剥夺公民"不可剥夺的自我愚弄的权利"，该法案仅仅是试图"阻止人们愚弄他人"。参见上海证券交易所资本市场研究所：《美国"注册制"管窥》，载《上海证券交易所研究报告》，2014 年。

期待的内容。我们必须承认，对证券发行行为进行适当监管是必要的。尽管目前的发审体制备受诟病，但该制度在保证拟上市公司信息披露的充分性、真实性上起到了很大的作用。发审委在预审和发审过程中，会对拟上市公司提出很多问题，要求拟上市企业作出答复，并从回复中得到很多有用的信息，确保披露的充分、真实。我国香港地区的股票上市一直实行聆讯制度，由港交所的上市委员会对上市科推荐的拟上市公司进行聆讯，只有通过上市委员会的聆讯，拟上市公司才能进行股票上市交易。[1]聆讯制度与我国现行的发审委制度在保证信息披露的充分、真实性上发挥的作用有异曲同工之处。因此，在注册制改革过程中，现有的发审委可以改成股票发行聆讯委员会，独立于证监会和交易所，成为"注册制"的一个重要制度机制，并长期存在。作为实现"核准制"向"注册制"转变的过渡性安排，在实际操作层面上，聆讯机制可以立即运作代替发审制度，聆讯机制前期可以作为替代性的审核机制，随后市场成熟则转变为建议机制，最后转变为市场的参考机制。

以聆讯委员会的角色及职能转变为分界点，"核准制"向"注册制"转变就有了一个路线图与时间表。由"核准制"转

---

〔1〕 我国香港地区的拟上市公司的上市审核由港交所负责，拟上市公司需向港交所的上市科提交上市申请。如上市科发回申请，则要通过"双重复核程序"——上市科的发回决定由上市委员会复核，上市委员会同意发回决定的裁决由上市（复核）委员会复核。如上市科接受申请，则进入详尽审阅阶段。在这一阶段，上市科通常会发出两轮的意见咨询，然后按照保荐人回答问题的时间及质量安排上市聆讯的时间表。上市聆讯由上市委员会进行，若上市委员会批准上市，该公司需尽快提交有关《主板上市规则》（或《创业板上市规则》）规定的文件；若上市委员会拒绝申请，该公司有权提交上市（复核）委员会复核，上市（复核）委员会的决定是最终的。详见香港交易所网站，http://www.hkex.com.hk/chi/listing/listreq_pro/ListReq_c.htm.

向"注册制"的改革目标就可得以实际操作,具体的路线图与时间表设计是:

第一阶段,在注册制改革的前期,我们仍需要审核机制发挥作用,以保证改革稳健过渡,避免新股发行的不良性爆炸式增量,同时这一阶段的改革目标是尽可能排除发行审核过程中过度的行政力量干预。在这一阶段,建议将发审委更名为聆讯委员会,仍处于目前发审委的地位,归证监会领导。在职能方面,聆讯委员会依然拥有公司发行上市的"通过权"和"否决权",对拟上市公司的信息披露真实性、成长性良好、治理规范、募投合规等内容进行实质审查。但较之发审委,聆讯委员会的人员构成需要做出改变。过去发审委主要由证券监管机构专业人员和证券监管机构外的有关专家组成,这种公私结合的组织结构导致监管与市场不分,也易出现少数委员利用其职务便利谋取不正当利益导致监管不到位的问题。并且,由证券监管机构主导下的发审委不仅无法选出优质的公司,反而容易导致行政力量的过度干预。因此,在目前行政体制改革的大背景下,聆讯委员会将不再由证券监管机构人员构成,而全部由法律专家、财务专家及拟发行上市公司所在行业的行业专家共同组成。借此可以排除审核过程中过多的行政力量干预,给市场力量释放出更多发挥空间,实现注册制改革第一阶段的目标。

第二阶段,目标是实现聆讯委员会以充分公开为主、实质审查为辅的审查原则,并强调审查过程中参与人员的自律。在此阶段,聆讯委员会应当从证券监管机构中独立出来,作为一个独立审查机构行使审查权,但要受到证券监管机构的监督。在职能方面,聆讯委员会不再拥有公司发行上市的"通过权",而仅拥有"否决权"。这一阶段的聆讯委员会与证券监管机构的关系类似于我国香港地区证券公开发行时港交所与香港地区证监会之间的关系。香港地区对证券公开发行的监管实行"双重申报"制度，即上市申请人只需将有关材料提交联交所，由联交所负责核查申请人是否符合上市条件；联交所将材料副本转交香港证监会，香港地区证监会可以行使法定调查权，对违规行为进行调查。在注册制改革的第二阶段，聆讯委员会起到的作用就类似于港交所，而我们的证券监管机构也同香港地区一样，对拟上市公司的违规行为，尤其是违反信息披露义务的行为予以调查和处罚。在职能上，聆讯委员会的否决权意味着公司发行上市不再需要其批准通过，只要聆讯委员会没有否决，就视为通过，类似于"法无禁止即自由"。这样看来，聆讯委员会尽管依然具有"实质审查权"，但这个实质审查权的性质和程度较之上一阶段都已经大幅度削弱，市场力量的发挥空间也大大增加。

第三阶段，要将聆讯委员会变成一个中立的、权威的市场参考机构。此时，聆讯委员会完全独立出来，既不隶属于证券监管机构，也不隶属于证券交易所。它可以由证券业协会提供运营资金，并受证券业协会的监管。从职能上来看，聆讯委员会"实质审查"后给出的意见不再具有强制性，但可以作为证券监管机构和证券交易所的重要参考。至此，通过聆讯制度在这三个阶段的运用及职能的转变，我们可以稳健实现从"核准制"向"注册制"的过渡。这一过程，是行政干预逐步缩减、退却的过程，是市场力量逐步发展、壮大的过程。

（3）建立完善综合性信息披露制度。注册制改革面临的最重要问题之一是市场的信息不对称。中国现处于转型阶段，很多企业的市场化意识尚未养成，信息披露的真实性和完整性仍有待提升，市场上存在很多误导和诱导，乃至欺诈投资者的行为。此外，从以前的预审和发审机制来看，由于审核流程相对保密，信息不对称的问题突出。在这样的背景下，推进注册制改革必须以加强信息披露、解决信息不对称为核心。一方面，公众需要知道发行股票的真实内容及潜在风险，以此提高发行行为的社会参与程度；另一方面，信息公开也是一个公正性问题，可以让阳光成为中国资本市场最好的防腐剂。

要让投资者成为信息的享有者。注册制改革首先要解决的问题就是让投资者成为股票发行信息的知情者、享有者和检验者。经济学的基本原理之一就是"信息原理"。它假设市场中的人都是自私逐利的，如果市场中所有的信息都是公开、准确、真实的，每个市场主体就会据此做出理性选择，市场也会因此自动达到一种比较好的均衡状态。[1]世界各国的发展也证明这套理论是有效的。[2]所以在市场中，信息公开和披露是支撑市

---

〔1〕　信息的公开、对称是"有效市场"的充分条件之一。Fama（1970）定义了有效市场的三个充分条件：①证券交易没有交易费用；②对于所有市场参与者来说，所有可得信息均是无成本的；③投资者对反映每一股票的现价及将来价格分配的现有信息的暗示（implications）达成共识。See Eugene F. Fama，"Efficient Capital Markets：A Review of Theory and Empirical Work"，Vol. 25，*The Journal of Finance*，1970，pp. 383 – 417.

〔2〕　Lee（1987）、saudagaran 和 Diga（1997）通过实证分析，论证了信息披露对资本市场的重要性，他们认为交易信息越充分，市场透明度越高，市场的有效性就越强。See J. Lee，"Accounting infrastructure and economic development"，*Journal of Accounting and Public Policy*，1987；S. M. Saudagaran，J. Diga，"Financial reporting in emerging capital markets：Characteristics and policy issues"，*Accounting Horizons*，1997，p. 11. Healy 和 Palepu（2001）指出信息披露不仅能帮助解决投资中的不确定性，还能实施有效的资源配置，对投资者和其他股东而言增加了公司内部的透明度。See Paul M. Healy，Krishna G. Palepu，"Information asymmetry，corporate disclosure，and the capital markets：A review of the empirical disclosure literature"，*Journal of Accounting and Economics*，2001，p. 31（1 – 3）.

场有效运行的最基本要素。市场中最大的问题就是信息不充分、不完整，或者信息仅掌握在少数人手中。从监管角度看，管制越严格的领域，如中国资本市场，信息不对称问题反而越严重。以新股发行为例，股票发行所有的相关信息都掌握在监管者、发行人等少数人手中，这就给内幕交易、财务造假等行为提供了温床，监管成本也因此升高。可见，核准制下出现的种种问题，很重要的原因就是信息的掌握、交换权力没有掌握在投资者手中，但投资者最终却要为信息失误带来的问题买单。信息披露最好的方式，是让所有信息由投资者自己掌握，让投资者去做决策和选择。由此明晰责任，不会发生法律上的错位。强调"信息披露为中心"，首先是要让投资者成为信息的享有者，这是对资本市场常识的一次回归。

完善信息披露制度需要分阶段进行。"核准制"向"注册制"的转变需要一个过程，大致要历经五年时间，分为三个阶段，并且要辅之以制度和机构的改革——将发审制度转变为聆讯制度。同样地，解决信息披露问题，也要在这个过程中分阶段、分步骤地进行。在第一个阶段，聆讯委员会从全部审核制转变为半审核制，在信息披露方面，主要是以信息全面披露为中心，重点治理污点信息；在第二个阶段，聆讯委员会从半审核机制变为建议制，在信息披露方面，则有权建议有污点的企业不上市；到了第三个阶段，聆讯委员会变为参考机制，在信息披露方面，则要以持续性信息披露为中心，为市场提供全面、长期、专业的参考意见。到2020年，注册制改革的实现，也意味着信息披露制度完善的最终实现。

要全面提高信息披露的质量。从审核内容看，证券发行原来注重审核企业的盈利，现在要向注重信息披露的方向转型。

具体而言，信息披露首先要解决信息分类定性，哪些属于误导的信息，哪些属于欺诈的信息，什么情况应当承担责任，这些都需要《证券法》以法律的形式予以确认。此外，证券监管机构的监管也应以信息披露为核心，建立发行上市、日常监管等各个环节有机衔接的信息披露规则体系，要根据日常监管中发现的问题，充实和调整信息披露要求，完善信息披露规范的制定机制。本书认为，全面提高信息披露的质量，应做到以下四点：

第一，要提高信息披露标准，增加简明性要求。《证券法》修改中，可考虑借鉴美国的做法，规定信息披露除了要"真实、准确、完整"外，还要以容易被投资者理解作为核心准则。美国将对证券发行信息披露的监管重点放在企业披露文件，即招股说明书上。首先，确认披露文件作为发行活动的中心，严格监管发行人和承销商在披露文件之外不当发放信息影响市场的"抢跑行为"；其次，要求披露文件应当从投资者的角度出发，对披露信息的内容和多寡进行判断取舍，便于投资者阅读理解。事实上，冗长的披露是模糊的，反而违背了完全披露的精神。因此合格的披露一定是重点突出、详略得当的。观察美国企业的招股说明书就会发现，披露内容和投资决策的相关性很高，和投资决策无关的信息少。[1]招股说明书要体现重大性原则，有利于投资者把注意力放在重大信息上面，方便投资决策；要强调风险披露的充分性和准确性，该披露的风险必须披露，且披

---

〔1〕 以 Facebook 公司为例，在长达 148 页的招股说明书中，与投资决策相关的内容占了绝大部分。广告收入作为其重要收入来源，当分析广告收入变化时，公司不仅要分析这些变化有多少来自广告数量改变，有多少来自广告价格的变化，还要进一步分析广告数量改变的原因，所有的分析均要有数据作为支撑。而关于宏观及行业方面的分析，只是稍做说明，不作展开。

露的内容要充分，不得有对风险进行化解的描述；语言表述上要重点突出，语言浅白，便于读者阅读和理解，并将重要内容放在显著位置，便于投资者阅读。

第二，要确立违反信息披露规定的行政法律责任制度。笔者建议从以下三方面对上市公司违反信息披露义务的行政责任进行完善：以"信息披露义务人"概念为中心构建信息披露的义务群和信息披露违法行政法律责任群；将"过错推定原则"明确为上市公司信息披露违法行政责任的主观要件；董事、监事、高级管理人员对定期报告质量的"保证"责任应界定为"督促责任"或"监督责任"。

第三，要完善上市公司实际控制人信息披露制度。有关法律法规应该明确，上市公司的实际控制人是指终极控制人，并不包括中间控制人，并加强对法人控股股东和中间控制人的披露。同时应该注意，对实际控制人的披露应依照控制主体的不同实行分类披露制度，明确实际控制人的类型仅有自然人、国有资产管理部门和其他最终控制人三种。最后，完善实际控制人信息披露的内容，可以借鉴重大资产重组报告书对重组方、收购报告书对收购方等的披露内容，充实和完善对实际控制人的披露内容。

第四，要扩大证券交易所对信息披露的监管职权。《证券法》和《上市公司信息披露管理办法》对于在上市公司信息披露过程中起重要作用的中介机构，没有赋予交易所相应的监管职权。伴随着注册制改革的不断深入，交易所的上市审核权力也会不断增强，其对信息披露的要求也不断提高。因此，建议在《证券法》中明确交易所对中介机构的自律监管职权，充分发挥交易所对上市公司信息披露的一线监管职能。

（4）确立注册制下的发行定价监管机制。注册制改革，不可回避地要深入推进新股发行的市场化定价机制，改变定价方式僵化单一、不能真实反映市场需求的情况。同时要优化相应的监管制度，根据发行公司的不同情况，一方面给予发行人、承销商根据实际情况共同决定发行价格的权利，另一方面要保证发行定价的信息披露，让投资者能够做出有效的判断。

现阶段询价制度的局限性。目前国内新股发行实行询价制度：由发行人和主承销商通过网下途径，向询价对象组织实行初步询价及累计投标询价，然后根据机构累计投标情况，在管理层的窗口指导原则下，最终确定发行价格。询价制度引自于成熟的资本市场，基本理念和制度设计都来自国外。但是在"核准制"的大背景下，我国的询价制度仍保留了很多中国特色。虽然历经几次改革，与国际流行的美国式累计投标定价制度相比，我国仍存在一些独特之处，具体表现如下：

我国实施两段式询价，通过初步询价确定发行价格区间，再经过累计投标询价确定最后发行的价格。在初步询价的环节，机构投资者不需要付出任何额外成本，当然，如果不参与第二个累计投标询价的过程，机构投资者也不会获得任何配售的股票。并且，参与累计投标询价的机构投资者需要缴纳全额申购款，当申购价格在发行价格以上的，可以获得同比例的配售。

承销商和发行公司干预发行价格的权利受到限制。现阶段的制度规定，承销商在初步询价区间确定后，没有权利根据市场情况第二次调整发行区间，这就意味着承销商的定价权利是有限的。承销商和发行人在初步确定询价区间后，无论机构投资报价乐观或者冷淡，都不能再一次根据市场情况调整询价区间。这就导致很多承销商和发行人为了获得更多利益故意推高新股价格与市盈率，造成资产泡沫。

限制承销商自主分配股票的权利。根据规定，发行人及其主承销商通过累计投标询价确定发行价格的，当发行价格以上的有效申购总量大于网下配售数量时，应当对发行价格以上的全部有效申购进行同比例配售。初步询价后定价发行的，当网下有效申购总量大于网下配售数量时，应当对全部有效申购者进行同比例配售。后来的发行制度虽然引入网下配售抽签等制度安排，但承销商仍然无法随意配售新股。

新股价格受到市盈率限制。询价制度设立初期，监管方对发行价格做出了市盈率限制，按照 30 倍、20 倍市盈率作为发行价格上限。在 2009 年改革中，不再设定发行市盈率上限。2012年，监管方再次引入市盈率限制，与之前的市盈率标准不同，改革后按行业平均市盈率作为发行市盈率上限，一般不得超过行业市盈率的 25%。[1] 就目前我国的询价制度来看，至少存在如下三个问题：

第一，现行的定价机制依然具有行政管制色彩。2012 年 4月证监会发布了《关于进一步深化新股发行体制改革的指导意见》。该指导意见规定，根据询价结果确定的发行价格市盈率高

---

[1] 详见证监会 2012 年 5 月 23 日出台的《关于新股发行定价相关问题的通知》。该通知规定，发行市盈率超过同行业上市公司平均市盈率 25% 的公司，如果存在如下三种情形之一的，发行监管部门将按会后重大事项的监管规定重新提交发审会审核：①发行人按确定的发行价计算的募集资金量大幅超过募投项目拟以本次募集资金投入的资金需要量，导致发行人的基本情况发生重大变化，发行人需要补充披露资金使用计划等相关情况并分析揭示风险，可能影响投资者判断的；②发行人按确定的发行价计算的募集资金量大幅超过按预估发行价计算的募集资金量，导致发行人的基本情况发生重大变化，发行人需要补充披露资金使用计划等相关情况并分析揭示风险，可能影响投资者判断的；③发行人存在《股票发行审核标准备忘录第 5 号——关于已通过发审会拟发行证券的公司会后事项监管及封卷工作的操作规程》中规定的需要重新提交发审会审核的事项。

于同行业上市公司平均市盈率 25% 的，意味着发行价较高，募集资金量也较多，故发行人应召开董事会，由董事会对最终定价结果予以确认。同时证券监管机构可要求重新询价，或要求未提供盈利预测的发行人补充提供和公告经会计师事务所审核的盈利预测报告并重新询价。属于发审会后发生重大事项的，证券监管机构将决定是否重新提交发审委审核，然后重新询价。简言之，这里采取了两种规制手段：一是要求发行人通过董事会再议和更多信息披露来确保定价的审慎性；二是基于同样的目的，证券监管机构也可进行审查，甚至要求重新询价，重新进行发行审核。当然，当一家企业的发行价高于行业的一般水平时，监管者有充分的理由和权力予以关注，特别是要求其进行信息披露。然而，在"核准制"的框架下，这种监管极有可能被市场理解成价格管制，最后甚至变成了一种发行价"玻璃天花板"。这显然违背了发行定价市场化的政策初衷。

第二，定价过程中容易形成发行人、承销商、询价对象之间难以打破的利益链条。在新股发行的过程中，发行方希望通过新股发行融入更多资金；承销商希望获得更多的资金报酬：在现行体制下，承销商的佣金收入与实际募集资金总额息息相关，募集资金数额越高，佣金越高。同时，中国 IPO 承销市场仍然是卖方市场，如果承销商高价发行新股，还可以获得更多后续承销份额；而询价对象绝大多数属于机构投资者，有的券商自己具有参与询价的资格，有的机构投资者则在有询价资格的券商开户，由此形成了他们之间千丝万缕的联系。基于以上分析，发行公司、承销商和询价对象之间可能存在某种关联利益，如果三方串通合谋，就很可能推高新股价格与市盈率，影响市场稳定。

第三，存在机构投资者和公众投资者信息不对称现象。目前，虽然新修订的《证券发行与承销管理办法》已允许发行人与承销商选择具有一定资质的个人投资者进行询价，但实践中询价对象的范围依然比较狭窄，通常限于符合法律规定资质条件的机构投资者。此外，在询价制度中，承销商会撰写投资价值研究报告，但只向询价对象提供，不向社会公众投资者提供，这就造成了严重的信息披露不对称，将公众投资者置于不利地位。

完善发行定价监管制度：从行政干预到信息披露。通过上述分析可以看出，在注册制改革的过程中，完善发行定价制度至少要解决三个维度的问题：突破行政干预，实现市场化定价；加强对市场定价过程的监管；完善信息披露制度，打破信息不对称。事实上，这三个问题是相辅相成的，并可以在聆讯制度下得到体系化的解决。

注册制下，要实现新股发行的定价权完全从政府转移到市场主体手中，需要一个过程。在这个转变的前期，可能仍需对市盈率等价格指标作出一定限制。不过此类限制不应当再由证券监管机构直接进行强制性规定，而应该由聆讯委员会这样一个中立、权威的市场参考机构给出相应的参考指标。证券监管机构的职能则主要集中在要求超过指标的发行方及时、完整地进行信息披露，同时对其违规行为进行处罚。这样的制度安排可以起到三个作用：从根本上保证市场机制发挥作用，政府让位；减少资产泡沫，防控市场风险；保证投资者清楚了解股票的投资价值，作出有效的投资决策。这种安排类似于1987年美国证券发行的"20%安全港"制度：该制度的初衷在于当发行价格相比初步招股说明书中预估价的变动达到20%时，给予市场充分的信息消化和思考的冷静期，而证券监管机构本身并不会干预。[1]可见，保证发行人及时、完整、真实的信息披露才是证券监管机构在发行定价环节的核心职能，聆讯委员会可以为监管者的监管行为提供重要的参考。

聆讯委员会可以协助证券监管机构加强对发行定价过程的事中事后监管。聆讯委员会可以通过追踪新股价格表现的方式，判断发行方、承销商和询价对象在定价过程中的表现，从而给证券监管机构的事中事后监管提供参考依据。具体的做法可以是分别选择新股上市后一段时期的表现，可以是一个月、半年或者一年甚至更长时间，对新股的价格走势、公司的生产经营情况与投资报告中新股的估值和对公司生产经营情况的预测进行比较，看是否存在巨大差别。聆讯委员会可以具体设定一个评价标准，作为证券监管机构对发行方、承销商及询价对象考察、处罚的参考依据。这样可以缓解当前询价制度下承销商权力过大，缺少约束，定价主体间相互勾兑的现象。

聆讯委员会可以成为预先披露制度的主要平台，畅通公众监督通道，从而加强信息披露，解决信息不对称的问题。预先披露制度的确立在我国新股发行过程中有着非常积极的意义。发行股票的申请材料提前向社会公众披露，可以使申请文件受到社会公众和舆论的监督，一旦发行人存在骗取上市资格或者与承销商、询价对象串通虚增股票价格等不法行为，公众可以

---

〔1〕　具体而言，一旦最终确定的发行规模或定价高于或低于招股说明书初步估计的 20% 以上且构成对既有披露的重大变动，美国 SEC 将要求发行人向所有投资者再次派发招股书，并且必须在至少 48 小时或两个交易日后，SEC 才会准许发行人进行登记和上市，以便让投资者有足够时间思考并确定是否投资。参见杨颖桦：《新股改革步入深水区发行安全港舶来美国"红鲱鱼"》，载《21 世纪经济报道》2012 年 4 月 9 日；曹咏：《25% 规则溯源：当中国 A 股遇上美国红鲱鱼》，载《21 世纪经济报道》2012 年 5 月 8 日。

及时向证券监管机构进行举报。但实践中，由于披露媒介过于狭窄、信息反馈渠道不畅等问题，预披露制度并未发挥预想的作用，有时举报信还来不及传至审核人员手中，企业 IPO 已经上会。聆讯委员会此时应当在信息披露和信息反馈两个方面发挥重要作用。一方面，聆讯委员会作为预披露的平台，可以扩大信息披露的范围，让更多公众了解发行方的信息，解决信息不对称问题；另一方面，聆讯委员会将受理公众举报，并及时报告给证券监管机构，畅通公众监督通道，从而提高证券监管机构事中事后监管的效率。注册制的精神就在于监管机构不再对股票发行本身的质量作出评价，而仅仅考核其是否符合法律规定，并保证发行人真实有效地披露信息。至于股票有无投资价值、某家公司价值几何等，都需要投资者自己去评判。但由于中国资本市场自身的局限性，在证券监管机构放开对发行定价行政干预的同时，我们需要聆讯委员会这样一个制度安排保证对定价行为监管的持续性。只有这样才能让我国的定价制度顺利从行政干预思维过渡到信息披露思维。

（5）建立注册制系统配套机制。

第一，证监会、聆讯委员会、交易所归位尽责。证监会作为中国资本市场的最主要监管机构，要明确其在注册制改革下的角色定位和职能转变。

首先，应该改变证券监管机构事业单位、行政职能的尴尬地位。证券监管机构是事业单位，但是承担了很多行政职能，甚至具有半司法权，从政府和市场的关系来看，这样的定位是不准确的。

其次，证券监管机构不是司法机构，不能将其司法化。可以给予它更多的行政权，但不能给司法权。它仅仅是市场的参与方，职责是监管，而非终审方。从理论上讲，任何证券监管机构的处罚和行政决定都是可以被司法机构推翻的。

最后，证券监管机构监管工作的重心应从事前把关向事中、事后监管转移。其核心监管职能有二：以信息披露为核心，建立发行上市、日常监管等各个环节有机衔接的信息披露规则体系，根据日常监管中发现的问题，充实和调整信息披露要求，完善信息披露规范制定机制；完善监管执法手段，将证券监管机构的监管方式、执法权限加以扩充，充实执法权限，完善执法手段，创新执法机制，加大对违法行为的打击力度，使其监管措施和处罚规定更具威慑力。聆讯委员会作为注册制改革的过渡机构，要完成承上启下的历史使命。注册制改革的关键就在于由聆讯机制代替发审制度，并作为一种中间机制长期存在。改革前期，聆讯委员会可以作为替代性的审核机制，部分行使新股发行"实质审核"权力；随着市场成熟后，审核机制要转变为建议机制；最后转变为纯粹的市场参考机制，给证券监管机构、交易所、发行人、投资者提供重要的新股发行参考。注册制改革下，证券交易所不仅要作为市场"中介"，更要加强履行"监管"职能。尤其要提高对信息披露监管的能力，为今后履行上市环节"实质审核"职能做好准备。

第二，优化新股发行制度。

首先，建立市场化的新股发行审核体制。《证券法》应当对新股发行审核体制进行修改和完善：如前所述，建立聆讯机制，将发审委改为聆讯委员会，减少实质审核，强制进行信息披露并严格审核，但不对公司的投资价值进行实质判断；提高信息披露标准，增加简明性要求。借鉴美国的做法，规定信息披露除了要"真实、准确、完整"外，还要容易被投资者理解，尽量避免使用过分专业性术语等；规定差别化的发行与上市条件，形成发行监管和上市监管的合理分工。加强各证券交易所自主上市审核权，可与放松证券发行审核的行政管制同步进行，真正做到发行审核与上市审核在监管程序与监管机关上的分离。建议授权证券交易所审核权，充分发挥交易所主动性，体现市场化监管要求。

其次，构建与多层次资本市场相适应的非公开发行制度。与发达市场国家非公开发行制度相比，我国《证券法》的非公开发行制度欠缺。建议在《证券法》中构建相应制度：以投资者权益保护为出发点，延续上市公司非公开发行监管体制；以三板市场建设为契机，规范非公开发行转售市场的发展；对非公开发行证券并限于私人间交易的情形，采取适度监管；权衡发行成本收益，建立小额发行豁免制度。

再次，优化公开发行新股条件。在《证券法》的修改过程中，应在以下两方面优化发行条件：一是将"具有持续盈利能力"要求修改为"具有持续经营能力"要求，取消"财务状况良好"要求。财务状况良好的要求，作为上市标准更为合适，在发行审核中不宜作为条件。取消"财务状况良好"要求，是因为对于某些新兴业态企业（如互联网）或成长期的企业，虽然符合产业发展方向，但暂时不具备盈利能力或财务状况不够良好，而这类企业可能具有非常好的发展前景。二是取消"最近三年财务会计文件无虚假记载，无其他重大违法行为"的要求。财务会计文件无虚假记载并不能涵盖公开发行对信息披露合规的要求，且对公司信息披露和行为合法的要求不应限于三年的期间。建议将其修改为"信息披露真实、完整、准确、充分，无重大违法行为"。

从次，明确参与发行各方的法律责任配置。我国《证券法》中证券服务机构与委托人的责任划分尚不清晰，突出表现为对第三人的民事责任问题。而且，中介机构内部法律责任之划分不尽合理。主要体现为两个方面：《证券法》对中介机构之间就损害赔偿责任的划分尚无清晰规定；要求保荐人承担较为严苛责任的监管模式，要求保荐人对本属于会计师、律师等业务范围内的事项也须独立审查并承担责任。建议《证券法》规定中介机构与委托人之间采用连带责任，并明确免责事由，在承担次序上可考虑补充责任。在中介机构之间也可采用补充连带责任，明确规定"信赖专家抗辩"等免责事由。

又次，建立隔离机制防范证券发行中的利益冲突。市场实践中普遍存在保荐人与承销商身份混同现象，削弱了保荐人"市场看门人"的作用，助长了发行中的"三高"现象。为了防范相关的利益冲突，建议在《证券法》中明确要求分离承销商与保荐人，强化两者的功能上的相互制约。对于"保荐＋直投"的业务模式，证券监管机构发布的《证券公司直接投资业务监管指引》在直投风险控制、独立决策、防范利益冲突等软指标方面作出了要求。建议《证券法》对证券公司和旗下直投子公司之间的"防火墙"制度进行规定。

最后，完善证券发行预披露制度。现行《证券法》确立了预披露制度，但仅适用于首次公开发行，而且只是一个原则性的规定。为更大程度发挥预披露制度的效能，建议在以下方面完善和细化：预披露范围应扩展到更大范围的新股发行，包括上市公司发行新股；明确预披露所要求公开的申请文件范围及公开要求；为避免预披露时间的随意性，可将预披露时点在《证券法》中予以明确规定。

第三，证监会、交易所出台配套措施。

《证券法》作为资本市场的基本法，不可能囊括注册制改革的方方面面。因此需要证券监管机构和交易所及时出台相关细则配套实施，由此共筑一个完整的注册制监管法律体系。

证券监管机构应当在注册制框架下整合、修改、完善其《首次公开发行股票并上市管理办法》与《证券发行与承销管理办法》，并且强化信息披露的监管制度。与此同时，在废除旧有发行审核规则的同时，应当建立新的聆讯体制规则，以此来指导和监督聆讯委员会的工作。对交易所来说，最重要的就是完善其《股票上市规则》。注册制改革，区分发行审核和上市审核之后，上市审核的权力最终交由交易所自己行使。在前期发行审核去行政化之后，如何保证上市审核的实质作用有效发挥是交易所要解决的首要问题。因此，必须全面细化并落实《股票上市规则》，保证信息披露的完整性、真实性和持续性，才能让注册制改革最终落到实处。

我国的证券市场和《证券法》存在较多问题，这些问题的背后，归根到底是市场化不足的问题。我国实行股票发行注册制改革，必须回归市场的本质。从"核准制"转为"注册制"的过程有一系列重要问题需要深入研究，包括过渡期的审查机制、信息披露机制、发行定价机制及其他系统配套措施。我们需要回望，也需要前瞻；需要汲取，也需要创造。在现有体制及国外成熟体制之间，在激发市场活力与保护投资者之间，找到博弈模式下一个新的平衡点，最终形成一个体系完整的、富有生命力的注册制。

3. 关于证券上市交易制度的修改

第一，建立适应多层次资本市场的转板制度。建议《证券法》对不同市场间的转板制度进行完善：一是构建场外交易市场与场内市场之间的转板机制；二是构建创业板市场向中小板或主板市场、中小板市场向主板市场的转板机制；三是在具体制度构建上应遵循升级转板自愿、降级转板强制的原则；四是在转板条件上，升级转板条件应不低于高层次市场直接申请上市条件，降级转板条件符合各层级市场的强制退市规定。

第二，对融资融券业务进行全面规范。现行《证券法》仅规定依照国务院的规定开展融资融券业务，缺乏明确的制度体系要求，与融资融券业务实践不相符。特别是融资融券涉及的担保行为性质，与传统担保制度有明显差异，尚需法律加以明确。

第三，允许证券公司接受客户全权委托。完全禁止证券交易的全权委托有悖于意思自治原则，不利于证券市场发展。面对客户多样化的需求，证券公司作为服务提供者，应当能够满足客户对服务的多样化需求。

4. 关于非上市公众公司监管制度的修改

非上市公众公司监管制度，涉及证券发行、证券挂牌、证券转让、公司治理和信息披露等各方面。为了规范非上市公众公司、促进三板市场建设、保护投资者权益，中国证监会已颁布了《非上市公众公司监督管理办法》，但相关制度尚不完整。建议在《证券法》修改中借鉴已有的监管经验，完善非上市公众公司监管制度：一是在证券法中规定"非上市公众公司"概念，并对其采取强制注册制；二是扩展对非上市公司信息披露的要求；三是增加对公众公司并购重组行为的规范。

5. 关于公司债券制度的修改

第一，按照统一适用、统一监管的原则调整与监管公司债券。将上市公司与非上市公司、公司制企业与非公司制企业全部纳入债券范围内。将"非金融企业债务融资工具"在内的所有营利性非金融企业发行的债券、企业债券均纳入《证券法》统一调整范围，废止现有的独立的"企业债券"制度。明确规定由"国务院证券监督管理机构"作为统一监管主体，实现公司债券行政监管机构的统一。对公司债券发行实行注册制，放松行政管制。参考银行间债券市场的"注册制"模式，提高发行效率，激发发行主体的积极性，并进一步降低公司债券公开发行与非公开发行门槛。

第二，完善公司债券的增信制度。建议《证券法》对公司债券的内外部增信机制作出原则性规定，鼓励以多种方式增加中小企业信用评级，促进中小企业拓展直接融资模式。同时规定，非公开发行债券可不受"不得再次公开发行债券"情形的限制。

第三，根据债券与股票的不同特点，设置与股票不同的债券上市及终止上市制度。建议规定公司债券可由交易所直接安排交易，对强制要求债券暂停或终止交易的条款规定进行修改、删除。

第四，建立公司债券持有人保护制度。现行《证券法》并未直接规定债券持有人相关概念，亦未规定债券持有人保护制度。建议在本次修改中增加此项内容，对债券持有人的原权利及救济途径作出规定，允许债券持有人通过债券持有人会议的召开与决议以及诉讼方式维护自身权益。

6. 关于违法行为法律责任制度的修改

（1）完善内幕交易规制制度。其一，调整规制主体的范围。《证券法》第74条列举的内幕信息知情人范围过于狭窄，尤其缺乏对并购重组活动中内幕人、关联公司内幕人、控股股东一般工作人员的规定。建议将所有"内幕信息的知情人"均作为规制内幕交易的对象。其二，明确其构成要件之间的逻辑关系。

建议《证券法》在修改时根据获取信息的途径、距离信息的远近和获取信息的难易区分不同的内幕交易主体，对其"知悉""利用"规定不同的证明标准和证明责任。其三，明晰内幕信息的界定。建议《证券法》在修改时参考《刑法修正案（七）》的做法，增加关于禁止"利用未公开信息交易"的规定，使处罚范围不受限于那些负有信义义务的主体。

（2）改进操纵市场规制制度。其一，完善市场操纵行为的定义和构成要件。《证券法》是以市场操纵的手段来对市场操纵进行定义的，而对于具体操纵行为的认定，是否需要主观目的，是否需要股价变化和成交量的结果，以及对这些构成要素的证明是否采用推定、举证责任倒置的方法等，都缺乏明确规定。建议增加关于市场操纵行为本质违法性的规定，并对市场操纵行为的构成要件进行完善。其二，补充新型市场操纵行为的立法规定。在《证券法》修改时，应根据新型市场操纵行为的特点，新增"蛊惑交易操纵""抢先交易操纵""虚假申报操纵""特定时点操纵"等新的市场操纵类型；针对可能出现的跨市场、跨品种的市场操纵行为，明确规定"衍生品或关联证券操纵"；针对取证困难的问题，明确相关部门有配合调查提供证据的义务。其三，为市场操纵的例外情形做好立法预留。我国《证券法》中并没有关于市场操纵合理例外的任何规定。有必要在《证券法》中设立和完善市场操纵合理的例外条款。

三、期货交易法的制定

我国期货市场是在两度清理整顿的背景下逐步发展而来的。经过多年的规范和整顿，期货市场已逐步从无序到有序，并开始走出低谷，步入规范发展的新阶段。然而，期货市场存在的问题仍然不少。应当尽快制定期货交易法，以回应期货市场发展的现实需求。

（一）期货交易立法的必要性

1. 期货交易的重要性

期货交易是基于现货商品经营商和加工商的风险问题、融资问题、库存问题和定价问题才发展起来的。随着商业发展和库存积累的需要，尤其是对季节性生产的农作物而言，现货商和加工商发现了自身的问题，认为采用远期合约是最好的管理方法。这种远期合约发展成为标准化的程序，最终经过调整完善，形成期货交易。

期货交易已经是现代市场经济必不可少的组成部分。它所提供的功能是其他任何市场成分无法提供的。如果利用得好，期货交易具有非常丰富的职能：提供持续、切实、大量的交易机会；形成公正价格；提供标准价格、指标价格，使现货交易顺利、明朗、快捷；通过竞争促进价格的合理化后经济效率的提高；季节性（时间）、地域性（空间）价格的均衡化；在极大范围内调节供给和需求；资源与财富的适当分配；提供套期保值的场所以回避价格风险；通过套期保值提高商品担保价值；提供换金场所；代行仓库职能；社会闲散投资资金的公共利用；提供资产运营手段及机会；等等。在这些职能中，最为重要的职能是：发现公正和均衡价格；回避价格风险；调节供求关系；提供持续的大宗交易场所；提供资产运营机会；吸收和利用社会闲散资金。

期货市场之所以具有上述功能，是因为期货交易独特的风险转移（Risk Transfer）和价格发现（Price Discovery）机制。风险转移依赖于套期保值。套期保值使期货市场成为将风险从那些不愿或不能承担风险的人们那里转移到投机者那里的场所，通过这一过程，期货市场也成为社会财富的创造者。运作得好的期货市场，例如"具有流动性、投机性、活跃的期货市场是那些存在风险问题的人所能够或广泛使用的有用的和有效的工具。发展完善的期货市场不仅可以有效地发挥风险转移功能，而且完成这一任务的成本如此之低，以至于没有其他工具能与之媲美"。[1]对于单个企业而言，通过套期保值，库存货物等的价格风险得以回避，生产者、销售者、需求者都不必担心价格风险，不必挤买、挤卖而使自身经济利益受损。同时，套期保值企业还可以在竞争中战胜未套期保值的企业，实现自己公司的事业扩大。期货市场上还可以进行实物交割，卖期保值可在交割期交割实物，马上换取现金；买期保值可在交割期接受实物，取得与自己的库存同样的效果。此外，库存商品在套期保值后不必担心因降价而贬值，银行可以放心地以此为担保进行融资。在美国，对于未保值的粮食等商品只承认50%左右的担保率，而已保值的则给予95%以上的担保率。已保值的商品变成了比不动产、有价证券还切实可靠的担保商品。倘若没有期货市场，生产者、商人将对价格的混乱变动无计可施，经济活动缺乏稳定性，交易的标准价格也无从参照，生产活动的交易行为都将萎缩。期货市场的价格在迷茫纷杂的经济社会中起到了灯塔和指南针的作用。没有了它，就像在黑夜的大海中驾驶无舵船航海一样。

价格机制是市场经济中"看不见的手"的核心机制。有效的公正价格能够准确反映市场均衡所在，从而实现经济资源的

---

〔1〕　〔美〕托马斯·A. 海尔奈莫斯：《期货交易经济学：为商业和个人赢利》（第2版），王学勤译，中国财政经济出版社2004年版，第353～354页。

有效配置。在现货市场上，受到多种复杂因素的影响，公正均衡价格往往难以及时发现，甚至根本无法发现。期货市场通过"公开叫价拍卖"（Open Outcry Auction）机制，具有高度竞争的特性，十分有利于形成公正均衡价格。这就是期货市场成为现货市场价格确定标准的原因所在。值得指出的是，对于尚处于转型期的不成熟的市场经济国家来说，短期内不可能实现整体市场体系和市场机制的全面完善，但却完全有可能建立一个相对完善的期货市场，使期货市场"先完善起来"，上海期货交易所已经成为全球铜的三大定价中心之一、亚洲铜定价中心就是一个很好的证明。我国是农业大国，是世界工厂的资源消耗大国，也是世界重要新兴力量和世界新兴金融中心，农产品、原材料和包括人民币汇率在内的金融产品定价问题，都是关系到我国经济安全的重大战略问题，只有争取定价权和话语权，才能维护国家利益。

市场发达国家无不致力于期货市场的发展和完善，以提高其国际竞争力，因为他们充分认识到了期货市场对国民经济的整体贡献。美国财政部长劳伦斯·H. 萨默斯（Lawrence H. Summers）于2000年3月17日在第25届国际期货业年会的书面发言中将期货业对美国经济发展所做的重大贡献归纳为六个方面：一是美国期货业为美国经济的其他部门带来了巨大的后续利益，由投资引致的经济扩张创造了繁荣和生产率的高速增长。二是通过对美国资本进行最有效、最经济的分配和运用，使资本投向具有发展前景的产业。三是维护了美国金融体系的竞争力，强化了美国作为世界金融中心的领导地位。四是有利于更好地分散和管理风险。金融衍生品市场通过转移金融风险，使美国的企业和机构更有效地进行套期保值，推动资源的有效配置，进一步促进美国生产力的提高。五是有利于降低企业和消费者的融资成本，包括贷款、保险费和其他形式融资的成本。六是有助于增强国民经济的实力。功能发挥正常的、高效的资本市场拓宽了企业和金融机构进入资本市场的渠道，降低了进入资本市场的成本，增加了经济发展的机会，促进了经济的增长。

2. 期货交易的高风险性及风险的可控性

期货市场以转移风险为天职，却无时无刻不处于风险之中。期货市场的风险是指由于期货市场中存在的不确定性因素，使得期货交易主体遭受损失以及对其他市场成员和整个社会经济环境造成危害的可能性。期货市场本质上是交易风险的市场，因而必然是风险高度集中的市场。垄断、操纵、非理性投机、交易规则不完善、法律不健全或者执法不严格、监管不到位等，都会使期货市场产生巨大的风险。这种风险经由保证金交易的放大效应，非常容易传导到整个市场甚至波及全社会，影响宏观经济均衡和稳定。

期货市场的高风险性，使得期货市场发展初期备受人们抨击。美国期货交易市场就曾一度被指为"大地上的一种罪恶""私人财产的威胁""公共道德的敌人""投机者的贼窝"等。在我国，由于发生了许多触目惊心的风险事件，期货市场也被一些人视为洪水猛兽，有所谓"期货即欺货"等视期货为"期祸"的种种贬损的说法。

面对尚不成熟的期货市场，政府往往表现出欲禁不能的矛盾心理。19世纪末的美国就曾经出现过禁止期货交易的州立法，不过此类法律从来没能得到真正的执行。从1860年起，美国联邦立法机构也曾对废除期货交易进行了多次努力。从1874年开始的 50 年间，禁止期货交易的方案连续不断地向联邦国会提交。在第一部规范期货市场的联邦法律出台之前，期货市场正面临着生存与死亡的重大抉择。人们越来越希望应该有一个以法律为基础，或是放弃或禁止所有的期货市场；或是关停像洋葱和土豆那样的个别市场；或是进一步规范市场，防止过度投机和炒作。后来，经过争论，趋向于发现期货市场"无罪"，至少达不到被取缔或完全被限制的程度。

期货市场之所以没有被全面关闭，一方面因其特有的经济功能，另一方面则是因为期货交易风险的可控制性。控制期货交易风险的途径就是不断完善交易规则和法律法规。"期货交易规则的历史基本上与期货交易本身一样古老。哪里有交易活动，哪里就必然有有关交易行为的规则。"[1]各种类型的保证金制度、涨跌停板制度、大户报告制度、持仓限制制度等精巧的制度安排都是交易所在反对市场操纵的斗争中不断发展起来的。期货市场的统一立法和有效监管是期货市场风险控制的终极手段。20 世纪 20 年代初，期货市场在经过了大约七十年行业自律管理后，迎来了联邦监管立法。当时立法的正当理由是"交易所交易商品的价格极易受到投机、操纵、控制的影响，以及由于这些影响而产生的突发的不合理的价格波动，对生产者、消费者以及在州与州之间的商贸中从事商品、产品及副产品的人们的伤害"。[2]此后，期货市场监管立法不断得到完善，期货市场也步入了有序的良性发展轨道。

---

〔1〕 [美] 托马斯·A. 海尔奈莫斯：《期货交易经济学：为商业和个人赢利》（第 2 版），王学勤译，中国财政经济出版社 2004 年版，第 368 页。

〔2〕 [美] 托马斯·A. 海尔奈莫斯：《期货交易经济学：为商业和个人赢利》（第 2 版），王学勤译，中国财政经济出版社 2004 年版，第 11 页。

我国期货交易和期货市场时间很短，却大致经历了和美国类似的过程。20 世纪 90 年代初期期货市场狂热，交易规则非常不完善，立法几乎是空白，期货交易、期货品种开发、交易所和期货商设立与运作等各个环节均缺乏必要的风险防范机制。"3.27 国债事件"发生时交易所的规则中甚至连涨跌停板制度和持仓限额制度都没有。经过"苏州红小豆 602 事件""天津红 9609 事件""广联籼米事件""天然橡胶 R708 事件"等一连串的风险事件及其带来的惨痛教训，期货行业和管理层开始意识到规则的必要性，于是期货市场迎来两次规范整顿。对期货市场的规范整顿实际上是强制性制度变迁，一方面通过行政手段坚决制止期货市场的盲目发展，另一方面则加紧期货交易立法工作，期货市场也逐步在规范中复苏和发展起来。

3. 我国期货立法的滞后性

期货市场的存在依赖于法律法规和交易所规则对市场风险的有效控制。然而，我国目前尚无关于期货交易和期货市场的基本法律，期货市场监管依据主要是国务院颁布的《期货交易管理条例》和证监会等部门颁布的与该条例配套的有关"办法""规定"和"通知"，包括《期货交易所管理办法》《期货从业人员管理办法》《国有企业境外期货套期保值业务管理办法》等。此外，2003 年 5 月 16 日最高人民法院审判委员会第 1270 次会议通过了《关于审理期货纠纷案件若干问题的规定》，该规定于同年 7 月 1 日起施行；2010 年 12 月 27 日最高人民法院审判委员会第 1507 次会议通过了《关于审理期货纠纷案件若干问题的规定（二）》，该规定于 2011 年 1 月 17 日起施行。

期货立法的滞后性主要表现在：一方面，立法层次低。中国期货市场运行了十多年的时间，但是仍没有《期货交易法》，现行的《期货交易管理条例》作为期货市场监管的主要依据。另一方面，重要制度的缺失。例如，交易所的公司化已是世界潮流，但该条例仅规定了会员制交易所，没有任何关于公司制的规定；再如，期货基金在期货市场流动性方面起着不可替代的作用，但该条例缺乏有关期货基金的规定；还如，期货市场是有组织的带有"闭锁性"的市场，同时也是视效率为生命的市场，会员卷入纠纷后一般通过交易所内部仲裁解决以提高效率，遗憾的是《期货交易管理条例》并没有这方面的规定，等等。

我们希望通过制定一部符合现代期货立法潮流的期货交易法，将我国期货市场变成资本市场不可或缺的有机部分，将我国期货市场变成世界期货市场不可或缺的重要市场。

（二）期货交易法的立法思路

1. 建立统一的监管体制，处理好监管与培育市场、发展市场以及市场创新之间的关系

对此问题的理解关系到我们要制定一部什么样的期货交易法。期货市场是一个监管依赖型市场，监管法律法规体系和监管机构的监管理念决定期货市场的禀赋。从国际期货发展趋势看，各国普遍致力于构建灵活的监管制度，以适应市场创新和全球竞争的需要。制定中的期货交易法应当适应国际趋势，建立统一的监管体制，还应当肩负培育市场、打开市场空间的重任。

鉴于期货市场的高风险特性，现代期货市场与普通商品市场相比历来是高管制的市场。但是，监管的目的在于防范风险，防范风险的目的在于促进市场发展。因此，不能有效防范风险或者虽抑制了风险却使市场失去活力的监管，都是不可取的，

立法和监管政策应当予以避免。出于提高本国期货市场竞争力之目的，各国期货市场监管部门纷纷采取措施以放松对期货市场的管制程度，使其监管体系保持相当的灵活性，根据市场变化来改革监管体制中不适合市场需要的部分。放松管制的措施包括但不限于：确认相关产品场外交易（OTC）市场的合法地位；赋予交易所更大的权力；交易佣金自由化；放松对大户报告制度的要求；更加灵活的新品种上市制度，等等。

放松管制是保持一国期货市场国际竞争力的需要。美国商品期货交易委员会（CFTC）经过考察后认为，与其他国家相比，美国期货市场并没有因为管制差异而在任何方面显示出竞争劣势，但 CFTC 仍然重申，要不断检讨其监管体制，以确保其能够与促进市场完善和保护投资者的职责相一致，在监管体制方面要始终保持与市场变化同步；不得妨碍国内期货市场的发展、影响美国期货市场的国际竞争力，特别应该考虑与国外交易所相比国内交易所的执行成本。

放松管制还与场外交易（OTC）市场的迅猛发展有关。远期合约（Forward Contract）、互换（Swap）以及期权（Options）的场外交易市场没有被直接监管。由此，相对于期货市场，场外交易严重缺乏管理，从而导致期货交易所抱怨这种不公平阻碍了它们开发新型衍生产品的积极性。20 世纪 90 年代，商品期货交易委员会放松了许多管制以帮助期货交易所与场外交易市场竞争。到 1999 年，CFTC 新任主席威廉·雷纳（William Rainer）提倡进一步放松对与场外交易市场产品相竞争的新产品的管理，从而使得 CFTC 的职责定位在提供监督而非直接的管理。

当然，应当指出的是，鉴于期货市场转移风险和发现公正价格的神圣使命，期货市场必须符合商品、金融和市场监管完整性的国际标准。因此，尽管监管框架不同，各国监管机构必须努力确保其市场监管和保护客户的标准符合一般可接受的最低限度。

期货市场是一个立法依赖型市场，期货市场每一次发展和创新都与立法紧密相关。以美国为代表的世界期货交易市场的发展经历了三次重大变革（"三次浪潮"），每一次变革都有一个"法规要素"。第一次浪潮开始于20世纪70年代中期，其核心是金融期货的诞生，此间的制度变革就是立法确立了CFTC作为独立监管机构的法律地位，期货市场的特性也随之发生根本性变化；第二次浪潮始于20世纪80年代初期，其核心是因现金结算制度确立而产生了股票指数期货；第三次浪潮开始于20世纪90年代，其核心是电子交易技术的采用改变了期货交易的方式，导致期货交易所的公司化浪潮，同时OTC市场等因素催生了《2000年商品期货现代化法案》（The Commodity Futures Modernization Act of 2000，CFMA）。可以说，期货市场的每一个变化都可能导致期货立法的修订，而期货市场的变化本身恰恰又是期货立法变革的结果。如果没有一个及时配套的政策法规环境，所有的发展和进步都不可能发生。

迄今为止，我国期货市场与立法之间的关系与世界期货市场的发展方向正好相反，即随着一个个清理整顿的规定的出台，期货市场一步步走出窘境。只有改革不合理的管理制度，才能改变目前期货市场作为典型的不发达市场的窘迫境地。同时，鉴于期货市场的高风险特性，应当建立统一的监管体制，建议考虑在我国建立独立的期货交易监管委员会，将证监会监管期货的职能分离出来，这有利于建立统一和高度专业化的监控体制，防范和控制期货市场中的过度投机与欺诈交易行为，使防范风险与放松管制有机地结合在一起。

2. 转变监管观念，监管重心由事前审批转向信息披露

2007 年发布的《期货交易管理条例》（以下简称《期货条例》）将变相期货界定为："任何机构或者市场，未经国务院期货监督管理机构批准，采用集中交易方式进行标准化合约交易，同时采用以下交易机制或者具备以下交易机制特征之一的，为变相期货交易：①为参与集中交易的所有买方和卖方提供履约担保的；②实行当日无负债结算制度和保证金制度，同时保证金收取比例低于合约（或者合同）标的额 20% 的。"《期货条例》又经过了 2012 年、2013 年、2016 年、2017 年先后四次修订，修订后的《期货条例》删除了有关"变相期货交易"的规定，而在修订后《期货条例》第 2 条增加了关于期货交易的定义，它规定：期货交易是指采用公开的集中交易方式或者国务院期货监督管理机构批准的其他方式进行的以期货合约或者期权合约为交易标的的交易活动。修订后的《期货条例》第 6 条第 2 款规定："未经国务院批准或者国务院期货监督管理机构批准，任何单位或者个人不得设立期货交易场所或者以任何形式组织期货交易及其相关活动。"结合上述规定，可以推导出，尽管取消了"变相期货交易"的规定，但修订后《期货条例》实际上是扩大了"变相期货交易"的外延，即所有在未经国务院批准或者国务院期货监督管理机构批准的期货交易所场所以任何形式组织的期货交易及相关活动都属于"变相期货交易"。从上述规定来看，《期货条例》对变相期货的认定标准主要是两个方面，一是看其是否经国务院期货监督管理机构批准，二是看其在交易及组织交易过程中是否采用了期货交易惯常采用的交易方式，如集中交易、标准化合约交易、履约担保、保证金交易、当日无负债结算等。这一做法尽管在一定程度上以描述的方式明晰了变相期货的一部分特

征，但其却因未能抽象概括出变相期货的本质特性——一种不以实物交割为目的的并具有欺诈性的投机性行为——而使得这一认定标准出现重大逻辑漏洞。换言之，逻辑不周延的认定标准将使得许多也许具备上述要件，但却不具备变相期货本质属性的现货或准现货交易行为的性质不可避免地被误判。

众所周知，现代商品买卖依其交易目的和交割方式的不同可以分为现货交易和期货交易两大类，其本质不同之处在于，现货交易是以转移交易标的物所有权为目的的交易，而期货交易则主要是以风险规避或投机牟利为目的。在我国市场经济高速发展的情况下，为完善现货交易机制，其往往会借鉴期货交易的一些创新机制，如集中竞价、电子撮合等，以更好地凸显现货交易市场的价格发现功能。以上海黄金交易所为例，这是一家经国务院批准，由中国人民银行组建，专门组织黄金、白银、铂等贵金属交易的单位，为更好地发现黄金等贵金属的合理市场价格，其在组织交易过程中广泛地采用了集中竞价、电子撮合等交易手段，而在其开通的黄金延期交收交易业务当中，更采用了当日无负债结算、保证金交易等典型的期货交易常用的机制。以《期货条例》现行规定来研判，其足以被认定为所谓"变相期货"，然而事实却并非如此，究其原因主要在以下两个方面：其一，尽管其在具体组织交易形态方面采用的集中竞价、当日无负债结算以及保证金交易等机制与传统期货交易的形式和机制相同，[1]但因其具备转移交易标的物所有权的交易

---

〔1〕 作为一种可以有效降低价格发现成本和履约成本的市场"利器"，尽管是由期货交易首先发现并使用，但这并不能成为其独占这一先进的交易方式的理由，通过立法的形式认定但凡利用此交易机制者非"正当期货"即"变相期货"的做法更是舍本逐末。

目的及相关保障机制而具有鲜明的现货交易性质，从而与期货乃至变相期货根本地区别开来。其二，根据我国《中国人民银行法》第4条的规定，黄金（现货）市场的监督管理由中国人民银行负责。亦即，黄金现货交易本不属于国务院期货监督管理机构的监管范围，自然无需经其批准。

由此观之，《期货条例》关于变相期货认定标准的规定尽管描述了变相期货的一部分特征，但以倒推的方式，仅凭此种不周延的特征来作为认定变相期货的标准则其逻辑谬误在所难免。

由于期货交易严格管制的现状决定了能够进入期货市场进行交易的商品非常有限，大量的商品可能因无法进入期货市场而不得不继续暴露在远期价格波动的巨大风险当中，而建立在信息充分披露基础上并有实物交割保障机制作后盾的"远期交易"则能在很大程度上弥补期货市场的这一缺憾，这就是为什么在有了非常完善的场内交易机制之后，我们仍然需要场外交易的根本原因。变相期货并非一个严谨的法律概念，其只不过是一种对有害的场外交易的模糊而笼统的称呼。《期货条例》对变相期货的界定也在一定程度上反映出我们对期货市场的监管理念仍然停留在"监管即审批"的僵化观念上，事实上，无论是经过审批的期货交易，还是交易当事人量身定做的场外衍生交易，监管机构的监管重心都应当侧重于交易当事方信息披露充分与否、是否具备履约能力以及性质上是否具有欺诈性与误导性。这是未来制定期货交易法应该重点考虑的问题。

3. 扩大期货交易范围，明确股指期货等金融衍生产品的法律地位

期货品种主要包括商品期货与金融期货两大类，其中，商

品期货主要包括农产品期货、金属产品期货、能源产品期货；金融期货主要有利率期货、外汇期货（货币期货）、股票指数期货、个股期货（Single Stock Future）。20 世纪 70 年代初期之前，上市交易的期货品种很少，主要是商品期货中的农产品期货。《美国商品交易法》（Commodity Exchange Act, CEA）第 1 条第 1 项第 4 款列举了一连串的农产品作为商品期货的种类；因为早期的交易商品多属于农产品，美国早期的期货管理部门也附属于农业部门之下，称作谷类期货管理局（The Grain Futures Administration, 1922—1936），1936 年改为商品交易委员会（Commodity Exchange Commission, 1936—1947），1947 年又改为商品交易管理局（The Commodity Exchange Authority, 1947—1975），它们都是美国农业部的下属部门，直到 1975 年 4 月 21 日 CFTC 成立。

CFTC 和 SEC 一样，是美国联邦政府的一个独立机构。CFTC 成立的依据是 1974 年《商品期货交易委员会法》（Commodity Futures Trading Commission Act），该法出台的背景正是因为期货交易发展到 20 世纪 70 年代初，已出现了相当数量的非农业商品的期货（例如金、银）。市场结构的变化要求扩大商品交易法的适用范围，用以包括所有在市场上交易的产品。由于农业部下属的期货监管部门对于非农业产品的商品不但没有能力也没有兴趣加以管理，所以为了更好地规范变化了的期货市场，在联邦层面上成立了类似于 SEC 那样的独立监管机构。

期货品种多样化的革命性事件是金融期货的诞生。金融期货以金融工具作为期货合约标的，主要包括外汇期货、利率期货、股指期货，以及晚近出现的个股期货。金融期货自从 1972 年诞生之后，便迅速发展壮大，逐渐成为期货市场的主要交易品种，如今金融期货已占期货市场交易总额的 90% 左右，处于绝对主导的地位。20 世纪 70 年代引入的金融期货合约，使期货市场发生了翻天覆地的变化，彻底改变了期货市场的特征。如今，期货品种的范围还在不断扩大，天气、保险、电力、空气污染权、垃圾、计算机芯片等期货品种都已经出现了，美国甚至试图开设"政治期货"，让投资者下注未来可能发生的恐怖事件。

期货品种的多样化与金融化，与监管部门鼓励有经济效益和符合社会公共利益的期货品种上市的政策紧密相关。美国的CFTC 成立后，不断调整对期货合约上市的监管政策，把更多的自主权交给期货交易所，形成有利于新型期货合约上市的监管环境。CFTC 甚至应芝加哥期货交易所（CBOT）和芝加哥商业交易所（CME）等交易所的请求把决定品种上市的权限下放给期货交易所。在日本，原有的交易品种不过为小豆、粗糖、橡胶、生丝、棉丝等。其他产品都是 1982 年黄金上市以后新上市的商品。特别是 1990 年修订《商品期货交易法》后，日本引入了"试验上市制度"，将期货合约上市的监管理念从原先的"有益论"改为"无害论"，大大简化上市程序。1999 年日本再次修订《商品期货交易法》时，"重要国际商品"的追加上市得到认可。出于增强本国期货交易所国际竞争力和本国期货市场的国际影响力的考虑，其他国家和地区的情况也大体类似。如今，全球期货市场上市的期货品种有上千种，仅 CBOT 上市的期货合约就达九十多种。

期货市场上市交易的品种还包括期权和其他衍生产品。完整意义上的期货交易所，应是组织和管理期货、期权及其他金融衍生产品交易的组织机构。总之，期货品种及期货市场早已超出了商品期货的狭隘范围，期货市场已经是名副其实的"衍生品市场"；期货交易法虽称为期货交易法，事实上为"衍生性商品交易法"。

从立法技术上看，相关立法大都对期货交易定义宽泛，给市场很大的自主空间。美国《商品交易法》通过对交易合约的标的商品（commodity）广泛定义，使期货交易覆盖了非常广泛的范围，该法所指的商品是指"小麦、棉花、稻米、玉米、燕麦、大麦、稞麦、亚麻籽、高粱、饲料、黄油、鸡蛋、爱尔兰土豆、羊毛、毛条、动植物油（包括猪油、牛油、棉籽油、花生油、豆油以及其他各种动植物油）、棉籽、花生、大豆、大豆粉、牲畜、畜产品及冷冻浓缩橘子汁，以及除洋葱之外的所有其他商品及物品（goods and articles），以及期货交割合同当前或将来要涉及的所有服务（services）、权利（rights）和利益（interests）等"。我国台湾地区"期货交易法"也对期货交易作了广泛的界定，依其规定，期货交易包括"从事衍生自商品、货币、有价证券、利率、指数或其他利益"的包括期货契约、选择权契约、期货选择权契约、杠杆保证多契约在内的契约交易。

反观《期货条例》，其对于期货的种类规定还较有限，所以，期货交易法不仅可以考虑扩大商品期货的种类，鉴于金融期货的绝对主导地位，还应明确规定股指期货等金融期货，并规定相关配套制度。

4. 顺应国际期货市场趋势，应对交易所的公司化发展方向

期货交易所是期货市场的核心组成部分，期货交易能否顺利进行在很大程度上取决于期货交易所能否充分发挥其功能和作用。期货交易所的组织形式和法律地位问题关系到交易所与期货公司之间的利益分配，直接影响到期货市场功能的发挥。

交易所一般有会员制和公司制两种形式。会员制期货交易所是由全体会员共同出资组建，认购等额的会员资格费作为注册资本，会员享有在交易所内交易的权利。其特点是：不以营

利为目的；交易所的所有权、控制权与使用权归全体会员共同所有；实行会员集体决策，通常每个会员只有一票，有同等表决权。会员制有利于保证交易的公平、公开和公正进行。公司制交易所是指以股份有限公司的形式设立的交易所。其特点主要是：以营利为目的；交易所以投资者认股或发行股票的形式筹集资金；投资者是交易所的股东，既可以是交易所的会员，也可以不是交易所的会员，但大多数是股东同时也是会员；交易所的决策、管理、运营和利润分配等事项与普通股份公司完全相同，除非期货交易法有特别规定，应适用公司法的规定。

我国目前的期货交易所实际上是"准会员制"。之所以称其为"准会员制"，是因为其所有权结构和管理运作与标准的会员制有很大的差距。这种"准会员制"交易所的显著特点是：①企业化运行。我国期货交易所进行会员制改造时，试图克隆当时美国会员制模式，但是在实际运行中是按照企业的运行机制进行管理，比如，"期货交易所的注册资本划分为均等份额，由会员出资认缴"；总裁为交易所的法定代表人；在交易所当年的收入达到预算水平之后，交易所以减收或者不收手续费的方法变相向会员单位让利；交易所照章纳税；等等，都类似于公司的股份制。②人事上的行政任命体制。标准的会员制一般由全体会员组成的会员大会选举产生理事会，理事会选举理事长、副理事长并聘任总经理、副总经理。我国目前交易所的部分理事由证监会委派，理事长、副理事长由证监会提名，交易所总经理和副总经理由中国证监会任免，交易所中层管理人员的任免报中国证监会备案。实践中，交易所的人事安排基本上由证监会任免。由于证监会掌握着交易所高级管理人员任免权，因此从组织形式上看交易所更像是证监会的下属企业、直属事业单位或行政机构。

"准会员制"交易所除了其法律性质和地位上的尴尬，最大弊端就是上述提及的交易所与"会员"之间利益失衡。由于交易所实质上处于政府行政的附属地位，这样，便在根本上否定了会员作为交易所利益主体的地位，不仅不能充分保障广大会员的合法利益，而且也在某种程度上扭曲了交易所的行为动机和行为取向，使得交易所名义上是一个自律监管者，但实际上却不只如此。在这种情况下，期货市场受管制压抑显然不可避免。

解决上述问题的途径当然也可以考虑沿着原有的路径继续走下去，实行彻底的会员制改造，将交易所建设成为标准的会员制。但是，交易所组织形式的主流和国际趋势已是公司制而不是会员制。

20 世纪 90 年代中期，我国开始交易所会员制改造时，会员制确实仍然是主流，尤其是美国的交易所，基本上是非营利性实体。但是自从 20 世纪 90 年代初以来，随着电子化交易方式的普遍化，越来越多的交易所变成了营利性的公司，这就是交易所的公司化。交易所的公司化主要是股份公司化，有的还公开上市。自 1998 年 9 月 EUREX（欧洲金融期货交易所）实行股份公司化以来，世界各主要交易所纷纷实行股份公司化。2001 年，一贯坚持会员制传统的美国，商品交易所和证券交易所也都实现了股份化。

表 6　世界重要期货交易所公司化的情况

年　份	实行公司化的交易所名称	股东构成
1998	EUREX（欧洲金融期货交易所）	股东限定为会员
	ASX（澳洲证券交易所）	股东向非会员开放并公开上市

年　份	实行公司化的交易所名称	股东构成
1999	LIFFE（伦敦金融期货交易所）	预定股东向非会员开放
2000	CBOT（芝加哥期货交易所）	2005年完成改制并上市
	HKEX（香港交易所）	公开上市
	SGX（新加坡交易所）	公开上市
2001	CME（芝加哥商业交易所）	股东向非会员开放
	OSE（日本大阪证券交易所）	股东向非会员开放
	TSE（日本东京证券交易所）	股东向非会员开放

资料来源：根据有关资料和报道综合整理。

期货交易所承担着转移风险、发现公正价格的功能，其公益性和公正性要求较高，非营利的会员组织有利于保证其公益性和公正性，但随着世界性的市场化、国际化、交易电子化，交易所日益需要"庞大资金"和"快速决策"的支持，会员制组织形式在这方面已力不从心，因股份公司制的组织形式恰好能够在快速决策和资金筹措方面提供便利，这是期货交易所公司化的原因所在。交易所公司化的根本动力是技术进步，从某种意义上讲，是交易的电子化导致了交易所的公司化。通信技术对期货交易方式的根本改造，不仅提高了交易效率，大大节约了交易成本，而且打破了原来会员制下的会员垄断。期货交易所从会员制到公司制的转变是技术革新推动制度变迁的又一例典范。与公司化紧密相关的是，全球范围内的期货交易所之间的联网与合并。由于期货市场竞争趋向激烈，期货市场的格局从分散趋向集中。为了确保已有的规模、争夺市场份额、增强市场竞争力，众多大、中、小规模的交易所都选择了合并方式。正是交易所的公司化使得交易所像普通公司那样进行兼并重组成为现实。总之，公司化有利于适应电子化交易方式，改善交易所的法律结构，使得交易所迅速融资，实现交易所与会员和期货公司之间的利益平衡。期货交易法应当明确规定交易所可以采取会员制或公司制，为两种不同的组织形式设计相应的配套制度。

5. 明确场外交易的法律地位，协调好场外交易与交易所市场的关系

从市场形态来看，期货市场既包括场内交易市场（交易所市场）也包括场外交易市场（柜台市场、OTC 市场）。一般来说，商品期货只能在交易所市场交易，商品远期合约在场外市场交易；金融衍生产品中的部分期货性产品，以及除期货、期权和期货期权外的其他衍生金融产品主要在 OTC 市场交易。从产生的时间顺序来看，衍生产品先产生于交易所市场，而后才有场外交易；但是从交易量看，当前全球 OTC 市场的交易规模大约五倍于交易所市场的规模。近年来，衍生产品的场外交易规模不断扩大，一些传统的场内交易产品，如与股权相联系的衍生产品更多地在场外进行交易，场外交易产品日趋复杂，品种不断增加，极大地促进了衍生品市场的繁荣和发展。尽管从市场监管的角度来看，由于场外交易缺乏足够的透明度，使监管难度大大增加，产生的风险也越来越明显，但并不能因此否认其积极的作用。针对这种情况，一方面，各国通过立法确立场外交易的合法性，另一方面，也通过立法和行政措施来加强对场外交易的监管。2000 年 12 月 11 日，美国第 106 届国会通过了《2000 年商品期货现代化法》（CFMA）。CFMA 在首页中写道："重新批准并修改《商品交易法》（CAE），旨在建立期货市

场及场外交易（OTC）衍生品市场的法律确定性，进一步增加其
竞争力和降低系统性风险及其他目的。"通过加强对场外衍生品
交易的监管，将其纳入相对规范的轨道，大大降低了场外交易
的风险，也促进了市场的进步发展，使得当今的期货市场形成
了交易所交易与场外交易并存、互补并相互竞争的格局，缺乏
场外交易市场的期货市场是不完整的市场。

就交易方式而言，交易所交易与 OTC 交易存在以下基本
区别：

表 7　交易所交易与 OTC 交易的基本区别

交易所市场	OTC 市场
（1）在交易所内通过公开竞价交易	（1）交易双方私下谈判交易
（2）网络化、存在众多交易对手、并有结算体系作保证	（2）双方交易、无网络化要求
（3）保证金交易，实行每日盯市制度以确保合约履行	（3）无须提供担保、不实行每日盯市结算
（4）合约条款高度标准化	（4）合约条款个性化

资料来源：See CBOT, *Commodity Trading Manual* (1997), Fitzroy Dearborn Publishers, Chicago and London 1997, p. 323.

交易所市场与 OTC 市场最大的不同是法律适用和监管程度
不同，场内交易受期货交易法的调整，监管严厉；场外交易不
适用期货交易法，监管较少。然而，正是由于不像交易所交易
那样有明确的法律监管，OTC 市场交易的法律地位存在很大的
不确定性。法律不确定性主要来自衍生品合约是否要受 CEA 的
调整和 CFTC 的管辖，CFTC 与 SEC、美联储、财政部等有关机
构在监管上如何分工，等等。法律上的不确定性是影响 OTC 市

场发展的最大问题。由美国财政部长、美联储主席、SEC 主席和 CFTC 主席共同组成的、专门研究金融衍生品 OTC 市场问题的"主席工作组"（President's Working Group），在其向国会提交的名为《OTC 金融衍生品市场与商品交易法》的报告中指出："美国 OTC 衍生品市场近年来一直笼罩着法律不确定性的乌云，如不将其驱散，将会阻碍这个重要市场的创新与发展，使交易转到美国以外的市场，从而损害美国在这个领域的领先地位。"认识到衍生品市场在金融市场中的重要地位以及持续的法律不确定性所产生的危害，工作组用六个月时间专门研究 OTC 衍生品市场的现有监管框架、最近的创新和未来潜在的发展。工作组建议对《商品交易法》进行修订，以实现以下目的：其一，通过确定 OTC 衍生品市场的法律地位和消除创新障碍，促进 OTC 市场的创新、竞争、效率和透明度；其二，通过消除法律障碍以建立恰当的、受监管的结算体系，减少系统性风险；其三，通过授予 CFTC 处理有关外汇交易的问题的权力，保护外汇交易的零售顾客免受不公正对待；其四，通过上述措施维持美利坚合众国在迅速发展的 OTC 市场中的领先地位。美国国会接受了工作组关于修改《商品交易法》的意见，制定并颁布了《2000 年商品期货现代化法》。CFMA 从根本上重新定义了美国国内的衍生品交易规则，为新产品和新市场奠定了法律基础。CFMA 涉及的内容范围非常广泛，具体条款细则错综复杂，它体现出的是一种强烈的放松管制的趋势，为新产品诞生和市场发展带来了前所未有的机遇。CFMA 在很大程度上放松了对互换交易、OTC 衍生品交易以及这些产品多边交易的限制。CFMA 通过规定"合格的合约交易者"（eligible contract participant, ECPs）明确了哪些交易者要服从 CFTC 的监管，而哪些交易者则不必；也通过对相关监管机构之间的协调分工进行明确规定以解决多监管时存在的不确定性；还特别就互换（swap）合约的法律地位进行了明确规定；等等。

总之，我们应加快期货交易法的起草，解决影响中国期货市场发展的一些根本性问题，防范和控制期货交易风险。期货交易法的起草过程应当是一个广泛宣传期货的过程，期货交易法立法应当成为现代期货市场理念的先导。

四、《证券投资基金法》的演进

相较于 2003 年《证券投资基金法》（以下简称原《基金法》），我国 2015 年修改的新法存在四个方面的新突破。

（一）突破"半部"基金法的局限，将私募基金纳入监管

2015 年《证券投资基金法》（以下简称新《基金法》）立法之初曾遭遇了一场关于调整范围的争论。十几年前，当时产业、风险、证券等各种类型的基金林立，非公开募集的基金也已经渐次出现。但由于立法者、从业者等各方面对这类新生的事物尚缺乏一致的认识，最终立法仅仅确认了以公募的、证券投资的、信托式的基金为调整对象，而以附则的形式为将来其他类型基金的入法留下了口子：原《基金法》第 101 条规定，"基金管理公司或者国务院批准的其他机构，向特定对象募集资金或者接受特定对象财产委托从事证券投资活动的具体管理办法，由国务院根据本法的原则另行规定。"所以原《基金法》只能说是"半部《基金法》"，除公开募集基金以外的其他类型基金仍然游离于立法之外。

2003 年之后，我国的基金业经历了爆炸式的增长，基金数量和基金总额连年翻番。在此过程中，以私募方式成立的基金逐渐占据了较大的份额，在证券市场中，其份额占机构投资者

份额的 20%，仅次于公募基金的 48%。但由于缺乏法律依据，私募基金良莠不齐、乱象丛生。有的以"基金"名义蒙骗投资者，有的以"集合投资方式"非法集资，种种现象给市场秩序、投资者权益都带来了极大的损害。趁此次修改之机，将"非公开基金"纳入《基金法》调整范围的时机已然成熟。

因此新《基金法》不仅在总则中列明非公开募集基金的法律地位，而且单设一章与公开募集基金并列，规定了非公开募集基金的制度框架。由于实践中非公开募集基金的投资者、运作方式、资金要求和公开募集基金有很多的不同，新《基金法》以"通过非公开募集方式设立的基金的收益分配和风险承担由基金合同约定"为统领，规定了以下内容。其一，合格投资者制度。以达到规定的收入水平或者资产规模，具备一定的风险识别能力和承担能力为标准，合格投资者累计不得超过二百人。其二，强制登记、备案。基金管理人要向基金行业协会履行登记手续，基金募集完毕后向基金行业协会备案。其三，公开宣传和推介的禁止。非公开募集基金禁止进行公开性的宣传和推介，只可以适用"点到点"的募集方式。其四，基金托管制度。基金应当由基金托管人托管，但是尊重基金投资者的意志，合同另有约定的除外。另外，为了保证基金行业人才的流动性，本章专门规定了符合规定的非公开募集基金管理人，可以从事公开募集基金业务。

（二）突破"公募基金小脚走路"的束缚，更新行业发展理念

基金行业的发展速度将现行《基金法》的规定远远甩在了身后。大大小小的公募基金借着行业的东风而迅速成立；与此同时，立法关于公募基金核准制、基金管理人必须是公司、基金管理公司主要股东的出资要求等规定却都极大地增加了基金设立、销售

的交易成本，人为地增加了障碍。囿于规定，公募基金亦步亦趋。新《基金法》的若干规定实现了公募基金的松绑。

第一，适当放宽基金管理人、基金托管人资格范围。新《基金法》第 12 条规定："基金管理人由依法设立的公司或者合伙企业担任。公开募集基金的基金管理人，由基金管理公司或者经国务院证券监督管理机构按照规定核准的其他机构担任。"自此，基金管理人的形式从公司扩展到了公司和合伙企业。相较旧法，除了专门的基金管理公司之外，信托公司、保险资产管理公司等其他机构只要证监会核准，亦可成为公募基金的管理人。新《基金法》第 32 条也将基金托管人的范围从商业银行扩展到"商业银行或者其他金融机构"。基金从业的机构范围明显扩大。

第二，重点关注基金管理人的股东的资质和内部治理结构。新《基金法》将"基金管理公司的主要股东注册资本在 3 亿元以上"的规定修改为主要股东"资产规模达到国务院规定的标准"，从而降低了股东准入的门槛。由此，非法人身份的一些基金管理专业机构或者专家个人都可以参与到基金的募集和管理中。除此之外，新《基金法》首次重点要求建立良好的内部治理结构——一方面，内部治理结构是为了明确股东会、董事会、监事会和高级管理人员的职责权限，确保基金管理人独立运作；另一方面，基金管理人可以实行专业人士持股计划，通过股权激励确保基金管理人的良好运行。

第三，"以疏替堵"规范关联交易、从业人员买卖股票。新《基金法》提供了规范关联交易的一种新思路：不再对基金管理人、基金托管人与其他利害关系人之间的关联交易作禁止性规定，而是规定"运用基金财产买卖基金管理人、基金托管人及其控股股东、实际控制人或者与其有其他重大利害关系的公司发行的证券或承销期内承销的证券，或者从事其他重大关联交易的，应当遵循基金份额持有人利益优先的原则，防范利益冲突，符合国务院证券监督管理机构的规定，并履行信息披露义务"。也就是说，只要满足利益不冲突、符合证监会规定、履行信息披露义务即可进行关联交易。同样，只要关联主体不违反利益冲突的要求并向管理人申报，从业人员本人及其配偶、利害关系人都可以进行证券投资。

（三）突破"基金公司强势、投资者弱势"的状况，强调投资者权益的保护

"切实保护基金持有人的合法利益"既是《基金法》修法的指导思想，也是《基金法》修法的目的。在新《基金法》的法律文本中，有多处直接或者间接强调对投资者权益的保护。

第一，扩展基金组织形式。针对不同类型的基金，设置不同的组织机构类型。新《基金法》增设"基金的运作方式和组织"一章，用以构建契约型基金和公司型基金的组织机构——基金份额持有人大会。基金份额持有人大会可以设立常设机构，行使召集基金份额持有人大会，提请更换基金管理人、基金托管人等职权。由于实践中基金公司股东强势、管理层弱势的局面普遍存在，持有人利益得不到保障。新《基金法》特别完善了基金份额持有人大会的二次召集制度，并且详细规定了大会的召集程序和议事规则。赋予投资者自身的大会召集权即为了强化其自身的权利属性，改变"基金公司强势"的局面。

第二，强化基金从业人员的忠实、勤勉义务。新《基金法》明确了基金管理人、基金托管人在"管理、运用基金财产，基金服务机构从事基金服务活动"时，"应当恪尽职守，履行诚实

信用、谨慎勤勉的义务"。基金管理人及其董事、监事、高级管理人员和其他从业人员应当处处以"基金份额持有人利益优先"为首要原则，严格禁止将其固有财产或者他人财产混同于基金财产从事证券投资，泄露因职务便利获取的未公开信息，利用该信息从事或者明示、暗示他人从事相关的交易活动等"老鼠仓"行为。基金管理人的股东、实际控制人还要求做到及时履行重大事项报告义务，并不得虚假出资或者抽逃出资、未依法经股东会或者董事会决议擅自干预基金管理人的基金经营活动、要求基金管理人利用基金财产为自己或者他人牟取利益，损害基金份额持有人利益等。

第三，增强基金管理人、托管人的风险承受能力和管控能力。一方面，新《基金法》要求管理人、托管人计提风险准备金，增强抵御风险的能力；另一方面，在法律责任方面构建了民事赔偿、行政处罚、刑事制裁多层次的责任体系，从而加重了管理人和托管人以及相关主体的责任。

（四）突破"监管滞后"的弊病，实现政府、行业、市场三位一体的监管

基金市场的监管从来不应该是静态的、单方面的监管，而应该是动态的、多方面的参与。在尊重市场规律的前提下，政府应当实施必要的、有效率的监管；行业应当参与自律的监管；市场主体应当依据市场规律相互监督。基于这样的立法思路，新《基金法》从政府监管的改变、行业监管的设立和市场监管的完善三个方面构建了三位一体的监管体系。

第一，放松行政管制要求，强化行政监管职责。新《基金法》为了放松行政管制要求，在行政审批事项减少方面下了不少的功夫。例如减少对基金管理人的任职审核，取消基金托管

人的任职审核，取消基金管理人设立分支机构审核、变更5%以下股权的股东审核等。值得一提的是，新《基金法》第50条规定了"公开募集基金，应当经国务院证券监督管理机构注册"。从需要进行实质审查的"核准制"转换到形式审查的"注册制"，体现了立法便利基金设立、节约交易成本、淡化行政色彩、鼓励市场竞争的理念。在行政管制逐渐放松的同时，新《基金法》赋予了证监会作为基金业监督管理部门的监管职责，除了进一步详细规定查封、冻结等执法手段和监管措施外，还赋予了其接管、托管、撤销等对基金管理人的风险处置措施，大大扩充了其行政执法的能力。

第二，成立行业协会，鼓励自律管理。新《基金法》专设一章明确了基金管理人、基金托管人和基金服务机构所成立的证券投资基金行业协会相关规定，包括协会的性质及组成、组织机构及主要职责等内容，并专门规定了协会履行非公开募集基金管理人登记、基金产品备案的职责。新法明确基金行业协会是证券投资基金行业的自律性组织，是社会团体法人，并规定了基金行业协会的八项职责。除此之外，在各章的规定中，法律也明确要求各类主体参与行业协会的管理。例如新《基金法》第89条规定"担任非公开募集基金的基金管理人，应当按照规定向基金行业协会履行登记手续，报送基本情况"，第94条规定"非公开募集基金募集完毕，基金管理人应当向基金行业协会备案"等。

第三，发挥中介机构的监管作用。新《基金法》规定了"从事公开募集基金的销售、销售支付、份额登记、估值、投资顾问、评价、信息技术系统服务等基金服务业务"的机构是基金行业的中介机构，主要包括基金销售机构、基金份额登记机构、律师事务所、会计师事务所等。这些中介机构保障了基金业务按照市场的价值规律运行，既稳定了市场秩序，又保护了基金投资人的利益。新《基金法》较旧法前进一步，专门规定了基金中介机构。为了便利中介机构涉足基金业务、减弱行政色彩，中介机构的成立一般采注册制或者备案制。基金中介机构还应当按照法律的要求"勤勉尽责、恪尽职守，建立应急等风险管理制度和灾难备份系统，不得泄露与基金份额持有人、基金投资运作相关的非公开信息"。

价格发现、优胜劣汰是市场发展的铁律，"放松管制、扩大监管"是市场经济法律发展的规律。新《基金法》的四大突破正符合了市场经济的法律发展所依循的规律。

五、互联网金融的法律规制

（一）互联网金融的新时代

互联网金融的概念是伴随着当今世界正在发生的一场新经济革命而产生的。这场革命的重要引擎有二：一是互联网，二是金融，尤其是其中的金融衍生品。互联网技术早已出现，目前仍旧处于高速发展阶段，互联网技术是现代科技发展的核心引擎。而金融则是整个经济发展的核心引擎之一，金融发展到现代，出现了金融衍生品这种特殊的金融合约。从法律上看，金融衍生品是对应金融市场上基础实体价值变动的合同，可分为远期合同（forward）、期货合同（futures）、期权合同（options）和互换合同（swaps）等，在这些合同的基础上，仍可以进一步细分。金融衍生品对金融市场乃至整个经济发展的作用是巨大的，我国金融衍生品的快速发展，不仅可以满足客户精确定价、灵活避险的需求，还能有效增加市场流动性，降低交易成本，有利于改善资本市场投融资功能，同时还有利于提高金融市场的弹性，从而有效支持实体经济发展。[1]这两个引擎同时整合为一种新的金融制度，统称为互联网金融。互联网金融正处在其发展的初级阶段，快速发展的同时也暴露了很多不足，其中核心问题有以下三点：

第一，需要解决借贷者和金融消费者之间的信息交流问题。在互联网金融消费时，金融消费者只是通过平台所认可发布的项目信息作为投资信息，相较于传统金融投资，其可以作为判断依据的投资信息更加缺乏和不透明。互联网金融风险规制的首要问题是借贷者和金融消费者之间的保护问题。

第二，需要解决金融交易的市场问题，也可以被称为平台问题。金融交易平台是互联网金融市场的中介，承担着联系金融消费者和借贷者的重要职责，相较于传统金融市场，因为互联网金融市场更加复杂，双方的信任程度更低，交易平台的运营成本和金融风险都将更大，而这也影响着交易场所的成本和效益。

第三，需要解决金融交易的规则问题。我国的互联网金融市场处于高速发展阶段，自发的市场规则和秩序已经无法适应市场的蓬勃发展。2015年7月14日，央行等十部委发布《关于促进互联网金融健康发展的指导意见》按照"依法监管、适度监管、分类监管、协同监管、创新监管"的原则，确立了互联网支付、网络借贷、股权众筹融资、互联网基金销售、互联网保险、互联网信托和互联网消费金融等互联网金融主要业态的监管职责分工，落实了监管责任。互联网金融是一项新制度，

---

〔1〕 肖钢：《稳步推进金融衍生品市场发展》，载《人民日报》2015年4月17日，第10版。

是二者结合的创新。原银监会主席尚福林认为，创新是金融发展的不竭动力，但历史上金融的发展往往沿着"危机—管制—金融抑制—放松管制—过度创新—新的危机"的路径演进。所以，国家必须把握好金融创新、金融效率和金融稳定的平衡，完善监管。[1]

（二）互联网金融市场的发展脉络

互联网金融市场根据发展的程度可以划分成三个阶段：

第一阶段即传统金融业的互联网化。例如，传统商业银行的业务互联网化，电子银行账户和手机银行等。这些都是对传统金融业务的现代化改造，是产业的转型升级。然而这一阶段的互联网金融难以充分发挥互联网互联互通给传统金融业带来的颠覆作用。

第二阶段即互联网公司将云计算、社交网络、搜索引擎等大数据技术运用到金融业务中，具体有第三方支付、移动支付、网上借贷、股权众筹和金融产品网上交易等。这些全新形式的金融产品和交易组合实际上是互联网公司以先进的互联网技术对传统金融业务所进行的改进。所以，第二阶段的互联网金融是对传统金融业务和模式的改进，是针对传统金融的缺陷而发展出来的新的业务模式。

第三阶段也被称为"网金融"。这一阶段的互联网金融实际上是投资者和消费者在一个超级互联网金融平台上进行金融交易，这一平台可以叫作"互联网金融超市"。在此阶段，所有的金融机构和消费者都可以在超市登记和注册。因为这种金融超

---

[1] 尚福林：《把握好金融创新与金融稳定的平衡》，载《决策探索（下半月）》2014 年第 5 期。

市的进入门槛很低，所以发挥了普惠社会大众的作用，真正实现了普惠金融。普惠金融也被称为包容性金融，其核心是有效、全方位地为社会所有阶层和群体提供金融服务，尤其是那些被传统金融忽视的农村地区、城乡贫困群体、微小企业。[1]传统的金融业以社会精英人士为服务对象，很难满足这些金融弱势群体的需求。但在互联网金融超市里，所有人都可以登记交易，共享信息和服务，打破了传统金融的分业模式和分散式、碎片化的产品或者服务方式。

第三阶段的互联网金融将会是金融的巨大变革，它实现了社会共享信息和用户之间的直接融资，大大降低了金融交易成本。这些改变源于互联网技术的迅速发展。信息革命仍在继续，互联网金融的未来不可估量，随着信息技术的更深层次运用，互联网金融将会持续发展。

2013年是中国互联网金融元年，我国社会第一次出现互联网金融的概念。互联网金融在中国不是从第一阶段开始，而更多的是从第二阶段开始，然而这已经带来极高的融资效率。例如，万达集团在2015年6月份刚刚推出中国首个商业地产众筹项目"稳赚1号"，线上线下同时进行，3天便筹集50亿元。[2]第二阶段的互联网金融借助互联网技术开发的金融业务运营模式有着非常大的吸引力。未来的互联网金融超市的规模将会更加庞大，交易者和交易额度难以估算。目前我国是三个阶段的

---

〔1〕 梁骞、朱博文：《普惠金融的国外研究现状与启示——基于小额信贷的视角》，载《中央财经大学学报》2014年第6期。

〔2〕 参见《万达快钱推出地产众筹项目"稳赚1号"》，载 http://news.xinhuanet.com/house/hk/2015-06-08/c_1115538284.htm，最后访问日期：2015年10月22日。

互联网金融同时出现，这类似于我国经济发展的特点，即最先进的经济要素和最落后的经济要素同时并存。

（三）互联网金融背景下传统法律的嬗变

互联网金融在法律方面面临着巨大的挑战，需要对传统的现有法律体系进行一场革命性的转型。现有法律体系是在传统市场经济和商业交易模式基础上建立起来的，它需要一个革命性的变化和转型，这次的转型主要涉及以下七个方面：

1. 宪法方面

第一，公民权利的定义发生变化。传统宪法认为公民基本权利依次体现为人身人格权、政治权利、经济社会文化权利。[1]互联网条件下，政治权利表现形式发生变化。例如，公民的身份认证简化，传统情况下的身份认证是单位人员利用身份证和真人进行登记和比对，互联网时代，个人的身份信息查询系统已经广泛运用于社会各行各业中，连接到数据库的公民信息一目了然。[2]再比如，隐私权的保护和财产权保护内涵也会发生变化。互联网时代的大数据信息是个人的隐私也是数据财产，在二者之间寻求平衡是未来法律所需要努力的。

第二，货币的概念和规范会发生变化。货币是国家主权象征之一，一国货币法的目的是确立本币在境内市场的流通性和独占性。主权国家政府及司法机关根据货币法保障本位货币在境内流通，禁止非本位货币在境内流通。[3]但是，互联网金融使得货币发行权发生变化，主权货币的概念和规则都将发生变

---

〔1〕　胡弘弘：《我国公民基本权利的宪法表述》，载《政法论坛》2012 年第 6 期。

〔2〕　参见中国人民银行颁布的《银行业金融机构联网核查公民身份信息业务处理规定（试行）》和《联网核查公民身份信息系统操作规程（试行）》。

〔3〕　吴志攀：《货币信息化与信息化货币》，载《金融法苑》2000 年第 5 期。

化。数字化货币是跨界的，因而没有主权概念。目前的数字化货币有数十种，影响最大的便是比特币。比特币的支持者认为，比特币实际上是具备价值尺度、流通手段、贮藏手段、支付手段和世界货币这五大货币职能的。同时，比特币发行方式和管理方式的去中心化以及发行总量的恒定被认为是可以防止伪造货币、对抗通货膨胀、保护私人财产权益的有效方式。[1]比特币的法律定位还有争议，但在美国，在美国证监会诉沙弗尔案（SEC v. Shavers）一案之后，比特币至少已经被确定为一种新形式的证券。[2]

2. 行政法方面

现行的行政法建立在传统市场经济架构和商业模式下。面对新形势的发展，传统政府部门的职权也将发生重大的变革，

---

〔1〕 樊云慧、栗耀鑫：《以比特币为例探讨数字货币的法律监管》，载《法律适用》2014 年第 7 期。

〔2〕 比特币储蓄与信托基金（BTCST）是一个以比特币为投资对象的对冲基金。自 2011 年 11 月起，其创始人特雷顿·沙弗尔（Tredon Shavers）向投资者承诺提供高达每日 1% 的利息以吸引投资，从数个州众多支持者手中，至少募集了 70 万比特币，约合 450 万美元。该基金于 2012 年 8 月被关闭。2013 年 7 月 23 日，美国证监会于德克萨斯州东区地方法院正式对沙弗尔提起"庞氏骗局"指控，称沙弗尔实际上使用通过新投资者购买比特币得来的资金，尽力掩盖老投资者的退股以及个人花销。案件争点在于法院是否对本案拥有管辖权。被告人沙弗尔认为，比特币并非货币，且其交易全部基于比特币，并不涉及资金的转手，所以这一投资不是证券，因此不受美国证券监管机构的监管。沙弗尔由此就法院的管辖权问题提出质疑。美国证券交易委员会则认为，这一投资具有投资合同和票据的特性，因此属于证券。本案联邦法官阿莫斯·马扎特（Amos Mazzant）认为，比特币可以被作为货币使用，用于购买商品或服务。比特币的唯一限制在于，只有有限的场所可以接受这种虚拟货币。不过，通过一些变通的方式，比特币也能与世界主要货币尤其是美国、欧盟、日本和中国的货币进行兑换。所以，作为一种资金形式，投资者对比特币储蓄信托的投资是一种资金投资。最后美国德克萨斯州东区地方法院就沙弗尔提出的法院是否对本案拥有管辖权做出裁定：比特币储蓄信托在证券法案相关条款的规管范围内。See SEC v. Shavers, 2013 U. S. Dist. LEXIS 110018（E. D. Tex. , Aug. 6, 2013）.

有的事项不再需要监管，有的新出现的事项需要进行监管，还有的事项的监管模式要改变。以金融业监管为例，我国对金融行业实行分业监管，证监会、银保监会分别对证券公司、银行和保险公司实行监督，但这一监管模式无法适应互联网金融超市这一模式。再以互联网公司掌握的大数据为例，这些大数据往往能够反映一个国家的整个经济命脉，例如淘宝网的消费记录，通过对全国数亿的淘宝账号进行统计，淘宝网能够轻松掌握全国居民的消费能力和物价水平变化。这一大数据是淘宝网所收集的资料，也是涉及国家经济安全的资料，对这一类数据（FDIC）的监管是必要的，但如何监管、监管到何种程度则是要考虑的。

　　互联网金融名下的各项产品或业务，有的属于直接融资类型，有的属于间接融资类型，不同的融资类型需要不同的监管策略，要避免混业经营与分业监管的错配。[1]传统的金融监管体制如何适应互联网金融的发展，并在鼓励金融创新与防范金融风险中间维持一个平衡？美国互联网金融的监管给我们提供了一个思路。当前，互联网金融的主要表现形式是第三方支付、互联网借贷（即 P2P）和互联网股权融资（即众筹），美国金融监管部门对互联网金融的监管也集中在这三个方面。

　　在第三方支付问题上，美国的金融监管思路是：首先，把从事第三方支付的企业认定为"货币服务机构"，即从事货币转账或货币服务业务的一般企业，所以从法律上不需要申请银行业务许可。其次，明确对这类特殊服务类企业的监管范围，包括

---

〔1〕　毛玲玲：《发展中的互联网金融法律监管》，载《华东政法大学学报》2014 年第 5 期。

初始资本金、自由流动资金、投资范围、交易记录与报告和反洗钱等。再次，将平台滞留资金视为平台对投资者的负债，纳入美国联邦存款保险公司（FDIC）的监管。滞留资金需要存放在参保商业银行的无息账户中，每个账户资金的保险上限为 10 万美元。最后，把货币服务机构纳入美国财政部金融犯罪执行网络 FinCEN 注册名单[1]，对其进行监管。

在 P2P 平台问题上，美国以法律的形式明确了 P2P 平台的法律性质。在 P2P 网络借贷的放贷环节，P2P 平台与有合作的银行向借款人发放贷款，并通过平台将债权以收益权凭证的形式出售给贷款人。因此，美国证监会以美国《1933 年证券法》为依据，认定 P2P 平台向贷款人发行、出售收益权凭证的行为属于证券发行与出售行为的一种新形式，要求 P2P 平台在证监会注册登记。同时，证监会按照证券交易监管的思路对 P2P 平台的运作进行监管，要求后者定期进行信息披露。

在股权众筹问题上，美国证监会根据《促进初创企业融资法案》（即《JOBS 法案》）负责监管互联网股权众筹，只有通过证监会认证的众筹平台才能运作，《JOBS 法案》针对的是为向美国小型公司融资而设计出的公众小额集资[2]。美国证监会根据《JOBS 法案》对众筹平台的项目融资规模以及投资人融资规

---

〔1〕 "FinCEN"，The Financial Crimes Enforcement Network，于 1990 年成立，隶属于美国财政部，是美国规模最大的金融情报机构，可以依法广泛开展洗钱信息的收集工作。

〔2〕 公众小额集资是一种利用互联网由大量人群集体合作共同完成的融资方式。其基本模式是筹资者在集资平台上发布融资请求，说明融资用途和使用方案，感兴趣的投资者自愿提供资金，并根据融资请求获得相应的物质或精神回报。与向少量的成熟投资者（VC、PE 和天使投资人）融资不同，公众小额集资立足于向一大群投资者筹集资金，每个投资者只需投资少量的资金。

模等实施监管，且需要披露小型公司的相关信息。

从美国的监管思路和做法可以看出，美国互联网金融监管的核心是从法律与金融的角度厘清互联网金融中不同参与人的法律地位和各种金融交易的法律性质，然后，从合理平衡、鼓励创新和防范风险的角度，实施从线上到线下的法律监管。这种做法最大限度地实现了传统的金融监管行政资源与互联网金融监管之间的对接，并在此基础上以互联网金融为导向，对传统的金融监管制度进行创新，实现了互联网金融监管资源的最优配置，提高了互联网金融监管的效率。

3. 民商法方面

民商法与互联网金融联系也很紧密。其一，民法体系中的物权法定原则和一物一权原则已经很难适应金融业的迅速发展，甚至整个物权理论都会发生巨大的变革。具体而言，在互联网和金融迅速发展的情况下，物的概念会发生很大变化。其二，目前资本市场上存在着种类繁多的金融衍生品，传统的物权法难以把它归为物，但其特征中又有大量的物权特征。其三，传统民商法中规定设立金融机构需要极高的门槛。中国金融改革有一个重要项目就是开放民营银行，但是，必须有国有银行做发起人才能开办民营银行。这些做法是不符合互联网金融发展规律的。其四，合同问题。《合同法》里最基本的要约和承诺制度在互联网金融时代会发生变化。互联网金融时代里产生了更多的非传统书面方式，如大量采用电子方式和网上合约认证等。很多互联网公司借助互联网平台的概念，但实际上，互联网平台的法律地位和平台的资本结构等都需要重新界定。

4. 经济法方面

经济法强调政府对市场的监管和干预。但在互联网金融时代，传统法律上的规定有很多都在发生变化。垄断行为在《反垄断法》中的表现是经营者滥用自己的市场支配地位和厂商合谋进行价格垄断等。但在互联网金融的时代，垄断的表现形式发生了巨大的变化。仅以相关市场为例，传统的垄断行为必须首先明确相关市场的范围，但在互联网时代的奇虎公司与腾讯公司垄断纠纷诉讼中，最高人民法院认为界定相关市场仅仅是评估经营者的市场力量和被诉垄断行为对竞争的影响的工具，而不是目的本身。所以，在确定互联网领域里的相关市场范围时，即使没有明确界定相关市场，也可以通过排除或者妨碍竞争的直接证据对被诉经营者的市场地位及被诉垄断行为可能的市场影响进行评估。[1]经营者价格垄断的模式变化也很快，新的销售模式能够很快把价格降下来。这对《反垄断法》中的垄断定义也是新的挑战。

互联网金融出现之后，相应的税收和财政法律也要进行大幅度修改。我国现行的税收财政体制分中央税、地方税和共享税，互联网金融平台在现行的制度下没有一个很好的定位。互联网平台公司可以注册在甲市，但公司的服务器在乙市。因为互联网金融是通过互联网交易的，投资者可以在任何一个地方投资，而融资方也可以在任何一个地方接受投资。对如此跨境跨地交易的征税便成为新的难题，随着互联网金融的规模进一步扩大，中央和地方之间的财税划分必然会提上日程。

《证券法（修订草案）》（2015年）将股权众筹纳入，《证券

---

〔1〕 参见《奇虎公司与腾讯公司垄断纠纷上诉案判决书》，载 http://www. co-urt. gov. cn/zgcpwsw/zgrmfy/zscq/201410 /t20141017_3425404. htm，最后访问日期：2015年10月1日。

法》草案的第 13 条规定："通过证券经营机构或者国务院证券监督管理机构认可的其他机构以互联网等众筹方式公开发行证券，发行人和投资者符合国务院证券监督管理机构规定的条件的，可以豁免注册或者核准。"此前的《证券投资基金法》修改，已经放开私募股权众筹。2015 年的《证券法》修改规定允许以互联网的方式进行股权众筹发行，这是我国在借鉴美国《JOBS 法案》的基础上，放开了公募股权众筹。这一修改将对我国的现行资本市场产生重大影响。在 2019 年《证券法（修订草案三次审议稿）》基本延续了 2015 年《证券法（修订草案）》的规定，在第 11 条规定：通过国务院证券监督管理机构认可的互联网平台公开发行证券，募集资金数额和单一投资者认购的资金数额较小的，可以豁免核准、注册。

5. 知识产权法方面

互联网金融对知识产权法律体系也会产生冲击，金融创新会给知识产权保护带来新的挑战。数据产权的法律概念、属性以及正当性值得探讨。数据产权的客体为数据信息，这与知识产权的客体性质相同，可以通过知识产权法，尤其是版权法保护数据产权；也有学者提出，数据产权的内涵很难用物权或知识产权来概括，按照 1996 年《关于数据库法律保护的指令》，数据产权可以被认定为一种特殊的权利。数据的编辑者对数据所享有的权利到底属于何种性质，Q 币、电子游戏中的武器装备等数据信息是否属于一种特殊的"物"？这可参考物权法对上述数据进行保护。

在数据库的知识产权保护方面，有学者认为，应着重用版权来保护数据编辑者对其编辑的数据所享有的权利。根据 1996 年欧共体《关于数据库法律保护的指令》，单个数据或者有版权，或者没有版权，不因为纳入数据库而改变性质；数据库构成汇编作品，受版权保护；不构成数据库，则采用特别权利来保护数据库投资。具有创意的数据本身可作为汇编作品予以保护；但对于那些缺乏创意的数据库而言，又应当如何保护？对此，有的学者不赞成采用所谓的"特殊权利"进行保护；同时提出，可以借助技术保护措施来实现对此类数据库的保护。[1]

金融创新与金融监管本就是一场猫鼠博弈，实践证明总是创新跑赢了监管。但是，互联网金融时代中的创新，有些是社会进步的创新，比如互联网技术日新月异，这些创新涉及专利、商标的保护；还有些只是金融诈骗的新手法，从早期的庞氏骗局到德隆公司的对冲头寸，互联网时代金融欺诈的手段手法在不断翻新。

6. 国家安全法和刑法方面

互联网金融因为其普惠而方便的特性，将会使得巨额的资金更加便利地流通。这对任何一个国家的金融安全都构成了新的挑战，国际更深层的金融监管合作也势在必行。巨额的资金流通也会涉及金融犯罪问题，这也是下面所说的对刑法的挑战。我国《刑法》中经济犯罪部分也是建构在现代商业规则基础之上的，《刑法》分则部分第3章破坏社会主义市场经济秩序罪中有两节是关于金融犯罪的，一个是破坏金融管理秩序罪，另一个是金融诈骗罪。在互联网金融背景下，有些罪名已经不符合互联网金融的发展情况，例如非法集资罪和众筹制度之间的冲突，这二者的区别难分，对此实践中司法机关作出了

---

〔1〕 杨延超：《"数据产权若干法律问题"研讨会综述》，载 http://www. iolaw. org. cn/show News. asp? id = 20566，最后访问日期：2015 年 10 月 21 日。

一系列的司法解释来加以规范。[1]事实上，随着互联网金融模式的不断发展，正在或已经形成一种既不同于商业银行间接融资也不同于资本市场直接融资的第三种金融融资模式。但是，互联网金融行为千变万化所体现出的金融创新在现行刑法框架下却存在着较大的刑事风险。[2]新时代下，金融信息保护、金融交易方式和金融秩序都在变化，有些边界也越来越模糊。央行前行长周小川明确表示，互联网金融是一种新型金融创新，也是科学技术在金融领域的应用。对于这一变化，党中央、国务院也都支持，但同时，我们也要强调依法监管、适度监管，并且要创新监管方式。[3]

7. 诉讼法方面

传统诉讼法和司法制度在互联网金融时代也面临挑战。投诉机制、诉讼方式、专业法庭和证据形式等问题在互联网金融中都需要变革。例如，2015 年 2 月 4 日实施的最高人民法院司法解释明确，电子邮件、短信、微博客和网聊记录等电子数据形式可作为民事案件的证据。[4]自 2010 年后，全国各地法院陆续设立金融审判庭，专门审理金融纠纷，同时单独设立金融法院的呼声也越来越高。一旦设立金融法院，它的审理范围和审判级别必须和原有的司法制度相契合，在北京、上海设立的知

---

〔1〕　参见《最高人民法院关于审理非法集资刑事案件具体应用法律若干问题的解释》《最高人民法院关于非法集资刑事案件性质认定问题的通知》《最高人民法院、最高人民检察院、公安部关于办理非法集资刑事案件适用法律若干问题的意见》。

〔2〕　黄辛、李振林：《互联网金融犯罪的刑法规制》，载《人民司法》2015 年第 5 期。

〔3〕　周小川：《金融改革发展及其内在逻辑》，载《中国金融》2015 年第 19 期。

〔4〕　《最高人民法院关于适用〈中华人民共和国民事诉讼法〉的解释》。

识产权法院的结构可以借鉴。

（四）互联网金融法律规制的顶层设计

互联网金融所带来的法律变革将会是革命性的变化，法律体系也一定要做相应的转型。如此变革之下，需要国家层面统一立法，做好顶层设计，做到既鼓励创新又防范监管风险。在此提出三个建议：

第一，三个层面推进互联网金融立法。对第一阶段的互联网金融，要做好创新法规和金融业互联网化法律定位，对其进行详细论证，使其合法化。同时也要做好法律思维和法律方式转变，解放思想，大胆质疑，小心求证。对第二阶段的互联网金融，要制定法律平衡创新与监管。既要鼓励金融创新又要防范风险。这一阶段也是当下的重点，我国只有央行等十部委出台的《关于促进互联网金融健康发展的指导意见》，而没有专门针对互联网金融规范的法律法规。所以当务之急是要完善现有的金融法律。对第三阶段的互联网金融，市场经济环境和体制将发生巨大的变化，整个法律体系势必将彻底变革，以适应"网金融"时代，目前对此应加紧探索研究。

第二，互联网金融的规则体系要适时跟进。目前，我国大量的金融领域还没有开放，人民币国际化、利率市场化和金融机构的放开都需要改革原有的金融体系和体制，目前重点是2.0版向3.0版的互联网金融转型，相应的各领域法律应跟进。互联网金融在不断创新，法律规则也要创新，这种改革创新不可能一次完成，而将是螺旋式的。

第三，我国应该成立国家互联网金融发展监管委员会，统一筹划，并负责互联网金融发展的顶层设计，加快建立符合现代金融特点、统筹协调监管、有力有效的现代金融监管框架，协调数据库、云计算的建立和互联网金融的风险把控，坚守住不发生系统性风险的底线。

互联网金融时代带来的法律变革初现端倪，法律体系的整体革新即将开始，互联网金融时代的法律将是一个全新的体系。

六、金融消费者的保护

金融在当今世界发生了很大的变化，从原来早期的融资中介的角色向全方位的服务发展，此即我们看到的大量的"金融超市"现象。20世纪的美国银行业务和保险业、投资业有混同的趋向，后来通过了《现代金融服务法案》，这个法案允许了银行混业经营，这样一来，就把金融的概念无限延伸了。混业经营是一站式的全方位的服务。花旗银行（Citi Bank）可以向客户提供存储、理财、保险、投资等一系列服务。传统的银行业务从表内业务转为表外业务。原来金融机构营利主要靠利差收入，即低利率存储和高利率放贷的利息差，但今天很多银行的大部分收入来自于服务费收入，这是一个很大的变化。另外，比如佣金制度，涉及经纪人、承销人、做市商，其可以获得大量的佣金收入，这个转变是非常大的。可以说，经过这么多年"金融超市"的发展，金融业已经成为非常大的行业。

（一）金融消费者的含义

金融消费者的定义是购买金融产品、享受金融服务的消费的个人或自然人。其实，何为"金融消费者"，这在专家间是有争议的，是 financial consumer 还是 consumer financial？这两个词方向性不一样。比较多的提法是"金融消费者"，但美国《金融改革法案》则更加强调"消费者金融"。实际上，这个定义要解决一个为什么金融消费者要被保护，以及怎么保护的问题。金融市场非常巨大，各国都在以刺激消费者消费的方式拉动经济的需求。笔者认为"消费者金融"是从行为角度来讲的，"金融消费者"是从主体上来讲的。我们一般将他们称为"金融消费者"，即购买金融产品、享受金融服务的消费的个人或自然人。但是，今天的金融产品和金融服务的覆盖面非常广，金融消费者体现出了不同于传统消费者的新的特点，即他不仅是一个金融产品或金融服务的消费者，还是一个利用金融的手段、特点以及金融产品的优势来消费的消费者，所以金融消费者具有二重性——他们既是消费者，又是投资者。金融消费者的目的是消费还是投资、投机，在"金融超市"的概念下已经模糊化了。所以，在法律上需要甄别清楚是要保护金融消费者的消费、投资还是投机，还是利用金融工具进行的其他活动。其实，金融消费者在当今"金融超市"的情况下，购买股票、投资债券、基金，很难判定是消费，还是投资、投机行为，也就是说，消费者与投资者是重叠的。

金融消费者可分为三类：一般性金融消费者、特别性金融消费者、金融衍生品消费者。一般性金融消费者是指以传统的商业银行贷款业务为核心的金融消费。特别性金融消费者是指以证券、期货、保险、信托等特别种类金融产品交易为核心的消费者。金融衍生品消费者是指，金融衍生品是一种合约，该合约的价值取决于一项或多项背景资产或指数的价值，从事该种合约的消费者即为金融衍生品消费者。金融消费者权利是指金融消费者在购买金融商品、享受金融服务时享有的权利。这些权利包含：财产权，即金融消费者合法拥有的金融财产权利；收益权，即金融消费者在进行金融投资时，合法获得金融投资

收益的权利；参与权，即金融消费者参与金融投资并享受一定
股东投票表决等权益；知情知晓权，即对金融产品和服务信息
的真实性、完整性以及准确性享有知晓的权利，如存贷利率、
呆坏账准备金率、最低保证金、金融业务手续费及金融产品与
服务的安全性及风险；隐私权，即对于金融产品和金融服务的
个人隐私和消费秘密享有受完全保障的权利；受教育权，即金
融消费者有权接受金融产品和服务特定知识、信息的培训、教
育的权利；其他金融消费者权利。关于金融消费者的权利，其
是一个不断发现、不断确认、不断保护的过程。

（二）金融危机是一场金融消费者的全危机

今天的金融发展已经覆盖到社会的各个层面，如果说有一
场经济危机，其起因往往是一场金融危机，而金融危机往往涉
及的面非常广。第二次世界大战以后世界经济发展的助推器有
二：一个是网络技术，另一个就是金融的发展。金融的发展带
来了人类社会的革命性变化，特别是金融衍生品的出现助长了
人类经济的飞速发展。我们可以看到，第二次世界大战后传统
的制造业，如石油、石化、冶金的产值似乎很大，但实际上对
于整个经济的贡献远远小于金融。金融的发展如此迅速，其中
有许多风险，极易产生对金融消费者的侵权行为：

1. 金融理财产品设计与发售的误导风险

该类风险发生的原因包括金融衍生品教育不足、信息不对
称等。金融理财产品在设计与发售时，可能会使用一些误导性
的语言或将风险提示放在非常不显著的位置，在企业决策者自
身没有专业知识或者未进行过专业金融及法律咨询的情况下，
非常容易落入这类陷阱。

2. 高利贷及讨债公司风险

根据我国《贷款通则》第 21 条的规定："贷款人必须经中国人民银行批准经营贷款业务，持有中国人民银行颁发的《金融机构法人许可证》或《金融机构营业许可证》，并经工商行政管理部门核准登记。"这条规定实质上将贷款人的身份限定在商业银行，但是市场经济下各类经济组织及个人贷款需求巨大，单纯商业银行贷款不能满足巨额的资金需求，所以很多人便向不具有贷款资质的民间金融机构借贷。民间借贷最大的问题就是高利贷，利率非常高，伴随而来的就是讨债。市场经济中解决借贷问题有法庭内、法庭外两种方法。法庭外的又分两种，其中非法的方式就是通过非法的机构，采取威胁、恐吓、绑架等手段逼迫债务人偿还债务。而在市场经济金融高风险特征下，金融消费者很可能因无法偿还债务而借高利贷，受到非法讨债侵扰的可能性较大。

3. 内幕交易与操纵市场风险

内幕交易于现代金融市场是一个非常可怕的问题。金融消费者在复杂的金融关系网中，很容易受到内幕交易和操纵市场的攻击。

4. 欺诈交易风险

以"裸卖空"为例，"裸卖空"用通俗的语言进行解释，就是在没有借入股票的情况下就进行空对空的卖出，它非常容易出问题，当股票价格上升或买不到股票时，对权利人损害极大，因而"裸卖空"就可能涉及欺诈交易的问题。

5. 金融评级及中介机构道德风险

是否购买某一企业的债券的一个基本参考因素是其债券评级或企业评级，不仅有企业信用评级的机构，如穆迪、标普、惠誉，也有个人信用评级机构，如 Experian、Equifax、Trans-Union。但问题是，信用评级机构一边与银行做信用评级，另一边又在跟个人做，这两方有利益冲突，而且评级机构还参与审计或一些金融服务业务，这也存在一定问题。现代金融业务交叉很多，一家中介机构，比如律师事务所、会计师事务所，很可能受巨额利益驱使，将在做企业 IPO 业务的过程中发现的有利益关联的信息，比如企业收购信息，透露给另一个客户或其自营部门。由此可见，现代金融部门的道德风险是非常高的。

6. 金融系统性（特别是操作性）风险

现代网络技术的发展对全球商业交易产生了重大的影响，尤其是金融交易。金融交易在一瞬间就会发生千百万手，细微的操作不慎就会引发金融系统性风险。2010 年 5 月 6 日纽约股市狂跌一千多点，就属于操作性风险带来的恶果。股市狂跌的原因据说是一个操作员由于操作失误，将三千万错误输入成三百个亿，造成恐慌从而引发股市瞬跌。

（三）存款保险制度对金融消费者保护的意义

党的十八届三中全会通过的《中共中央关于全面深化改革若干重大问题的决定》指出，要完善金融市场体系，并将"建立存款保险制度，完善金融机构市场化退出机制"作为一项明确的改革任务。中国银行业是我国金融行业重要的组成部分。伴随着我国改革开放的进程，我国银行业也经历了一个飞速发展的过程。根据原银监会数据，截至 2014 年 12 月末，中国银行业金融机构境内外本外币资产总额为 172.3 万亿元人民币，同期的负债总额为 160.0 万亿元。从 20 世纪 80 年代早期的数千亿元量级，到百万亿元量级，只用了不到 30 年的时间。目前我国银行业运行总体稳健。如何使这么庞大的金融资产更加安全、稳定？如何依法保护存款人的合法权益？如何防范和化解金融风险？存款保险制度就是回应解决上述问题的一个定心丸制度。酝酿二十载之久的《存款保险条例》（以下简称《条例》）终于出台，《条例》从存款保险的范围、管理机构、保险模式等方面明确了我国存款保险制度的各项内容，这是我们国家第一次以立法的形式建立存款保险制度，为存款人的合法权益提供法律保障，完善金融机构市场化退出机制。

作为一个吸收公众存款、发放贷款的机构，一旦银行发生风险，首当其冲的自然是数量庞大的储户；而与银行系统有深层次联系的更广泛的人群、机构甚至整个社会，也将面临巨大的冲击。设立存款保险制度的目的就在于更平稳地处置银行风险，保证银行退出市场机制的顺利运行，并达到从根本上保护金融消费者合法权益的目的。

这一部分，就是对存款保险制度在保障市场经济正常运行、保护金融消费者合法权益方面应当发挥的作用进行探讨。

1. 存款保险制度首要保障储户的存款安全

《条例》第 1 条开宗明义，明确指出存款保险制度是为了"依法保护存款人的合法权益，及时防范和化解金融风险，维护金融稳定"。由此可见，依法保护存款人的合法权益是其最核心的功能。从金融体系相对健全的经济体来看，存款保险是一项必备的法律制度设计。例如美国的联邦存款保险公司（FDIC）依据《格拉斯－斯蒂格尔法案》和之后的修正案授权，依法为存款提供保护。我国香港地区《存款保障计划条例》把为存款"提供具有法律效力的保障"作为其存款保障委员会的重要职能。为什么要用立法的形式来建构这一制度？这是因为，存款人将自己的资金存入商业银行，商业银行为存款人开立账户、提供证明，由此形成存款合同。从本质上来说，金融机构和存款人之间存在债权债务、附带保管、支付代理等特殊的金融法律关系。一旦商业银行为存款人开立账户、吸收他们的存款，就需要一个在银行经营出现问题时保障存款人资金安全的制度安排。根据《条例》第 19 条的规定，投保机构在出现《商业银行法》规定的被接管、重整、清算等情形时，存款人可以获得最高限额 50 万元人民币的全额偿付。这种法律关系机制的设计，可以有效保障在金融机构遭遇危机时存款人存款的安全。

该制度主要特点如下：

《条例》中存款保险制度的构成要素包括：其一，集中、统一的保险机构依法成立，依法履行职责；其二，符合一定条件的金融机构向存款保险机构交纳保险费；其三，存款保险机构仅向符合一定条件的银行储户进行偿付。

《条例》积极建立防范存款保险制度道德风险的措施。存款保险制度在一定程度上消解了银行面临破产时的储户风险，也正是如此反倒增加了一定的道德风险。储户的自我保护意识会相对减弱，投保银行的自主风险控制意识也会放松，监管机构的主动监管职责则怠于行使。因此，《条例》不仅通过存款保险的制度设计层面积极防范，除了明确存款保险机构最高存款限额赔付和偿付比例的职责不予突破外，也赋予了存款保险机构一定的银行风险控制方面的监管职责，赋予其一定的监管职权，便利于银行自身自觉强化风险控制，同时也能够解决监管机构怠于行使职权的情况。

2. 存款保险制度为金融稳定提供保护伞

《条例》第 2 条要求我国境内设立的商业银行、农村合作银行、农村信用合作社等吸收存款的银行业金融机构"应当"投保存款保险。表面看是通过制度规定将相同内容的义务规定于不同层次的金融机构主体身上。但是仔细分析我们可以发现，存款保险制度的设立其实是通过一种市场化的法律设计，为各金融机构创造了更加公平和稳定的竞争环境。尽管不同的银行业金融机构在资本资产的匹配比、信息披露、内部风险防范、外部监管监控体系方面有所差异，但是它们共同面临着经营的不确定性与流动性等银行共有的风险。存款保险制度的设立，会促进银行选择更审慎、更稳健的经营模式，会带来银行风险管控能力的提升，会加速利率市场化并促进银行竞争。即便是个别银行的风险加大、经营出现问题时，存款保险制度也可以在此时发挥作用，有序实施市场化处置，使用存款保险基金依照法律规定对存款人进行及时偿付，从而化解金融风险，维护金融稳定。考虑到不同金融机构主体的差异，《条例》第 9 条规定了存款保险率实行基准费率和风险差别费率相结合的制度，其缴纳标准由存款保险基金管理机构根据宏观经济金融发展情况以及投保机构的个体经营管理状况和风险状况来确定。

有市场存在的地方就存在风险。银行业金融机构是社会的资金中介、信用中介，与普通的公司企业法人不同，商业银行的风险具有更强的溢出性和传导性。溢出性体现在银行风险不仅影响自身，而且影响更广泛的人群——存款人及其存款；传导性体现在银行危机会由点及面地扩散至社会，可能冲击金融稳定。因此，为消弭商业银行风险的溢出性和传导性，必须在法律上给人们提供一个明确稳定的预期。存款保险制度既是一项未雨绸缪的风险防范制度，也是一种市场化退出的风险处置机制。《条例》通过显性的制度规定，使得银行业金融机构、存款保险机构、存款人的各项权利义务清晰明确。《条例》第 14

条规定了建立信息共享机制；第 15 条规定了对投保机构的风险警示制度；第 7 条至第 10 条，以及第 19 条等规定了银行业金融机构投保存款保险的方式、方法和投保机构出现风险后的处置程序；《条例》第 18 条规定了存款保险基金管理机构使用基金保护存款人利益的三种法定方式。这些规定为市场各方主体提供了稳定可靠的预期。

3. 存款保险制度是银行破产制度的前提

银行破产应适用市场化的退出机制。长久以来，我国一直将商业银行视作一个特殊的法律主体，不能"破产"。这使得早在 1995 年施行的《商业银行法》所规定的"商业银行破产"迟迟无从实现。而国际上早已将商业银行视作公众公司。在资本流动性非常强的现代市场中，银行没有什么特殊性，同样适用市场化退出机制。只是在商业银行资本资产的匹配比、信息披露、内部风险防范、外部监管监控体系方面需要更加严格的要求。尤其是我国《企业破产法》2007 年施行之后，企业法人的破产机制趋于标准化、规范化、市场化。商业银行完全可以适用《企业破产法》规定的重整、破产清算等程序，以实现在市场中用市场的力量优胜劣汰。

商业银行的市场化破产机制应当处理好如下七个重要问题。其一，商业银行破产的申请主体应当有所区别。应当以商业银行自愿提出破产申请为原则，国有商业银行的破产由国务院银行业监管部门申请。其二，商业银行破产应当设置前置程序，其破产申请应当经国务院银行业监管部门批准。其三，商业银行破产应当选择具有专业金融知识的破产管理人。由金融监管部门与市场专业化人士合作组成清算组或管理人机构，并由有经验的金融专业人士来承担管理人职责是控制与处理金融风险与危机的最佳选择。其四，商业银行破产的债权申报要有特殊规则。金融企业的投资者、消费者法律地位尚未明晰，需要立法作出明确的规定。其五，商业银行破产可以更多地选择重整程序。银行破产的社会影响相对较大，可以通过政府注资、接管、托管、央行再贷款、市场化兼并收购等手段进行重整。其六，商业银行财产的变现问题。银行的两大类资产——有形资产和无形资产评估与变价需要详细规则。其七，商业银行破产财产分配方案具有特殊性，银行储户利益在制度设计上要充分考量。

银行破产须处置好存款人利益保护与社会公众利益维护的协调。《企业破产法》第134条对于商业银行的破产问题进行了特殊的规定，将银行破产的相关实施办法授权国务院制定。这与《商业银行法》第71条的规定也是相衔接的，并且在制度层面肯定了金融机构的市场化退出。从规范层面来看，银行破产制度的设计和实施已经没有法律障碍。从操作层面来看，银行破产相关机制的设计首先需要考虑存款人利益保护和社会公众利益维护问题。

银行是社会的资金中介、信用中介。与普通的企业法人不同，银行的风险处置、破产接管都有更强的溢出性和传导性。溢出性体现在银行风险不仅影响自身，而且更加广泛地影响银行的储户存款；传导性体现在银行危机会由点及面地扩散至社会，冲击金融稳定。近年来，《巴塞尔协议》不断提高商业银行的一级资本充足率和核心一级资本充足率，对于银行的风控提出了更加严格的要求。各国央行也纷纷要求银行提取一定数量的存款准备金，监管者经常性地对银行开展风控、治理结构、资本充足率等方面的检查。由此我们可以看出，银行自身的风险控制机制遵循一定的标准，并且比一般的企业法人更加严格；同时，外部的监管者对银行的经营、管理行为进行监督检查，以保证银行正常、规范地运作，其目的在于防范银行无法兑付储户资金，从而发生危机，影响金融市场秩序。可见，与银行有关的风险控制机制、监管措施的首要目的都在于保证银行可以兑付储户资金。那么，如果银行一旦面临破产，储户的经济利益应当得到首要的、妥善的保护。

存款保险机构应当主动参与问题银行的风险处置和银行破产程序。存款保险制度除了发挥保障存款安全的功能外，还应当在问题银行处置的过程中发挥资金援助、破产接管等作用。还可以考虑在与现有金融监管体系不冲突的前提下赋予其一定的金融监管权力。其一，流动性困难的援助。一旦问题银行陷入危机，其流动性将会出现困难。在央行履行最后贷款人职能的前提下，存款保险机构应当以储户存款的补偿为优先目标。如果问题银行危机加深，资不抵债，面临破产清算的情形，存款保险机构需要权衡利弊。对于具有系统重要性的银行而言，其破产清算的后果远远超过储户的经济损失。存款保险机构进行的补偿只能是"亡羊补牢"。所以，在此之前，存款保险机构可以根据自身判断，通过向问题银行贷款、存款，或者入股注资、剥离不良资产等方式提供流动性援助。其二，接管进入破产程序的银行。存款保险机构需要进行储户存款的补偿赔付，不可避免地会涉及银行的破产处置。例如获得补偿的储户在银行破产中的地位，其个人债权如何申报，等等。因此，将破产银行的接管交给存款保险机构可以优化制度，提高效率。在美国，联邦存款保险公司（FDIC）通常被指定为破产银行的接管人，同时履行存款赔付和银行接管的职能。其三，银行日常行为的监管。存款保险机构作为监督、管理存款保险的机构，有权决定哪些银行、在什么情况下加入存款保险或者退出存款保险。从国际经验来看，设立了存款保险制度的国家，大多数都赋予了存款保险机构对银行主要财务报表、重大经营行为进行监督检查，并可予以一定行政处罚的权力。需要注意的是，应当协调好存款保险监管权力和既有的银行业监管部门的权力，保证二者不发生冲突。

《存款保险条例》的颁布是我国深化市场经济体制改革的又一项重要成果，它对我国金融安全网的完善具有十分重要的意义。我们相信，随着存款保险制度的出台及实施，未来银行业的发展将会更加健康、安全、稳定，能够更好地满足人民群众对现代金融服务的强烈需求。

（四）中国版的《金融消费者权益保护法》制定

制定《金融消费者权益保护法》，制度设计目标应当是增强交易的透明度、简单化、公平性以及增加消费者的可塑性，建构一个更加开放、有活力的金融体系，保护金融消费者的合法权益。

制定《金融消费者权益保护法》，应当考虑如下立法建议：完善消费者信息的保密制度，包括责任制度及对价的处罚；建立金融消费者保护局受理投诉与专项调查制度，成立专门部门，赋予其准司法权对侵犯金融消费者的行为进行调查甚至起诉；建造金融消费者损害求偿和索赔制度，制度应当达到激励金融消费者起诉求偿的目的；建立金融消费者信息的灾备中心，这很有必要；建立专门的金融消费者权益监管与保护机构，将各金融监管部门涉及消费者权益保护事宜的职能进行整合。

制定《金融消费者权益保护法》，应当着重考虑如何建立投资者教育制度。中国证券市场是亚洲最大的证券市场，也是一个以散户为主的市场。根据中国证券登记结算公司官网显示，2017 年年末，全国投资者数量为 13 375.88 万户，而这其中的自然人投资者数量，高达 13 339.86 万户，占比 99.73%。市场上个人投资者的年龄、家庭条件、教育背景、金融知识水平差异较大，对证券市场的了解各异。投资者教育是现代资本市场的特殊教育，是使投资者与资本市场一起健康生长的特色教育，是提升投资者特别是中小投资者投资素质的针对性教育，也是保护投资者权益的必要教育。

第一，专业教育。资本市场是一个较为专业的市场，也是不断创新发展变化的市场，可以说此市场的创新演变层出不穷，日新月异，新的金融业态在不断发展。市场风险也形态不一，暗埋危机。这就要求专业科学地教育投资者特别是中小投资者，引导他们不断学习新的金融知识，不断了解所操作产品种类的风险等级，清晰证券发行主体与交易主体相关信息，掌握市场的风险点，减少无知与无畏投资，合理投资与避险，降低信息不对称的危害程度，更好地防范市场风险。

第二，理性投资教育。资本市场是复杂多变的市场，其任何信息在中小投资者中间总能产生裂变式的效应。如果中小投资者对于市场变化没有感知，对信息的真实性、准确性没有判断力，对上市公司没有一定的知晓度，对中低风险的投资产品了解不多，对高风险等级的投资产品趋之若鹜，其投资奉行"跟风投资"的策略，就极易遭遇投资风险，损害自身权益，也易引发市场上的羊群效应，大起大落，不利于资本市场的稳定。

第三，自负其责与维权教育。信息不对称是资本市场活跃市场交易、不确定性与风险增强、触发投资成功或失败的重要原因，但这并不意味着我们可以放任这种信息不对称与风险野蛮生长，甚至成为"去散户化"的理由。应对投资者进行适当教育，使大多数的中小投资者都能意识到风险的存在，判断自己是否能够规避或者承担这些风险，从而为自己的投资行为负责。持续不断的投资者教育，能使中小投资者在充分认识到市场风险的基础上做出投资判断，并对其投资结果负责。除此之外，还应当大力推进投资者教育基地的建设，这些基地应有以下两大功能：其一，投资者教育基地具有学习功能。这是投资者教育基地的基本功能。投资者教育基地作为投资者学习金融知识、了解金融工具、掌握证券市场投资操作技术的大学校，其数量越多，受众越广，投资者保护的基石就越牢固，千家万户家庭的切身利益就越受到保护。正因为资本市场是不断变化的复杂市场，对中小投资者来说，有稳定持续的学习场所对他们是大有裨益的。其二，投资者教育基地具有风险提示功能。投资者教育基地大多设立在有丰富市场经验的成熟机构之中，这些专业机构可以运用其资本市场经验为投资者提供切实有效的帮助。不仅能够教育投资者识别风险，还包括防范风险、处置风险，更好地维护中小投资者合法权益。投资者教育基地不仅包括金融机构，还有交易平台组织、信息服务商、媒体等组织。不同渠道具有不同的信息优势，可以为投资者提供更为丰富全面的市场信息，直面信息不对称难题。

制定《金融消费者权益保护法》，还应当着眼于促进各个市场主体共同努力，构筑理性投资、价值投资的环境。

第一，证券公司要成为维护市场交易秩序的中坚力量。券商作为资本市场中最为重要的中介机构，有责任、有义务去推广理性投资与价值投资理念。券商在公司 IPO 与提供投融资服务过程中，尤其应避免虚假误导与内幕交易等欺诈行为，应着眼于培育一批高质量的上市公司和聚集教育一批高素质的投资者。那些被授牌为投资者教育保护基地的券商更是要建设好、维护好投教基地这所投资者大学，做好现代资本市场的特殊教育工作，使之成为培养合格理性成熟投资者的绝佳场所，成为提供公平竞争、信息透明的开放市场。

第二，上市公司要完善治理结构。上市公司作为市场主体，要依法依规做好信息披露工作，完善法人治理结构。企业健康稳定发展，具有良好的市场信誉，能够为股东创造价值，自然就具有投资价值。从来没有上市公司可以靠坑蒙拐骗的方式长期生存成功的。阳光下经营及信息透明是上市公司最重要的品质。

第三，监管机构要落实监管措施。监管机构作为市场规则的制定者，要使监管规则能够真正落实到位，使投资者及其他市场主体产生良好预期。监管部门要加大打击力度，对市场上的违法违规行为、损害投资者利益的行为及时出手。证券监管机构应做到功能性监管与穿透性监管并行，扎紧制度的篱笆，净化市场环境，使中小投资者安心、放心、归心，以实现证券市场的价值回归。

第四，司法机关要做公平正义的最后一道屏障，保护投资者的合法权益。要使法律的公平正义以看得见的方式实现，综合运用各种法律手段保障股东诉讼的权利，特别是中小投资者代表诉讼，甚至集团诉讼等。要使司法审判成为投资者维权的重要渠道，让损害投资者的行径付出代价。

七、违约债券处置与交易机制

（一）健全违约债券交易制度，促进违约风险处置[1]

近年来，我国公司信用类债券违约事件有所增加，债券发行量亦有所下降。从违约债券投资人保护方面看，由于法律层面尚未形成对债券投资人的系统保护制度，投资人只能依据一般债权的相关规则寻求保护，实际效果并不理想。风险处置与投资人保护是防范债券市场金融风险的两大核心命题，二者相辅相成，彼此促进。笔者认为，应在法律层面系统完善债券投资人保护制度，增强相应制度的法律效力，切实保障投资人权益；同时应当健全违约债券交易制度，便于市场出清，以此促进违约风险的处置与化解。

1. 债券违约概况与处置困境

截至 2017 年 12 月 31 日，我国公司信用类债券已经累计发行 401 686.14 亿元，目前处于存续期的有 167 848.20 亿元。截至 2017 年年末，共 59 家发行主体发生债券违约，涉及违约金额 796.25 亿元。

从整体来看，债券违约率不到 0.2%，远低于银行不良贷款率，整体风险可控。但债券违约既有个体"黑天鹅"事件的属性，也有整体"灰犀牛"风险的特征。整体上看，债券违约规模伴随着我国经济周期的起落。随着我国经济下行压力的增大以及供给侧改革的不断深化，债券违约将不可避免地成为我国债券市场的常态化现象，特别是产能过剩行业的发行主体债券

---

[1] 李曙光、刘欣东：《健全违约债券交易制度，促进违约风险处置》，载《中国证券报》2018 年 4 月 10 日，第 A12 版。

违约风险会愈发突出。

随着我国债券违约逐步进入常态化，监管机构有序打破刚性兑付已经成为各方共识。在此背景下，债券发行人、投资人、主承销商、受托管理人及监管机构正逐步形成以"市场化""法治化"为原则的违约债券处置路径。但从处置结果来看，目前只有少数违约企业能在短时间内全额清偿本息，多数企业受行业周期、自身生产经营、外部融资环境恶化等影响，长期无法偿还到期违约的债券，个别企业还因丧失清偿能力而进入破产程序。

违约债券无法交易影响违约处置效率。目前，沪深交易所均对违约的公司债券采取停牌措施，银行间债券市场相关规则也要求债券于到期日前一个工作日终止交易流通。这意味着违约债券难以在二级市场进行交易，即丧失流动性。受产品特性影响，违约债券在原始持有人手中可能是"烫手山芋"，不符合继续持有条件，但在专注于不良资产投资的"秃鹫"投资者眼中，可能是良好的投资标的。因为交易机制缺失，无论是想通过抛售及时止损的违约债券持有人，还是想低价购买获得后期收益的"秃鹫"投资者，都无法通过正常交易实现投资策略。这必然加剧当前违约债券持有人的后期求偿诉求，扭曲其行为模式，不利于违约债券的处置。

2. 现有债券投资人保护机制存在的问题

除防范和化解金融风险外，违约债券处置的另一个重要目的就是保护投资人的合法权益。债券市场的投资人保护机制主要由四项制度构成，分别为"信息披露制度""债券持有人会议制度""受托管理人制度"以及"司法救济制度"。从目前的违约债券处置实践来看，这四项制度在执行中均呈现出一些问题。

（1）信息披露制度。证券经济从本质上说是一种信息决定经济，因此信息披露制度是现代证券市场的基础性制度安排。目前，我国公司信用类债券市场已形成了相对完善的信息披露制度体系，包括债券发行文件披露、定期财务信息披露、重大事项披露以及中介机构第三方披露等。但债券信息披露制度仍然存在以下问题：

第一，信息披露制度体系缺少法律支撑。《证券法》是信息披露制度的根本大法，明确了信息披露的具体要求和法律责任。但现行《证券法》仅将公司债券、企业债券纳入其约束范围，对于存量占半数以上的银行间债券并未明确其"证券"身份，难以直接适用《证券法》。这导致大量银行间债券投资人的权益因信息披露违法行为受到侵害时难以获得《证券法》的有效保护。发行人、相关中介机构以及其他信息披露义务人即便出现信息披露违法行为也难以归咎其法律责任。

第二，信息披露标准不统一。目前我国债券市场呈现多头监管的特点，中国人民银行管理银行间债券、证监会管理公司债券、国家发展改革委管理企业债券，同时相应自律组织如交易商协会、深交所、上交所分别实施自律管理。上述监管机构和自律组织在各自管理范围内出台了一系列有关信息披露的法规和自律规则，构成了当前公司信用类债券的信息披露体系。但不同规则下信息披露标准差异较大，且披露平台不同，客观上增加了发行人信息披露的成本和投资人识别信息的难度。

第三，注重事先约束而缺少事后惩戒。法律规定证券发行人如果存在信息披露违法行为，除了要承担民事赔偿责任外，还可能需要承担行政责任甚至刑事责任。从目前违约债券处置的实践看，个别发行人在违约前后出现财务数据"大变脸"现象，或者在违约后拒绝履行持续信息披露义务。监管机构和自律组织对此类违法违规行为多采取自律处分或行政监管措施，尚未追究过其行政责任或刑事责任。这在客观上削弱了债券市场信息披露制度的威慑力，不利于投资人权益的保护。

（2）债券持有人会议制度。债券持有人会议是由债券持有人组成并为了整体利益而集体行使权利的决议机构。当发行人发生可能影响偿债能力的重大事项时，债券持有人通过持有人会议集体议事表达合理意愿，目的是为了增强发行人的履约意愿和能力。但从实践情况来看，持有人会议制度最大的问题是效力不足，无法对发行人及相关方产生有效约束。与债券持有人会议制度相类似的制度还有《企业破产法》规定的债权人会议制度，以及银行业监督管理机构指导下的银行业金融机构债权人委员会。

比较来看，《企业破产法》中规定债权人会议可以运用监督管理人、决定债务人继续或停止营业、通过破产方案等职权全面参与和监督破产程序，由此对债务人形成较强的控制力；银行业金融机构债权人委员会可以通过联合授信和金融债务重组等手段控制债务人的现金流，强化对债务人的控制力。同时，银行业金融机构债权人委员会容易获得地方银行业监督管理机构、地方政府及相关部门的支持，从而加强债权人委员会决议的实际执行力度；而债券持有人会议制度的主要依据是自律规则以及发行文件的约定，并未在《公司法》《证券法》中予以明确，只具有合同约束力，不具备法律强制约束力。同时持有人会议决议需要发行人认可方能实施，在实际执行力和影响力上都相对较弱。

（3）受托管理人制度。债券受托管理制度是受托人制度在现代金融领域的新发展，是国际上通行的债券管理制度。受托管理人在发行公司债券的过程中受让债券有关的财产权利并允诺代债券持有人进行管理、处分，特别是在违约处置过程中可以代投资人进行追偿。目前，我国只有公司债券市场建立了受托管理人制度，企业债券和银行间债券均尚未建立此项制度，在实际运行中受托管理人制度表现出了以下问题：

第一，可能与上位法存在冲突。《公司债券发行与交易管理办法》规定债券违约后，受托管理人可以依法向法定机关申请财产保全，以自己的名义代表债券持有人提起民事诉讼、参与重组或者破产的法律程序等。但受托管理人毕竟不是债权人，上述规定与《民事诉讼法》《企业破产法》《信托法》等上位法存在一定冲突。《公司债券发行与交易管理办法》仅为部门规章，法律位阶较低，在司法实践中无法确保具有普适性。

第二，主承销商兼任受托管理人存在利益冲突。目前公司债券的受托管理人多由主承销商担任。但在承销环节主承销商可能与发行人合谋隐瞒重大信息或作虚假陈述导致投资人受损，此种情况下投资人可以主张主承销商与发行人承担连带赔偿责任。此时让同为受托管理人的主承销商自己向自己追偿，显然是不可行的。

（4）司法救济制度。司法救济制度是债券投资人保护的最后一道屏障，包括诉讼仲裁程序和破产程序。从目前的司法实践来看，债券投资人求偿的效果不够理想。

第一，债券投资人与其他债权人在司法程序中平等受偿，并无特别保护机制。由于公司信用类债券通常为无担保债权，在破产程序中属于普通债权。在早期债券违约案例中，超日、二重、舜天等进入破产程序的企业都对债券进行了单独兑付，因此不少投资者对于债券进入破产程序后的清偿率抱有较高期望。但实际上在我国破产案件中，普通债权在重整程序中的清偿率一般不超过 30%，在清算程序中一般不超过 15%。随着违约债券发行人进入破产程序的增加，违约债券在破产程序中得到"特殊照顾"的可能性越来越小。

第二，法院、破产管理人等对债券产品特性认识不足，对投资人缺少必要的保护。破产程序中，通常由破产管理人管理破产企业，但其本身并非债券发行人，在法律上无信息披露义务。因此，在长时间的破产程序中，破产管理人可能拒绝承担《企业破产法》要求之外的信息披露义务，债券投资人的知情权难以得到保障。

第三，司法程序时间较长，成本较高。虽然债券违约纠纷实体法律关系简单明确，但在程序法上仍存在许多挑战。例如受托管理人或主承销商代为起诉的原告资格问题、原告人数众多涉及的集体诉讼问题、管辖不明确、财产保全及执行困难等问题，客观上加大了债券投资人诉讼求偿的难度。同时，司法程序时间较长，少则数月，多则几年，又需要花费较高的起诉费、律师费和保全费等，经济成本较高，实际效果不够理想。

3. 政策建议

为提高债券违约风险处置的力度和效率，切实保护债券投资人的合法权益，建议从以下方面完善相关制度：

第一，在法律层面系统确立债券投资人保护制度。目前，我国债券市场已经在不同程度上建立了"信息披露""债券持有人会议""受托管理人"几项投资人保护制度，但规则效力层级普遍较低，并未上升至法律层面。建议在立法层面系统完善上述制度，提高法律效力。具体来说，正在修订的《证券法》应将公司信用类债券全面纳入监管框架，建立债券市场统一的信息披露要求，增强对发行人及其他信息披露义务人信息披露行为的约束，保障债券投资人的基本权利；对于"债券持有人会议""受托管理人"这类特殊保护制度，可以借鉴美国、日本的经验，在《公司法》《证券法》中予以明确，解决其效力不足及与上位法冲突的问题。这样可以从根本上加强债券投资人保护制度的法律效力，给债券违约风险处置工作提供强有力的法律手段支撑。同时，监管机构应当加大执法力度，打击债券市场的违法违规行为，切实保障投资人的合法权益。

第二，允许违约债券交易，提高市场化处置效率。从债券发达市场的经验看，债券违约作为高收益债券继续流通可以促使违约债券流转至合适的投资人手中，便于后续风险处置。我国在法律层面也不存在限制违约债券交易的禁止性规定，监管部门应当重新评估相关交易规则，恢复违约债券的正常交易秩序。但应当注意违约债券与正常债券有所不同，具有不良债权的属性，具体表现为交易频率较低、交易本身可能附加个性化条款、公允价值较难确定等特征，具有一定的"非标准化"产品属性。因此应当在考虑到违约债券特殊性的基础上建立完善的配套交易机制，重点解决可交易违约债券品种、合格投资人准入、交易方式、交易场所、信息披露等实际问题，保证既有灵活高效的交易秩序，又不会发生风险传递或外溢。

第三，强化金融监管与金融审判的衔接配合。金融监管部门应该加强与人民法院的沟通联系，探索建立沟通机制，共同提升金融债权的实现效率。对于司法程序中涉及的金融监管要求，监管机构可以主动向法院释明，便于在司法程序中更好地保障投资人的合法权益；对于涉及金融风险防范与金融安全的重要案件，法院可以定期向监管部门通报案件情况，从而强化金融监管和金融审判的衔接配合，推动形成统一完善的金融法治体系。

（二）破除违约债券交易障碍，探索建立合理交易机制[1]

建立违约债券交易机制应满足市场成员高效、安全、公平开展交易的现实需求。要在考虑到违约债券特殊性的基础上建立完善的配套交易机制，重点解决交易平台功能定位、可交易违约债券品种、合格投资人准入、交易方式、交易场所、清算结算、登记托管、信息披露、投资人保护等实际问题。

近年来我国债券市场快速发展，公司信用类债券发行规模迅速扩大。但随着经济下行压力的逐步增大，债券市场信用风险上扬，债券违约事件逐步显现。截至 2018 年第一季度末，我国公司信用类债券累计违约规模已达 865.79 亿元。健全违约债券处置机制是当前化解金融风险需要解决的重大课题之一，一方面要依靠法律的力量定纷止争，保护投资人的权益；另一方面要丰富市场化处置手段，提高风险处置效率。

债券市场建立初期，由于对债券违约现象预期不足，同时担心信用风险传导，监管政策限制了违约债券继续交易流通。但通过比较国际经验和银行不良贷款批量转让的实践就会发现，建立科学有效的违约债券交易机制有助于提高债券违约处置效率，从而实现化解和缓释金融风险的目标。

---

〔1〕 李曙光：《破除违约债券交易障碍，探索建立合理交易机制》，载《证券时报》2018 年 4 月 27 日，第 A14 版。

1. 我国违约债券交易现状与问题

目前，我国公司信用类债券的交易市场分为银行间交易市场和交易所交易市场，其中银行间市场的交易平台为外汇交易中心暨全国银行间同业拆借中心提供的本币交易系统，交易所市场的交易平台为上交所和深交所的债券交易系统。从监管体制上看，银行间债券市场交易由中国人民银行监管，交易所债券市场由证监会监管。受制于当前的监管政策和市场环境，实践中两个市场的违约债券实际交易规模较小，影响了违约债券处置效率。具体情况如下：

第一，大部分违约债券无法继续交易，可供交易的违约债券标的较少。债券违约从类型上可以划分为本金（息）到期违约和单纯利息违约两种。根据目前两个市场的监管规则，仅有银行间债券市场发生非本金（息）到期违约的债券可以继续交易，而大多数本金（息）到期违约的券种均无法在二级市场继续交易。据统计，在已经发生违约的债券中，单纯发生利息违约的占比约为30.35%，且此类债券在本金到期后也将丧失交易的可能，客观上未形成有效的违约债券交易市场。

第二，违约债券丧失流动性，无法满足客观交易需求，并且可能叠加金融风险。债券违约后其在交易场所内的正常交易秩序即被中断，这将给投资人造成信用风险与流动性风险的双重叠加。此外，尽管大多数违约债券到期违约后无法在公开市场继续转让交易，但市场中依然存在部分投资人通过私下签订债权转让协议的方式转让违约债券。由于此类交易是在非公开市场进行的，虽然在法律上可能被认定为有效，但监管机构无法对其进行有效的监管和必要的保护，交易安全与交易秩序难以保障。

第三，交易制度缺位影响了违约处置效率。从目前市场环境看，债券市场大部分投资人是银行、保险资金和公募基金，其公司内控一般不容许投资 AA 评级以下的债券。因此违约债券在原始持有人手中可能是"烫手山芋"，不符合继续持有条件，但在专注于不良资产投资的"秃鹫"投资者眼中可能是良好的投资标的。因为交易机制缺失，无论是想通过抛售及时止损的违约债券持有人，还是想低价购买获得后期收益的"秃鹫"投资者，都无法通过正常交易实现投资策略。这必然加剧当前违约债券持有人的后期求偿诉求，甚至加深其刚兑要求，扭曲其行为模式，不利于违约债券的处置。

2. 违约债券交易的制度障碍及完善建议

目前，违约债券交易涉及的法律规则体系主要由三个层次构成，一是《中国人民银行法》《证券法》《合同法》等高位阶的法律；二是中国人民银行、证监会等监管部门发布的部门规章及规范性文件；三是交易商协会、沪深交易所、外汇中心等自律管理机构发布的自律规则。在对相关法律规则进行系统梳理并分析后会发现，违约债券交易问题在法律层面不存在禁止性规定，在此前提下，监管部门应当对部门规章和规范性文件中的限制性规定进行修改完善，扫清制度障碍，同时在自律规则层面加强交易机制、交易环节投资者适当性安排、信息披露等配套的设计，以满足违约债券交易的制度需要。

（1）法律允许违约债券继续交易。《中国人民银行法》和《证券法》分别是银行间债券市场和交易所市场的最高法律渊源，两部法律授权中国人民银行和证监会分别监管两个市场。对银行间债券市场来说，《中国人民银行法》第 4 条、第 32 条规定了中国人民银行对银行间债券市场的监督管理职责，但对于违约债券交易这类具体问题并未涉及，也未作出任何禁止性规定。对交易所市场来说,《证券法》第 60 条、第 61 条规定了公司债券上市交易后,在公司未按照公司债券募集办法履行义务时,由证券交易所决定暂停其公司债券上市交易,当发生严重后果、公司解散或被宣告破产时,证券交易所有权终止其公司债券上市交易。但应当注意的是,《证券法》规定的暂停或终止上市交易与禁止转让有本质区别。即便违约债券不满足上市交易的条件,其本身作为证券的可转让属性并没有被法律禁止。例如不满足上市条件的股票,在退市后依然可以在全国中小企业股份转让系统的两网及退市板块进行交易流通。可见在《证券法》的框架下,违约债券的交易流通并未被禁止。

(2)银行间市场交易规则的限制及完善。在银行间债券市场,对于违约债券的交易限制性规则主要体现在《中国人民银行公告〔2015〕第 9 号》中。该公告第 15 条列举了债券交易流通终止的情形,包括"①发行人提前全额赎回债券;②发行人依法解散、被责令关闭或者被宣布破产;③债券到期日前一个工作日;④其他导致债权债务关系灭失的情形"。据此,银行间债券违约后可能存在以下几种情形:若债券尚未到期仅因不能支付利息而违约,该违约债券仍可以继续交易;若债券因到期不能支付本金(息)而违约,则不可再进行交易;若违约后发行人主体灭失或债券债务关系终止则不可再进行交易。

可见,银行间市场对于债券是否可以交易的判断标准在于债券是否"到期"或"主体及债权债务关系灭失",而非是否发生"违约"。该条规则之所以在客观上限制了违约债券交易是因为在规则制定时对债券违约预期不足,主要考虑了债券到期后债权债务关系会因兑付而消灭,而未考虑到期违约后债权债务关系继续存续的情况,这是典型的技术性失误。随着债券违约的常态化和转让处置的客观需要，该条规则已经有充分的修订依据，应当适时修订完善。

（3）交易所市场交易规则的限制及完善。相比银行间市场，交易所市场债券违约后将会触发停牌条件，限制更为直接。以深交所为例，根据《深圳证券交易所公司债券上市规则（2018年修订）》第5.6条：发行人出现不能按时还本付息或者未能按约定履行提前清偿义务，且未充分披露相关信息情形的，本所可以对其债券实施停牌，待相关信息披露后予以复牌。上交所的债券交易规则中也有相同的规定。债券停牌后，所有交易渠道全部停止交易，包括竞价系统、综合协议平台和非交易过户，此后，交易所将在7个交易日内决定是否暂停债券上市交易。

上述规则在赋予交易所实施的停牌措施时用的是"可以"而非"应当"的表述，可见规则本身保留了交易所根据市场实际情况进行判断的可能性。此外，停牌措施依然是在落实《证券法》规定的"暂停、终止上市交易"制度，目的本身不应是全面限制违约债券的流动性。交易所市场应当充分借鉴多层次股票市场的成功经验，在公司债券发生违约后，即便终止上市交易，依然可以通过"转板"方式满足投资人的流动性需求。

综上，从债券发达市场的经验看，债券违约作为高收益债券继续流通可以促使违约债券流转至合适的投资人手中，便于后续风险处置。我国在法律层面也不存在限制违约债券交易的禁止性规定，监管部门应当重新评估相关交易规则，恢复违约债券的正常交易秩序。

3. 违约债券交易机制设计

建立违约债券交易机制应立足于债券违约风险处置的现实

情况，并满足市场成员高效、安全、公平开展交易的现实需求。因此应当在考虑到违约债券特殊性的基础上建立完善的配套交易机制，重点解决交易平台功能定位、可交易违约债券品种、合格投资人准入、交易方式、交易场所、清算结算、登记托管、信息披露、投资人保护等实际问题，保证既有灵活高效的交易秩序，又不会发生风险传递或外溢。

第一，探索构建多层次债券市场，建立跨市场统一的违约债券交易板块。从整体定位上看，债券市场与股票市场一样，应当是一个多层次的市场以满足不同风险特征的证券交易需求。违约债券在产品属性、风险特征上与正常流动性良好的债券有较大差异，可以探索建立一个单独的违约债券交易板块满足其交易需求。此外，从金融监管趋势来看，党中央、国务院对于债券违约这类突出的金融风险问题要求加强监管协调，强化综合监管，并提出要加强金融基础设施的统筹监管和互联互通。这为搭建跨市场统一的违约债券交易平台提供了良好的政策环境。对于公司信用类债券来说，无论原债券品种、交易场所、交易机制、交易规则有何不同，在发生本金实质违约后法律性质、风险特征和处置进路都趋于统一，客观上形成了跨市场统一交易的条件。

第二，要充分考虑违约债券的产品特性，健全交易平台的功能定位。应当注意违约债券与正常债券有所不同，具有不良债权的属性。违约债券的期限、利率等核心交易要素不明，同时具有交易频率较低、交易本身可能附加个性化条款、公允价值较难确定等特征，难以像正常债券一样进行标准化交易，具有一定的"非标准化"产品属性。因此为了保障违约债券的交易秩序和交易安全，交易平台在功能定位上除了应当提供一般交易流通服务外，还应该提供交易信息发布、交易撮合、违约债券标准化重组、线下交易协议订立等功能，由此满足违约债券的交易特性，提高交易效率。

第三，规范可交易违约债券品种，并设置合理的投资者适当性标准。鉴于债券违约存在不同的界定和类型，如利息违约、本金违约、回售违约、条款违约等，需要明确可以进入违约债券交易市场的债券品种。同时，考虑到违约债券属于高收益、高风险类债券，客观上要求交易主体的风险识别能力和风险承受能力更强，因此可尝试进一步提高投资者适当性标准，限定为具有较强风险识别能力和风险承受能力的合格机构投资者。对于从事不良资产处置的专门机构，可给予特殊的准入便利。同时可以合理扩大开放程度，引入专业境外投资人，参与违约债券交易。

第四，设置以询价为主，以点击成交、匿名点击为辅的交易方式。违约债券交易具有交易频率较低、单笔交易金额较大、交易定价灵活性强等特点，客观上要求交易平台采用以询价为主的交易方式。点击成交、匿名点击等其他辅助交易方式在银行间货币市场和债券市场也已经有较为成熟的运行经验，将其引入违约债券交易市场，有助于促进违约债券交易的对手方发现和价格发现，将显著提升交易效率。

第五，完善登记托管清算机制，提高灵活性，降低操作风险。良好的交易托管平台、科学的清算结算机制以及高效的清算结算系统可以提高违约债券交易的效率和安全性，降低交易的道德风险和操作风险。同时，在违约债券交易的过程中，必然伴随着债务重组、诉讼仲裁甚至破产重整等处置程序，客观上加大了登记托管和清算结算的难度，需要基础设施平台增强应对能力，提高灵活性，以满足交易需求。

第六，完善配套制度体系，提高投资人保护力度。违约债券的投资人对于信息的敏感性更强，对于债券交易价格具有重大影响的事项，如发行人偿债资金落实情况、资产受限及处置情况、债务重组及诉讼破产情况等，发行人需要真实、准确、完整、及时地向投资者披露，以此保证投资人作出正确的交易决策，保证违约债券交易的公平性。因此，违约债券市场应建立完善的信息披露、债券持有人会议、债券受托管理人等制度体系，逐步构建和完善市场风险监测与防范机制，切实保证违约债券投资人的合法权益。

国有资产法前沿问题研究

一、国有资产法的基本范畴

(一) 国有资产法的法律地位

按照法理学的一般理论，任何一个国家的法律体系，都由宪法统率下的行政法、民法、经济法、劳动法等若干个法律部门所组成。国有资产法在法律中并非一个与行政法、民法、经济法等相并列的独立法律部门，而是一个既分别与这些法律部门有所区别又兼有这些法律部门属性的法律综合体。强调这一点，对国有资产立法有着深层次的指导意义。笔者认为，关于国有资产法的地位问题，不能笼统将其划为哪一个法律部门，它寓于法律体系当中，又突破了法律体系中传统的划分法律部门的界限。应当区分其各组成部分的属性，再根据这些属性，将各组成部分予以科学、准确的定位。

1. 国有资产法的民法属性

在国有资产法调整的国有资产关系中，国有资产产权关系处于基础地位。国有资产产权制度是对国有资产进行有效管理的保证和前提。国有资产产权关系的核心内容是产权制度。

产权客观上的激励功能、约束功能、外部性内部化功能、资源配置功能和协调功能等诸多功能的充分发挥取决于具体的产权制度的恰当安排，而这种制度的安排又是以产权主体间的地位平等、意思自治和权利神圣为前提，集中体现在以民法为核心的私法上。就国有资产产权关系而言，国有资产权利主体与其他民事主体的关系是平等的。尽管国家是基于社会成员共同意志组建的公共机构，具有强大的权力，但是在私法上，它同其他法人组织并没有本质的不同，它的管理权力、强制权力等在参加民事法律关系时完全不应介入。国家进行民事活动，必须拥有相应的权利能力和行为能力，遵守市场交易的基本规则。国有资产法具有民法的属性，特别是有关国有资产产权、国有资产流转交易、国有资产侵权等法律制度都与民商法的规则一脉相承。

保护国有财产是《宪法》的基本原则。按照市场经济体制下所有权一体保护的原则，在《物权法》当中对国家所有权进行了详尽的规定。但《物权法》只是明确了国家所有权，但如何落实国家所有权、由谁占有、如何使用、如何分配收益、如何处分等并未明确。物权法的颁布，为不同所有制条件下财产的自由交换提供了基本的法律平台。在这样的背景下，完善与《物权法》相配套的国有资产法，制定针对国有资产的具体的操作规范，为国有资产的保护提供具体的法律规则，就成为立法的一项迫切需要。

2. 国有资产法的行政法属性

国有资产法也具有行政法的属性。从产权的管理方面看，国有资产法的重要任务是确立国有资产的管理体制。对不同类型的国有资产，由于资产存在状态和自身性质的差异，国资管理方面的差别极大；同时受历史条件的限制，国资管理呈现了条块分割、各自为政的混乱状态；这些都为国有资产法试图建立统一、高效的国资管理体制造成了障碍。

从国资的流转方面看，国有资产还是经济发展中重要的物质要素，在市场经济中寻求市场定价、自由流通。这要求国有资产管理体制能够服务于市场需求，提高交易的便利性，降低交易成本，同时也要关注国家利益，防止国有资产的流失。

从国有资产的法律责任方面看，违背国资管理制度所面临的主要责任是行政责任。建立严密的国有资产保护网络和严格的责任追究机制仍然是国资法的题中之意。特别是在当前，国有企业尚未完全步入市场，国有资产的管理者、经营者大多仍具有公务员身份的情况下，也必须建立与之匹配的行政责任追究制度。

国有资产法所具有的行政法的属性对本课题研究的一个重要影响是：国有资产法的研究不可避免地涉及国有资产管理的行政体制和管理模式，对这些内容的阐述和分析似乎远离了法律机制。需要说明的是，这是由国有资产法的行政法属性所决定的，也是由经济法的自身的性质所决定的。[1] 强调国有资产法具有行政特性，意在表明国有资产管理与国家行政管理相联系，国有资产管理的法律规范应当与行政法的基本原则保持一致，并使国有资产管理的基本制度在行政法与经济法之间保持协调。

3. 国有资产法的经济法属性

关于国有资产法的经济法属性，本书可以通过对经济法本质属性的认识，对其进行本质界定，达到国有资产法和经济法

---

〔1〕 经济法学与经济密切相关，特别是经济管理、经济监督、经济调控等方面与传统法律范式、与其他部门法存在着显著差异。

的契合。经济法作为新兴的法律部门，体现国家渗透市场的理念，而正是市场与国家博弈的均衡，使经济法自其诞生之日起，便与国家和市场有着本然的亲缘关系。经济法的认识路径，可以概括出以下两种主要认知范式。

第一种认知范式：经济法是规制市场失灵与政府失灵的双重干预之法。计划和市场是两种不同的资源配置方式。市场是一种客观的资源组织形式，在资源配置中一般不存在客观主观化的问题，即必须遵循市场规律；而计划是一种主观的资源组织形式，在资源配置中存在着客观主观化的难题，即主观意志往往脱离客观的需要。市场体制的动力来自经济人。在现有生产力条件下，市场比计划更合乎人的本性，更能激励市场主体创造财富，更具有信息优势，因而能产生更高的效率。但是市场并不是绝对的最优的资源配置形式，也存在一些非效率的情况。其主要原因在于，经济人在追求自身利益最大化过程中，如果没有有效的制度约束，往往会不择手段，经济人的这种对自身利益的过度追求，必然导致市场失灵，市场失灵为政府干预提供了空间，然而政府亦非万能。有限理性加之经济人特质，政府极易陷入干预失灵的泥潭。政府失灵表现为政府运行效率较低、过度干预、公共产品供应不足、不受产权约束、权力寻租等。正是市场失灵与政府失灵之双重困境，蕴涵了作为国家干预经济基本法律形式的经济法的逻辑基点。经济法不仅要赋予政府一定的干预市场的权力，保障市场的"长治久安"，防止市场失灵；而且要规范、限制政府的干预，防止政府越界、干预失灵。我国市场经济体制产生的背景具有一定的逆向性。西方市场经济国家通常是在自由主义极端发展的背景下强调国家干预的，而市场经济是在干预主义极端发展的背景下强调自由经济的。因此，经济法作为政府干预经济的基本法律形式，在授权"政府如何干预"的同时，更应该注重"如何干预政府"。国有资产承担着一定的国家经济职能并且其承担社会职能的任务重于其他资产，其运行受国家干预的程度应当强于其他资产。因而，国有资产法体系中的国有资产管理法一方面要对国有资产管理部门的资产管理职能进行授权，另一方面也要对国有资产管理部门的干预程序、干预方法、干预领域和干预责任进行严格规范，从而从保障国家干预与市场机制相协调的角度规范国有资产运行。在这个意义上，国有资产法具有经济法属性。

第二种认知范式：经济法是私法与公法互动交融之法。自古罗马法学家乌尔比安提出公私法分类以来，关于公法与私法的划分，就成为许多国家法律规范体系的基本分类。市民社会与政治国家的分立对峙，直接导致了私法与公法分立的二元法律结构。私法固守私人利益关系领域，公法则以保护国家公共利益为目的；私法以私利为基点通过肯定和鼓励个体追求利益行为而增进社会整体利益，公法以公共利益为基点为了实现整体利益而保障个体利益不受损害。但是，在现代法社会中又确实存在公、私权利互相渗透和互相兼容这一法律事实。一方面，绝对的私法自治和私权优先理念下的传统私法强调私人利益的保护，加剧了社会两极分化和不公平结果等"市场失败"现象。私法兼容公法根源于此。因此需要运用公法规范限制私法自治，维护社会公益。另一方面，绝对的公法和公权优先理念下的传统公法强调国家利益的保护，加剧了市民社会和政治国家的对立。公法兼容私法根源于此。因此需要运用私法规范限制公法优先，维护市场主体利益。经济法是从传统民法、商法和行政法中发展出来的一个兼容公法、私法因素的重要法律部门。当国有资产被作为与其他资产平等的财产时，具有"私"的性质。但是国有资产更具有"公"的性质，即来源的公共性、目的的公共性。国有资产是权力的化身或载体，凡是国有资产存在之处，即有权力的存身之处。权力本身具有天然的膨胀性与侵夺性，会吞蚀私权，这种失败的权力最终造成国有资产的流失、国有企业改革的失败等情况。为此，国有资产法中的产权法一方面界定了权利和权力的界限，确保公权不得侵犯私权，加强权力管理，防止权力滥用。另一方面，国有资产法中的国有资产管理法又对国有资产的管理作了严格限定，切实保证国有资产符合国家和社会的利益，实现平等、自由、效益与秩序的价值。所以说，国有资产法具有经济法的属性。

宪法和基本法律在叙事方式上的原则性，必须依靠包括国有资产法在内的制度支持，以及包括行政和司法在内的技术拱卫。国有资产法的多重属性为本课题的研究开拓了广阔的研究领域和研究视角，也增加了研究的困难：国有资产法需要在多重目标和多种利益中进行取舍，甚至是在相互冲突的价值中寻找平衡点。显然这些都会导致国有资产法理论和立法实践中的争议。从最终通过的国有资产法来看，国有资产法立法中的不完备以及相关制度的保守态度，显然与抉择的困难密切相关。

（二）国有资产法的调整范围

国有资产法适用范围讨论的是该法所覆盖的范围是全部国有资产还是部分国有资产。从法律角度来说，国有资产指的是全民所有即国家所有的财产以及附着于这些财产之上的权利，它不仅包括经营性资产、非经营性和资源性资产，还包括国家依据法律或者凭借国家权力从这些资产上所取得的准物权以及国家享有的债权和无形产权。本部分首先界定了资产、资本及

资产分类等基本问题，并初步探讨了国有资产法应当涵盖的
"国有资产"的范围。

1. 资产与资本

资产与资本是两个不同的概念（见表1）。本法采用国有资
产法表述的原因有五：其一，这部法律的一个重要目的是规范
国有资产的转让与交易，防止国有资产流失，转让与交易以及
防止流失的对象是国有资产，而不是国有资本。其二，对国资
委组建的投资控股公司来说，虽然这类公司是从事资本经营的公
司，但下属企业的资本就是它们的资产。其三，对于投资控股公
司控股的实业公司或工商企业来说，由于企业对自己的资本不具
有所有权，因此企业无权经营自己的资本，企业的职责是从事资
产经营活动，所应该做的事情是将自己控制的资产经营好。其四，
未完成股份制改造的企业或者行政性事业单位的经营性资产不能
认为是资本，但是应当纳入法律保护范畴。其五，国有的自然资
源资产、行政事业单位资产和国防资产等属于资产范畴，如果用
国有资本概念是不能涵盖的。

表1　资本与资产的区别

区　别	定　义	表现形态	资产负债表特征	两者关系	所有权
资产 Asset	是企业用于生产经营活动，为投资者带来未来经济利益的经济资源	以实物形态出现，表现为流动资产、固定资产等形式	出现在资产负债表的左侧	资产 = 资本 + 负债	归企业所有
资本 Capital	是指在企业中出资人以出资形成的资本性权益	以价值形态出现，表现为股权或产权	在资产负债表右侧	资本 = 资产 - 负债	归公司所有者所有

2. 国有资产的分类

从法律角度讲，国有资产可以划分为四大类：第一类国有资产是物权。物权包括三部分资产：第一部分是经营性资产，第二部分是非经营性资产，第三部分是资源性资产。

第一部分：经营性资产，主要指的是国有企业。关于国有企业的法律界定，目前有三种观点：第一种观点认为，国有企业指的是全部资产只限于国家所有的企业或国有独资公司，它们的全部资产都由中央政府或地方政府投资；第二种观点认为，国有企业指的是主要出资人为国家或国家授权的部门，国有资本占控制地位，国家拥有控制权的企业或公司；第三种观点认为，国有企业指的是国有资本在一企业资本中参股超过10%者。笔者认为现在的国资委只管理经营性资产中的一小部分，即国有工业企业、流通类企业的资产，仍有很多资产不在其管理范围。比如说金融类的国有资产，现在"工农中建交"五大银行的资产、四大资产管理公司的资产、汇金公司的资产属于财政部管理；新闻媒体的资产是由党的相关部门进行管理；还有很多的经营性资产，国资委也没有管理，如中国铁路总公司的资产、社会保障基金会的资产、国防资产等。

第二部分：非经营性资产，涉及三种资产。一是政府的资产，政府机构占有的包括各地方政府的大楼、政府的办公设施在内的国有资产数额巨大。为什么一些地方政府占有的国有资产如此巨大？这与国有资产界定、管理、预算、经营体制有关系。二是事业单位的资产。中央编制委在对事业单位进行清理规范工作时，统计得出事业单位的资产三千多亿。事业单位的定义较为混乱，证监会、银保监会是事业单位，国资委也是事业单位。[1]这些事业单位在发挥政府部门的作用，行使的是中央政府赋予的行政职能。还有更多的其他类型的事业单位，如医院、学校、科研院所、中介咨询、文化经营单位，等等。有两类事业单位的改革正在进行：一类是文化经营类的事业单位，像东方歌舞团、北京人艺、大学出版社这些文化经营类的事业单位；另外一类是医院，在上海、浙江、广东开始了公立医院的股份化改革。三是文化历史遗产，如长城、故宫、兵马俑、泰山等，这都是祖先留下来的无价之宝，将其作为国有资产，有利于对其的保护。

第三部分：资源性资产。资源性资产指的是河流、矿山、森林、滩涂、海洋、土地，等等。传统的中央政府在对社会进行经济控制的时候往往采取两个手段，一是货币手段，二是财政手段。世界各国都是如此，但是中国有一个特例，其还有另外一个手段——资源的调控，特别是对土地资源的调控，这在其他国家不存在，其他国家也没有这个能力实现调控。虽然说我国实行全世界最严格的土地保护政策，但是土地的国家所有都虚化到省级所有、市级所有、县级所有，最后是个人所有。近些年来，各地上马了很多项目，其实是以经济开发区、高新技术区、生态园、大学城、旅游城等各种名义圈占土地。经营城市被异化成了经营土地。经营土地的后果不仅仅是权力寻租、国有资产流失到个人口袋；而且盲目圈地、上马各类项目会导

---

〔1〕 以证监会为例，1994 年发布的《国务院关于中国证券监督管理委员会列入国务院直属事业单位序列的通知》（国发〔1994〕？号）。中国证监会网站指出：中国证监会为国务院直属正部级事业单位，依照法律、法规和国务院授权，统一监督管理全国证券期货市场，维护证券期货市场秩序，保障其合法运行，载 http://www.csrc.gov.cn/pub/newsite/zjhjs/，最后访问日期：2012 年 10 月 30 日。

致环境的破坏、公共利益的损失。

按照《物权法》的规定，各种自然资源由国家专属所有。但同时，它们也是重要的经济要素。如何配置、管理这些资源，从而保障国家的收益却是一个难度极大的问题。应该对资源性资产进行所有权和经营权分离的改革，同时要改革资源相关的税费体系，兼顾国家、资源所在地方、资源开发、开采企业等多方的利益，同时还要遵循可持续发展的原则，合理开发使用资源，形成反映市场的资源价格形成机制。

第二类国有资产是准物权，包括矿山的开采权、河流和海洋的捕鱼权、土地的开发权等。这些准物权实际上是国家特许权。实践中很多企业进行特许权转让交易甚至倒买倒卖，损害了国家利益与公共利益。

第三类国有资产是债权，包括国家对外投资借债，在国外购买国债等资产。

第四类国有资产是国家的无形产权，如国旗、国徽，国家所有的专利、商标、专有技术、商业秘密，包括"中国"这个字号。

目前并没有一部基本法律规范广义的国有资产，现有的法律条款只规定了部分的资源性资产和国有企业。社会财富、国有资产的浪费每天都在发生，对国有资产的产权界定、管理、经营、预算和处置却没有统一的法律规制。因此，建立一套完善的国有资产法律制度、法律体系是非常必要的。不能对历史和这些年改革开放形成的广博的国家财富视而不见，国有资产立法是市场经济法治的基石之一。

对于国有资产的划分，一般都是按照经济学的理念，将其划分为经营性资产、非经营性资产和资源性资产。但这种划分从严格意义上讲并不准确。法学界则习惯从物权、准物权、知识产权、债权、权益性资产等角度，对国有资产进行划分。经济学界和法学界对此的认识大相径庭，而以前国有资产的管理体制，又基本上是按照经济学的理念制定的。因此笔者在参与制定国有资产法时，就有很多感到困惑的问题。既要对这笔庞大的资产进行有效的法律界定，也要建立对国有资产进行有效、清晰管理的体制。目前，制定一部涵盖所有国家财产及其权利的法律的条件尚未成熟，从操作角度讲只能狭义立法。但是，应通过国有资产立法的进程，提高国民保护广义国有资产的法律意识，并强化国有资产立法随中国改革进程解决实践问题的能力。从长远来说，国有资产立法应从广义理解国有资产，其立法目标不是简单地如何促使国有资产保值增值，而是如何增进全体国民利益的最大化。[1]

3. 国有资产与相关概念之辨析

第一，国有资产与公共财产、集体财产的区别。一般说来，国有资产由全体国民或代表全体国民行使权力的国家机器占有、使用；公共财产由某个范围内的团体共同享有；集体财产由最初国有资产拨款设立的集体企业所有。

关于公共财产，《刑法》第 91 条作了规定。公共财产包括以下形式的各种财产：①国有财产。即国家所有的财产，包括国家机关、国有公司、企业、国有事业单位、人民团体中的财产，以及国有公司、企业、国有事业单位在合资企业中的由国家拥有的股份和资产。②劳动群众集体所有的财产。包括集体

---

〔1〕 参见段宏庆：《国资立法起草小组重新架构》，载《财经杂志》2004 年第 7 期。

所有制的公司、企业、事业单位、经济组织中的财产，以及按照集体所有制进行管理的一些社会团体的财产。在经济活动中，公民多人合伙经营积累的财产，属于合伙人共有，不属于集体所有的财产。③用于扶贫和其他公益事业的社会捐助或者专项基金的财产。这部分资产主要是指服务于学校、残疾人康复中心、养老院以及希望工程等社会公益事业的财产，个人、组织或单位向社会公益事业以及向贫困地区或者特困的个人所捐赠、赞助的款物以及专门用于上述公益事业的各种基金。虽然其从财产来源上可能是个人、私营企业以及集体的财产，但因为已经属于并用于扶贫和社会公益事业，实际上已经成为公共财产。④在国家机关、国有公司、企业、集体企业和人民团体管理、使用或者运输中的私人财产，以公共财产论。这部分财产虽然属于私人所有，但交由国家机关、国有公司、企业、集体企业和人民团体管理、使用、运输，上述单位就有义务保护该财产，一旦发生丢失、损毁，则负有赔偿责任，所以《刑法》规定将这部分财产作为公共财产来对待和保护。

第二，国有资产与私有财产的关系。关于公民私人财产，《刑法》第 92 条作了明确规定。公民私人所有的财产包括以下四种：①公民的合法收入、储蓄、房屋和其他生活资料。公民的合法收入，包括公民个人的工资收入、劳动所得以及其他各种依法取得的收入，如接受继承、馈赠而获得的财产等；储蓄，是指公民将其合法的收入存入银行、信用社等金融机构；房屋，是指公民私人所有的住宅、经营性场所等房产，由公民所在单位分配的未购买的住房，不属于公民私人所有的房屋；其他生活资料，主要是指公民的各种生活用品，如家具、交通工具等。公民合法的生活资料的获得必须符合法律规定，非法占有的生活资料不受法律保护，如贪污受贿得到的钱财，法律不但不予保护，反而应当没收。②依法归个人、家庭所有的生产资料。包括各种劳动工具和劳动对象，如拖拉机、插秧机等机器设备，耕种的庄稼，用于耕种的牲畜，饲养的家禽、家畜，自己种植的树木以及其他用于生产的原料等。③个体户和私营企业的合法财产。个体户包括个体工商户和农村承包经营户。《民法通则》第 26 条规定："公民在法律允许的范围内，依法经核准登记，从事工商业经营的，为个体工商户。"第 27 条规定："农村集体经济组织的成员，在法律允许的范围内，按照承包合同规定从事商品经营的，为农村承包经营户。"因此，个体户是以个人或家庭为生产单位的，其合法财产属于该个人或者家庭所有。私营企业是指由自然人投资设立或由自然人控股，以雇佣劳动为基础的营利性经济组织，包括按照《公司法》《合伙企业法》规定登记注册的私营有限责任公司、私营股份有限公司；私营合伙企业和私营独资企业。私营有限责任公司是指按《公司法》的规定，由两个以上自然人投资或由单个自然人控股的有限责任公司；私营股份有限公司是指按《公司法》的规定，由五个以上自然人投资，或由单个自然人控股的股份有限公司。私营合伙企业是指按《合伙企业法》的规定，由两个以上自然人按照协议共同投资、共同经营、共负盈亏，以雇佣劳动为基础，对债务承担无限责任的企业；私营独资企业是指由一名自然人投资经营，以雇佣劳动为基础，投资者对企业债务承担无限责任的企业。④依法归个人所有的股份、股票、债券和其他财产。个人所有的股份，是指在非私营企业性质的股份有限公司中，以个人出资认购的股份。公民个人出资认购的股份，属于个人所有的财产。股票，是指股份有限公司依法发行的表明股东权利的有价证券。债券，是国家或企业依法发行的，约定在到期时向持券人还本付息的有价证券，分为公债券、金融债券和企业债券。公债券是指国家发行的债券，如国库券。金融债券是指由金融机构直接发行的债券。企业债券即企业发行的债券。个人所有的股票、债券，包括公民个人购买的依法向社会公开发行的股票和债券，也包括通过继承、馈赠等其他合法方式取得的股票、债券。

国有资产和私人财产两个概念互相对应，应严格区分。

（三）国有资产法的基本原则

国有资产类型多样，存在形式差异较大，管理体制和方式方面也存在重大差别，对于建立统一的国有资产保护法律而言，这些都是不利的因素。在国有资产立法过程中，特别是早期国有资产立法的讨论过程中，来自不同领域的国资管理者、专家和学者对此进行了深入探讨，形成了大量共识。笔者长期参与国有资产法的立法进程，对相关内容也进行了深入的研讨。这些共识事实上成为今后国有资产法立法和国有资产管理的基本原则，多数都已经贯穿在了《企业国有资产法》当中。本书认为，下述的这些原则应当成为今后国资立法和国资管理过程中应当坚持的基本原则。

1. 国有资产是社会主义公有制的政治经济基础

《宪法》第6条明确规定了"中华人民共和国的社会主义经济制度的基础是生产资料的社会主义公有制"。社会主义经济基础由全民所有制的国有企业这样一个个细胞和具体形式构成，发展国有企业，建立完备的国有资产管理体制有利于巩固和完善社会主义经济制度。在我国进入全面建成小康社会决胜阶段后，国有企业在贯彻创新、协调、绿色、开放、共享的新发展理念，建设现代化经济体系，实现"两个一百年"奋斗目标、实现中华民族伟大复兴的中国梦等方面都发挥着极其重要的作用，今后一系列的经济政策的制定实施都离不开国有企业。

产业机构的调整离不开国有企业。旧的、不可持续的发展模式已经走到尽头，调整产业结构、转变经济增长方式成为经济转型的基本诉求。国有企业在这一转变过程中发挥着重要作用。在国有经济做大做强的同时，通过优化经济布局，以国家产业结构调整指导目录为指引，积极发展国家鼓励类的产业，引导产业升级与优化区域结构。

科技创新离不开国有企业。科技是形成新的产业、改造传统产业的最重要的力量。企业是科技创新的最重要最活跃的主体。国有企业集中了大量的人才，拥有先进的实验设备，成为科技创新的重要平台。国有企业通过科技创新提高经济效益从而从整体上推动经济增长方式的转变。

节能减排、改善环境恶化状况需要国有企业。国有企业特别是工业企业是能源消耗和碳排放的主体，降低能源消耗，提高能源使用效率对于经济增长质量、保障能源安全具有重要意义。在能源资源消耗、经济增长的同时，污染状况也日益严重。为此，国有企业需要引导其他经济形式的企业提高环境意识，降低污染物的排放。

2. 坚持国资管理基本制度的统一性

国有资产属于国家所有，自 2003 年国务院国有资产监督管理委员会建立以来，逐步建立了国家所有、分级代表的国有资产管理体制。2008 年的《企业国有资产法》确立了国有资产管理的基本框架与基本制度，这也成为新时期推动国有企业进一步深化改革的基础。在新时代背景下，习近平总书记在党的十九大报告中提出要加快完善社会主义市场经济体制，"要完善各类国有资产管理体制，改革国有资本授权经营体制，加快国有经济布局优化、结构调整、战略性重组，促进国有资产保值增值，推动国有资本做强做优做大，有效防止国有资产流失"，"深化国有企业改革，发展混合所有制经济，培育具有全球竞争力的世界一流企业"。在这一总体框架下，各级国资管理部门积极开展工作，加强国有资产管理的创新。

国资管理中应当充分发挥国有企业的积极性。国有企业特别是中央所属的国有企业往往规模巨大，组织结构复杂，企业自身在国资管理方面有巨大的能动性。在国有资产法确定的原则之下，可以通过建立合理的内部治理机制，保障国有资产运营的安全高效。

国资管理还应当充分发挥地方的积极性。在法律所确定的国资管理的框架下，地方国资管理方面也应当积极探索，创新国资管理模式。当前各地国有资产的存在状况、发展阶段、存在的主要矛盾和问题等都有显著的差异，难以形成统一的国资管理模式和管理重点。地方国资管理部门应当有所作为，推动国有资产保值增值和最大限度发挥国有资产使用效率。

3. 依法管理国有资产

长期以来，国有企业改革和国有资产管理始终是经济改革的中心内容。从党的十八届三中全会至今，以习近平总书记为核心的党中央对国有企业改革和国有资产立法持续关注，相继出台各类推进国有企业改革发展、完善国有资产管理体制、促进国有资产保值增值、防范国有资产流失的政策法规。在国有企业改革中，2016 年 7 月，习近平总书记在全国国有企业改革座谈会上的讲话强调，"国有企业是壮大国家综合实力、保障人民共同利益的重要力量，必须理直气壮做强做优做大，不断增强活力、影响力、抗风险能力，实现国有资产保值增值"。在国有资产立法问题上，2015 年 10 月 31 日，国务院办公厅印发的《关于加强和改进企业国有资产监督防止国有资产流失的意见》中提出要着力强化企业内部监督、切实加强企业外部监督、实施信息公开加强社会监督、强化国有资产损失和监督工作责任追究、加强监督制度和能力建设。2017 年 4 月 27 日，国务院办公厅发布的《国务院国资委以管资本为主推进职能转变方案》针对国有资产监督机制尚不健全，国有资产监管中越位、缺位、错位等问题，强调"加快调整优化监管职能和方式，推进国有资产监管机构职能转变，进一步提高国有资本运营和配置效率"。从以上连续多年的国有企业和国有资产改革政策来看，党中央和国务院对国有资产的改革政策逐渐细化、优化，为管理国有资产提供了一定的战略依据。但由于面临的问题和困难特殊，经验缺乏，国企改革处于不断的探索阶段，较难形成统一的国有资产管理的法律。随着社会主义市场经济发展道路的确立，国企改革与国资管理的目标也逐步明确，以法治化的方式推动国有资产改革成为必然选择。

首先应建立完备的国有资产管理法律体系。法律应当对国有资产监管活动起到指引、规范、保障和激励作用，为国有资产管理和运营提供法律依据。从国外国有资产管理的经验看，一些国家已经建立了较完备的法律体系，对国有资产管理体制、组织机构、法定职责、权力的行使及程序等都有详尽的规定。例如在 1922 年日本就针对国内大量的国有资产制定了《国有财产法》，并于 1948 年重新修订后颁布。除此之外，对于特定类别的国有资产，如电信领域制定了《日本电信电话株式会社法》

《电气通信事业法》《整备法》。日本铁路民营化的过程也为各国国资市场化提供借鉴。在这个过程中，法律始终是改革的基本依据。为此日本制定了《铁道事业法》《国铁重组法》《国铁清算事业团法》等，确保了国有企业改革不脱离法治轨道。

另外，国资立法还应当通过法律明确国有企业与政府的关系，特别是在国有资产管理体制中，各级国有资产管理部门同国有企业的关系，真正地使国有企业脱离行政管理模式，加快去行政化的进程。

4. 以分类管理推动国资管理的精细化

十八届三中全会明确提出要"准确界定不同国有企业功能。国有资本加大对公益性企业的投入，在提供公共服务方面做出更大贡献。国有资本继续控股经营的自然垄断行业，实行以政企分开、政资分开、特许经营、政府监管为主要内容的改革，根据不同行业特点实行网运分开、放开竞争性业务，推进公共资源配置市场化，进一步破除各种形式的行政垄断"。新的时期，改革必须在法律的框架和法治的保障中推进。这要求必须加强国企和国有资产改革的"顶层设计"，特别是完备的法律支撑体系。

1998年以杨瑞龙为首的课题组发表了《国有企业的分类改革战略》，率先对国企分类改革进行了探索。但总体看，当时国有企业管理体制尚未理顺，国企改革的重点仍在于脱困，分散和多头的管理体制下，这类改革缺乏可操作性。2003年之后国有资产管理进入新的时期，在保值增值的目标之下，国有企业过度地参与市场竞争，与民争利乃至对民营经济的挤出效应日益明显，国有企业在生产经营中面临"盈利性使命"与"公共政策性使命"的诉求冲突日益严重。

国有企业类型化改革是推动国企管理和治理的第一步。国有企业数量众多，国有资产规模庞大，对不同类别和不同特点的企业采取"一刀切"的管理方式远远落后于国企经营实践，不利于国企活力的发挥。更重要的是，在国企类型化管理的基础上，相应地在内部建立不同的治理与考核机制，在外部建立多层次的监管标准和体系，对于整个国企和国资管理都具有重要意义。类型化是国企与国资改革的切入点，在分类的基础上，建立针对不同类别国企的运营机制和管理模式，理顺国资管理体制才是改革的重心。

5. 国有资产保护应当与市场经济相结合

从 1992 年确立建立社会主义市场经济体制以来，国有企业一直在沿着市场化的方向迈进。十八届三中全会更是提出要让市场在资源配置中起决定性作用，国有企业经营和国有资产管理都应当遵循市场经济的基本规则。

国有企业同其他市场主体一样平等地参与市场竞争。任何企业不应当有超经济的权力，这要求剥离企业不应当拥有的行政身份和行政特权。出于对经济安全等方面的考虑，在经济中的诸多领域设置了市场准入限制，使得当前很多国有企业或行业事实上垄断经营。垄断利润成为国有企业利润的重要来源。如银行业的经营，虽然《商业银行法》规定了设立商业银行应当具备的条件，但在核准主义之下，设立商业银行最重要的并不是具备这些条件而是获得银行监管部门的许可。由于当前实行的利率管制，存款利率经常会偏离市场利率水平，在位的商业银行都可以保证巨额的利差收益。不公平的竞争损害了其他经营者、消费者的利益，破坏了市场竞争的基础。十八届三中全会提出要建立"混合所有制"经济，这也意味着更多的领域将向市场开放，这无疑是市场经济走向深入的重要标志。"十三五"规划中鼓励民营企业依法进入更多领域，引入非国有资本参与国有企业改革，更好激发非公有制经济活力和创造力。2018 年 11 月，习近平总书记在民营企业座谈会上专门强调，"我们党在坚持基本经济制度上的观点是明确的、一贯的，从来没有动摇。我国公有制经济是长期以来在国家发展历程中形成的，积累了大量财富，这是全体人民的共同财富，必须保管好、使用好、发展好，让其不断保值升值，决不能让大量国有资产闲置了、流失了、浪费了。我们推进国有企业改革发展、加强对国有资产的监管、惩治国有资产领域发生的腐败现象，都是为了这个目的"，要鼓励民营企业参与国有企业改革，为民营企业打造公平竞争环境，给民营企业发展创造充足市场空间。党的十九大更是把"两个毫不动摇"写入新时代坚持和发展中国特色社会主义的基本方略，作为党和国家一项大政方针进一步确定下来。

从国有资产的管理方面看，国有资产管理部门是代表国家履行出资人职责的机构。出资人的身份决定了国资委在进行国有资产管理的过程中应当遵循市场要求和《公司法》的规则，在法律的框架内行使职责，而不应当越权干涉企业的经营。当然，国有企业在获得市场身份的同时，国资管理机构也应当以市场的标准和要求考核企业的经营，特别是建立严格的奖惩与责任制度，当公司管理者违背信托责任的时候，应当追究其民事或刑事责任。

二、国企改革的难点和未来

（一）《企业国有资产法》的历史沿革

1. 立法背景

中国是社会主义发展中国家，这是基本国情。坚持社会主义，决定了我国的基本经济制度是以公有制为主体、多种所有制经济共同发展，公有制是社会主义的经济基础。我国是发展中国家，决定了我们所走的中国特色社会主义道路，是一条不断探索、充满变革、不断前进的道路，是前无古人的伟大实践。从新中国成立初期贫穷落后的农业国，经历了计划经济向市场经济的变革，经过几十年的经济建设和改革开放，经过全国人民的不懈探索和艰苦奋斗，我国经济建设取得了举世瞩目的辉煌成就。尤为重要的是，国有经济作为公有制经济的重要组成部分，日益发展壮大，已积累起数额巨大的国有资产，这是全国人民的共同财富，是全面建设小康社会的重要物质基础。国有经济是否发展、能否巩固，决定着我们走什么样的道路。要坚持社会主义，就必须保障国有经济的巩固和发展。这一主张不仅为改革开放的伟大实践所证明，而且通过《宪法》和党的一系列执政兴国的重大决策加以确立和完善。《宪法》规定，国有经济，即社会主义全民所有制经济，是国民经济中的主导力量，国家保障国有经济的巩固和发展。党的十六大提出，发展壮大国有经济，国有经济控制国民经济命脉，对于发挥社会主义制度的优越性，增强我国的经济实力、国防实力和民族凝聚力，具有关键性作用。党的十七大进一步提出，要巩固和发展国有经济，增强国有经济的活力、控制力、影响力。

国有资产的地位如此重要，它的整体状况究竟如何？首先，国有资产既包括由国家对企业进行出资后用于经营的企业国有资产，也包括国家机关、国有事业单位等组织使用管理的行政事业性资产，还包括属于国家所有的土地、矿藏、森林、水流等资源性资产。这三类资产的性质、功能不同，管理方式也不同。行政事业性国有资产的管理，在保证行政事业单位行使职能的前提下，以有效、合理、节约使用，实现资产的安全完整为目标。资源性国有资产的管理，以合理开发、有效利用、有偿使用，形成开发利用的良性循环为主要目标。企业国有资产的管理，依照政企分开、政府的行政管理职能和国有资产所有者职能分开的原则，以盈利和实现国有资本保值增值为主要目标，适当兼顾公益性社会目标。由此可见，相对于企业国有资产，前两类资产的管理，主要是合理利用和节约使用，并不以增值为目标，对此目前已有相关的法律法规加以管理和规范。而企业国有资产，是国家以国有资本投资后所形成的资产，由国有企业进行经营和管理，是用于经营的，以盈利为目标。因此，这部分资产经营得好坏，直接关系到国有资产能否实现保值增值，进而关系到国有经济能否发展壮大。

那么，国有企业的经营状况如何呢？在改革开放前的计划经济时期，国有企业按照国家的计划指标组织生产经营，实行统购统销，基本上没有经营自主权。企业的盈利都上交国家财政。在当时的历史条件下，这种体制对于巩固政权、增强国家对经济的控制力、增加国家财力都发挥了积极作用。但随着人民物质文化需求的不断提高，这种体制对企业发展的束缚也日益显现，特别是改革开放以来，在建立商品经济和市场经济的历史变革中，国有企业也迎来波澜壮阔的改革时代。可以说，国有企业改革，是经济体制改革的中心环节，国有企业改革的历程，也见证了改革开放的进程。从 1978 年至 1984 年的扩大自主权阶段，经过 1984 年至 1992 年的所有权和经营权分离改革，国有企业成为自主经营、自负盈亏的经济组织。1992 年至 1997 年，随着社会主义市场经济体制改革总体目标的确立，国有企业改革由政策调整转向制度创新，进入建立现代企业制度的新阶段。期间又经历了1998年至2000年的三年改革脱困，此后多数行业和全部地区实现净盈利，国有企业日益焕发出前所未有的活力。党的十六大以来，继续探索有效的国有资产经营管理体制和方式，通过深化政企分开、政资分开改革，探索建立国有资产出资人制度，由中央政府和地方政府分别代表国家履行出资人职责。这对于维护出资人权益、保障国有资产安全、防止国有资产损失、推动企业的改革和发展发挥了重要作用。通过建立出资人制度和现代企业制度，近年来国有企业得到快速发展。据统计，至2006年年末，全国仅国有及国有控股的非金融类企业的总资产和净资产就分别达到了29万亿元和12.2万亿元。

　　当前，国有经济的总体实力进一步增强，在国民经济中继续发挥着主导作用。然而，我们也清醒地看到，有些国有企业在改制过程中，将国有资产低价折股、低价出售，甚至无偿分给个人，或者以其他方式和手段侵害国有资产权益，造成国有资产流失的情况比较严重，引起人民群众和社会各方面的广泛关注。要求制定专门的法律，落实《宪法》中关于保护国有财产的基本原则，健全制度，堵塞漏洞，切实维护国有资产权益，保障国有资产安全，促进国有经济巩固和发展的呼声很高。十届全国人大期间，有许多全国人大代表提出尽快制定国有资产法的议案、建议。全国人大于2007年通过的《物权法》从物权制度上对国有资产的权益与保护作了规定。为了落实《物权法》，并与《物权法》相衔接，进一步完善社会主义市场经济法律制度，完善国有资产管理体制和制度，亟须制定国有资产管理的专门法律。与此同时，随着国民经济的快速发展和国有企业改革的深化，许多企业的效益大幅提高，利润有较大增长，为了确保国家出资权益，使国有企业的效益造福人民、造福全社会，有必要通过立法建立国有资本经营预算制度，合理调整国家、企业与社会的收入分配关系。由此可见，在新的历史条件下，通过制定和实施有关国有资产的专门法律，把国有资产保护好、运用好，把国有资产权益实现好、维护好，对于坚持社会主义基本经济制度，增强综合国力，不断提高人民生活水平，具有十分重要的意义。

2. 起草过程

从八届全国人大以来，历届全国人大常委会都将国有资产法作为一项重要的立法任务列入规划，交由财经委负责组织起草。从 1993 年国有资产法列入立法规划以来，起草工作备受社会关注，社会各界普遍希望国有资产法能够早日出台。但是，在中国制定国有资产法，既没有现成的历史经验，也没有任何别的国家的样本可以拿来借鉴，是一项前无古人的创举。起草工作历经十五年，不同认识、不同观点、不同理论、不同做法贯穿全过程。面对这样一项艰巨和复杂的立法任务，起草组始终坚持积极、求实和慎重的态度。

制定一部法律，首先要明确立法宗旨。制定国有资产法的宗旨是为了维护国家基本经济制度，巩固和发展国有经济，保障国有资产权益，促进社会主义市场经济发展。围绕这一宗旨，我国一直致力于通过建立科学有效的国有资产管理和监督体制、经营机制，明确国家和国有资产经营主体之间的权利义务关系，从而实现保障国有资产安全，维护国有资产权益的立法目的。然而，如何建立科学有效的国有资产监管体制和经营机制，这是自党的十四届三中全会以来，在建立和完善社会主义市场经济体制进程中，通过改革一直在积极探索和实践的重大课题，是中国经济体制改革的中心任务，也是立法过程中始终在总结经验和寻求突破的环节。可以说，国有资产的立法进程，伴随着国有经济的发展壮大，折射了改革开放以来中国经济体制变革的历程。期间的行政管理体制、人事制度、国有企业经营机制以及各方面利益关系都发生了重大改革。在这样艰巨复杂的改革过程中，不断出现新情况、新做法、新认识，要通过立法将改革的成功经验和做法加以总结，明确和统一思路，需要做大量的调查研究，并不断加深认识，统一思想，因此立法工作难度很大，是一项艰巨的系统工程。

1993 年，根据中央批准的八届《全国人大常委会立法规划》，由全国人大财经委员会负责组织起草国有资产法。全国人大财经委员会成立了起草领导小组，由副主任委员李灏任组长；领导小组成员单位包括国家计委、财政部、国家经贸委、国务院法制办等部门。还成立了起草顾问小组和工作小组，吸收了一大批专家学者参加起草工作。在八届全国人大期间，起草组深入各地调查研究，多次召开座谈会和研讨会，并认真研究了一些国家国有资产管理和立法的经验，就一些重大问题提出几种方案进行比较，还委托有些地方人大常委会提出草案建议稿。经过反复征求国务院有关部门、地方、企业及专家的意见，形成了《中华人民共和国国有资产法（草案）》送审稿，于 1996 年 9 月上报全国人大常委会党组。草案经常委会党组讨论后上报中央。国务院于 1996 年 9 月 16 日召开办公会议对草案进行了讨论，时任副总理的吴邦国同志召集国务院有关部门开会征求对草案的修改意见并进行了协调，总理朱镕基同志听取了起草领导小组关于起草情况的汇报并作了重要指示。1997 年 7 月，起草组根据国务院有关领导同志协调的意见对草案进行了修改并重新上报了《中华人民共和国国有资产法（草案）》及其说明。这一时期，经济体制改革进入了一个崭新的历史阶段，提出建立社会主义市场经济体制。与此同时，行政管理体制也经历了重大改革，由于涉及国有资产管理机构改革，起草工作被暂时搁置。

1998年九届全国人大成立后，在全国人大常委会的重视和领导下，全国人大财经委员会重新调整充实了国有资产法起草领导小组、顾问小组和工作小组，由副主任委员郭振乾任起草领导小组组长，继续积极研究和推动国有资产法的起草工作，对《中华人民共和国国有资产法（草案）》进行了修改。李鹏委员长在九届全国人大三次会议上所作的《全国人民代表大会常务委员会工作报告》中提出，要"加快起草物权法、国有资产法等法律"。财经委员会召开起草领导小组会议，就国有资产法的审议时机、修改重点、工作计划等问题进行了讨论，要求在八届财经委员会工作的基础上，进一步加快草案的修改完善工作，争取尽早提交财经委员会讨论通过后提请全国人大常委会审议。此后，起草组对草案进行了认真修改。2001年1月，财经委员会召开全体会议，听取了国有资产法起草工作情况的汇报，并就一些主要问题进行了讨论。后就国有资产法起草中的有关问题向全国人大常委会领导同志做了汇报。此时，适逢国有企业步入改革脱困、焕发生机的关键时期。经济体制和国有资产管理体制改革也进入攻坚阶段。党的十六大总结了二十多年来经济体制改革特别是国有企业改革的实践经验，提出了深化国有资产管理体制改革的重大任务，确定了改革的基本思路和主要目标，并建立了出资人制度。这一具有重大意义的举措需要积累和总结实践经验，因此起草工作重点是进行广泛深入的调查研究。2002 年初，全国人大财经委员会主要负责人与国务院法制办负责人就国有资产法草案具体交换了意见，商定根据党的十六大报告精神对《中华人民共和国国有资产法（草案）》作进一步修改和完善。随着近几年改革的逐步深化，国有资产管理取得明显成效，国有企业效益快速增长，立法思路更加明确。

　　2003 年十届全国人大成立后，根据十届《全国人大常委会立法规划》的要求，全国人大财经委员会于 2004 年 4 月重新组成国有资产法起草组，由副主任委员石广生任起草领导小组组长。起草领导小组成员单位包括财经委、法工委、国家发展改革委、国资委、国务院法制办、财政部、商务部、国土资源部、国防科工委、银监会、证监会、保监会和国管局。同时，调整充实了起草顾问小组和工作小组。起草组成立以来，开展了大量调查研究工作，在北京、上海、辽宁等十六个省（自治区、直辖市）召开了各种类型的几十次座谈会，广泛听取中央和地方各有关方面，包括人大和政府部门、人大代表、企业、专家学者和参加过起草工作的前几届财经委委员等社会各界的意见和建议。组织政府有关部门和专家学者开展了十几项课题研究，并召开立法国际研讨会，收集整理了国内外相关资料。根据常委会领导同志就国有资产立法工作作出的重要指示，起草组与全国人大常委会法工委共同研究讨论，反复修改，于 2007 年 9 月形成了草案征求意见稿，并于 10 月召开座谈会，分别听取国务院有关部门、部分省（自治区、直辖市）人大财经委和政府有关部门以及部分中央和地方企业的意见。根据征求意见情况，起草组与法工委共同对草案征求意见稿作了进一步修改，形成了国有资产法草案。草案经财经委员会全体会议讨论通过后，于 11

月 15 日送国务院征求意见，并分别于 2007 年 12 月和 2008 年 6 月提请全国人大常委会进行了一次和二次审议。经过认真研究，在二次审议时，将《中华人民共和国国有资产法（草案）》更名为《中华人民共和国企业国有资产法（草案）》。

3. 立法思路

制定一部什么样的法律，取决于立法指导思想。对于国有资产法这样一部具有重要意义的法律，指导思想上首先必须坚持社会主义基本经济制度，这是前提。同时，要准确体现十六大以来中央关于国有资产管理体制的改革方向和总体思路，从而保障国有经济在国民经济中的主导作用，增强国有经济的活力、控制力、影响力。为了实现这些目标，需要围绕哪些问题构建相应的法律制度？立法者面对现实，着眼当前，照顾长远，针对企业国有资产管理中亟须立法规范的主要问题，紧紧围绕维护国有资产权益，保障国有资产安全，防止国有资产损失，着手建立相应的法律制度。同时，落实《宪法》《物权法》和《公司法》等法律的有关规定并与之衔接，将一些行之有效的国有资产监管经验上升为法律。对当前还处于改革深化过程、难以达成共识的一些有关国有资产监管体制等问题，由国务院依据改革进程和实际需要依职权确定，法律中不作具体规定。对一些实践经验不足，认识尚不一致，还需要在改革中进一步探索的问题，本法暂不规定或只作原则规定，为今后改革和发展留有空间和余地。

第一，针对企业国有资产经营和管理中的突出问题，构建相应法律制度。在立法初期，就法律适用范围是否涵盖包括企业国有资产、行政事业性及资源性国有资产在内的全部国有资产，曾经有过激烈的争论，有主张大、中、小范围的不同观点。

目前各类国有资产管理中都存在很多问题，但三类资产的性质、功能、监管方式有很大不同，要通过该法予以全面解决，即搞一个包罗万象的"大法"不现实，只能集中力量解决一些突出问题。资源性国有资产，目前已有相关法律、行政法规规定。企业国有资产在国有资产总量中占很大比例，具有特殊地位和作用。问题最多、情况复杂、流失严重的也是企业国有资产。党的十六大确立的国有资产管理体制改革原则和框架，也主要针对企业国有资产。因此，当务之急是解决企业国有资产经营和管理中的问题。明确了这一点，草案的适用范围就限定在企业国有资产，即国家对企业的出资所形成的权益。国家对金融类企业的出资所形成的权益，也属于企业国有资产，应当纳入本法的统一规范和保护范围；同时，对金融类资产监管的特殊性问题，法律、行政法规另有规定的，应适用有关金融方面的法律、行政法规的规定。此外，对本法的名称，在起草过程中也经过反复讨论。立法规划及草案最初的名称是"国有资产法"。在全国人大常委会对草案进行初次审议时，对草案名称的不同意见主要是，这一名称与实际调整范围不符，像"大帽子、小身子"。经过反复比较研究，考虑到企业国有资产在全部国有资产中占有较大比重，实践中需要专门立法的也主要是企业国有资产的有关问题，因此，在草案提请二次审议时，将法律名称定为"企业国有资产法"，同时对企业国有资产的概念作出了明确规定。

第二，确立国有资产监督管理体制的改革方向和基本原则，加强对国有资产的管理与监督。建立符合市场经济要求的国有资产监管体制，对于加强国有资产管理和监督，促进国有资产保值增值，防止国有资产损失，具有重要的意义。党的十六大提出了深化国有资产管理体制改革的基本原则和总体思路，为立法指明了方向。草案起草过程中，如何就体制问题作出规定，一直是争论比较大的重点问题。这个问题的解决，要靠遵循事物自身的发展规律，要靠改革实践的进一步深化，以及理论研究、思想认识的逐步深入。经过广泛调查研究、反复征求各方面意见，本书认为，国有资产管理体制改革极具探索性，极具挑战性，建立符合社会主义市场经济要求的国有资产监管体制，是一个渐进的过程，需要根据党的十六大确定的改革方向不断探索，不断深化，需要在实践中总结经验，逐步完善，目前在法律中作出明确具体的规定，条件还不成熟。当前立法的总体思路，是以维护国有资产权益，防止损失，保障国有资产安全为核心和重点，总结实践经验，构建相应的法律制度。草案对当前看得准的问题和经改革实践证明成功的经验，尽量作出比较明确的规定，有利于先行立法解决实践中迫切需要解决的突出问题；对需要进一步探索的问题，只作比较原则性的规定，留待今后逐步充实和完善，也为进一步改革探索留有余地。草案根据党的十六大、十七大有关分级代表、政企分开、政资分开的精神对国有资产管理体制作了原则规定，即国家建立健全与社会主义市场经济发展要求相适应的国有资产管理与监督体制。国务院和地方人民政府依照法律、行政法规的规定，分别代表国家对国家出资企业履行出资人职责，享有出资人权益，对国有资产实施管理与监督。国务院和地方人民政府应当按照政企分开、社会公共管理职能与国有资产出资人职能分开、不干预企业依法自主经营的原则，依法履行出资人职责。具体监管体制可由国务院根据改革进程作出相应的具体规定并适时调整，目前仍应按国务院的现行规定执行。

第三，建立国有资产出资人制度，确保出资人到位，依法维护国有资产权益，保障国有资产安全，促进国有资产保值增值。为了解决长期以来在政府层面上企业国有资产出资人缺位、国有资产权益无人负责的问题，党的十六大根据政资分开与政企分开的原则，提出"国家要制定法律法规，建立中央政府和地方政府分别代表国家履行出资人职责"，建立企业国有资产出资人制度，《物权法》也对此予以了确认。为了进一步从法律制度上保障国有资产出资人到位，草案总结这几年改革的实践经验，规定履行出资人职责的机构代表政府对国家出资企业依法享有资产收益、参与重大决策和选择管理者等出资人权利，履行出资人职责的机构应当监督企业实现国有资产保值增值、防止国有资产损失，除依法履行出资人职责外，不得干预企业经营活动，旨在从法律制度上确立和规范国有资产出资人制度，保障国有资产出资人到位，行使出资人权利，维护国有资产权益。

立法过程中，对于草案规定的代表政府履行出资人职责的机构，即除国有资产监督管理机构以外，是否授权其他有关部门、机构代表本级政府履行出资人职责，曾出现过争论。特别是针对草案是否应规定国资委的具体职责，也有不同意见。在这些问题的处理上，充分体现了立法者面对现实、着眼当前、照顾长远的立法指导思想。目前的实际情况是，履行出资人职责的机构主要是政府国有资产监督管理机构，同时在新闻出版、文化教育等领域授权财政等部门代表本级政府履行出资人职责。草案根据政企分开、政资分开的原则，同时兼顾当前的实际情况，作出如下规定：国务院国有资产监督管理机构和地方政府按照国务院的规定设立的国有资产监督管理机构，根据本级政府的授权，代表本级政府对国家出资企业履行出资人职责。国务院和地方政府根据需要，可以授权其他有关部门、机构代表本级政府对国家出资企业履行出资人职责。这一规定既体现了党的十六大以来确立的出资人制度以及政企分开、政资分开原则，也兼顾了当前实际，同时为国务院根据今后改革需要适时调整留有余地。此外，国有资产监督管理机构作为政府的特设机构，其具体工作职责应依照《宪法》和《国务院组织法》等法律的规定，由政府确定，不必在法律中规定。

第四，明确国家对企业的出资关系，为国家享有国有资产权益、企业依法自主经营提供法律依据。根据《宪法》《物权法》的规定，国有财产属于国家所有即全民所有，国有财产由国务院代表国家行使所有权；根据现代企业制度和公司制度，企业作为独立法人，对其资产享有自主经营权。国家和企业之间通过国家出资于企业，由企业负责具体经营，建立了国有资产所有者和经营者间的权利义务关系。国家作为国有财产的所有者，享有出资人权利。出资人对其出资企业，享有资产收益、参与重大决策和选择管理者等权利。因此，明确并规范代表国家履行出资人职责的机构与出资企业的出资关系和相互之间的权利义务关系，并保障依法行使这些权利，对于维护国有资产出资人权益，保障国有资产安全，防止流失，促进保值增值关系重大。草案设专章对国家和出资企业的权利义务等主要内容作了明确规定。

第五，规范国家出资企业管理者的任免程序与业绩考核，为国有资产保值增值提供强大动力。国家出资企业管理者直接负责企业财产的经营管理，对企业发展和维护国有资产权益关系重大。选好国家出资企业管理者并对其进行监督考核是出资人的一项基本权利，是保障国有资产安全、防止国有资产损失、促进保值增值和维护出资人权益的重要环节。为此，草案明确了履行出资人职责的机构可以根据国家出资企业的不同组织形式，依法任免或建议任免企业管理者，同时对企业管理者的任职条件、任职程序、所应承担的义务、责任追究和考核制度等作了规定。

第六，把好企业重大事项决策关，维护好国有资产出资人权益。国家出资企业重大事项的决定直接关系国有资产出资人权益，这是本法的重点内容。草案对国家出资企业的合并、分立、改制、上市，增加或者减少注册资本，发行债券、进行重大投资、为他人提供大额担保、转让重大财产，进行大额捐赠，分配利润，以及解散、申请破产及与关联方的交易、资产评估等与出资人权益关系重大的事项，规定了明确的决策权限、程序和基本规则等，力求从法律制度上构建保障国有资产安全、防止国有资产损失的屏障，维护国有资产权益。这些规定，既注意保障履行出资人职责的机构行使重大事项的决策权，同时注意维护企业依法自主经营的权利。

第七，做好国有资本经营预算，规范国有资产收益分配。建立国有资本经营预算制度，是政府行使出资人权利，规范国有资产收益分配的重要手段，有利于推动国有企业的改革和发展，有利于在市场经济中各类企业的平等竞争。由于这项制度正在试行，草案对国有资本经营预算制度作了原则规定。主要体现了三个方面的内容：一是保障国有资产出资人权益；二是在保证国家出资企业正常经营和发展的前提下，做到应收尽收；三是体现人大的监督，将国有资本经营预算草案纳入政府预算草案，报本级人民代表大会批准。对国有资本经营预算管理的具体办法和实施步骤，由国务院规定，报全国人大常委会备案。

第八，加强国有资产监督，明确法律责任，构建保障国有资产安全、防止损失的监督和责任体系。为了有效地维护国有资产权益，保障国有资产安全，草案不仅建立了出资人制度，明确了国家与出资企业之间的权利义务关系，为企业管理者建立了有效的激励机制和约束机制，规范企业重大事项的决策程序，同时，还进一步完善了国有资产监督机制。草案设专章，按照分工监督的原则，分级、分类实施，规定各级人大常委会通过听取和审议本级政府关于国有资产监督管理情况的专项工作报告、组织对本法实施情况的执法检查等方式，依法进行监督；政府对其授权履行出资人职责的机构履行职责的情况进行监督；审计机关依法实施审计监督；以及接受社会公众的监督等。根据国情，建立起全方位的避免国有资产损失、保障国有资产安全的预防体系。同时，草案对履行出资人职责的机构及其工作人员、国家出资企业的管理者、有关中介机构等违反本法规定，侵害国有资产权益，造成国有资产损失的法律责任作了明确规定，以依法制裁违法犯罪行为，保障本法的有效实施。

（二）《企业国有资产法》的创新与突破

1. 确立了国有资产法的适用范围

国有资产法的适用范围指的是国有资产法覆盖什么样的国有资产范围，笔者认为应当制定一部广义的国有资产法。没有国有资产法作为母法支持，所有类型的国有资产的保护将缺乏基础。但要起草一部覆盖所有国有资产的法律，还存在很多难题和障碍，并且缺乏一些支持条件。这部法律仅仅是起步，今后还要在此基础上制定广义的国有资产法。

2. 扩大解释了企业国有资产的范围

《企业国有资产法》规定的企业国有资产"是指国家对企业各种形式的出资所形成的权益","金融企业国有资产的管理与监督，法律、行政法规另有规定的，依照其规定"。这就把法律起草过程中争论不休的金融国有资产的保护是否适用《企业国有资产法》的问题解决了，也为下一步统一的金融国有资产出资人的出现留下了端口与空间。以前的草案一直没有明确金融国资是否属企业国资法所辖。2007 年年底的一审草案规定，《企业国有资产法》仅适用于经营性国有资产，即国家对企业的出资和由此形成的权益。后来的二审稿对金融国资的监管问题也规定得模糊不清。鉴于金融资产在国有资产中占的比例较大，金融国有资产的监管必要性不容忽视。现有相关证券、期货、商业银行、基金等金融类企业法律法规，均未明确对金融国资的监管。而《企业国有资产法》明确规定了金融企业国有资产也属于企业国资法调整的范围。

《企业国有资产法》之所以作出这样的调整，是因为眼下正发生的全球金融危机让我们意识到，对国有金融资产的统一监管是多么重要。雷曼兄弟的破产、高盛和摩根士丹利转型为银行投资控股公司，以及金融机构的多米诺骨牌效应提供了一系列很好的借鉴案例。目前不同类型的金融资产分属不同监管部门，这对控制金融风险是不利的，下一步应尽快建立一个独立统一的金融国资委。

3. 界定了国资委作为"干净"出资人的法律地位

根据党的十六大提出的"国家要制定法律法规，建立中央政府和地方政府分别代表国家履行出资人职责"的国有资产管理体制的要求，《企业国有资产法》总结了这几年改革的实践经验，对履行出资人职责的机构作了专章规定：按照国有独资、控股、参股的不同企业类型，规定了政府授权的机构履行出资人职责的主要内容、方式和责任等，从法律制度上解决了国有资产出资人代表到位，行使国有资产出资人权益，承担维护出资人权益责任的问题。因此，对履行出资人职责的机构，《企业国有资产法》明确界定了国资委作为"干净"出资人的法律地位，规定国务院国有资产监督管理机构和地方人民政府按照国务院的规定设立的国有资产监督管理机构，以及国务院和地方人民政府授权的其他有关部门、机构，按照本级人民政府的授权，代表本级人民政府对国家出资企业履行出资人职责。法律规定，履行出资人职责的机构应当按照国家有关规定，定期向本级人民政府报告有关国有资产总量、结构、变动、收益等汇总分析的情况。履行出资人职责的机构应当依照法律、行政法规以及企业章程履行出资人职责，保障出资人权益，防止国有资产损失。

4. 严格界定了国家出资企业及其管理者

对于经营性国有资产的载体及经营主体，《企业国有资产法》作了特别规定。《企业国有资产法》对"国家出资企业"作了专章规定（第 3 章）。《企业国有资产法》规定，国家出资企业包括企业全部注册资本均为国有资本的国有独资公司和非公司制的国有独资企业，也包括企业注册资本中包含部分国有资本的国有资本控股公司和国有资本参股公司。《企业国有资产法》规范的重点是国有独资企业、国有独资公司和国有控股公司。

由于企业管理者直接负责企业财产的经营管理，国家出资企业的管理者对维护国有资产权益关系重大。《企业国有资产法》按照建立健全与现代企业制度相适应的企业管理者选拔任用机制的要求，总结企业人事制度改革的实践经验，并与公司法等法律规定相衔接，按照国有独资、控股、参股的不同企业类型，对国家出资企业管理者的有关事项作了专章规定（第4章）。《企业国有资产法》第25条规定了国企高管不得随意进行以下几类兼职，即未经履行出资人职责的机构同意，国有独资企业、国有独资公司的董事、高级管理人员不得在其他企业兼职。未经股东会、股东大会同意，国有资本控股公司、国有资本参股公司的董事、高级管理人员不得在经营同类业务的其他企业兼职。未经履行出资人职责的机构同意，国有独资公司的董事长不得兼任经理。未经股东会、股东大会同意，国有资本控股公司的董事长不得兼任经理。董事、高级管理人员不得兼任监事。

《企业国有资产法》第28条还规定：国有独资企业、国有独资公司和国有资本控股公司主要负责人应接受经济责任审计。法律规定，国家出资企业的董事、监事、高级管理人员，应当遵守法律、行政法规以及企业章程，对企业负有忠实义务和勤勉义务，不得利用职权收受贿赂或者取得其他非法收入和不当利益，不得侵占、挪用企业资产，不得超越职权或者违反程序决定企业重大事项，不得有其他侵害国有资产出资人权益的行为。

5. 使国有企业改制与资产转让有了较明确的法律依据

实践中，国家出资企业的合并、分立、改制、增减资本、发行债券、重大投资、为他人提供担保、国有资产转让以及大额捐赠、利润分配、申请破产等事项，不仅与出资人权益关系重大，也是发生国有资产流失的主要环节。如在国有企业改制过程中，有的企业没有进行国有资产评估，低估贱卖国有资产；有的企业在经营过程中违规投资、违规贷款，擅自用企业国有资产为他人提供担保；有的国有资产转让程序不公正，不公开、不透明、不竞价，少数人收受贿赂，侵吞国有资产等，因此，《企业国有资产法》专列一章（第5章），重点规定了企业改制、与关联方交易、资产评估、国有资产转让等关系国有资产出资人权益的重大事项，"严防'暗箱操作'，公开公平公正"成为核心原则，使得实践中争议较大、社会关注度较高、群众议论较多的国有资产的流动性问题有了新的法律依据。《企业国有资产法》按照国家出资企业的不同类型，对关系出资人权益重大事项的决定权限和决策程序作了明确规定：规定了企业改制、与关联方交易、国有资产转让、资产评估等应遵守的基本规则，防止以"暗箱操作"等手段侵害国有资产出资人权益。要知道，原来涉及国企改制方面的纠纷案件，法院大多以无法律依据为由不予受理，而MBO（管理者收购）与外资并购问题则是近些年国有资产流失问题争论的重点。《企业国有资产法》对这些影响出资人权益的事项作了较具体的规定，既让国资能流动起来，又给予其出资人约束甚至须获得政府行政许可的限制。

6. 正式建立了国有资本经营预算制度，并使其有了操作的基础

国有资本经营预算以前是空白，虽然在1995年的《预算法实施条例》中提到要建立复式预算——就是要分别编制政府公共预算、国有资产经营预算、社会保障预算——但对于国有资本经营预算并没有作出具体的规定。《企业国有资产法》规定：国家建立健全国有资本经营预算制度，对国家作为出资人取得的国有资本收入实行预算管理。如何完善公共财政预算、国有资本经营预算、社会保障预算这三大预算是近年来政策界和学术界讨论颇多的问题，而如何建立国有资本经营预算制度则是

预算制度改革中的焦点问题。鉴于此,《企业国有资产法》明确规定对国有资本收益实行预算管理,依照《预算法》的规定,并参照2007年9月国务院发布的《国务院关于试行国有资本经营预算的意见》,对国有资本经营预算的收支范围、编制原则、编制和批准程序等作了原则规定(第6章)。同时,考虑到国有资本经营预算制度正在试点,还需要在实践中逐步调整完善,《企业国有资产法》规定:国有资本经营预算管理的具体办法和实施步骤由国务院规定,报全国人大常委会备案。

《企业国有资产法》部分回答了国家举办国有企业的目的问题,即除了少数关系到国家政治经济安全的国有企业允许亏损之外,国家举办国有企业的目的理论上是让其营利。而国有企业的红利上缴应有信息披露,程序须透明公正。对于国企红利上缴的规模与用途,《企业国有资产法》虽然没有具体规定,但《企业国有资产法》强调,有关预算管理办法与实施步骤由国务院规定。实践中,国企上缴红利多用于解决国企自身改革与发展问题,少数纳入公共财政预算与社会保障预算之中。

这部《企业国有资产法》是中国社会转型期的产物,虽然它是近三十年国企改革开放进展的一个总结,但同时也打上了不少无奈的时代印记,如立法范围偏窄、国资委的"小国资委"定位、对大量须改革的政府部门担任出资人角色的认可、国资监管职能归属不够清晰、企业高管薪酬具体规定的缺乏、对交易无效行为的认定、境外国资监管的空白以及立法的过于原则化,等等,这些都是这部法律的瑕疵与遗憾之处,但是只要把这部《企业国有资产法》定位于是一部完整、全面的《国有资产法》的前奏,那这部法律的出台与实施就是迈出了坚实的一步。国有资产法要分步立法、逐渐推进,这部法律仅仅是个起步，今后还要在此基础上制定广义的国有资产法。

7. 立法亮点

《企业国有资产法》的颁布实施相当于给规模庞大的国有资产穿上了"护身符"。该法律有四大亮点：

第一，立法范围广泛。国有资产一般划分为经营性资产、行政事业性资产以及资源性资产。同其他两类国有资产相比，经营性国有资产市场化取向最为明确，也最需要保护。这部《企业国有资产法》中，只要是国有企业的国有资产均涵盖在内，金融企业国有资产也包含在内。这是对之前的一审稿、二审稿的很大改进。

第二，全面建立了出资人制度。对于履行出资人职责的机构，以及它的权利义务责任关系首次在法律上得以明确。国有资产责权不明，是造成国资流失的重要原因。《企业国有资产法》明确规定了国资委和授权的政府部门可以担当履行出资人职责的机构。履行出资人职责的机构将代表政府对国家出资企业依法享有资产收益、参与重大决策和选择管理者等出资人权利。这无疑将保障国有资产得到更有效的监管。

第三，对企业国有资产的流动性的权益保护提供了法律依据。目前企业改制过程中存在低价出售国有资产、侵害职工权益、国有资产流失等现象。此外，与关联方的交易、资产评估、国有资产转让等涉及国有资产流动性权益保护的问题也很突出。《企业国有资产法》为解决此类问题第一次全面提供了法律依据。

第四，国有资本经营预算制度有了法律框架。虽然此前的《预算法》提出过相似的概念，但没有相关的法律界定。国有资产要进行预算管理，国有资产的利润要交红利，国有资本经营预算的主体是谁，哪些收入应该编制到国有资本经营预算当中等问题有了法律框架。这为下一步做好国有资本经营预算打下了基础。国有资本经营预算问题，本质上是我们为什么搞国有企业，以及怎么搞国有企业的问题。《企业国有资产法》对此作出规定，并从法律上确立了这一制度。

（三）国企改革的难点

首先，现在国有企业已被视为中国最大的国情，一位中央领导在哈佛大学演讲时讲到中国最有特征的一个国情就是有一批骨干的国有企业在承担社会责任，事实上就是这样。目前世界上没有任何一个国家拥有如此数量的国有企业，以及如此庞大的国有资产。应该说，"国有企业"已经不可回避地成了中国现在最大的国情。其次，现在的国有企业改革进入了停滞期，国企改革到了一个没有新理念、没有创新的阶段，或者说进入了一个相对的瓶颈阶段，也进入了一个困惑期，甚至在局部领域出现国有企业改革倒退的现象，比如大家普遍议论的"国进民退"的现象。最后，《企业国有资产法》从 2009 年 5 月 1 日开始实施，该法全面涵盖了经营性国资，明确了出资人责任，剑指国资流失的关键环节，解决了许多国资法律关系问题，但这部法实施到今天并不十分理想，目前国资委对国资法在实践当中的推进不够积极，其他部门也不够主动推进《企业国有资产法》的实施。

"要完善各类国有资产管理体制，改革国有资本授权经营体制，加快国有经济布局优化、结构调整、战略性重组，促进国有资产保值增值，推动国有资本做强做优做大，有效防止国有资产流失。"党的十九大报告对国有资产管理体制提出了新的要求和目标。

国有资产管理体制是国企改革的焦点问题。从 1993 年提出"改革国有资产管理体制"的任务开始，针对国有资产管理体制的改革延续了多年。2003 年国资委的成立改变了国有资产多头管理的局面，并由 2008 年公布的《企业国有资产法》明确了其"出资人"的角色。至此，国有资产管理体制的核心就在于国资委的定位，主要表现为如何处理产权所有人、出资人和经营人与监督人的关系。

国资委应当是"干净的出资人"，"根据本级人民政府的授权，代表本级人民政府对国家出资企业履行出资人职责"。国资委是一个特设的、法定的出资人法人，仅履行出资义务。其根据政府授权，代表的是作为所有人的全体国民，来规划、操作国有资本的进退并负责国有企业的经营；它通过法律制度安排、市场方式与资本管控，实现国有企业所有权与经营权的分离，把企业的具体经营权交给职业经理人。但这些改革思路目前尚未达成共识。

1. 特殊国有企业

现存的特殊国有企业包括中投、汇金，以及一些资源垄断性国有企业，如中石化、中石油、宝钢等。《反垄断法》实施效果不理想与这类享有特殊待遇的公司有关。中国的《反垄断法》生效后只实施过一次，即审查外资收购——可口可乐收购汇源案，对于眼下到处存在的国有企业垄断现象却并不重视。

以资源型国企为例，这些企业之所以有必要维持垄断地位是出于国家政治经济安全考虑还是社会公益的需要？抑或是改革未到位，该退出而未退出？引入民企竞争是有利或无利？垄断国企是否需要多缴利润或利润多留存？这些问题都暂时没有答案。

2. 公司治理结构

目前国有企业面临的较大问题是公司治理结构问题，现在大量国有独资企业和国有独资公司现代企业制度推进缓慢，公司董事会制度、股东大会制度基本处于虚设状态，或者花瓶化现象比较严重。国企改革的目标之一就是通过大力改变国企的公司治理结构，构建现代的公司制度。公司治理结构不发挥作用，企业的正常经营将会大打折扣，也不利于保护股东权益。但是现在许多国企的公司治理结构杂乱繁复，大量国有独资企业、国有独资公司与国有资本控股公司的公司制改革步伐缓慢，一些国有企业与一股独大公司的董事会制度、股东大会制度形同虚设。国企的公司治理结构徒有现代之表，相当一部分国企尤其是国有独资企业与国有独资公司并不能实现向现代公司的转型。这是国企改革中最难以解决的问题。

3. 历史遗留问题

如何处理国有企业历史遗留问题，包括主辅分离、兼并破产、下岗分流、亏损国有企业以及新出现亏损国有企业等问题，是国资委市场化转型的障碍。

4. 薪酬体制改革

薪酬制度是现代企业为了激励员工创造更高效益而制定的一种激励制度。国企在向现代公司制度转型的过程中，其薪酬机制特别是高管薪酬的设置与现代市场经济极不相符。大部分国企的人事制度还是干部制度，其员工薪酬要么过高要么过低，没有建立合理的绩效考核机制。这种劳动力价格的双轨制是国企效率低下的一个原因。国企高管既是行政官员又是企业高管，身兼双重身份。国企负责人的任命与免除遵循的是行政化的选人方式。他们没有被激励去提高公司业绩，而仅仅关注于自身利益的得失。这与国企要建立现代企业制度的目标相去甚远。

如何选择管理者是个比较大的问题，在各个层面都有选人问题，国企选择管理者，一是信息披露不充分，二是以行政化的方式选人。2010年王勇替代李荣融担任国务院国资委主任，王勇有一段履职履历是在中组部干部局和国资委分管人事，新的任命也反映了对于国资委未来角色的理解，即国资委主要是管人的。国资委如何管人？如果国资委摆正自身定位，并转型为"干净出资人"，那么管人变得相对简单，派出董事即可，也就是要改变为企业选干部的行政化的方式，让其更市场化。

5. 国有资产流失

国有资产的流失伴随着国企改革而发生，也是人们议论最多的问题。20世纪后期，伴随着国企兼并破产重组改制的浪潮，一些优良国有资产被转卖给私人。很多国企的改革并没有按照市场化的方式进行，而是采取内幕交易、操纵价格、虚假评估等一系列手段倒卖国有资产。这既不符合法治市场经济的要求，也不符合全体国民股东的根本利益。

国有资产流失就是针对国有企业的各种侵权，实践中较重要的国资流失的新的方式，一是信用流失，主要是国有企业本身在市场经营中不按照市场化方式做，实践中很多官司是由国有企业违法、国有企业不遵守合同导致的。这对整个国有企业信誉的损害及对社会信用的损害是非常大的。在大量的国企案例，包括亏损破产的企业，还有大量的债务、债权纠纷中，国有企业扮演了主要角色。二是创新发展动力不足导致的流失。三是决策失误流失，如中航油的期货买卖损失。四是知识产权保护不足流失。五是各种侵权的流失。这些都是在目前新的国资目标定位下，国有企业改革必须解决的一些重点难点问题。

（四）国企改革的未来

现在的讨论首先有一个学术上关于国有企业定义的问题，新的企业国资法已经接受这样一个观点，即国有企业已经不再被称为"国有企业"了，而是被称为"国家出资企业"，国家出资企业分四类，第一类是国有独资企业，第二类是国有独资公司，第三类是国有控股公司，第四类是国有参股公司。因此，这四个层面对于国有企业改革目标定位的概念是不一样的。如果我们用传统的定义、用一种模式谈论国有企业的改革定位就变得很困难。

1. 短期目标定位

国家出资企业应有分类的目标定位，国有独资企业的目标应该是全部转型为现代企业制度或现代公司，但现在我们离这个目标较远，目前许多国有独资企业还是按照 1988 年的《全民所有制工业企业法》注册登记的，已远远落后于时代；国有独资公司的改革方向是要稀释股份，目前要重点解决整体上市问题，或者是整体把国有独资企业装入股份公司，把独资公司资产如何股份制和社会化的问题；控股公司和参股公司的目标定位是如何按照市场化的方式运行，同时如何让国有成分逐步退出竞争性市场。对于这四种国家出资企业的改革应该有不同的短期的目标定位。

2. 阶段目标定位

国家出资企业总的法律定位实际上是一个如何根据现有法律上的定位，包括公司法、企业国资法的定位，来更多地上缴利润。因为所有企业都上缴税收，但国有企业如何上缴利润是一个较大的、根源上的问题。现在国有企业基本不上缴利润，或者上缴非常低的利润，只有 10%。用全体纳税人出资举办的国有企业去与全体纳税人自己举办的民营企业竞争，这是不公平的，这也没有体现我们办国有企业的目的。如果国有企业能够把它们的利润回报给股东，国有企业的问题在很大程度上就能够解决，这是很重要的一个阶段性目标。

3. 整体目标定位

就整体目标定位而言，除了少数确实涉及国家政治经济安全、可以负亏的国有企业之外，国企改革的大方向是逐渐进入市场，让国有企业私有化。

三、国资委的再定位——国有资产法的"五人"结构

作为中国特色社会主义法律体系中起支架作用的一部重要法律，《企业国有资产法》经过 15 年的立法马拉松，历经三届全国人大，于 2008 年 10 月 28 日由十一届全国人大常委会第五次会议高票通过，于 2009 年 5 月 1 日起正式实施。在该法起草过程中，围绕《企业国有资产法》定位问题的争论，笔者提出了《企业国有资产法》中应贯穿"五人关系结构"的理论[1]，即《企业国有资产法》立法应解决委托人、出资人、经营人、监管人、司法人五者的法律定位问题以及解决这五者关系在《企业国有资产法》中如何厘清的问题，以作为该法起草的法理基础。《企业国有资产法》在起草过程中以及通过后的文本，也多多少少体现了这一"五人关系结构"的思想。但是，由于现实需要等原因，《企业国有资产法》的出台稍显仓促，一些重大

---

[1] 简尚波：《〈国资〉草案触及核心："五人关系结构"搭建国资管理大框架》，载《21 世纪经济报道》2008 年 4 月 11 日。

的理论问题未及细致讨论，关于"五人关系结构"的理论也隐在法律文本中模糊不清。笔者在此想对《企业国有资产法》中的"五人关系结构"理论做一初步探讨。

《企业国有资产法》有许多重要的制度创新，但最重要的制度创新在于它建构了一个委托人、出资人、经营人、监管人、司法人五人的区别法律定位与关系的雏形。下面分述之。

（一）委托人

委托人指的是国有资产及其权益的最终所有权人。何谓"国有资产"？关于"国有资产"的定义，学界有许多争论。[1]如前所述，笔者认为，广义的国有资产指的是全民所有即国家所有的财产以及附着于这些财产之上的权利，它不仅包括物权方面的经营性资产、非经营性和资源性资产，也包括国家依据法律或者凭借国家权力从这些资产上所取得的准物权以及国家享有的股权、债权和各种形式的无形产权与智慧产权。国有资产即全民所有资产，中国是世界上国有资产最多的国家，基于自然的传承、历史的积累、文化的积淀、政权的更迭以及改革开放以来我国国有经济及国有资本的飞速发展，我国聚集了巨大的国有资产和国有财富。2018 年 10 月 24 日，十三届全国人大常委会第六次会议审议了国务院关于 2017 年度国有资产管理情况的综合报告。报告显示，2017 年，全国国有企业（不含金融企业）资产总额为 183.5 万亿元，负债总额 118.5 万亿元，国有资本及权益总额 50.3 万亿元，境外总资产 16.7 万亿元。国

---

〔1〕 参见张卓元接受记者采访的谈话：《国资立法起草小组重新架构国有资产法仍需假以时日》，载中信证券网，http://202.108.253.130/jsp/news/news_content.jsp?docId=476632. 参见王全兴：《关于国有资产法基本理论的探讨》，载漆多俊主编：《经济法论丛》（第 1 卷），中国方正出版社 1999 年版。

有金融企业资产总额为 241.0 万亿元，负债总额 217.3 万亿元，所投境外机构资产规模 18.1 万亿元。全国行政事业单位资产总额 30.0 万亿元，文物普查全国不可移动文物 76.6 万处，国有产权可移动文物 1.1 亿件（套）。全国国有土地面积 5.05 亿公顷，内水和领海面积 38 万平方公里，天然气剩余技术可采储量 5.5 万亿立方米。[1] 国有资产不仅是社会主义的政权基础，也是政府提供公共产品和公共服务的基本保障，同时还是广大国民享有权益的公共财富。

鉴于立法的紧迫性与现实必要性，《企业国有资产法》没有涵盖广义的国有资产，而是把其适用范围限定于狭义的国有资产上，《企业国有资产法》第 2 条规定了本法所称企业国有资产，是指国家对企业各种形式的出资所形成的权益。

那么谁是广义与狭义国有资产的最终所有权人?《宪法》第 2 条中规定了："中华人民共和国的一切权力属于人民。人民行使国家权力的机关是全国人民代表大会和地方各级人民代表大会。"因此，全国人民代表大会和地方各级人民代表大会应该是国有资产潜在的最终所有权人或委托人。

但是，在实际体制中，立法者把此权力给了中央人民政府。最早的来源是《全民所有制工业企业转换经营机制条例》，该条例作为行政法规于 1992 年 7 月 23 日由国务院发布实施，该条例第 41 条中第一次规定了企业国有资产与政府的关系："企业财产属于全民所有，即国家所有，国务院代表国家行使企业财产的所有权。"即把企业国有资产的最终所有权赋予国务院。值得

---

[1]《人大常委会审议国有资产管理情况报告——管住管好用好国有资产》，载《人民日报》2018 年 10 月 25 日，第 4 版。

注意的是，2004 年修订的《宪法》并没有把此权力赋予国务院。但是，2007 年全国人大通过的《物权法》第 45 条规定："法律规定属于国家所有的财产，属于国家所有即全民所有。国有财产由国务院代表国家行使所有权；法律另有规定的，依照其规定。"这是第一次用国家大法的形式规定了国务院作为国有财产最终所有权人或委托人的地位。《企业国有资产法》沿袭了《全民所有制工业企业转换经营机制条例》与《物权法》的规定，其第 3 条强调："国有资产属于国家所有即全民所有。国务院代表国家行使国有资产所有权。"

究竟是全国人大还是国务院作为国有财产最终所有权人或委托人的地位，这本是当代中国宪法应对时下中国问题的一个立法政策的选择，问题是《企业国有资产法》对一些概念没有进行法理上的区分，使得"委托人"这个术语没有成为立法的基本出发点，其第 4 条规定："国务院和地方人民政府依照法律、行政法规的规定，分别代表国家对国家出资企业履行出资人职责，享有出资人权益。"这就把"委托人"概念延伸为"出资人"概念，又进而对地方政府作为国有财产出资人的地位予以确定，使"委托人"与"出资人"概念既有所重叠，又有所区分，模糊了"委托人"与"出资人"权力/权利与义务的区别体系与概念体系，也模糊了全国人大、国务院、地方人大与地方政府对国有财产的所有权关系。

（二）出资人

出资人指的是国有资产最终所有权人或委托人的实际权力/权利行使人。国有资产最终所有权人或委托人的实际权力/权利行使人这一角色在《企业国有资产法》中是由"出资人"与"履行出资人职责的机构"这两者分享的。这里应注意区别"出资人"与"履行出资人职责的机构"这两个概念。

前面分析了《企业国有资产法》不仅给予国务院作为国有财产最终所有权人或委托人的地位，而且给予其出资人地位，同时又给予地方政府出资人地位，其第 4 条规定："国务院和地方人民政府依照法律、行政法规的规定，分别代表国家对国家出资企业履行出资人职责，享有出资人权益。"这里的"出资人"概念既有其本义即出资股东的含义，在《企业国有资产法》中它又专指国务院和地方人民政府。

《企业国有资产法》第 11 条规定："国务院国有资产监督管理机构和地方人民政府按照国务院的规定设立的国有资产监督管理机构，根据本级人民政府的授权，代表本级人民政府对国家出资企业履行出资人职责。国务院和地方人民政府根据需要，可以授权其他部门、机构代表本级人民政府对国家出资企业履行出资人职责。代表本级人民政府履行出资人职责的机构、部门，以下统称履行出资人职责的机构。"这里可以把"履行出资人职责的机构"理解为国有资产监督管理委员会（即国资委）或其他政府机构部门。

党的十六大提出了国有资产管理的新思路，即建立出资人制度，成立中央和地方两级国资委担当出资人角色，强调出资人权利、义务、责任相统一，管人、管事、管资产相结合。[1]这是一套国有资产管理的新体制，虽然这个新体制暂时解决了多个政府部门对国有企业"九龙治水"的混乱管理局面，但是这种设计是当时一些经济学家参与的设计，没有征询法学家的

---

〔1〕 李保民：《国资管理体制改革两个关键和八大难题》，载《中国证券报》2003 年 2 月 26 日。

意见，因此存有许多法律漏洞。党的十六大以后，中央和地方两级国资委成立运转五年的实践表明，完整的出资人制度并未建立起来，国资委一方面作为股东代表政府履行出资人职责，拥有企业高层的任免权、薪酬决定权、重大经营事项的决定权、资产处置权和收益分配权等一系列"老板权"；另一方面作为国有资产的主管部门，其又拥有诸如国资规章的制定、国有资产的基础管理、安置下岗职工、派出监事会等庞大的"婆婆权"，成了企业名正言顺的"老板加婆婆"，实践中出资人与经营人、立法人、监督人的法律关系混淆，而且出资人制度也没有法律依据，许多产权纠纷与投资经营中利益冲突的案例由此而生。从法律角度说，出资人的权利、义务、责任关系一直是不够明晰的。

应该说，如何建立完善的出资人制度是《企业国有资产法》的中心问题。《企业国有资产法》实际上是围绕出资人制度而进行全面设计、制度创新的一部法律，并为出资人制度提供了法律依据。《企业国有资产法》第 6 条规定："国务院和地方人民政府应当按照政企分开、社会公共管理职能与国有资产出资人职能分开、不干预企业依法自主经营的原则，依法履行出资人职责。"

《企业国有资产法》对国资委作了一个新的定位，明确界定了国资委作为"纯粹""干净"出资人的法律地位，规定国有资产监督管理机构根据本级人民政府的授权，代表本级人民政府对国家出资企业履行出资人职责。笔者认为，按照《企业国有资产法》，国资委的法律定位应是一个"法定特设出资人机构"，是"特殊的企业法人"，这是因为：

第一，虽然《企业国有资产法》没有明示国资委的监管职能被去除，但在第 7 章特别规定了国有资产监督由人大常委会、政府及政府审计机关、社会公众监督等构成，这实际上朝剥离国资委现有的行政监督职能与立法职能方向迈出了清晰的一步。国资委的监督职能只是内部的监督，是作为股东对其资产的监督，这与政府行政机关的监管是截然不同的。

第二，《企业国有资产法》中的许多规定确定了其特设的法人地位，规定了政府授权的机构履行出资人职责的主要内容、方式和责任等；明确了履行出资人职责的机构向本级人民政府报告的制度，强调履行出资人职责的机构要接受本级人民政府的监督和考核。其第 12 条第 1 款规定："履行出资人职责的机构代表本级人民政府对国家出资企业依法享有资产收益、参与重大决策和选择管理者等出资人权利。"第 14 条第 1 款规定："履行出资人职责的机构应当依照法律、行政法规以及企业章程履行出资人职责，保障出资人权益，防止国有资产损失。"第 15 条规定："履行出资人职责的机构对本级人民政府负责，向本级人民政府报告履行出资人职责的情况，接受本级人民政府的监督和考核，对国有资产的保值增值负责。履行出资人职责的机构应当按照国家有关规定，定期向本级人民政府报告有关国有资产总量、结构、变动、收益等汇总分析的情况。"

第三，国资委在中国现有的法律框架中，只能是也应该是一个特设的商业性的法人机构。按《民法总则》第 76 条规定："以取得利润并分配给股东等出资人为目的成立的法人，为营利法人。营利法人包括有限责任公司、股份有限公司和其他企业法人等。"第 87 条规定："为公益目的或者其他非营利目的成立，不向出资人、设立人或者会员分配所取得利润的法人，为非营利法人。非营利法人包括事业单位、社会团体、基金会、社会服务机构等。"而《企业国有资产法》第 15 条第 1 款规定："履行出资人职责的机构对本级人民政府负责，向本级人民政府报告履行出资人职责的情况，接受本级人民政府的监督和考核，对国有资产的保值增值负责。"这决定了国资委只能是一个以营利为目的的法人。依据《民法总则》，国资委只能是一个"特殊的营利法人"。

所以，笔者认为，国资委的法律定位应是一个"法定特设出资人机构"，是"特殊商业目的法人"。由此，"国有资产监督管理委员会"应改名为"国有资产经营管理委员会"，国资委应该是一个"航母级"的资本运营中心。它本身应该建立资本运营中心治理结构，应有自己的战略规划委员会、风险控制委员会、提名委员会、薪酬委员会和审计委员会。现有的"国有资产监督管理委员会"应据此设计思想进行改革。而"国有资产经营管理委员会"作为"航母级"的资本运营中心与国家出资企业的关系是"战略控股母公司"与一级国家出资企业的关系。将来中央的企业国有资产逐渐集中到"国家国有资产经营管理委员会"与"国家金融国有资产经营管理委员会"，由其作为统一的出资人，负责企业国有资产的基础管理、转让处置与资本运作，改变原来国资出资人过多，相互之间存在利益冲突争地盘的局面，减少国资委托代理链条过长的问题，降低代理成本，厘清法律关系。国资委作为受托人对委托人负责，统一担负提高整体竞争力、结构调整、预防风险、国有资产保值增值与战略性退出的任务。

（三）经营人

经营人指的是国家出资企业的经营者。经营国有资产，需要有具体的经营人。经营人得到出资人的一定授权，在一定权限内负责国家出资企业的经营。

《企业国有资产法》不再出现"国有企业"的字眼,而用了"国家出资企业"[1]这一概念,第 5 条规定:"本法所称国家出资企业,是指国家出资的国有独资企业、国有独资公司,以及国有资本控股公司、国有资本参股公司。"该法对于经营性国有资产的载体及经营主体作了特别规定,规定了国家出资企业与出资人机构的关系,以及国家出资企业相应的权利、义务、责任等。

关于一级国家出资企业的权利以及与其他国家出资企业的关系,应注意《企业国有资产法》第 21 条第 1 款的规定:"国家出资企业对其所出资企业依法享有资产收益、参与重大决策和选择管理者等出资人权利。"虽然《企业国有资产法》是个纲要性的法律,但从第 21 条与第 12 条的条文来看,法律建构了这一隐性的委托代理链条,实际上第 21 条是与第 12 条的条文呼应的,即履行出资人职责的机构对其所出资企业依法享有资产收益等三大权利,而国家出资企业又对其所出资企业依法享有资产收益等三大权利。这解决了多层级的国家出资企业的委托代理链条关系问题,即国家出资企业下面的子公司、孙子公司层级很多,形成一个国家出资企业"群",这些国家出资企业"群"多多少少都有国有资产的权益在内,《企业国有资产法》对它们如何适用?从国有资产法的可操作性来看,这一隐性的委托代理关系是不是延伸到国家出资企业"群"?笔者认为,不

---

[1] 参见《国有资产法草案对国家出资企业的管理者作出专章规定》,载新华网,http://news.xinhuanet.com/newscenter/2007 – 12/23/content_7300265.htm,最后访问日期:2007 年 12 月 23 日。

论国家出资企业有多少层级（控股型、集团型、母子型国家出资企业最好是三至五个层级，不应超过五个层级，否则的话，代理成本与管控成本将会使企业无法承受），这一委托代理链条已经存在，或者说，法律有明示的委托代理关系应该延伸，没有明示的则由履行出资人职责的机构或股东出资人来授权。

关于国家出资企业的义务，《企业国有资产法》明确国家出资企业的义务和责任，强调国家出资企业应当依法建立和完善法人治理结构，建立健全财会制度，其第 18 条第 2 款规定："国家出资企业应当依照法律、行政法规以及企业章程的规定，向出资人分配利润。"即通过市场化的制度安排来规范国有资产的经营，按照市场化原则建立委托—代理机制，通过法律明确经营人的职责、权利义务，减少目前经营机构的行政色彩，出资人也要按照市场化原则和法律规定行使出资人权利，促使经营人形成良好的公司治理结构。

由于经营人作为国家出资企业的经营者直接负责企业财产的经营管理，对维护国有资产权益关系重大，《企业国有资产法》按照建立健全与现代企业制度相适应的企业管理者选拔任用机制的要求，总结企业人事制度改革的实践经验，并与公司法等法律规定相衔接，按照国有独资、控股、参股的不同企业类型，对国家出资企业管理者选择与考核的有关事项作了专章规定（第 4 章）。《企业国有资产法》对出资人机构与国家出资企业任免管理者的权力作了清晰的划分。它的一个重大突破是把对国有独资公司高管人员的任免权给了国家出资企业，其第 22 条规定了出资人机构的任免权或建议任免权：①任免国有独资企业的经理、副经理、财务负责人和其他高级管理人员；②任免国有独资公司的董事长、副董事长、董事、监事会主席和监事；③向国有资本控股公司、国有资本参股公司的股东会、股东大会提出董事、监事人选。而职工代表出任的董事、监事，则由职工民主选举产生。实践中，一些大型的国家出资企业管理者的选择与考核往往与国资委等出资人机构的利益冲突较多，《企业国有资产法》的精神是要改变这种权、责、利不符的现状，使经营人的选择与考核机制更加法律化、市场化。

由于经营人作为国家出资企业的经营者责任重大，《企业国有资产法》还对其兼职作了限制性规定，第 25 条第 1 款规定："未经履行出资人职责的机构同意，国有独资企业、国有独资公司的董事、高级管理人员不得在其他企业兼职。未经股东会、股东大会同意，国有资本控股公司、国有资本参股公司的董事、高级管理人员不得在经营同类业务的其他企业兼职。"第 26 条则规定了国家出资企业的董事、监事、高级管理人员，对企业负有忠实义务和勤勉义务，强调不得利用职权收受贿赂等"四个不得"。

关于国家出资企业经营者的激励机制问题是《企业国有资产法》的一个立法遗憾，法律只就经营者的薪酬问题作了原则性规定，第 27 条第 2 款规定："履行出资人职责的机构应当按照国家有关规定，确定其任命的国家出资企业管理者的薪酬标准。"

（四）监管人

监管人指的是对国家出资企业的出资人机构与经营人的行为进行监管的人。这里讲的"监管"是指政府对市场经济秩序的一种维护与干预，是政府以制裁手段对个人或组织的自由决策的一种强制性限制。

企业国有资产法从人大监督、行政监督、审计监督和社会监督四个层面，构建了国有资产监管制度体系。其中，履行国有资产出资人职责的机构也要接受本级人民政府的监督和考核，对国有资产的保值增值负责。

国资委在履行出资人角色的同时，依然担负着一定的监督职责。不过，国资委的监督属于从国有资产所有权派生出来的出资人监督，是通过履行出资人职能对所出资企业的监督，不同于行使社会公共管理职能的政府部门的行政监督。

《企业国有资产法》构建的国有资产监管体系还有比较大的缺陷，首先，由人大常委会、政府及政府审计机关、社会公众分别承担同样的国有资产监督职责，这似乎没有逻辑性，没有厘清这四者之间的关系。其次，由这四者对国有资产进行监管，这是将出资人职能和监管职能相分离的结果，《企业国有资产法》把监管职能从国资委分离了，现在政府部门的监管就是一个空白。

谁来扮演国家出资企业监管人的角色？笔者认为，一方面，可以发挥现有监管机构的作用，由纪委、监察部门、央行、财政部、银保监会、商务部、工商监管部门、税务监管部门等对不同行业、不同领域行使监管权；另一方面，笔者一直建议，在现在的监察部下面设立一个专司国有资产监督的机构，它负责监督国家出资企业"董、监、高"人员的行为，监督国有资产产权交易、处置过程当中出现的违法现象。监管人应是一个独立的政府部门，可以同时监管出资人和经营人。这一机构应有代表国家提起诉讼的权力，将国有资产的保护引入司法的框架中来，并解决长期以来国有资产流失案件中缺乏诉讼主体的问题，为以后公益诉讼制度的构建奠定基础。

《企业国有资产法》还强调独立中介机构的审计监督，第

67 条规定："履行出资人职责的机构根据需要，可以委托会计师事务所对国有独资企业、国有独资公司的年度财务会计报告进行审计，或者通过国有资本控股公司的股东会、股东大会决议，由国有资本控股公司聘请会计师事务所对公司的年度财务会计报告进行审计，维护出资人权益。"

值得注意的是，2000 年建立起来的国有企业监事会的监督制度并未在《企业国有资产法》中有所体现，这是因为，按照《企业国有资产法》的制度设计精神，国有企业监事会已成为国资委的一个内部监督机构。监事会作为一种国有资产监督制度是国务院从 1998 年开始建立实行的，当时的法律依据是国务院 1998 年 6 月通过的第 246 号令《国务院稽察特派员条例》，2000 年 2 月国务院通过了第 283 号令《国有企业监事会暂行条例》（以下简称《监事会条例》）。这两个条例强调：①监事会以财务监督为核心，对企业的财务状况及企业负责人的经营管理行为进行监督检查和评价，对企业负责人提出奖惩、任免建议；②监事会由国务院派出，实行监事会主席负责制，监事会主席由国务院任免；③监事会独立于国务院各部门、各企业管理机构；④监事会仅对中央企业行使国有资产的监督权，有权在企业采取查账、调研、查阅资料、召开座谈会等各种必要的形式，获取监事会认为需要了解掌握的各种情况，不参与、不干预企业的生产经营决策和经营管理活动，俗称"带眼睛、带耳朵，不带嘴巴"。

2003 年国资委成立后，监事会便改为了由国资委进行日常行政管理。2003 年国务院颁布的《企业国有资产监督管理暂行条例》规定："监事会的组成、职权、行为规范等，依照《国有企业监事会暂行条例》的规定执行。"

2005 年修改的《公司法》第 2 章 "国有独资公司的特别规定" 中第 71 条第 2 款规定了监事会成员由国有资产监督管理机构委派，监事会主席由国有资产监督管理机构从监事会成员中指定。按《公司法》的规定，监事会由原来国务院授权国资委代表国家向中央企业派出，改为由国资委以出资人身份向中央企业派出。这实际上已在法律层面完成了国有企业监事会成为国资委内部监督机构的转型。《企业国有资产法》的不作规定，是确认了国有企业监事会作为国资委内部监督机构的角色。笔者认为，国有企业监事会的下一步改革，应朝国资委内部审计委员会的角色转变。

（五）司法人

司法人指的是国有资产纠纷最后的司法救济提供者。出资人是否正确履行了出资人职责？经营人是否尽到勤勉忠诚义务？监管人站在政府的角度，是否胜任？是否对金融经营机构的董事、监事、高管干预过度？如何规范国家出资企业的公司治理？国资委只扮演 "干净" 的出资人角色，不做国有资产纠纷终极裁判者，国有资产按照市场化原则投资与经营，行政干预退出后的空当谁来填补？应该是司法机构，特别是法院，法院要提供最后的司法救济。

《企业国有资产法》重点规定了出资人机构及经营人的法律责任。关于出资人机构主管人员的法律责任，有侵占、挪用企业资金等四项行为的行政处分与刑事责任（第 68 条）。关于董事、监事、高级管理人员的民事赔偿责任，有收受贿赂等七项行为的民事赔偿责任（第 71 条）。关于不得担任董事、监事、高级管理人员的情形，《企业国有资产法》第 73 条规定，"董监高人员" 造成国有资产重大损失，被免职的，自免职之日起 5 年内不得担任国有出资企业的"董监高人员";造成国有资产特别重大损失,或者因贪污、贿赂、侵占财产、挪用财产或者破坏社会主义市场经济秩序被判处刑罚的,终身不得担任国有出资企业的"董监高人员"。关于中介的责任,规定了资产评估机构、会计师事务所出具虚假的资产评估报告或者审计报告的责任(第74条)。

值得讨论的是关于交易行为无效的条文,《企业国有资产法》第72条规定:"在涉及关联方交易、国有资产转让等交易活动中,当事人恶意串通,损害国有资产权益的,该交易行为无效。"立法时,这一条文借鉴了《合同法》的规定。怎样看待这条规定?这一规定的目的显然是为了维护出资人权益、防止国有资产流失,但是,它对交易的效率与安全影响较大。市场经济中,交易的效率、安全是交易活跃最重要的保证,市场经济就是要给市场所有参与方一个安全、稳定的预期,如果甲方和乙方签订一个合同,大家彼此信赖,按照合同去执行,那么整个市场交易速度就会比较快,交易行为就会比较活跃,交易费用就相对较低。但假设经过五年或者十年合同被认定是无效的,那它可能会涉及丙方、丁方甚至N方,会涉及许多相关利益者的权益。这一条文的可能后果是未来其他主体与国有企业进行交易时,难免会担忧关联方交易的无效性。当然,这也是一个平衡的问题,它可能保护了国家出资企业的交易安全,但有可能损害其效率。所以这一条文应与《公司法》《证券法》反欺诈交易的立法协调起来,整体考虑。实践中关于交易无效规定的认定,应慎之又慎。

上述委托人、出资人、经营人、监管人、司法人"五人"各有定位、相对独立、职责明确并互相协调,构成我国国有资产法律保护的基础性法律关系和《企业国有资产法》的法理基石。

四、对国有资产管理的监督

(一) 国有资产流失问题

从 1984 年扩大国企经营自主权之日起，国企改制已持续三十多年。其间，国资的流失、舆论对于改制的质疑从未间断。但是，"郎顾之争"所引发的关于国有资产流失的争论却是最为激烈的。顾雏军事件后，更多的人也开始思考国有资产流失问题方面的法律缺位和法律执行问题。

在当前的国有企业改革中，确实存在国有资产的流失问题。在一定程度上，这种流失是与国有企业的产权改制、国有企业的改革相伴而生的，有时候表现得还很严重。然而，正如不能因为存在交通事故而禁止汽车上路一样，也不能因为出现了国有资产的流失现象就对整个国有企业的改革方向全盘否定。对这一问题的分析必须建立在对两种事实的权衡的基础上，那就是改革带来的国有资产流失大，还是不改革带来的损失大。实际上，长期的计划管制经济体制和中国的改革实践已经回答了这一问题。中国的国企及产权改革是在众多国有企业出现了经营不善、亏损严重、财富浪费和真正的资产流失现象之后，迫不得已的一种选择，而且是唯一的选择。国有企业正是经过股份制改造、战略性调整和重组等改革找到出路的。改革实践确定的国有企业改革和产权制度改革的方向不能轻言放弃。

解决目前国企体制改革中存在的国资流失等问题，最迫切的是应加快完善国有企业改制和产权改革的法律框架。这种完善要从两个方面推进。一方面是加快国有资产法的立法进程，把"政策法""实践法"上升为"法治之法"。另一方面是在国资转让、产权改革的过程中要注重通过司法程序和可诉性的手段来加强对国有资产的保护。法院要加强对这一类案件的审理，而诉讼机制的建立可以提供一种经常的监控机制，对于具体的企业改制和产权交易纠纷有一个中立的、独立的、客观的司法裁判。

国有资产管理的体制结构应该是四个层次：

第一个层次是委托人层次。国有资产的终极委托人应该是全国人民代表大会，应该在全国人民代表大会里面设立国有资产委员会，这个委员会是终极的委托人，它来决定国有资产的占有、使用、分配、处分、转换等这样一些重大的决策。地方人大在全国人大的授权内承担终极委托人的角色。

第二个层次是出资人层次。由全国人大作为委托人，把权力委托给地方各级人大及中央与地方政府，而中央与地方政府成立的一个或数个专门的国有资产经营管理委员会来担当出资人的角色，国有资产经营管理委员会要经营现有的国有资产并同时负责出售转让、转换这些国有资产，其下可以设立若干经营公司。国有资产经营管理委员会每年定期向人大国有资产委员会汇报工作，人大国有资产委员会必须向全体会议汇报工作，汇报内容包括国有资产的经营情况、转换情况等。

第三个层次是经营人层次。即国有资产经营管理委员会将其经营资产授权给经营公司、大型企业集团及控股公司具体经营国有资产的机构，将国资委的监督职能剥离，单一履行出资人职能。

第四个层次是监管层次。政府部门必须有一个专门的部门负责国有资产的所有制转让、交易、经营层面的监管。这个部门的职能可以由现在的监察部承担。建议在监察部下设立专门的国有资产监察局，监察的内容包括欺诈性交易，MBO 当中的不公平定价，黑洞的资金来源，董事、监事、高管人员的责任，等等。

上述四个层次的制度设计构筑了一个国有资产管理的新体制，从而解决资产的所有人、管理人、经营人以及资产的监管人四者之间权力的边界及角色的分离问题。

目前，"郎顾之争"已因当事人的诉讼和社会的争议而被逐渐虚化，而我们希望看到的是：在不久的将来，"郎顾之争"的实质焦点——国有企业改制与产权交易的操作争议，将不再停留在理念和道义层面，而是通过一套公开、独立、公正和严格的司法程序，让这种争议成为一个法律判断，从而解决一个个具体的社会问题。

（二）国有资产管理的人大监督

国有资产是我国公有制经济的基础，对于我国社会主义市场经济的发展有着极为关键的意义。如何完善国有资产管理体制是我国面临的重要议题。我国自 2008 年通过《企业国有资产法》以来，国有资产的监督管理日益科学化、正规化，却依然面临着巨大的挑战，人大作为国家权力机关的监督缺位成为不可忽略的问题。党的十八届三中全会通过的《中共中央关于全面深化改革若干重大问题的决定》为我国全面深化改革奠定了市场化、法治化的基调，在提出积极发展混合所有制经济、实施国企分类管理、完善国有资本经营预算制度等国有资产管理改革思路的同时，也提出了"加强人大预算决算审查监督、国有资产监督职能"的改革方向。在下一阶段，加强与改善人大的国有资产监督职能已成为国有资产管理改革的重点。

1. 现存问题：人大监督的缺位

《物权法》和《企业国有资产法》都规定了法律规定属于国家所有的财产，属于国家所有即全民所有，国有财产由国务院代表国家行使所有权。而按照我国《宪法》，一切权力属于人民，代表人民行使国家权力的机构是人民代表大会，最高权力机构是全国人民代表大会。因此，真正的国有资产出资人代表应是全国人民代表大会，全国人民代表大会代表全国人民将国有资产所有权委托国务院管理，人大有权力和义务对国有资产管理机构的行为进行监督，对国有资产管理进行独立公正的监督和评判。

但是据调查，全国绝大多数地区的各级政府都很少向人大专门报告国有资产运营管理情况，国有资产的运营管理情况一般只在政府部门工作报告中非常简略地提及。国有资产管理状况公开性、透明度远远不够，人大代表在审议政府工作报告时，只能获得非常粗略的信息，无法有针对性地提出监督意见。人民大众作为国有资产的真正所有者，基本没有了解国有资产结构规模、投向用途以及管理运营绩效等情况的渠道。

第一，企业国有资产监督缺位。自2003年起，中央政府对国有资产管理体制进行了重大改革，从体制机制上推进政企分开、政资分开、经营权和所有权分离。政府和国有企业之间的关系发生了重大变化，政府公共管理职能与出资人职能初步分离，国家专门成立了企业国资委[1]来管理和保障国资国企的发展，暂时解决了过去国有资产"所有者缺位"、产权不清晰的问

---

[1] 由于现有国资委所管辖的国有资产为企业经营性国有资产，故本书将其称为"企业国资委"。

题，但同时，企业国资委的权力却集中化，兼"出资人""监管者"两种角色于一身，造成了新的"政企不分"的困境。人大对国有资产的监督长期处于缺位的状态，企业国有资产管理缺乏必要的外部监督机制，这是造成国有资产流失、国有企业腐败频发等问题的重要原因。

第二，其他类型国有资产监督缺位。国有资产包括企业性国有资产、金融性国有资产、资源性国有资产、行政事业及文化遗产性国有资产。从法理上讲，各种国有资产都应该纳入人大的监督之下。但是，现行的法律并没有做到这一点。《企业国有资产法》所调整的对象主要是企业性国有资产，国务院国资委仅管理 110 余家中央企业。金融类国有资产、资源类国有资产、行政事业及文化遗产类国有资产均没有被纳入人大的监督框架。

我国的金融国有资产管理体制仿若"九龙治水"，管人、管事、管资产都存在着弊端。金融国有资产的实际出资人多头而不统一，财政部和汇金公司是主要的中央金融国有资产出资人，地方金融国有资产出资人状况更加混乱，管理模式不一。

我国的自然资源矿藏总量十分庞大，造就了数量巨大的资源性国有资产。一方面，资源性产权约束不存在、资源性市场建设不完善、资源性国有资产的管理机制不健全导致我国资源性国有资产的利用效率低下、收益价值流失等问题。另一方面，法律规范的缺位使得自然资源的管理、开发乱象百出。

我国的行政事业单位资产管理混乱，科教文卫资产庞杂，教育类的高等院校资产出资人与经营人的关系到现在亦未厘清；文化资产管理体制更加混乱。新闻传媒有许多是经营性的，但又自称"非经营"并兼有意识形态的功能，而像长城、故宫、泰山、兵马俑这样的国家文化遗产又在不同程度上被地方化了，成为地方财政的重要来源。文化遗产国有资产的管理由于缺少资产评估、缺乏保护意识、粗放管理以及急功近利等原因出现了过度开发、毁坏加速等现象。

2. 产生原因：法律依据的缺陷与监督力量的不足

法律依据缺失是人大监督缺位的重要原因。我国《宪法》规定了人大对预算、决算的监督，却没有规定人大对国有资产的监督；《全国人民代表大会组织法》《地方各级人民代表大会和地方各级人民政府组织法》《预算法》《各级人民代表大会常务委员会监督法》也没有明确规定人大对国有资产的监督。《企业国有资产法》仅规定人大常委会审查监督国有资产，但是这种监督主体过于狭窄，手段过于单一、有限，并没有实现常态化、规范化。[1]同时，《企业国有资产法》的规定没有纳入《各级人民代表大会常务委员会监督法》。这些法律相关规定的缺失造成了人大监督的缺位。

关于国有资产法的调整对象方面，现行的国有资产法为《企业国有资产法》，仅针对企业经营性国有资产，而没有包括其他类别的国有资产，使得其他类型国有资产的监督与管理缺少相应的法律规范，难以为各类国有资产的保护提供有效的依据与保障。

此外，在国有资本经营预算方面，按照《宪法》《预算法》及其《预算法实施条例》规定，国务院应就财政预决算问题向

---

[1] 《企业国有资产法》第63条："各级人民代表大会常务委员会通过听取和审议本级人民政府履行出资人职责的情况和国有资产监督管理情况的专项工作报告，组织对本法实施情况的执法检查等，依法行使监督职权。"

全国人大报告，这其中除公共财政的预决算外，理应包括国有资本经营预算，但是此项规定也一直未得到有效执行。

从专业能力来看，国有资产监督需要会计、审计、经济、管理、法律等多方面的专业知识，而各级人大代表中熟悉企业管理以及财会经济的代表并不多，从而制约了国有资产监督工作的开展。从人大的组织机构来看，目前我国各级人大及其常委会都没有设立相应的专门委员会或工作委员会来负责监督国有资产的日常工作，各级人大及其常委会开展国有资产监督工作一般由财经委牵头负责，而财经委的任务重、人员少，缺乏足够的力量和专业水平开展监督。同时，人大缺乏自己相对独立的审计机构，无法对国有资产管理工作进行有力的审计监督，这也制约了人大对国有资产监督作用的有效发挥。

3. 完善我国人大监督国有资产的建议

《中共中央关于全面深化改革若干重大问题的决定》中提到，"加强人大预算决算审查监督、国有资产监督职能"，将人大的国有资产监督职能与预决算监督职能相提并论，这无疑是对人大的国有资产监督职能作了强调。我们认为，下一阶段国有资产管理改革的重点是在法治框架下推动国资国企改革。建议将国资改革纳入人民代表大会监督框架，并成立与完善四大国有资产经营管理委员会，加速推进国资国企改革的法治化进程。

（1）明确人民代表大会监督国有资产的法律依据。从理论上来说，全国人民代表大会委托国务院行使国有财产的所有权，国务院受国家委托行使所有权，国务院应当就国有财产所有权的行使向全国人大负责和报告。

首先，修改《宪法》。《宪法》第 62 条第 11 款规定全国人民代表大会"审查和批准国家的预算和预算执行情况的报告"，

第 99 条第 2 款规定的"县级以上的地方各级人民代表大会审查和批准本行政区域内的国民经济和社会发展计划、预算以及它们的执行情况的报告"。同理，《宪法》也应明确规定全国人民代表大会和地方各级人民代表大会拥有监督国有资产的权力，赋予人大及其常委会对国有资产的最高监督权。其次，修改《全国人民代表大会组织法》《地方各级人民代表大会和地方各级人民政府组织法》《企业国有资产法》《各级人民代表大会常务委员会监督法》，将各级人大监督国有资产的职权列入《全国人民代表大会组织法》《地方各级人民代表大会和地方各级人民政府组织法》，修改《企业国有资产法》第 63 条的规定，增加各级政府向人大定期报告的规定，即在每年召开各级人民代表大会时，各级政府应该向本级人民代表大会报告国有资产运行情况，接受全体人大代表的审议，而不仅仅是向同级人大常委会报告。同时，在人大闭会期间有重要事项时，应向人大常委会不定期作报告。

(2) 在人大设立国有资产监督委员会。按照《企业国有资产法》第 7 章"国有资产监督"的特别规定，国有资产监督由人大常委会、政府及政府审计机关、社会公众监督等构成。这实际上为强化人民代表大会权能，明确委托人、出资人地位提供了可能。应当将现有企业国资委的名称改为"国有资产经营管理委员会"，剥离其监督职能，作为代表中央与地方政府履行出资人职责的机构，它应向人民代表大会汇报其对国有资产的经营情况。建议在全国人大以及地方各级人大设立专门的国有资产监督委员会作为常设的专门委员会，行使国有资产的监督职能，就国有资产经营管理委员会作为受托人统一担负提高整体竞争力、结构调整、预防风险、国有资产保值增值与战略性退出等任务的完成情况进行监督，从而突破现有体制的缺陷。

　　具体来说，其一，明确人大下设的国有资产监督委员会的设立依据以及与政府下属的国有资产经营管理委员会之间的委托代理关系。立法应当明确人民代表大会是委托人，国有资产监督委员会具体行使全民委托人的监督职能，监督国有资产经营管理委员会的管人、管事、管资产方面的工作。其二，国有资产经营管理委员会作为"纯粹的出资人"向人民代表大会负责，向国有资产监督委员会报告国有资产运营管理情况。其三，国有资产监督委员会应当行使委托人职能。国有资产监督委员会行使的委托人职能包括：就国有资产经营管理委员会报告的内容进行评估；就国有资产经营管理委员会提请的人事任命汇报予以批准与否决；就国有资产经营管理委员会可能出现的问题要求其及时改正；如果国有资产经营管理委员会的行为违反相关法律规定，有权予以撤销或变更。其四，国有资产监督委员会负责安排分配公益性国有企业提供公共产品的任务。

　　（3）加快国资法体系及配套法律机制建设。从长远来看，应当推进"大国资法"立法。在探索建立四大国有资产经营管理委员会一段时间后，加紧制定适用于自然资源国有资产、金融国有资产、行政事业单位与文化遗产国有资产在内的"大国资法"，使其对国资国企改革更具指导意义和普遍价值。就阶段性目标而言，应当及时完善现有法律体系。党的十八届三中全会《中共中央关于全面深化改革若干重大问题的决定》提到的积极发展混合所有制经济、实施国企分类管理、完善国有资本经营预算制度等，应当及时在国资法体系中得到落实。

　　首先，结合《预算法》及《预算法实施条例》的修改，寻求国有资本经营预算制度的新突破。建立完整的国有资产经营预算编制体系，明确国有资本经营预算的收入来源、收取比例、收缴期限、分配原则、支出结构、法律责任等内容，增强公开性与透明度，并要求人大对国有资本经营预算的执行和决算进行过程监督，实行国有资本经营预算执行情况的定期报告制度，将经营预算的执行情况作为考核国有资产经营管理委员会绩效的重要依据。

其次，在法律中明确不同功能国有企业的分类，规定公益性企业提供公共产品的任务，并增加"国有资本加大对公益性企业的投入"的配套规定，包括国有资本的投入方式、投资途径、投入范围、投入规模、时间进度等，特别是要规定人民代表大会对国有资本投入公益性企业的监督权力。

新的改革形势对国有资产管理与发展提出了新要求与新挑战，要加快明确下一步的改革战略与路径。改革难免有困难，也难免会犯错误，但是只要在法治的框架下实行一系列改革，去芜存菁，国资改革目标的完成就会离我们越来越近。

（三）国有资产管理的法律责任

当前国企腐败最主要的表现形式，就是经营者对国有资产的掠夺。这与我国转型时期体制不顺和制度的不完善有密切关系。如何从体制上、从法治角度寻找解决的方案是摆在国有资产立法中的重要任务。我们认为在有关国有资产监管的制度设计和具体的条文规定中应当规定更严格的责任制度。

按照传统体制，国有资产实施多头管理，原中央企业工委、中组部、监察部、原经贸委甚至各专业局办和经营公司对国有资产都有一定的管理权和监督权。而在这种旧体制向新体制的转化过程中，由于旧体制突然瓦解，新体制建设尚难以及时跟进发挥效果，这就比较容易在某一段时期造成少数国企管理者大权在握，操作和违法空间太大。国有企业在移交之后，一部分未移交的资产无人管理，甚至出现在企业移交过程中，部分资产的去向不明或无人知晓，这就给直接管理者从中攫取这部分国有资产提供了管理上的可乘之机。但是，国企改革的方向不能改变。当前要解决的最重要的问题是，首先建立有管理、有效率的国有资产的流动制度，保证交易中程序的透明、公开、可控制、可监督，实现对权力的约束，建立一个公开透明的监管体制。其次在国有企业的管理过程中还应当注重建立职业经理人制度，让经理层更快地走向专业化和职业化，这是建立以市场为基础的法律责任制度的基础。

在加强权力约束的情况下，还应该注意保证经理层在一个比较安全的环境下合法经营。从公司法的角度分析，经营者应当承担忠实义务和勤勉义务，从专业化角度来看，经营商只要遵循市场经济的基本规律尽力勤勉经营，尽善良管理人义务，不违背法律和章程的规定，即使经营决策存在失误，也无须承担法律责任，而应该按照市场经济的手段和途径解决问题。这就要求我们在公司法中借鉴国外的"商业判断规则"，为经理人的决策建立安全港制度。特别是在司法审判中，应当寻找管理层违背信托责任的边界，为社会提供良好的行为指引。另外，由于国有资产的特殊性，对法律责任的承担原因以及方式在国资法立法中都应作规定。

总之，国有资产立法牵涉面广，涉及的问题多，对我国改革实践的影响面大。因此，在立法过程中，既要态度积极、加速推进，又要考虑周到、稳妥进行，将国有资产立法放到一个战略的高度来思考和探讨。国有资产的立法进程应既是一个启蒙全体国民权利意识的过程，又是一个解决中国具体实践问题的过程。

声　明　1. 版权所有，侵权必究。

2. 如有缺页、倒装问题，由出版社负责退换。

图书在版编目（ＣＩＰ）数据

经济法前沿问题研究/李曙光著. —北京：中国政法大学出版社，2020.8
ISBN 978-7-5620-9045-8

Ⅰ.①经…　Ⅱ.①李…　Ⅲ.①经济法－研究－中国　Ⅳ.①D922.290.4

中国版本图书馆CIP数据核字(2019)第240810号

出　版　者	中国政法大学出版社
地　　　址	北京市海淀区西土城路 25 号
邮寄地址	北京 100088 信箱 8034 分箱　邮编 100088
网　　　址	http://www.cuplpress.com (网络实名：中国政法大学出版社)
电　　　话	010-58908289(编辑部) 58908334(邮购部)
承　　　印	北京中科印刷有限公司
开　　　本	880mm×1230mm　1/32
印　　　张	19.75
字　　　数	460 千字
版　　　次	2020 年 8 月第 1 版
印　　　次	2020 年 8 月第 1 次印刷
定　　　价	80.00 元